LE
TOUR DU MONDE
D'UN
GAMIN DE PARIS

F. AUREAU. — IMPRIMERIE DE LAGNY

LE
TOUR DU MONDE
D'UN
GAMIN DE PARIS

LES MANGEURS D'HOMMES — LES BANDITS DE LA MER
LE VAISSEAU DE PROIE

PAR

LOUIS BOUSSENARD

PARIS
LIBRAIRIE ILLUSTRÉE	MAURICE DREYFOUS
7, RUE DU CROISSANT, 7	13, FAUBOURG MONTMARTRE, 13

Tous droits réservés

LE TOUR DU MONDE
D'UN
GAMIN DE PARIS

PREMIÈRE PARTIE

LES MANGEURS D'HOMMES

CHAPITRE PREMIER

Terrible bataille sous l'équateur. — Les blancs et les noirs. — On fait connaissance entre des gueules de crocodiles et des mâchoires de cannibales. — Héroïsme d'un gamin de Paris. — Dévouement inutile. — Échec et mat. — A 1,200 lieues du faubourg Saint-Antoine. — L'envers de la *Case de l'oncle Tom*. — Un compatriote maigre et très peu vêtu.

— A moi !... s'écria d'une voix étouffée le timonier sans lâcher la barre, bien qu'il eût le col furieusement étreint par les deux griffes crochues d'un noir.

« A moi !... hurla-t-il une seconde fois, les yeux blancs, la face violacée, la bouche tordue.

— Tiens bon... Pierre !... On y va !...

Et le timonier Pierre, défaillant, hors d'haleine, aperçoit, comme dans un brouillard, un petit bonhomme sortant on ne sait d'où, qui d'un bond s'élance vers lui.

Le canon d'un revolver frôle son oreille. Le coup part.

L'étreinte du noir se desserre aussitôt. La tête grimaçante, que Pierre ne peut voir, éclate, fracassée par la balle de onze millimètres. Le féroce ennemi qui s'était hissé par la chaîne du gouvernail dégringole dans le fleuve ; un crocodile le happe au passage, et l'entraîne à travers les herbes.

— Merci tout de même, Friquet, dit Pierre en avalant une vaste lampée d'air.

— Y a pas d'quoi, va, mon vieux... à charge de revanche, pas vrai...

« A pas peur!... Y va faire chaud tout à l'heure. »

Friquet disait vrai.

Il faisait doublement et terriblement chaud, sur le pont de la jolie chaloupe à vapeur qui remontait en ce moment, à grand'peine, le cours de l'Ogôoué.

En dépit de l'excellence de sa machine, dont le piston battait comme le pouls d'un fiévreux, l'embarcation avançait lentement au milieu des rapides. Sa cheminée fumait comme celle d'un steamer, l'hélice faisait rage, la vapeur qui mugissait et hoquetait dans les conduits de métal, sifflait sous les soupapes empanachées de buées blanches.

Par 9 degrés de longitude ouest, sous l'équateur, les vingt hommes de l'équipage eussent pu, sans aucun doute, apprécier vivement les bienfaits d'une carafe frappée et d'un éventail.

Nul, parmi eux, ne semblait pourtant se préoccuper de ces raffinements de la vie civilisée, dont il était permis de déplorer la privation, sans être pour cela taxé de sybaritisme.

Tous, le chassepot à la main, le revolver à la ceinture, la hache à portée, épiaient avec une sorte de vigilance inquiète les allures de tout un clan de noirs éparpillés des deux côtés du fleuve.

L'enseigne de vaisseau commandant la chaloupe, chargé d'une mission toute pacifique par l'amiral en station navale au Gabon, avait recommandé de ne faire feu qu'à la dernière extrémité.

Malheureusement, les tentatives de conciliation, opérées antérieurement, ayant toutes complètement échoué, il fallait rétrograder ou avancer par force. Reculer est un terme inconnu en marine. C'est pourquoi l'équipage tout entier se tenait à son poste de combat.

On était en plein pays ennemi, au milieu des Osyébas anthropophages, que le regretté marquis de Compiègne, et son intrépide compagnon, Alfred Marche, ont les premiers visités, au milieu de périls inouïs, au commencement de l'année 1874.

La sauvage agression qui avait failli être fatale au timonier Pierre, prouvait que les moyens pacifiques ne réussiraient pas. L'assaillant, victime du coup de revolver, était arrivé sournoisement à la nage, en nombreuse compagnie, à quelques mètres à peine de la chaloupe.

Voyant que jusqu'alors les hommes blancs ne faisaient pas mine de résister, ils avaient cru, dans leur naïveté anthropophagique, à la réussite complète de leur projet. Aussi leur désillusion se traduisit-elle en clameurs furibondes, accompagnées d'une retraite rapide.

Ceux qui étaient à terre, exaspérés de leur déconvenue, ouvrirent un feu violent sur les matelots qui ne se donnèrent même pas la peine de s'abriter derrière le bordage.

Cette salve, exécutée avec les mauvaises patraques de fusils à pierre, fournis par les traitants, n'eut d'autre résultat qu'un peu de fumée, et beaucoup de bruit.

Le jeune commandant, voyant les masses confuses des noirs échelonnés en quantité innombrables dans les lianes et les larges feuilles du rivage, fit charger la légère mitrailleuse placée à l'avant de son bâtiment.

— Tout est paré ? interrogea-t-il d'une voix calme.

— C'est paré, commandant, dit le maître canonnier.

— Ça va bien.

L'aspirant de première classe, faisant fonctions de second, était, en ce moment, en colloque animé avec un grand diable de matelot nommé Yvon, qui, insoucieusement appuyé sur son chassepot, regardait venir les noirs.

— Sauf vot'respect, capitaine, c'est donc ces particuliers-là qui ont croché not'docteur il y a quinze jours?

— Je crois, en effet, que ce sont eux.

— Mais, capitaine, comment diable le docteur, un vieux matelot, s'est-y laissé pincer par ces mauvais cabillauds?

— Il est parti herboriser un jour, puis... il n'est plus revenu. Je n'en sais pas davantage. Maintenant nous allons à sa recherche, un peu à l'aventure.

— Drôle d'idée, pour un homme si savant, de se mettre herboriste, à seule fin de ranger des boutures dans une boîte en fer-blanc!...

« Et comme ça, continua Yvon, encouragé par la bienveillance de son chef, tous ces nègres-là sont des mangeurs de « monde » ?

— Hélas! oui. J'ai bien peur pour notre pauvre ami.

— Oh! y a pas d'danger, capitaine. Voyez-vous, sauf vot'respect, le docteur est si maigre... et puis, il doit être si dur!

L'officier sourit sans répondre à cette boutade.

Cinq minutes à peine s'étaient écoulées. La chaloupe remontait toujours vers les rapides qui mugissaient au loin.

En face, à mille mètres à peine, une ligne noire interceptait la vue. Avec la lorgnette, on distinguait une cinquantaine de pirogues rangées côte à côte, comme les bateaux d'un pont dont le tablier n'est pas encore posé.

Un long câble végétal, amarré à deux arbres, de chaque

côté du fleuve, servait à les maintenir en ligne malgré le courant. A droite et à gauche, d'autres barques évoluaient silencieusement, escortant la chaloupe à distance respectueuse.

— Tonnerre à la toile! y va grêler dur, grogna un vieux quartier-maître en glissant amoureusement sous sa joue une chique énorme qu'il tira de son béret.

Il y eut tout à coup un grand silence, interrompu seulement par la toux saccadée de la machine.

Puis, comme si tous les singes-hurleurs, tous les hérons-butors, toutes les grenouilles-taureaux du continent africain se fussent donné rendez-vous en cet endroit, éclata la plus épouvantable cacophonie qui ait jamais fait vibrer un tympan humain.

A ce signal, la ligne de pirogues amarrées en avant se brisa, et toutes les embarcations descendirent le courant, pendant que celles qui suivaient formaient en arrière une ligne transversale destinée à couper la retraite à la chaloupe.

Les Européens étaient pris entre deux feux.

— C'est fini de rire, les enfants! fit le quartier-maître en mâchonnant son tabac.

En un clin d'œil, les blancs sont cernés, tant la manœuvre de l'ennemi est exécutée avec précision.

— Feu! tonne la voix du commandant.

La chaloupe s'embrase comme un cratère. Au crépitement de la fusillade se mêle le déchirement strident de la mitrailleuse, qui, tirant en éventail, coule trois ou quatre embarcations, et fracasse horriblement les corps de ceux qui les montent.

Pendant que les servants rechargent la pièce, la fusillade continue, serrée, implacable, mortelle. Les eaux qui commencent à rougir, charrient, au milieu des débris de bois, des torses d'ébène, immobiles déjà, ou encore en proie à d'atroces convulsions.

Le cercle se resserre. Les assaillants ripostent à peine. Ils ont le nombre pour eux et veulent prendre la chaloupe à l'abordage. La mitrailleuse tire sans relâche. Les canons des fusils sont brûlants.

On remarque à ce moment, près du commandant, un jeune homme de haute taille, vêtu d'un costume civil, coiffé d'un casque blanc, qui, un fusil à la main, canarde les noirs avec l'aisance d'un vieux soldat.

Le front de l'officier se rembrunit. C'est que la situation se corse.

— Qu'en pensez-vous? lui dit à voix basse l'homme au casque blanc.

— Ma foi! mon cher André, répond l'enseigne, je crains bien d'être forcé de battre en retraite.

— Mais la route est barrée.

— Nous passerons quand même. Ce qui me torture, c'est la pensée que notre pauvre docteur est peut-être là, à deux pas, entendant la bataille, et qu'il sent le salut lui échapper...

Les cris atteignent une intensité inouïe.

Quelques pirogues sont bord à bord avec la chaloupe. Les noirs bateliers s'accrochent des pieds, des mains, des dents, pour escalader les bastingages. De hideuses grappes d'êtres plus repoussants que les quadrumanes des forêts équatoriales se cramponnent de tous côtés.

Les marins s'escriment de la hache, de la baïonnette, de la crosse; piquant, trouant, martelant, taillant en pleine chair, noirs de poudre, ruisselant de sueur et de sang, courbaturés de carnage.

Impossible de tenir plus longtemps sans être débordés. Il faut virer.

Au moment où le commandant va donner l'ordre au mécanicien, survient un terrible incident.

Le mouvement de l'hélice, entravé par une cause inconnue, cesse tout à coup.

Les plus braves se sentent frémir.

Les cannibales bondissent à la rescousse. Une double surprise les attend. Le sifflet de la machine se met à hurler avec une force inouïe. A ce signal, un énorme jet de vapeur s'échappe transversalement de chaque côté de la coque du bâtiment. Le nuage épais et brûlant les échaude jusqu'au vif et leur fait lâcher prise.

C'est une idée du mécanicien. Elle est excellente et sauve momentanément la situation.

La chaloupe s'en va à la dérive. Il faut précieusement conserver la vapeur qui a rendu les noirs plus circonspects.

Pendant cette minute d'accalmie, on recharge les armes. L'hélice est toujours arrêtée.

— Misère de misère ! grondait Yvon... pas seulement un chiffon de toile sur leur mauvaise boîte à charbon !

— Tiens, renchérit son voisin, m' parle pas d' leur vapeur.

— Faudrait voir, les anciens, dit une voix grêle avec un intraduisible accent faubourien. Plaisantez pas la vapeur ; ça a quéquefois du bon.

Le propriétaire de cet organe distingué, un petit chauffeur, nu jusqu'à la ceinture, gros comme rien, et pas plus haut que ça, sort en même temps du panneau, comme un diable d'une boîte à surprise, et vient se camper devant l'enseigne, avec une attitude respectueuse et crâne tout à la fois.

C'est le même qui tout à l'heure, abandonnant une seconde la chaufferie, a rendu au timonier Pierre le service que l'on sait.

— Que voulez-vous ?

— Commandant, je me fais vieux, là dedans. J'ai plus rien à y faire, à présent que le tournebroche est détraqué.

— Après ? continua brusquement l'officier.

— Eh ben ! répond le petit homme sans s'intimider, j' voudrais de l'ouvrage.

— Mais quoi ?

— Pardi ! la belle malice ! J' voudrais piquer une tête, et aller dire deux mots à l'hélice, qui n' bouge plus.

— C'est bien ! vous êtes un brave. Allez.

— Merci, commandant !

« Une ! deusse ! que le Dieu des bains à quatre sous me protège... et troisse ! »

Il dit, s'élance d'un bond sur le bordage, allonge les mains, et pique une de ces têtes qui eût fait pâmer d'aise tout le clan des caleçons rouges des bains Ligny.

— Crâne petit homme ! murmurent les matelots.

Et ils s'y connaissent.

Les noirs, un moment stupéfaits, reviennent à la charge. Le petit chauffeur est toujours sous l'eau. Sa tête falote, aux cheveux clairs, émerge enfin.

— Ça y est, les enfants ! et vive la République ! Jetez-moi un grelin, n'importe quoi... allons-y !

L'hélice se remet en mouvement. Le brave gamin saisit une amarre et commence à se hisser. Par malheur, un lourd morceau de pirogue le heurte rudement au front.

La violence du choc l'étourdit, il disparaît. Un cri d'angoisse échappe aux matelots. On entend aussitôt le bruit sourd d'un corps qui tombe à l'eau. C'est l'homme au casque blanc, celui que le commandant appelait tout à l'heure André. Il se dévoue pour tenter le sauvetage du brave garçon.

Les noirs rétrécissent leur cercle menaçant. Le fleuve est couvert d'embarcations derrière lesquelles ils s'abritent, et qu'ils poussent comme des barricades mouvantes.

Toutes ces péripéties se déroulent en moins de temps qu'il n'en faut pour les raconter. Les deux hommes tardent bien à reparaître. Les secondes semblent des heures.

Pendant ce temps, la chaloupe commence à virer de bord. Son axe est perpendiculaire au courant.

Enfin !... les voilà ! André soutient d'une main le gamin évanoui. On lui tend à son tour l'amarre. Il allonge l'autre main.

— Courage ! lui crie-t-on de tous côtés.

Hélas ! pourquoi l'aveugle fatalité stérilise-t-elle alors ces deux actes de dévouement ? Pourquoi ce double sacrifice devient-il non seulement inutile à l'équipage, mais encore désastreux pour les deux intrépides sauveteurs ?

Pour la seconde fois, l'hélice ne fonctionne plus. Le choc l'a-t-il faussée ou bien encore les herbes longues et tenaces qui obstruent en cet endroit le lit du fleuve, empêchent-elles son mouvement en s'enchevêtrant autour d'elle.

La chaloupe, prise par le travers, au moment précis où elle cesse de gouverner, est emportée comme une plume par le courant. Elle franchit en un clin d'œil la ligne des pirogues qu'elle effondre, et disparaît, pendant que les noirs désappointés et furieux s'emparent des deux hommes dont l'un commence à reprendre ses sens, pendant que l'autre défaille à son tour.

S'ils n'ont pas été entraînés aussi, c'est que le fleuve forme un coude en cet endroit, et que le courant y est infiniment moins rapide qu'au point où l'avant de la chaloupe a dû pénétrer pour opérer la manœuvre.

La bataille est finie. Quelle orgie de chair noire pour les crocodiles qui, un instant troublés par les balles et les coups de feu, s'en donnent à gueule que veux-tu sur les morts et les blessés !

Les vivants ne peuvent se soustraire à leur atteinte qu'à force de mouvement ; et encore les deux Européens se sentent de temps à autre frôlés par la carapace rugueuse d'un saurien hideux, dont la gueule se referme

1.

avec le bruit d'un couvercle de malle sur le torse d'un noir à l'agonie.

Le gamin est complètement revenu à lui. Il nage comme un poisson, entouré par la meute hurlante des Osyébas qui forment un cercle compact, et soutient André à demi suffoqué.

— Eh ! là-bas, tas de mal blanchis, vous pourriez pas me donner un coup de main, au lieu de me regarder comme ça avec votre air vorace ?...

« Eh ! m'sieu, m'sieu André, s'agit pas de tourner de l'œil...

« Mâtin ! le bon bain ! Une vraie lessive...

— Bicondo ! Bicondo ! hurlent les noirs. C'est-à-dire : « Manger ! manger ! »

Le gamin, ignorant les subtilités du dialecte des Osyébas, se met alors à les invectiver en termes plus pittoresques que parlementaires.

— Des imbéciles, quoi !... Ça n'a seulement pas vu l'obélisque !

« Dis donc, toi... le grand benêt, qui brailles si fort, si tu fermais un peu ton bec... aïe donc... dépêche-toi... tu vois bien que monsieur va boire un coup !...

« Là... t'es gentil ; t'auras du sucre.

« Dire que j'ai lu la *Case de l'oncle Tom*, et que j'ai cru que tous les moricauds étaient des bons nègres... Ben oui ! va-t'en voir... dans les livres... »

Un des noirs, ahuri par ce flux de paroles, prêtait cependant son aide au gamin.

Il était temps.

Quelques minutes après, les deux naufragés abordaient. Ils étaient plus que jamais à la merci de leurs féroces ennemis.

Ceux-ci, pourtant, ne se précipitèrent point sur eux sinon pour les égorger, du moins pour les garrotter étroitement, afin de leur enlever toute possibilité de fuite. Cette apparence de longanimité avait un motif culinaire très important.

Si les Osyébas sont anthropophages, ce n'est pas à la façon des cannibales australiens, qui avalent gloutonnement la chair humaine, parce que la faim leur tord les entrailles.

Fi donc ! Ces messieurs sont des gourmets ; ils dévorent leurs prisonniers, mais après certains préparatifs essentiels. Ils dédaignent une viande battue, fatiguée et meurtrie par la lutte, ou émaciée par le besoin. Ce qu'il leur faut, ce sont des muscles bien à point, parfaitement reposés, et entourés d'une couche de graisse suffisante.

Ainsi font les veneurs européens, qui ne veulent pas pour leur table d'une bête forcée par les chiens dans une chasse à courre.

Certains désormais que les prisonniers ne leur échapperaient pas, ils les entouraient déjà de toute sorte de ménagements. Ils voulaient leur enlever tout motif d'inquiétude, afin que, leur esprit étant libre de tout souci, leur corps pût acquérir, avec un régime approprié, ce moelleux, ce je ne sais quoi, constituant pour un cuisinier habile un morceau bon pour la broche ou la casserole.

Puis l'arrivée du gamin fut si drôle et son entrée en matière tellement burlesque, que toutes ces bedaines anthropophagiques furent secouées par un rire inextinguible :

— Bonjour, messieurs... Ça va bien ?... Pas mal, merci... Un peu chaudement, pas vrai... C'est le temps qui veut ça... Vous ne comprenez pas le français... Ça se voit... Tant pis pour vous alors !... C'est comme ça chez nous... Il est vrai qu'à 1,200 lieues du faubourg Antoine, faut guère s'étonner d' pas trouver d'école primaire.

« Ben, voyons, m'sieu André, dites-leur donc quéque chose, à ces gens, vous qui savez le latin ! »

Quoique terriblement inquiet du présent, et surtout de l'avenir, André riait franchement des saillies du gamin dont la gaieté était vraiment contagieuse.

— Que j'suis donc bête!... Mais je connais leur bonjour. C'est un particulier de chez *eusse* ou des environs qui me l'a appris au Gabon.

Et, s'inclinant avec grâce, il leur cria à droite, à gauche et en face :

— *Chica! ah! Chica! Chica! ah! Chica!*

Ce qui veut dire : *Vis! ah! vis!*

C'est en effet par ces mots que s'abordent les Osyébas quand ils se rencontrent.

L'effet de ce salamalec indigène est stupéfiant. Tous les moricauds élèvent sur leurs têtes leurs mains en forme de coupe et répondent par un *Chica! ah! Chica!* unanime.

La connaissance est faite.

— Allons, ça va!... Mais c'est pas encore assez... Un peu de gymnastique ne ferait pas mal.

Aussitôt dit, aussitôt fait. Notre petit bonhomme se met à cabrioler comme un enragé. Il exécute une série de sauts périlleux en avant, en arrière, de côté, comme les Indiens ; il fait la roue, marche sur les mains, et termine enfin par un grand écart étourdissant.

Les noirs, grands amateurs de danse, et admirateurs passionnés de tous les exercices du corps, sont absolument renversés. Leur étonnement se traduit par une série de rires convulsifs.

— Dites donc, si ça vous amuse, faut pas vous gêner... Moi, j'prendrais bien quéque chose. Y fait rudement soif chez vous... Et puis, avec ça que j'ai laissé ma cotte dans la chaloupe, le soleil me rissole le dos. J'vas être rouge comme un homard.

« Eh! toi, mon vieux fils, — dit-il à un des guerriers, d'aspect un peu moins farouche que la plupart de ses concitoyens, et qui avait les épaules couvertes d'un léger tissu de phormium, — prête-moi un peu ta chemise, dis, veux-tu ? T'as une bonne tête. T'es laid comme un singe, mais t'as pas l'air féroce... Allons ! fais une risette... Là ! c'est parfait ! »

Et le petit diable lui chatouille les côtes, lui porte avec son doigt allongé de petits coups dans la poitrine, pendant qu'il lui décroche son vêtement et le jette sur ses propres épaules.

L'autre ne peut plus se défendre ; il le laisse faire et finit par se rouler sur le sol, en proie à une gaieté folle.

Mais que signifie cette panique ? Pourquoi tous ces nègres, si joyeux, reprennent-ils aussitôt, avec la mobilité particulière à leur race, un sérieux d'écoliers en défaut, qui se donnent un air grave, et pincent la lèvre quand le maître arrive.

C'est qu'en effet voici le maître, et un terrible !

Vêtu d'un habit rouge de général anglais, les jambes nues, la tête couverte d'un chapeau à haute forme, tanné, roussi, chauve par places, et orné d'un galon d'or passé, le roi, qui s'est prudemment tenu à l'écart pendant la bataille, s'en vient avec sa suite connaître le résultat de l'affaire.

Il porte, accrochée sur les oreilles, et lui pendant jusque sur la poitrine, une fausse barbe, faite avec une queue de bœuf, et se dandine en s'appuyant sur une grosse canne de tambour-major.

L'hilarité de ses sujets le met en fureur. Il distribue préalablement de droite et de gauche, à grand tour de bras, une série de coups qui sonnent sur les échines, puis interpelle tout son clan dans un patois incompréhensible, où revient toujours le mot de « *Bicondo* », qu'il prononce d'un ton farouche en désignant les captifs.

Friquet est tout d'abord visiblement agacé.

— J' m'appelle pas Bicondo, mon p'tit père. J' m'appelle Friquet... Friquet de Paris, entends-tu, Bicondo ? Bicondo toi-même !

« Est-ce possible de se fagoter comme ça ! Si on dirait pas le général Boum qu'est tombé dans un baquet de noir animal ! Et c'te barbe !

« Comme ça, c'est toi qu'es le patron ? »

Et Friquet, d'une horrible voix de fausset, contre laquelle protestent indignées les perruches multicolores qui jacassent dans les branches, écorche à tue-tête le refrain qui fit jadis la joie du public et la fortune d'un maëstro :

> Ce roi barbu..... qui s'avance.....
> Bu qui s'avance..... bu qui s'avance.....
> etc., etc.

Le chanteur obtient un succès égal à celui du gymnaste. Il finit son couplet à la grande joie du public et du monarque lui-même qui prend goût à la chose.

On le fait recommencer... L'auditoire se met de la partie, et c'est merveille d'entendre tous ces singes à deux pattes, au gosier de perroquet, essayer de patoiser l'opérette française qui n'en peut mais.

L'incident terminé, la troupe se met en marche, et arrive bientôt au village où une ample distribution de bière de sorgho aide à désaltérer les virtuoses blancs et noirs.

Nos deux amis sont ensuite conduits avec toutes sortes de précautions dans une case spacieuse, hermétiquement close par une sorte de clayonnage en bois flexible recouvert de cuir.

Un fugitif rayon de soleil pénètre un instant dans ce réduit misérable, et ils s'aperçoivent qu'il est habité déjà par un personnage dont ils ne peuvent distinguer les traits, car l'obscurité redevient complète.

— Tiens ! y a quelqu'un ! dit Friquet.

— Un Français ! s'écrie le personnage en question d'une formidable voix de basse-taille.

— Des Français, répond André avec émotion. Qui que vous soyez, vous qui parlez notre langue, et qui sans doute êtes prisonnier comme nous, croyez à notre sympathie. Peut-être souffrez-vous depuis longtemps.

— Depuis trois longues semaines, monsieur! Et, pendant ce temps, en proie aux horribles traitements que m'infligent ces brutes.

Les yeux d'André et de Friquet s'habituant peu à peu à l'obscurité, ils peuvent, grâce aussi aux minces rayons filtrant à travers la toiture, apercevoir le mobilier et l'habitant dont la rencontre est quelque peu extraordinaire.

— J'connais pourtant c'te figure-là, disait à voix basse le gamin à son compagnon. C'est égal, si c'est lui, il est rudement changé.

— Qui, lui?

— Attendez un peu, m'sieu André. J'voudrais pas dire une bêtise, pourtant.

Leurs yeux, complètement accommodés aux ténèbres, distinguaient enfin les traits de leur compagnon de captivité.

Sa grande taille semblait encore augmentée par une de ces maigreurs fantastiques qui eût assuré la fortune d'un montreur de phénomènes.

Son crâne était lisse comme une pastèque. Ses yeux, qui luisaient sous de gros sourcils charbonnés, donnaient à sa physionomie une expression formidable, heureusement adoucie par l'immense rire d'une grande bouche qui s'ouvrait jusqu'aux oreilles, et que toutes les dents semblaient avoir désertée.

Le nez, grand, crochu, mobile comme celui d'un polichinelle, faisait, comme on dit, carnaval avec le menton et complétait bizarrement cet ensemble hétéroclite.

Les jambes et les bras, démesurément longs, semblaient des pattes de faucheux, avec de grosses nodosités figurant les jointures.

Un lambeau d'étoffe, couvrant en partie le torse, laissait apercevoir une peau grisâtre, collée à des os faisant de lamentables saillies sous cette enveloppe décharnée, qu'ils menaçaient de percer.

Cet homme ne pesait pas cent livres. Il eût fallu de patientes recherches, aidées d'une connaissance approfondie de l'anatomie, pour trouver trente livres de chair réparties sur cette charpente humaine.

André et Friquet étaient épouvantés de cette maigreur dont paraissait ravi le prisonnier, qui, d'ailleurs, ne se fit aucunement prier pour fournir tous les renseignements désirables.

De sa chétive enveloppe s'échappa, comme un tonnerre, un bon gros rire qu'on eût dit produit par des cordes de contrebasse tendues à l'ouverture d'une caverne, et frottées à tour de bras par un instrumentiste en délire.

— Eh !... eh !... eh !... mes enfants, il n'y a qu'un pays au monde, la France ! et qu'une ville en France !...

— Paris, mon pays ! répliqua Friquet.

— Marseille, ma ville, mon bon ! A ça près, nous sommes compatriotes. Vous voulez maintenant savoir pourquoi et comment je me trouve ici ? Mon Dieu ! c'est bien simple, et sans doute pour le même motif que vous.

« Je suis ici à l'engrais, et l'on m'engraisse pour être mangé !... »

Si le prisonnier voulut faire un effet, il y réussit pleinement. Mais cette réponse exorbitante produisit sur ses interlocuteurs un effet diamétralement opposé. Friquet, ahuri, tordu par une colossale envie de rire, pouffait sans pouvoir articuler une parole, pendant qu'André constatait avec douleur qu'il ne pouvait avoir affaire qu'à un fou.

L'autre devina ce qui se passait dans l'esprit du jeune homme, et reprit avec une bonhomie affectueuse :

— Ne doutez pas de ma parole, mes chers enfants.

Nous sommes, vous ne l'ignorez pas, au pouvoir des Osyébas, qui ont l'habitude de manger leurs ennemis. Je connais bien leurs coutumes. J'ai eu le temps de les étudier, pendant mon séjour de six ans dans les parages compris entre le Gabon et le haut Ogôoué.

« Mais rassurez-vous. Nous ne sommes pas encore à la broche. Je suis heureusement trop maigre pour être dévoré. Il ne tient qu'à vous de le devenir aussi. J'ai pour cela une recette infaillible. Rien ne presse, d'ailleurs. Le « repas » est pour la pleine lune ; nous avons encore près de quinze jours. C'est plus de temps qu'il n'en faut pour aviser.

« A votre tour, expliquez-moi, mes chers compagnons, à quel hasard malheureux je dois le bonheur de votre rencontre. »

André lui dit alors qu'un médecin de la station navale du Gabon étant disparu, l'amiral avait envoyé une chaloupe à sa recherche ; que lui, André, se trouvait à Adanlinanlango pour ses affaires personnelles, avait obtenu l'autorisation de se joindre à l'expédition.

Il fit le récit de la bataille, et termina en racontant l'épisode du sauvetage de la chaloupe par Friquet, et de leur capture par les noirs.

L'homme écoutait avec un attendrissement profond, qu'il ne cherchait pas à dissimuler.

— Ainsi, vous, mon cher monsieur, vous, mon brave petit homme, c'est en voulant sauver un inconnu que vous avez sacrifié votre vie et votre liberté.

— Avec ça que vous n'en auriez pas fait autant pour ce bon docteur, qu'est la crème des braves, même que les « mathurins » étaient tout chavirés de ne plus l'avoir.

— Mais vous ne comprenez donc pas que c'est moi ?...

— Vous ! s'écrièrent-ils stupéfaits.

— Moi-même, dit-il en les étreignant avec une effusion

qui enlevait à sa physionomie tout ce qu'elle avait de grotesque.

— Mais, docteur, reprit Friquet, je ne vous aurais pas reconnu. Je suis de l'équipage. J'étais chauffeur. Je vous ai vu, pourtant.

— A cette époque, je portais l'uniforme, j'avais des cheveux, ou plutôt une perruque : entre nous, point de coquetterie, n'est-ce pas? J'avais des dents aussi. Et maintenant, plus rien. Si je pouvais me voir dans une glace ! Bah ! je dois être laid à faire peur !

— Le fait est que vous ne payez pas de mine, soit dit sans vous offenser.

— Je m'en rapporte à vous, mon petit espiègle. Ecoutez, il se fait tard ; reposons-nous. On va nous apporter à manger tout à l'heure. Quand nous aurons dîné et fait un bon somme, nous causerons. Je vous raconterai par quelle étrange série d'aventures je suis passé depuis trois semaines que j'habite ici.

CHAPITRE II

La preuve que tous les noirs ne sont pas les bons nègres des auteurs. — Les Pahouins, les Gallois et les Osyébas. — Leurs rapports gastronomiques et autres avec les Nyams-Nyams. — L'opinion du docteur Schweinfürth. — Pourquoi l'on engraisse et comment on maigrit. — Rester maigre ou être mangé.

— Vous me croirez si vous voulez, docteur, eh bien ! je n'ai pas plus envie de dormir que de rester ici.

— Vous aimeriez mieux causer?

— Oui, si ça ne vous déplaisait pas, ainsi qu'à m'sieu André.

— Mais bien au contraire, mon cher Friquet.
— Causons donc, fit le docteur.
— D'abord, puisque nous devons tous être mangés, sauf cependant permission de notre part, je voudrais bien savoir par qui.
— Vous êtes curieux.
— On le serait à moins.
— Je suis loin de vous blâmer. Nous serons mangés, sauf avis de notre part, comme vous le dites, par ceux qui nous ont pris, à moins toutefois qu'ils ne jugent à propos d'inviter des amis.

« Cela me paraîtrait assez logique, car, enfin, il n'ont pas des occasions pareilles tous les jours.
— J'crois bien ! reprit le gamin d'un ton convaincu.

Friquet, avant de passer à l'état de comestible, s'estimait très cher la livre, et il n'avait pas tout à fait tort. Ajoutons qu'il s'accordait modestement, et avec juste raison, une valeur égale à celle de ses compagnons, bien qu'il fût incontestablement moins charnu qu'André et moins grand que le docteur.

— Pour lors, continua-t-il, vous dites que tous ces « *bicondo* » s'appellent de leur vrai nom... ?
— Les Osyébas.
— Le nom n'est pas plus laid que bien d'autres.
— C'est le cas de dire que le mot ne fait rien à la chose ; au contraire. Ces abominables sauvages sont bien les êtres les plus féroces de la création.
— Est-il possible d'être méchant dans un pays aussi merveilleux que celui-ci, dit le gamin rêveur ; de manger les hommes quand il n'y a qu'à étendre la main pour cueillir les plus beaux fruits et se donner la peine d'abattre le gibier qui foisonne dans les bois ?
— Votre réflexion est bien juste, et empreinte d'un sentiment profondément philosophique.

« Là où la nature a versé avec une folle profusion tous

les trésors de son splendide écrin, là où le sol regorge de fruits, où la terre est constellée de fleurs éblouissantes et où tous les besoins matériels peuvent être satisfaits, l'homme est une bête féroce, adonnée aux pratiques les plus sanguinaires et les plus honteuses : il mange son semblable ou le réduit en esclavage.

— Canailles ! exclama Friquet partagé entre la joie d'avoir fait une réflexion « philosophique » et l'horreur que lui causaient les cannibales.

— Tandis que dans les pays déshérités, chez les Esquimaux, les Groënlandais, les Samoyèdes ou les Lapons, qui pendant de longs mois grelottent sous la neige, privés de l'indispensable, l'hospitalité la plus cordiale et la plus généreuse est la première des vertus.

— Comme vous dites vrai, docteur ! fit à son tour André. Et pourtant, ne serait-il pas possible de faire pénétrer la civilisation chez ces malheureux, de les évangéliser, de leur montrer l'horreur de leur conduite ?...

— Mon cher compagnon, quand vous aurez passé comme moi six longues années parmi ces brutes, vous changerez d'opinion, croyez-moi. D'ailleurs les cannibales africains, et ils sont nombreux, car on en compte plusieurs millions, ne pèchent pas par ignorance, et surtout par besoin, comme les anthropophages australiens.

« Par un phénomène ethnographique particulier, et jusqu'à un certain point explicable, ce sont les plus civilisés qui s'adonnent à cette monstrueuse pratique.

— Vous m'étonnez !

— Rien de plus vrai, pourtant ; et les voyageurs les plus consciencieux sont unanimes sur ce sujet. Je vous citerai trois auteurs dont le témoignage est indiscutable : Alfred Marche, le marquis de Compiègne, et le docteur Schweinfürth.

— Allez-y, docteur, sans vous commander, dit Friquet

intéressé, et qui ne pensait pas plus à manger qu'à être mangé.

— C'est que, dit le docteur subitement rappelé au sentiment de la réalité, on va nous apporter notre repas...

— Casser une croûte, ça me va !...

— Casser une croûte !... Drôle de croûte, allez ! Enfin je n'y peux rien, et vous verrez cela assez tôt.

— Mais oui, mais oui, nous verrons ça plus tard. Moi, d'abord, je suis tout oreilles.

— Cela sera peut-être un peu long.

— Tant mieux, alors !

— Il ne vous est peut-être pas indifférent de savoir que les Osyébas sont les membres de cette grande famille des Fans ou Pahouins, qui, descendant en masses serrées du nord-ouest de l'Afrique, ont envahi la région équatoriale jusqu'à l'estuaire du Gabon.

— Tiens ! tiens ! Alors ces honnêtes Pahouins, qui venaient donner des sérénades au poste d'infanterie de marine, et qui illuminaient leurs cases avec de l'huile de palme, dans des coquilles de tortues en guise de lampions, sont aussi des anthropophages ?

« Je m'en étais bien un peu douté, en voyant leurs dents limées en pointes, et plus aiguës que celles des chats...

— Vous avez pleinement raison ; votre remarque, faite aussi par le marquis de Compiègne (1) relativement à nos hôtes d'aujourd'hui, n'a pas échappé non plus au docteur Sehweinfürth, quand il visita les Nyams-Nyams et les Moubouttous.

« Il y a certainement une énorme famille cannibale dans le centre de cet immense continent africain, d'où

---

(1) *L'Afrique équatoriale*, par le marquis de Compiègne. Librairie E. Plon.

partent, poussés par les mystérieux besoins d'émigration, les Pahouins et les Osyébas pour l'occident, et les Nyams-Nyams avec les Moubouttous pour l'ouest.

« Les rejetons de cette famille sont innombrables.

— Mauvaise herbe croît toujours, interrompit sentencieusement Friquet.

— Le docteur Schweinfürth évalue à plus d'un million le nombre des Moubouttous, et l'amiral de Langle portait, il y a dix ans, à 70,000 celui des Pahouins entourant notre colonie. On affirme que ce chiffre a triplé depuis cette époque.

— Eh bien! alors, ils ne se mangent pas tant que ça.

— C'est ce qui vous trompe. Ces drôles, prolifères comme les Allemands dont ils possèdent la gloutonne voracité, vont, tant est puissant leur horrible goût pour la chair humaine, jusqu'à dévorer les cadavres des leurs qui sont morts de maladie.

— Ah! docteur, c'en est trop! s'écria André révolté.

— Au moment où le marquis de Compiègne faisait cette remarque, continua imperturbablement le docteur aussi tranquille qu'à une table d'amphithéâtre, Schweinfürth constatait, comme je vous l'ai dit, le même fait à huit cents lieues de distance.

« Les *Nyams-Nyams*, dont le nom, sorte d'harmonie imitative du mouvement de la mastication, signifie aussi: *mange-mange*, habitent l'est de l'Afrique centrale.

— Entre nous, continua l'incorrigible bavard, le nom n'est pas trop bête, bien qu'il ne fasse pas rire. *Nyams-Nyams!*... Ny... ams... Ny... ams... C'est que ça y est, oui!

— On les a jadis appelés *hommes à queue*, et on les a crus pendant longtemps pourvus de cet appendice, dont sont privés les grands singes anthropomorphes. Mais on a découvert depuis qu'ils s'attachaient derrière les reins des queues de bœufs, que des voyageurs trop crédules, ou peut-être amis du merveilleux, avaient prises pour des organes leur appartenant réellement.

« Les Nyams-Nyams, comme les Pahouins, ornent leur chevelure avec des cauris, petites coquilles servant de monnaie sur la côte orientale, et qui ne s'importent jamais par mer à la côte occidentale.

« Les uns et les autres n'acceptent que la grosse perle noire de verre bleu, et refusent toutes les autres variétés. Leurs couteaux, appelés *troumbaches*, ont identiquement la même forme bizarre et compliquée.

« Les chiens que les Nyams-Nyams emploient à la chasse sont de petite taille ; ils ressemblent au chien-loup, ont l'oreille longue, droite et grande, le poil ras et lisse, la queue courte et en vrille comme celle d'un petit cochon. Le front est très large, très bombé, et le museau pointu.

« Or le marquis de Compiègne a observé chez les Pahouins la même race de chiens, et le regretté voyageur en a même ramené un spécimen, au retour de la brillante expédition qu'il fit en compagnie d'Alfred Marche.

« Ainsi il est bien entendu que les Osyébas appartiennent à cette famille dont le docteur Schweinfürth trace un tableau qui m'a vivement frappé, et que je me rappelle presque mot pour mot.

« De tous les pays de l'Afrique où l'anthropophagie est en usage, c'est chez les Moubouttous et les Nyams-Nyams qu'elle est le plus prononcée. Entourés, au nord et au sud, de noires tribus d'un état social inférieur, et qu'ils regardent avec le plus profond mépris, ces cannibales ont un vaste champ de chasse, de combat et de pillage, où ils peuvent se nourrir de bétail et de chair humaine.

« Tous les corps de ceux qui tombent sont immédiatement répartis, boucanés sur le lieu même et emportés comme provisions de bouche. Les prisonniers, conduits par bandes, sont réservés pour plus tard et deviennent à leur tour victimes de l'affreux appétit des vainqueurs. Ils préparent la graisse humaine, et l'emploient très régulièrement pour leur cuisine.

— C'est épouvantable ! dit André écœuré.

— Et pas rassurant du tout, vous savez. Alors les particuliers qui nous ont pincés sont les proches parents de ceux dont votre docteur... Cheminefürth... comment diable dites-vous ça ? enfin, un nom pas poli de Prussien.

— Schweinfürth, mon jeune ami. Respectez son nom, c'est celui d'un savant illustre et d'un homme de bien. Il était au centre de l'Afrique pendant notre malheureuse guerre. Il n'a pas craint de protester publiquement, quand la plupart de ses collègues s'aplatissaient devant ceux qui se sont conduits chez nous, à peu près, sauf l'anthropophagie, comme de vulgaires Nyams-Nyams.

« Et pourtant, dit encore le voyageur allemand, ces mangeurs d'hommes ont pour eux la bravoure, l'intelligence, l'adresse, l'industrie, en un mot, une immense supériorité sur les peuplades abâtardies qui les environnent. Leur habileté à forger le fer, à chasser, à faire le commerce, n'a d'égale que celle des Pahouins et des Osyébas.

« En dépit de leur férocité, c'est une noble race de gens bien autrement cultivés que leurs voisins, à qui leur régime alimentaire fait horreur et dont ils se glorifient.

« Ils ont un esprit public, un certain orgueil national, et sont doués d'une intelligence et d'un jugement que possèdent peu d'Africains. Leur industrie est avancée, et leur amitié sincère.

— Ce serait une jolie occasion de leur rendre un service, et de se concilier cette amitié dont les résultats seraient de nous soustraire à l'honneur de figurer sur leur table avec une garniture de patates douces.

— Cela me paraît en effet urgent, dit André qui n'avait

pas perdu un mot de cette intéressante mais peu rassurante description ethnographique.

— Nous avons heureusement encore, ainsi que je vous l'ait dit, une quinzaine de jours de répit, reprit le docteur.

« Le temps de donner à notre « beurre » son arome, et d'atteindre l'époque de la pleine lune.

— C'est ça : nous aviserons, et nous garderons notre beurre pour nous.

Le docteur, préoccupé, marchait de long en large, et semblait plongé dans l'attente d'un événement douloureux.

Les rayons qui filtraient à travers les interstices devenaient de plus en plus obliques. Ils disparaissaient. La nuit arriverait avant une demi-heure, étendant brusquement, sans crépuscule, son manteau noir sur la région équatoriale.

Un épouvantable charivari éclata soudain, mêlé aux aboiements lugubres des chiens exaspérés, et aux jacassements des perroquets effarés.

— Allons, dit le docteur d'un ton chagrin, mais résigné, le moment s'avance.

— Quel moment, reprit André qui, malgré sa bravoure, sentit une légère moiteur à la racine de ses cheveux.

— C'est le dîner !...

— Eh bien ! qu'y a-t-il donc de si douloureux dans l'accomplissement de cette fonction gastronomique ?

— Hélas ! mes pauvers enfants, vous allez voir.

Au dehors, le tumulte redoublait d'intensité. L'orchestre faisait rage. C'était comme un vacarme de cornemuses, hurlant à contretemps le plus formidable ranz des vaches.

La porte s'ouvrit, et un flot de lumière envahit la case. Une dizaine de vilains bonshommes cuivrés, ou plutôt vert-de-grisés comme des carapaces de crocodiles, firent leur apparition.

Leurs figures étaient plutôt féroces que repoussantes. Leurs lèvres, bien moins lippues que celles des nègres, découvraient des dents blanches comme de la porcelaine. Leurs chevelures épaisses étaient tressées en nattes très fines, entremêlées de fils de laiton. Un tablier en peau de chat-tigre, auquel était attachée une petite clochette, leur ceignait les reins, et des colliers, fabriqués avec des dents de fauves, entouraient leurs cous.

Ils étaient sans armes, et trois d'entre eux portaient trois énormes jarres de terre séchée au soleil, de la capacité de cinq ou six litres, et contenant une sorte de bouillie jaune clair d'un aspect passablement répugnant.

— Ah! ah! v'là le nanan! cria de sa voix aiguë Friquet, en exécutant une merveilleuse cabriole; le nanan à Bicondo!

Les musiciens roulaient leurs yeux blancs, et soufflaient comme des aquilons dans les instruments de musique, ou plutôt dans leurs engins de torture.

D'immenses cornets à bouquin, creusés comme l'oliphant de feu Roland dans des défenses d'ivoire, et dont ils tiraient les sons les plus effroyables, composaient la grosse artillerie de l'orchestre.

D'autres virtuoses s'introduisaient délicatement dans l'une ou l'autre narine une petite flûte grosse comme le doigt, dans laquelle ils soufflaient jusqu'à faire éclater leurs artères temporales, qui se gonflaient comme des cordes.

Une vibration aiguë, d'une longueur énervante, et terminée par un couac atroce, sortait du petit instrument. L'homme avalait une large lampée d'air, et recommençait jusqu'à l'asphyxie ce jeu idiot.

Quelques-uns saignaient à pleines narines. On les considérait avec admiration. Ils étaient, à n'en pas douter, les plus capables musiciens de toute la troupe. Cette admirable preuve de virtuosisme semblait les ravir et exciter encore leur émulation.

Ce morceau d'ouverture à grand orchestre, et tel que les échos de Bayreuth n'en ont jamais répercuté, dura un gros quart d'heure.

Puis on entendit un solo de flûte. Ce solo, d'exécution facile, consistait également en une seule note, analogue à celle que tirent de leur petite trompette les marchands de robinets à Paris.

— Allons! murmura piteusement le docteur, c'en est fait!

Et le pauvre homme s'étendit de son long sur la terre battue formant le plancher de la case.

Il posa sa tête sur le billot d'ébène poli qui sert d'oreiller à presque toutes les peuplades africaines, et attendit, avec un air de résignation qui eût attendrit une panthère noire de Java.

André et Friquet se regardaient étonnés, presque inquiets.

Les jarres furent déposées devant eux avec une sorte de cérémonial.

Le docteur était toujours complètement immobile.

Qu'allait-il donc se passer?

Friquet, qui avait faim, plongea, à défaut de cuiller, sa main dans la substance grasse, molle et gluante qu'on lui offrait.

— Hum! murmura-t-il, le rata n'a pas une apparence bien encourageante... Bah!... à la guerre comme à la guerre! Allons-y donc!... D'autant plus que, d'après ce que je vois, n'y a pas d'autre moyen d'éviter de mourir de faim.

Et, bravement, il porta à sa bouche la substance inconnue, qu'il avala comme une fraise.

— Ben, mais... c'est pas plus mauvais que n'importe quoi. Un peu fade, pourtant. Puis ça vous a un petit goût... C'est pas brillant, mais puisqu'y n'y a qu'ça sur la carte.

Friquet continua son repas sans enthousiasme, il est vrai, mais à la grande joie des spectateurs indigènes, qui semblaient n'en pouvoir pas croire leurs yeux.

Il absorba environ un litre du mélange, pour lequel André paraissait éprouver une sincère répugnance.

Puis le mouvement de translation de la jarre à sa bouche se ralentit... deux poignées, j'allais dire cuillerées, passèrent tant bien que mal des lèvres à l'œsophage. Ce fut tout.

— Eh ben ! non ! Là, franchement, ça ne vaut pas un chausson aux pommes, même pas deux sous de pommes de terre frites. Enfin, on s'y fera.

Cet arrêt n'était pas, paraît-il, du goût des Osyébas qui témoignèrent aussitôt, par une pantomime expressive, le mécontentement que leur causait ce manque d'égards pour leur cuisine et ce péché contre l'étiquette.

— Merci, vous êtes bien bons, leur disait le gamin... C'est sans façon. Puis, vous savez, pour la première fois, je ne peux pourtant pas en prendre jusque-là.

Sa repartie n'eut aucun succès. Au contraire. Les pantins de réglisses déposèrent rapidement à terre leurs instruments de musique et firent mine de s'élancer sur Friquet. Le petit homme se dressa sur sur ses ergots comme un coq en colère.

— De quoi ?... Des manières, à présent ?...

Le docteur restait toujours allongé sans même tenter un mouvement.

— Je vous en prie, exclama-t-il de sa voix de basse-taille, n'essayez pas de résistance. Patience, mon enfant, patience !

— J'demande pas mieux, moi. Mais à bas les pattes ! J'aime pas qu'on me touche, ou je cogne !

Le docteur prononça alors en langue indigène quelques mots qui d'ailleurs ne firent aucune impression.

Ils allongèrent une seconde fois leurs griffes de bronze, et tentèrent de saisir les deux jeunes gens.

Friquet, suivi d'André, bondit par la porte entr'ouverte. Le gamin était agile comme un écureuil, et solide comme une barre d'acier. Quant à André, il était, malgré la finesse de sa haute taille, musclé comme un athlète.

Ceux qui voulurent s'opposer à leur sortie furent culbutés par leur irrésistible poussée.

— Nous allons rire! hurla Friquet de sa voix de fausset.

Il dit, frotte ses mains dans le sable, se campe devant les agresseurs et prend en une demi-seconde une irréprochable garde de boxe française.

— Les armes de la nature, les enfants! A qui le tour, s. v. p. A toi, mon fils?... Parfaitement.

« Et voilllllà!... »

Fit-il en passant rapidement la jambe à un naturel, qu'il poussa en sens inverse par l'épaule. Mouvement d'ensemble dont le résultat fut d'étaler sur le dos le noir stupéfait.

— Ça, c'est pour rire... faut pas gâter les affaires.

« Ah! mais, minute! si ça devient sérieux, faut le dire. »

Deux autres veulent le saisir.

Vli! vlan! notre petit diable les foudroie de deux coups de poing au creux de l'estomac. Leur peau noire devient couleur de cendre; ils s'abattent en laissant échapper un *han!* d'angoisse et de douleur.

André, adossé à la case, les deux bras ramenés en croix devant la poitrine, boxe avec un entrain digne d'un champion de la Grande-Bretagne.

Son jeu est d'une admirable correction, et révèle une science approfondie du moderne pugilat.

2.

— Bravo, m'sieu André! bonne école, crédié! glapit le gamin en écrasant d'un coup de pied le maxillaire d'un ennemi trop téméraire. Touché, mon garçon!

Pouf! Poum! Deux coups de poing, magistralement allongés par André, font sonner comme des gongs les poitrines de deux drôles qui s'abattent en crachant rouge.

— A toi, camarade, riposte le gavroche en fauchant moelleusement deux tibias que son pied rencontre comme par hasard.

« Pan! dans l'œil... comme on dit au boulevard... T'en as pas assez? Tiens donc, goulu! »

Le cercle s'élargissait autour d'André.

Nul, parmi les sauvages de l'ancien et du nouveau monde, ne peut affronter les muscles des Européens. Légers à la course, durs à la fatigue, ces hommes de la nature possèdent très rarement la vigueur des blancs. Presque toujours leur musculature est de beaucoup plus faible.

Le gamin était épique. Il portait dix coups par seconde, sans efforts apparents, avec une agilité et une dextérité stupéfiantes.

Il assomma d'un coup de tête un grand diable qui voulait le prendre à bras-le-corps, en aveugla aux trois quarts un autre en lui plantant dans les yeux ses deux doigts écartés, ce qu'on appelle le « coup de fourchette » aux barrières. Il coupa la langue d'un troisième, d'un coup de poing de bas en haut sur la mâchoire inférieure, puis, se dérobant à l'attaque d'un quatrième par une volte rapide, il s'abattit sur les mains, fit une demi-culbute, et moula son talon au beau milieu du visage d'un nouvel antagoniste.

— Mais t'as donc envie de cracher toutes tes dents... nigaud? eh! aïe donc! grand mou!

« Allons, à qui le tour? Ah! vous ne connaissez pas la boxe française? on va vous montrer ça. »

. . . .

Les sauvages clameurs redoublent. De nouveaux adversaires se joignent aux anciens.

Que peuvent désormais, contre plus de deux cents bêtes fauves, le courage et l'adresse de nos deux amis?

Les Osyébas se ruent en masse compacte. André et Friquet secouent pendant quelques secondes une grappe humaine, puis tout mouvement s'arrête.

Un long hurlement de triomphe retentit, et les deux blancs, ficelés en un tour de main, entravés, ligotés, comme des condamnés à mort, sont emportés dans la case et déposés sur le sol, avec d'infinies précautions.

Le pauvre docteur, en proie à une indicible émotion, se lamentait et épuisait toute la série des jurons sonorés et compliqués dont abonde la langue provençale.

Friquet écumait. André gardait un silence dédaigneux.

On les fit asseoir sur une natte, puis, comme si rien ne s'était passé, on leur présenta la pâtée qu'ils repoussèrent avec un geste de dégoût.

La musique recommença, préludant à une nouvelle torture. Trois grands tréteaux, hauts de plus de deux mètres furent apportés, et les trois jarres contenant la pâtée y furent aussitôt juchées.

Chacune d'elles avait à la partie inférieure un trou fermé par un bouchon. Un long tuyau, mince et flexible, terminé par une embouchure d'ivoire, y fut adapté.

— Pauvres enfants! grogna le docteur! eux aussi, il leur faut, bon gré, mal gré, en passer par là!

Les deux jeunes gens regardaient curieusement. Leur attente fut courte. Se doutant enfin qu'on voulait leur faire avaler de force l'abominable bouillie, ils serraient convulsivement leurs mâchoires.

Les sauvages n'essayèrent même pas de les leur entr'ouvrir. Sans respect pour leurs personnes, ils leur pincèrent délicatement le nez entre le pouce et l'index, jusqu'à ce que, menacés d'asphyxie, ils fussent contraints d'entrebâiller leurs lèvres.

Crac! l'embouchure, par laquelle sortait, comme du bec d'un entonnoir, le « nanan à Bicondo », comme disait le pauvre Friquet, leur fut introduite entre les dents, et maintenue à pleines mains.

Il fallait avaler ou étrangler...

Et ils avalaient, les malheureux! La machine, élevée de deux mètres, se vidait en raison de la pression atmosphérique, comme les réservoirs placés au sommet des maisons pour le service des eaux. Leur estomac était le récipient obligé où tout cela descendait, sans qu'ils pussent se soustraire à cette ingestion forcée.

Le docteur, lui aussi, soumis à la même torture, aspirait, ou plutôt laissait couler la bouillie, dont, bien à contre-cœur, il ne laissait pas perdre une parcelle.

Cependant la face des patients s'injectait. Leurs yeux devenaient hagards. Une sueur épaisse ruisselait sur leur front; ils défaillaient. Le supplice dura près de dix minutes.

Les gamelles de terre étant enfin vides, l'embouchure terminant le tuyau fut retirée de leurs mâchoires contractées; le dîner était fini.

Les Osyébas qui avaient réglé l'introduction de la substance nutritive, de façon à remplir l'estomac, sans pourtant courir le risque de le faire éclater, se retirèrent et laissèrent sur leurs nattes les trois hommes inertes comme les pauvres animaux soumis par les éleveurs au régime cruel de l'engraissement forcé.

Leur torpeur dura près de deux heures. Une soif intense les dévorait. Heureusement qu'une abondante provision d'eau leur permit d'éteindre le volcan qui flambait dans leurs entrailles.

Le docteur reprit le premier la parole.

— Eh bien! mes pauvres enfants, que dites-vous de

l'aventure ? Vous, mon cher André, que faites-vous de vos idées d'évangélisation et de civilisation, devant ce raffinement de gastronomie anthropophagique ?

— Si j'avais avec moi cinquante marins de la *Pique*, et un chassepot entre les mains, je sais bien quelle serait ma réponse.

— Savez-vous, reprit Friquet, comment s'appelle ce système ? C'est tout simplement la *Gaveuse mécanique*, employée au Jardin d'acclimatation pour engraisser les canards, les poules, les oies et les dindons.

— Mais c'est ce que je me suis évertué à vous expliquer tout à l'heure.

— Et dire que je me suis amusé, je ne sais plus combien de fois, à rire des mines qu'ils faisaient, quand on leur enfonçait jusque dans le cou cet outil dont ils ne pouvaient se débarrasser.

« Oh ! les pauvres animaux !... Mais enfin, ça n'est que des bêtes, tandis que nous !

« C'est égal, ils sont rudement malins, vos nègres, d'avoir trouvé cela tout seuls. En voilà des gaillards qui font un dieu de leur ventre !

« Mais faudra voir.

— Alors, docteur, dit André, vous pensez que c'est simplement pour nous engraisser ?

— Parbleu !

— Avec cette bouillie où il n'y a pas seulement gros comme une lentille de viande ? reprit Friquet.

— La viande n'engraisse pas, mon ami.

— Ah ! bah !

— Elle sert essentiellement à produire le muscle, tandis que les huiles, les fécules, le sucre, etc., se transforment invariablement en graisse.

— J'aurais cru le contraire. Mais enfin vous vous y connaissez mieux que moi. Alors quelqu'un qui ne mangerait que de la bouillie, qui avalerait par là-dessus de pleins verres d'huile, et qui grignoterait toute la journée des morceaux de sucre, deviendrait gras à lard ?

— Parfaitement ; et c'est bien le régime que nous font subir les coquins qui nous ont gavés à éclater d'un mélange de farine de maïs et de patates sucrées, additionnées d'huile de palme.

— Pouah !

— Comme l'huile de palme, produite par ce joli fruit rouge de l'élaïs, que vous connaissez bien, possède une saveur particulière, dont les anthropophages sont friands comme les écureuils de noisettes, ils comptent là-dessus pour nous aromatiser.

— Brrr !... Vous me faites frémir. Mais, dites-moi, mon cher docteur, est-ce que nous serons bientôt... assez gras?

— Cela dépend. En tenant compte de l'énorme quantité d'aliments spéciaux qu'ils nous font absorber, et de l'immobilité ainsi que de l'obscurité auxquelles ils nous condamnent, vous serez obèses au bout de deux mois. Dans quinze jours vous serez suffisamment entrelardés.

— Mais... et vous, qui êtes si maigre?

— C'est que je possède, ainsi que je vous l'ai déjà dit, une recette infaillible dont je vous ferai part. Je vous garantis que, grâce à ma méthode, vous n'emmagasinerez pas dans votre organisme dix centigrammes de graisse, quand bien même nos éleveurs doubleraient la dose.

— Vous nous ferez voir cela?

— Mais quand vous voudrez, et ce ne sera pas long.

— Tout de suite, alors ?

— Volontiers.

Le docteur, moins alourdi que ses compagnons, se leva et alla, dans un des coins de la case, chercher un vase à demi plein d'huile, dans lequel trempaient quelques fibres végétales qu'il alluma.

— Procédons avec ordre. Voici d'abord de quoi nous voir le blanc des yeux. Pauvres amis! Vous êtes gonflés comme des outres...

« Enfin, patience ! »

Tout en causant, le docteur apportait un grand ustensile de terre, pouvant servir de réchaud. Puis un autre plus petit, à orifice étroit, au ventre arrondi en forme de gourde; puis un tube fabriqué avec une jeune pousse de palmier dont il avait retiré la moelle, et enfin une sorte de panier grossièrement tressé, rempli d'un minerai noirâtre, se présentant sous forme de longues aiguilles brillantes et accolées les unes aux autres.

— Vous avez étudié la chimie, n'est-ce pas, mon cher André?

— Peu, mais mal, au collège, répondit le jeune homme.

— Moi, dit Friquet, je ne sais que la physique, mais je la connais dans les coins.

— Pas possible!

— Oui, dit gravement le petit homme, non sans une pointe de vanité, je l'ai apprise d'un élève de m'sieu Robert-Houdin.

— Ah! très bien, reprit imperturbablement le docteur.

« Les moricauds sont très friands d'escamotage; vous aurez un certain succès.

« La substance minérale que vous voyez, mon cher André, est du peroxyde de manganèse.

— Ah! je ne m'en serais jamais douté.

— Pour vous éviter l'ennui et l'embarras d'une démonstration théorique, je passe d'emblée à la pratique. Vous comprendrez aussitôt, sans trop de difficulté. Je dépose tout d'abord une certaine quantité de peroxyde de manganèse dans ce vase de terre, représentant assez mal une cornue. J'adapte au goulot terminant cette espèce de gourde ce tuyau de bois que j'ai recourbé à la vapeur.

« Je bourre mon fourneau avec ce mauvais charbon qui va tout à l'heure nous enfumer comme des harengs; c'est moi qui l'ai fabriqué.

« Je l'allume. Cela fait, je dépose sur le brasier ma cornue munie de son tube, et j'attends qu'elle soit portée au rouge sombre.

— Mais, docteur, vous allez faire de... de l'oxygène, si je ne me trompe?

— Mon ami, vous l'avez dit. Vous êtes en chimie de force à enfoncer Berthelot lui-même.

« Vous êtes intrigués, n'est-ce pas? Vous vous demandez pourquoi et comment je possède ces substances dont l'emploi, savamment combiné, va retarder longtemps le moment de notre passage dans l'estomac des Osyébas? Je n'ai pas de secrets pour vous. J'ai trouvé le manganèse à deux pas d'ici, pas hasard. Et, chose bien extraordinaire, il est à peu près chimiquement pur.

« Quant au charbon, comme nos hôtes manquent de poudre, je leur ai vaguement fait entendre qu'il me serait possible de leur en fabriquer.

« J'ai trouvé une essence de bois blanc, que j'ai fait brûler d'après la méthode des charbonniers européens. Je suis, en ce moment, censé rechercher un procédé en rapport avec mes moyens, et je mets à profit mes fonctions de directeur de l'Ecole pyrotechnique osyéba, pour agencer mon laboratoire qui me sert à tout autre chose.

« Vous allez voir. »

Pendant que le docteur parlait, le vase contenant le manganèse était peu à peu passé au rouge sombre.

L'opérateur prit un charbon et le laissa s'éteindre presque entièrement.

Quand il n'y eut plus en ignition qu'un petit point imperceptible, il le présenta à l'extrémité libre du tube.

Le charbon étincela aussitôt, devint éclatant comme la lumière d'un appareil électrique, et se consuma en quelques en secondes, tant la combustion fut accélérée par la présence de l'oxygène qui commençait à se dégager.

Friquet était en admiration.

Sans prononcer une parole, le docteur approcha ses lèvres du tube, et se mit à aspirer à longs traits le gaz, dont le dégagement devenait de plus en plus intense.

Ses deux compagnons virent bientôt ses yeux s'allumer et luire comme des escarboucles. Sa respiration devint rapide, saccadée, sifflante. Tout son corps, dans lequel la vie semblait centuplée, fut agité de trépidations.

— Assez ! cria André anxieux, assez, vous vous tuez !

— Non pas ! répliqua le docteur d'une voix de tonnerre, je brûle mon carbone. *Je maigris!*

Il reprit avec une nouvelle ferveur sa curieuse séance d'inhalation, qui dura encore sept ou huit minutes.

— Maintenant, si le cœur vous en dit, vous pouvez fumer à votre tour ce nouveau calumet.

« Oh! rassurez-vous, l'expérience est sans danger.

— Non, demain ; quand vous nous aurez expliqué par quel procédé cette absorption d'oxygène fait maigrir, ou plutôt entrave l'engraissement auquel nous sommes condamnés.

— Ainsi que ses inévitables suites, continua Friquet qui ne pouvait se faire à l'idée de devenir un couscoussou.

— Té ! mon bon, reprit le docteur, chez lequel l' « *assent* » marseillais revenait parfois, les « *hüilles* », les « *grésses* », les fécules, bref, toutes ces substances qui ne contiennent pas d'azote, répandues dans un organisme, sont destinées exclusivement à entretenir la chaleur animale, et par cela même le mouvement.

« Elles sont le combustible de ces organismes.

« L'acte de la respiration est donc une sorte de combustion qui s'opère aux dépens des corps. Si ces derniers fournissent eux-mêmes ces éléments, ils se ruinent et deviennent à rien.

« C'est comme si quelqu'un pour chauffer son appartement brûlait ses meubles.

« C'est ici que les aliments non azotés, dits *respiratoires*, interviennent fort heureusement, et empêchent cette usure, comme le coke et la houille, apportés par le charbonnier, et mieux encore, comme les combustibles engouffrés sous la chaudière d'une machine à vapeur.

« Ils se combinent avec l'oxygène de l'air qui les consume lentement; c'est grâce à cette combustion, comparable, je le répète, à celle qui fait mouvoir les machines, que les corps conservent leur chaleur, et conséquemment leur mouvement.

« Souvent, presque toujours, il y a une surabondance de graisse absorbée, qui n'est pas utilisée pour les besoins quotidiens.

« Cette graisse est alors répartie sur toute la surface du corps, pour subvenir, le cas échéant, à un manque accidentel.

« Cet approvisionnement constitue la réserve de la machine animale, comme le tender la réserve de la locomotive.

« Cela est si vrai, que les personnes obèses supportent mieux le froid que les maigres, parce qu'elles possèdent une source constante de chaleur.

« Et tenez, un exemple frappant : les chameaux ont dans leurs bosses une ample provision de graisse qui leur permet de braver des privations inouïes. A la fin d'un long et pénible voyage, la peau de la bosse retombe flasque, comme celle d'une outre vide. La réserve est épuisée, comme le tender d'un train qui arrive à destination.

« Ainsi, sans charbon, pas de mouvement. Sans graisse, pas de chaleur.

« C'est compris, n'est-ce pas ?

— Parfaitement ! s'écrièrent les deux auditeurs charmés.

— C'est pourquoi les Esquimaux, les Groënlandais, les Samoyèdes et autres peuples habitant les latitudes glacées absorbent d'énormes quantités de graisses, sans lesquelles leurs corps ne pourraient conserver leur calorique.

« Ce qu'on prend pour une dépravation de goût n'est qu'une conséquence des impérieux besoins de l'existence polaire.

« Aussi, sous l'équateur, peut-on parfaitement se passer de ces substances, grâce au milieu ambiant, dans lequel il n'y a pas une semblable déperdition de chaleur.

— Je crois, mon cher docteur, que j'ai compris votre merveilleuse invention.

— Merveilleuse ! hum ! vous me flattez !

« Enfin, voyons si vous saisissez bien.

— Les sauvages, qui savent empiriquement ce que vous venez de nous démontrer avec tant de clarté, nous font absorber vingt fois plus de graisse qu'il ne nous en faut ici pour notre consommation.

« Qu'arrivera-t-il ? Cette graisse que nous ne pouvons brûler, puisque nous sommes condamnés à l'immobilité, va se répartir sur tout notre corps.

« Nous deviendrons obèses.

— Ça serait drôle de me voir avec un ventre de propriétaire, dit Friquet rêveur à la pensée d'acquérir la majestueuse carrure d'un hippopotame.

— C'est alors, reprit André, en souriant à la boutade du gamin, qu'en vous gorgeant d'oxygène vous consumez toutes ces substances grasses, comme si vous activiez le foyer d'une machine par un courant d'air enragé, comme si, en un mot, pour dessécher un vase plein d'huile, vous allumiez deux cents mèches au lieu d'une.

— Bravo ! Votre comparaison est excellente.

« Quel physiologiste vous faites !

— Mais dites donc, docteur, il me semble qu'en se mettant deux doigts dans la bouche, et en soulageant son pauvre estomac... comme si on avait le mal de mer... m'est avis que ça serait infiniment plus simple.

— J'y avais bien pensé. Mais ces damnés sauvages n'ont pas entendu de cette oreille-là. Ils ont mis pendant trois jours et trois nuits près de moi des sentinelles, avec mission d'empêcher toute tentative de ce genre.

« J'ai en conséquence imaginé ce nouveau système dont la réussite a eu jusqu'à présent un plein succès, termina le brave homme en jetant un regard satisfait sur son torse plus sec qu'un parchemin.

— Alors, c'est entendu, dirent les deux jeunes gens. On absorbera dès demain de l'oxygène à haute dose. Car il faut indispensablement *rester maigre ou être mangé !*

CHAPITRE III

Aventures merveilleuses d'un gamin de Paris. — Terre-neuve par vocation et sauveteur par principes. — Des galeries du théâtre de la Porte-Saint-Martin à la cale d'un steamer. — Quelques milliers de lieues dans une soute à charbon. — Un marchand de chair humaine. — Tête-à-tête avec un éléphant. — Précieuses relations avec un coquin. — Périlleuse exploration entre les parois du ventre d'Ibrahim. — Triomphe du docteur.

Le docteur, surexcité par l'inhalation de l'oxygène, ne pouvait tenir en place.

André et Friquet digéraient, mais n'éprouvaient, malgré les fatigues passées, nul besoin de dormir.

La même pensée leur vint simultanément.

Ces trois hommes, qui ne se connaissaient pas vingt-quatre heures avant, étaient devenus d'excellents amis.

Leurs existences étaient dorénavant indissolublement liées.

Les deux jeunes gens, qui s'étaient spontanément et tour à tour sacrifiés avec la superbe irréflexion des cœurs généreux, n'ignoraient pas, lors de leur départ, que la tentative pour retrouver le docteur serait entravée par bien des difficultés.

Aussi, bien longtemps avant de l'avoir rencontré, s'étaient-ils attachés à lui, en vertu de cette loi psychologique qui fait que l'on aime les gens en raison des services qu'on leur rend.

Quant au docteur, il subissait tout naturellement la réciproque, et aimait déjà de toutes ses forces les deux braves qui avaient voulu le sauver au péril de leur propre existence.

— De plus, disait Friquet, avoir la perspective d'être mangés ensemble, il n'y a rien qui vous lie comme cela les uns aux autres.

Puisque le sommeil fuyait obstinément leurs paupières, les trois amis se mirent à causer.

Comme jusqu'alors leurs communs rapports avaient consisté en horions surabondamment distribués aux Osyébas, en plongeons, en sauvetages mutuels et en repas n'ayant rien de gastronomique, ils désiraient se connaître plus intimement.

Des Anglais se fussent présentés cérémonieusement. Nos trois Français se racontèrent leurs aventures.

Ce désir de savoir par quelle étrange succession d'événements ils se trouvaient en ce moment tous trois du même pays, réunis si bizarrement sous l'équateur, était bien naturel.

La présence d'André, gérant intérimaire d'une factorerie à Adanlinanlango, dont il était copropriétaire, devenait jusqu'à un certain point admissible. Celle du docteur ne l'était pas moins.

Mais par quel assemblage d'aventures probablement excentriques, Friquet, le petit moineau franc de Paris, Friquet, qui avait emporté à ses semelles la poussière du faubourg, se trouvait-il présentement dans une case obscure, gavé à éclater d'huile de palme et de patates douces?

C'est ce que ses deux compagnons voulurent tout d'abord apprendre.

Le gamin ne se fit pas prier.

— Oh! moi, dit-il, mon histoire est bien simple.

« La voici en deux mots.

« Enfant de Paris, ni père ni mère connus. Je me rappelle à peine avoir porté d'autre nom que celui de Friquet. On m'a baptisé comme ça, sans doute parce que j'avais l'allure de mon compatriote, le petit moineau, le « *friquet* », comme nous disons là-bas.

« Le gamin de Paris, ça ressemble au moineau franc qui est le « *titi* » des oiseaux.

« Il me semble que je me suis éveillé à six ou sept ans dans l'échoppe du père Schnickmann, un vieux « mastiqueur de bottins », autrement dit un artiste en vieux pour hommes et pour dames.

« Huit pieds carrés pour nous deux, et toujours encombrés par je ne sais plus combien de paires de « philosophes » démolis, fourbus, béants, voilà le palais où s'écoula mon enfance.

« Ah! le métier était dur, allez, m'sieu André!

« Pas que le père Schnickmann fût plus méchant qu'un autre. Mais il lui arrivait souvent de tremper son nez dans pas mal de chopines, et, dame! les coups de tire-pied tombaient comme la grêle quand le bonhomme avait le cœur joyeux.

« Moi, je ne soufflais pas. J'endossais les roulées, et je portais les escarpins aux clients.

« J'étais comme qui dirait le petit clerc de l'établissement. Les appointements n'étaient pas gros. J'étais là pour mon pain. Quant à la boisson, y avait justement en face une fontaine Wallace.

« J'attrapais par-ci par-là une pièce de deux sous de pourboire. Je transformais ça en saucisson ou en cervelas.

« C'étaient de fières aubaines.

« En temps ordinaire, je poissais le fil, je décousais les semelles et préparais la besogne au patron.

« En ai-je décarcassé de ces savates !...

« Ça marcha tant bien que mal pendant plusieurs années.

« Malheureusement, je fis la connaissance de camarades. De petits rouleurs comme moi, que je rencontrais dans mes courses. Je fumai des bouts de cigarettes, je jouai aux billes, puis au bouchon, dans la cour du palais.

— Quel palais ? demanda André.

— Du Palais-Royal, parbleu ! Y en a pas d'autre. J'm'habituai même de temps en temps à un cinquième au litre, qu'on buvait à deux chez le marchand de vin.

« Oh ! j'étais pas un amour d'enfant, bien loin de là. J'chantais des tyroliennes, j'faisais des grimaces aux devantures, et j'm'empoignais avec les cochers ; j'étais devenu un p'tit voyou.

« Qu'est-ce que vous voulez ? J'avais pas de père, pas de mère non plus... Une pauvre vieille que j'aurais aimée à plein cœur, qui m'aurait appris le travail, et m'aurait embrassé de temps en temps...

« Tenez, voyez-vous, tout ça me chavire tellement que j'vois trouble et que je pleure comme une bête. »

Et le pauvre Friquet éclata brusquement en sanglots.

Contraste frappant et pénible avec sa gaieté. L'enfant de Paris semblait fait pour rire de tout.

Cette preuve de sensibilité, ajoutée à l'acte de sublime

dévouement qu'il avait accompli en essayant de sauver la chaloupe, le rendit doublement cher à ses deux interlocuteurs.

Le docteur et André se levèrent aussitôt et lui serrèrent énergiquement la main.

— Mais, mon bon petit diable, dit le premier, j'ai cinquante ans, pas d'enfants, je vous aime déjà comme un fils, car, vrai, vous êtes un crâne petit homme.

— Et moi, reprit André, pensez-vous que je ne vous regarde pas désormais comme un véritable ami... comme un frère, si vous voulez?

« Tenez, mon cher Friquet, je suis, sinon riche, du moins dans une position fort aisée. Quand nous serons rentrés en France, venez avec moi.

« Je vous mettrai à même de gagner honorablement votre vie; nous travaillerons ensemble.

— Oui, si nous ne sommes pas mis à la broche, reprit l'incorrigible gamin riant et sanglotant tout à la fois, et en étreignant les mains qui se tendaient vers lui.

« Quelle veine, tout de même, d'être venu chez les négros!

« J'ai une famille, à présent! Eh bien! moi, aussi, je vous aime de tout mon cœur. Crédié! ça me chauffe rudement dans la poitrine, ce que vous venez de me dire là.

— Mais continuez donc votre histoire, dit le docteur.

— Allez donc, éternel bavard! reprit André.

— Tiens, c'est vrai. Ah! voyez-vous, on ne m'a jamais rien dit de pareil, et vous comprenez que ça vaut bien la peine que je m'arrête un peu en route.

« Ça ne sera d'ailleurs guère long, et peut-être pas bien intéressant.

« Enfin, puisque ça vous plaît...

« J'en étais donc au père Schnickmann.

« Un jour... j'allai toucher pour lui... quelques petites choses... »

Ici le narrateur, visiblement embarrassé, hésita un moment.

— Ben... après tout... faut pourtant que je vous le dise.

« Je chipai l'argent du pauv'vieux, et je filai. Tenez, je m'en voudrai toute ma vie.

« C'était pas grand'chose... Cinq ou six francs tout au plus. Ça m'a pourtant rudement trotté par la tête.

« C'est pas des tours à faire. Aussi je n'ai jamais recommencé.

« Enfin, qu'est-ce que je vous dirai de plus? j'ai roulé un peu de tous les côtés, j'ai ouvert des portières, servi des maçons, figuré au Château-d'Eau, et vendu des contremarques.

« J'ai trimé l'hiver, grelottant sous des vêtements de coutil, et étouffé l'été sous du drap molletonné.

« Après avoir soigné les bêtes au Jardin d'acclimatation, vendu des immortelles aux funérailles des personnages célèbres, ou des « questions » en fil de fer, distribué des prospectus ou crié des journaux à un sou, je suis entré au gymnase Paz pour graisser et astiquer les agrès, ratisser la sciure de bois, etc.

« Ç'a été mon meilleur temps. J'ai appris en outre à me camper d'aplomb sur les deux jambes, à moucher au besoin, du bout de mon soulier, un homme de cinq pieds six pouces, à faire le saut périlleux, et pas mal de boxe française.

« Ça m'allait, le chausson !

« Puis je suis resté deux ans chez M. Robert-Houdin...

— Ah ! oui, dit imperturbablement le docteur... La physique !...

— La physique... répliqua Friquet avec non moins de gravité.

« Passez... muscade !...

« Ça peut servir.

« J'accrochai comme ça mes seize ou dix-sept ans.

« Dame ! je ne suis pas gros, mais j'ai du nerf.

« Jamais ni maladies, ni rhumes, ni maux de gorge. Est-ce que j'avais le temps ? Jamais d'indigestions, surtout.

« Je ne parais pas mon âge, n'est-ce pas ? Mais, bah ! c'est le moyen de rester jeune plus longtemps.

« Enfin, qu'est-ce que je vous dirai encore ? J'ai été mis à la porte de chez Paz, où j'étais revenu un beau jour. Je dois vous l'avouer, c'est pas le patron qui avait tort. Je devenais mauvaise tête.

« Je flânais un jour sur le pont des Arts. Mon estomac était vide comme la cornemuse d'un pifferaro, et la peau de mon ventre battait la générale sur celle de mon dos.

« J'entends un cri, puis, plouf !...

« Tout le monde se précipite au parapet.

« On court. On se bouscule.

« J'fais comme tous les autres, et qu'est-ce que j'aperçois ?... Un chapeau qui dansait sur l'eau, au milieu des ronds produits par la chute de son propriétaire.

« Ma foi ! je n'en fais ni une ni deux. Comme j'étais à jeun depuis plus de vingt-quatre heures, y avait pas à craindre de congestion.

« J'enjambe la balustrade de fer... puis je saute... Mais là, raide comme un paratonnerre, la tête droite, les jambes bien allongés... par principes, enfin.

« Arrivé au fond, j'ouvre l'œil, j'entrevois un paquet noir. Ça gigotait. J'en empoigne un coin, je tire, je remonte, et me voilà parti en tirant ma coupe et en traînant à la remorque le noyé qui ne remuait plus ni pieds ni pattes.

« Arrivé au bord de la rivière, v'là les « sergots » qui nous empoignent, mais avec toutes sortes de précautions et de bonnes paroles.

« Moi qu'étais pas habitué à ça de leur part, je trouvais ça tout drôle.

« C'est vous dire, entre nous, que j'valais pas cher et que j'commençais à mal tourner.

« Enfin mon bonhomme revient à la vie, comme un particulier étonné de se trouver encore de ce monde.

« J'avais seulement pas deux sous de pommes de terre frites dans le corps... v'là que je me pâme comme une carpe.

« On me fait avaler une bonne tasse de bouillon. Un vrai velours qui me ranime.

« Pendant que je tournais de l'œil, des braves gens avaient fait une collecte. Comme le noyé était un richard qui s'était jeté à l'eau pour des histoires de sentiment, la collecte fut pour moi.

« Quarante francs, en belle monnaie, que le brigadier me mit dans la main en me disant merci.

« Merci de quoi?

« Ah! c'est vrai, j'avais fait le terre-neuve.

« Me voilà donc parti.

« Vous ne vous douteriez jamais de ce que j'ai fait le soir.

« C'est rudement drôle, allez, la vie!

« Il y avait à ce moment-là, par tout Paris, de grandes diablesses d'affiches sur lesquelles on lisait : *Porte-Saint-Martin* : *Le Tour du monde en quatre-vingts jours. Immense succès.*

« Je me mangeais le sang de ne pas pouvoir aller voir ça. C'est que, voyez-vous, ça coûte cher, les troisièmes galeries. J'vendais bien de temps en temps des contre-marques, mais pas pour mon compte.

« J'étais comme les pâtissiers qui ne peuvent pas toucher à la galette.

« Eh ben! le soir de mon sauvetage, je me suis offert le *Tour du monde!* Oui, messieurs, j'ai vu ça des deuxièmes galeries, s'il vous plaît.

« Ça m'a rendu fou!

« N'y a pas eu de trêve ni de merci ; a fallu que je parte, que je voie la mer. Me voici au Havre avec cent sous dans ma poche.

« J'ai vécu trois jours tant bien que mal, puis, après, j'ai dû encore crever la faim. C'est un mal auquel on ne peut pas s'habituer. Quel malheur !

« Pourtant, c'était si beau, la mer ! le mouvement des bateaux, les forêts de mâts ; tout ce monde qui vient de partout, ou qui y retourne... Bref, c'était mieux qu'un décor...

« Ça valait le boulevard !

« Mais ça ne donnait pas à manger.

« J'étais assis, à la marée montante, sur le quai, les jambes ballantes... J'étais à me dire que, malgré toutes ces belles choses, la vie n'était pas couleur de rose.

« — Eh ! dis donc, moussaillon, fait tout à coup une grosse voix derrière moi, t'as pourtant pas envie de te tremper là dedans.

« J'me retourne, et j'aperçois un matelot ; mais, là, un vieux de la cale, un vrai mathurin.

« — Dame ! que j'lui dis : ben sûr que non, pour lui répondre quelque chose.

« — Bien sûr ? qu'il reprend.

« Du coup, je ne dis plus rien. Tout dansait devant moi, comme le jour où j'avais repêché le particulier du pont des Arts.

Le vieux s'en aperçoit.

« — Tonnerre à la toile ! Mais t'as donc rien dans ta soute. Faut soigner ça, mon fils. Allons, embarque.

« Je le suis en vacillant. J'arrive, sans m'en douter, sur le pont d'un bateau... J'ai su depuis que c'était un transatlantique.

« On me donne une soupe, une crâne soupe de matelot. Ça me remonte. Pour la deuxième fois, la soupe me sauvait la vie. C'est facile à comprendre, j'en mangeais si peu souvent.

« De fil en aiguille, j'raconte mon histoire, que j'm'étais emballé pour le *Tour du monde en quatre-vingts jours*, et un tas de choses comme ça, qui ont fait rire tous les matelots, mais rire comme des bienheureux.

« Y avait pourtant rien de bien drôle là dedans, allez, vous pouvez m'en croire.

« — Mais, que me dit le vieux de la cale, tu veux naviguer, c'est bon. Or pour naviguer y a deux moyens : faut être passager ou matelot.

« Passager, ça coûte gros ; et t'as pas l'air calé, soit dit sans t'offenser.

« — Eh ! ben, je me ferai matelot, que j'lui réponds.

« — Matelot ! mais, mon fils, faut avoir été novice.

« — Eh ben ! je me ferai novice.

« — Mais, mon pauv'petit gars, nous ne pouvons pas te prendre avec nous, l'équipage est complet.

« Tu ferais mieux de t'embarquer au marchand.

« Moi, je me plaisais déjà tout plein avec ces braves gens-là. Je tirais des plans pour rester près d'eux, toujours par rapport à la chose du *Tour du monde*.

« Ça les a fait rire de plus belle.

« Ils ont eu beau m'expliquer qu'un matelot ne voyait rien, qu'il ne descendait que rarement à terre, et qu'il ne connaissait pas plus les pays étrangers qu'il traverse, qu'un cocher d'omnibus l'intérieur des monuments qu'il trouve sur sa route.

« Moi, plus têtu que la mule à Jean-Baptiste, je n'ai pas voulu en démordre.

« Comme par un fait exprès, une place se trouve tout à coup disponible à bord. Une vilaine place. Ah ! si j'avais su !...

« Bref, un soutier étant mort la veille, on me proposa de prendre sa place.

« Soutier ! j'savais autant ce que c'était, qu'un membre du bureau des longitudes.

« Je l'ai appris plus tard.

« Quand on pense que j'ai fait je ne sais combien de milliers de lieues sans apercevoir ni le ciel ni la mer, que j'ai passé six mois de mon existence, à transporter du charbon, de la soute dans les chaufferies, à huit mètres au-dessous du pont.

« Un vrai voyage sous-marin, quoi ? J'étais volé ! mais volé comme si pour voir un spectacle, j'étais resté dans le sixième dessous, pendant toute la représentation.

« C'était pire qu'un voyage en chambre !

« Ça a marché de cette façon-là jusqu'au jour où je suis venu à Saint-Louis sur un bateau de l'État.

« J'étais chauffeur à l'époque. Je montais en grade.

« Là, j'ai enfin pu aller à terre, voir du pays, des arbres en zinc qui rappelaient les décors de la Porte-Saint-Martin, mais pas si bien arrangés.

« J'ai connu des négros. Je me suis enfin dédommagé de la vue perpétuelle des fourneaux de la machine.

« Puis, on m'a envoyé au Gabon. C'est quelque temps après, m'sieu l'docteur, que vous avez été croché par les moricauds. Pour lors, comme je n'ai jamais la fièvre, et que je me porte comme un charme dans ce pays que chacun trouve malsain, on m'a détaché sur la chaloupe qui venait à votre recherche.

« Ça m'allait.

« Et voilà. Je crois que cette fois-ci, je commence mon vrai tour du monde !

— Voyez-vous, c'ta p'tite couquinasse, exclama le docteur avec son bon gros rire... Mais, c'est très bien, très bien, très bien !

« Et comme ça, continua le brave marin, en passant tout à coup à un tutoiement, non moins affectueux que familier, sais-tu bien que te voilà un *matelot fini !* »

Un matelot fini ! Friquet n'en pouvait croire ses oreilles.

C'est que, voyez-vous, il faut savoir ce que contient d'éloges, ce simple mot, et combien un marin est fier de se l'entendre appliquer.

On dit d'un général, c'est un soldat !

On dit d'un amiral, c'est un matelot !

L'un et l'autre s'enorgueillissent de ce titre. Tous les militaires ne sont pas des soldats, tous les marins ne sont pas des matelots !

Et le docteur, un chirurgien de la marine française, un vieux brave qui avait laissé partout des morceaux de sa peau, qui avait traversé vingt épidémies, et mérité je ne sais plus combien d'ordres du jour, proclamait un « vrai matelot » ce moussaillon de Friquet.

Il y avait là de quoi tourner la tête au gamin, et nous devons confesser, en historien consciencieux, qu'elle lui tournait positivement.

— Merci, docteur, dit-il réellement ému, ça me fait rudement de plaisir que vous pensiez tant de bien de moi.

« Un matelot fini !...

« On tâchera d'être toujours digne de ce titre. On sait ce qu'il vaut.

« Faudra que j'apprenne le métier, à présent. Car, pour vous dire la vérité, je connais la manœuvre comme les singes savent monter aux arbres, c'est-à-dire d'instinct, et ça ne suffit pas.

— Mon fils, tu étais déjà matelot quand tu as repêché le cabillaud du pont des Arts, et tous ceux de la chaloupe t'ont regardé comme tel quand tu as sacrifié ta vie pour eux.

« Tu es un brave, mon fils ! C'est moi qui te le dis. Et le docteur Lamperrière s'y connaît.

— Tiens, c'est vrai, dit André. Nous ignorions votre nom. Les événements se sont succédé avec une telle rapidité, que jusqu'à présent nous ne vous connaissions que par votre titre.

— Eh! voilà, Lamperrière, docteur-médecin, natif, comme vous pouvez le croire, de Marseille.

« Comment voulez-vous que j'aie pu naître ailleurs.

« Si l'histoire de ce Parisien de Friquet est curieuse, la mienne est bien extraordinaire.

« Je vais vous la raconter. »

Au moment où le docteur allait commencer sa narration, une fusillade enragée retentit de tous côtés.

Des cris, ou plutôt des hurlements qui n'avaient rien d'humain, mêlés à des aboiements de chiens en fureur, et au tintamarre colossal des instruments de musique, accompagnaient les détonations.

Les Osyébas étaient-ils attaqués ? C'était peu probable.

Ils semblaient en proie à une gaieté folle. Gaieté alarmante, eu égard à la situation des trois Européens.

— S'ils sont si joyeux, tant pis pour nous, disait Friquet. C'est le cas de dire : La joie fait peur.

La fusillade redoublait d'intensité.

— Savez-vous, dit André, que pour des gens à court de poudre, nos sauvages ne sont guère économes.

— Je n'y comprends rien, reprit le docteur.

Le jour venait avec la rapidité particulière aux régions équatoriales.

La nuit s'était passée si rapidement, grâce au récit des aventures de Friquet, que nos trois amis en voyant de nouveau le jour à travers le clayonnage de la case, n'en pouvaient croire leurs yeux.

— Pourvu que ce ne soit pas encore leur damnée cuisine.

— Oh! non, pas avant neuf heures du matin, et il en est à peine trois.

— Mais enfin, que signifie ce nouveau charivari?

— Nous saurons cela tout à l'heure; pour le moment,

faisons disparaître nos appareils de chimie. Ces sauvages sont si rusés, qu'ils pourraient trouver cela suspect.

Aussitôt dit, le fourneau fut remisé dans un coin, le tube enlevé de la cornue, qui redevint modestement une espèce de gourde, et le panier contenant le peroxyde de manganèse fut déposé sur une sorte d'étagère, rabotée à la hache, et enjolivée d'ornements fort curieux.

— Et maintenant, nous sommes parés.

Au moment ou le tapage atteignait une invraisemblable intensité, la porte s'ouvrit et nos trois amis contemplèrent un spectacle extraordinaire.

Le soleil brillant de tout son éclat, projetait d'éblouissantes lumières sur un personnage de haute taille, flanqué de deux indigènes qui se tenaient à droite et à gauche, dans une attitude familière, et pourtant suffisamment respectueuse.

Le personnage en question était un noir de six pieds. Un colosse dont la face d'ébène émergeait d'un burnous éclatant de blancheur, sur lequel elle se détachait violemment.

Une cordelette en poil de chameau, encerclait cinq ou six fois sa tête, enfouie sous le capuchon. Les plis du bournous tombaient jusqu'à la moitié des jambes emprisonnées dans des bottes en marocain fauve.

Ses mains étaient garnies de bagues en or et en argent.

Cet homme, dont le costume révélait de prime abord un musulman, portait à sa ceinture un arsenal complet : deux revolvers, un large kandjar et un long cimeterre recourbé, au fourreau incrusté de nacre et de corail.

Il regardait sans mot dire les trois Européens, qui de leur côté se taisaient en voyant cette apparition inattendue.

Cette muette entrevue dura près de deux minutes.

Le docteur, André, et Friquet s'aperçurent bien vite que, malgré sa gigantesque stature, ses gros yeux de porcelaine, ses membres de pachyderme, le nouveau venu ne payait pas de mine.

Son capuchon se rabattit à ce moment découvrant des traits répugnants.

Maigre, efflanqué, le cou raboteux, les épaules tombantes, l'épiderme couleur de suie, la tête à peine couverte d'une sorte de duvet laineux, la face ravagée par une lèpre hideuse, on pouvait dire en le voyant : Quel monstre !

C'était l'opinion de Friquet, qui ne put s'empêcher de murmurer :

— Mâtin ! qu'il est laid !

Le docteur partageait cet avis, car ses compagnons l'entendirent proférer cette phrase caractéristique :

— Té ! le beau sujet !

Un « beau sujet », étant donné l'aspect de cet homme, devait dans l'esprit du docteur signifier : Le superbe cas pathologique !

C'était vrai.

L'inconnu continuait imperturbablement son examen.

Friquet, impatienté de cette insistance, rompit le silence par deux mots, deux simples mots, qui firent sortir le nouveau venu de son silence.

— Bonjour, monsieur ! fit le gamin.

L'homme entr'ouvrit lentement les lèvres et laissa tomber, comme fatigué, ce mot arabe :

— *Sala maleikom.*

— Tiens, il parle un autre langage que les autres, celui-là. Tant mieux. On pourra s'entendre.

— D'autant mieux, répliqua André que je parle l'arabe.

— Quelle chance !

— Un vrai bonheur, murmura le docteur ; le coquin ne peut être qu'un marchand d'esclaves... peut-être y aura-t-il moyen de s'arranger.

— Qu'Allah soit avec toi ! dit André.

Le géant, sembla radieux de s'entendre interpellé dans sa langue. Il fit un geste rapide invitant à sortir de la case les Européens qui s'empressèrent d'obéir.

Quand ils furent près de lui, il leur dit :

— Je suis Ibrahim, du pays d'Abyssinie. Je viens chercher les esclaves.

— Ah ! très bien. Vous avez raison, docteur. C'est un marchand de bois d'ébène, dit Friquet, quand André lui eut traduit la phrase.

Ibrahim laissa apercevoir sur ses traits hideux une fugitive émotion, quand André lui eut expliqué en deux mots ce qu'étaient ses deux compagnons. Le géant semblait affaissé sous l'étreinte d'un mal mystérieux et terrible que la science du médecin européen pourrait peut-être enrayer.

— Vous êtes à moi. Venez, dit Ibrahim après une colloque animé avec les Osyébas.

Le docteur comprenant à son tour, annonça à ses compagnons qu'ils venaient de changer de maître.

— Ah ! tant mieux, s'écria Friquet ; le nouveau patron a une vilaine figure, mais, au moins, j'espère qu'il ne nous fera pas avaler la popote d'hier soir.

« Plus de « Bicondo » alors. Ça me va.

— Laissez-moi maintenant poser des conditions, reprit André. Je crois que nous pourrons bientôt tirer parti de la rencontre.

— Comment donc ! mais faites comme chez vous, monsieur André.

— Allons, viens, toi, le gamin, dit le docteur.

Tous deux, ravis de leur liberté provisoire, que le Osyébas ne songeaient aucunement à leur contester, s'écartèrent de quelque pas, pendant qu'André et Ibrahim entamaient une conversation en arabe.

Le petit Parisien, heureux d'être en plein air, se mit à

cabrioler, et alla donner du coup dans une énorme masse grise, à demi cachée par de hautes graminées aux feuilles vert-foncé, longues et aiguës.

Un ronflement saccadé, sortant d'une montagne de chair, le fit tressauter.

Puis, avant d'avoir pu se reconnaître, il se sentit enlevé à plus de trois mètres, avec une force inouïe, par une sorte d'énorme cable rond, flexible, qui l'empoigna par le milieu du corps, le serrant à l'étouffer, et le maintenant entre le ciel et la terre. Friquet, gigottait désespérément, mais n'appelait pas à l'aide.

La position était pourtant critique pour le brave petit homme, qui ne fut pas long à se rendre compte de la situation.

Le cable qui le « ceinturait », était la trompe d'un éléphant colossal. Il avait, par sa culbute intempestive troublé les méditations de l'honnête pachyderme, et celui-ci cherchait à pénétrer le motif qui avait pu pousser le jeune téméraire à cet acte irrévérencieux.

Les éléphants sont fort susceptibles.

— Ben voyons, — Friquet affectionnait cette tournure de phrase familière, — c'est pas la peine de m'étriper comme ça...

« J'en ai déjà vu des éléphants... Là-bas... au Jardin des Plantes... je leur payais des croissants d'un sou... assez!... faut pas serrer si fort... Là... t'es gentil... »

Il caressait, avec une imperturbable sang-froid la base de la trompe de l'animal, qui sachant sans doute à quoi s'en tenir, le remit doucement à terre.

— Mâtin! qué poigne! Poigne!... c'est manière de parler...

Friquet, descendu des hauteurs où le tenait l'éléphant, se trouva près du docteur environné d'une centaine au moins de grands gaillards, d'un noir d'ébène et offrant comme Ibrahim, le type accompli de la race abyssinienne.

Ces hommes composaient certainement l'escorte du marchand d'esclaves.

Ils étaient tous armés jusqu'aux dents. La plupart portaient d'excellents fusils à piston, et quelques-uns des fusils de chasse à deux coups, également à percussion.

Ils accouraient dans la louable intention de soustraire le petit Parisien à l'étreinte de l'éléphant.

— Merci bien, messieurs, vous êtes trop bons, dit celui-ci. Mais, votre ami est un peu vif. Il vous a une poignée de main rudement sympathique.

« Oui, mon gros loulou... j't'ai promis du nanan... t'en auras, tout de suite. Puisqu'ils t'ont attaché par ta pauvre patte à ce cocotier, je vais aller chercher ce qu'il te faut.

« Tiens... Une bonne botte de cette belle herbe verte. »

Le gamin empruntant à l'un des hommes son kandjar, se mit à fauciller rapidement une gerbe de cette plante dont nous avons parlé plus haut. Il la bottela fort proprement, la serra dans un lien artistement tressé, et la porta à l'éléphant qui le regardait avec une bienveillance curieuse.

— Tiens, mon gros, mange-moi ça. C'est très bon... Je parie qu'on ne t'en donne pas autant tous les jours. Et puis, c'est ça de la manchandise bien apprêtée.

— Et de la bonne, mon fils, dit le docteur.

« Tu ne sais pas ce que tu donnes à c'ta grosse couquinasse.

— Ma foi non. Toujours est-il qu'il s'offre un vrai régal.

— Té crois... C'est du blé.

— Pas possible.

— A l'état sauvage, mon bon. Quand je dis sauvage, entendons-nous. Je veux dire qu'il croît ici sans culture.

Seulement, comme il fait une chaleur terrible, le grain est atrophié avant sa maturité, la plante pousse tout en herbe, et au lieu de produire ces superbes épis comme en Beauce ou dans ma belle Provence, on n'a ici qu'une espèce de chiendent...

— Qui fait la joie de mon gros camarade, car, voyez... je l'ai apprivoisé... Il en redemande. Oui, mon chéri... je vais t'en donner.

Pendant que Friquet s'en allait à la recherche d'une nouvelle provende, la conversation entre André et le nouveau venu, Ibrahim, avait pris fin.

Le jeune homme emmena le docteur à part et lui dit :
— Vous tenez notre salut entre vos mains.
— Pas possible.
— Comme j'ai l'honneur de vous le dire.
— Ibrahim ?...
— Est un abominable coquin, mais il est rongé par un mal affreux.

« Il est jeune, trente-cinq ans, dit-il. Il se sent mourir.

« Tous les remèdes ont été impuissants à le guérir. Il a absorbé des versets du Coran en telle quantité, qu'on se demande comment il en existe encore des exemplaires. Il s'est enveloppé le corps des peaux toutes chaudes d'animaux écorchés vifs ! Rien n'y a fait.

« Pour comble d'horreur, il a dépouillé dans le même but, des hommes de leur épiderme ! Enfin, il a pris des bains de sang humain !
— Cela vous étonne ?
— Et me révolte... Mais, enfin, que voulez-vous, notre liberté est subordonnée à la guérison de ce misérable.
— Je devine. Vous voulez que j'entreprenne sa cure.
— Sans doute.
— Je ferai de mon mieux. Mais, qui vous dit qu'une fois rendu à la santé, il ne s'empressera pas de nous laisser en compagnie de nos anthropophages.

— C'est une chance à courir. D'ailleurs, il est musulman. Qui dit musulman dit croyant. Nous lui ferons prêter préalablement sur le Coran un serment dont nous lui donnerons la formule.

« Il jurera tout ce qu'on voudra. Puis, quelque misérable qu'il soit, peut-être aura-t-il à cœur de confirmer le dicton des populations africaines :

« La reconnaissance est une vertu noire. »

— Tout cela est bel et bon, mais il faut non seulement savoir ce dont il souffre, mais encore le guérir.

— Sans doute.

— Cela vous est facile à dire. Mais que diable lui administrer ici, où je n'ai même pas pour deux sous de cérat ?

— Docteur, vous avez trouvé le moyen de vous faire maigrir... et certainement beaucoup d'autres choses non moins surprenantes. Allons, fouillez dans votre sac à médecine, comme disent les Peaux-Rouges.

— Eh! Troun de l'air! je ne demande pas mieux.

— Alors, je puis promettre en votre nom?

— Tout ce que vous voudrez, parbleu.

— C'est entendu. Le plus tôt sera le meilleur.

— Eh! Quand il vous plaira. Il faut d'abord examiner mon malade.

Pendant que Friquet circule au milieu des Osyébas et des hommes d'Ibrahim, comme un vrai Parisien à travers la foule; pendant qu'il s'en donne à cœur joie avec l'éléphant, qui de son côté paraît le regarder d'un excellent œil, le docteur et André retournent près du marchand d'esclaves, qui les regarde froidement.

A leur vue l'œil de l'Abyssinien s'allume. Mais il manquerait de dignité s'il manifestait la moindre précipitation. Et pourtant, son anxiété est terrible.

— C'est lui qui est le « *tôbib* » (médecin)? dit-il en arabe à André en désignant le docteur.

— C'est lui.
— Que dit-il ?
— Que ta guérison est aux mains d'Allah !
— C'est vrai.
— Qu'il fera tout ce qu'Allah commande, et que tu obéiras.
— J'obéirai... puisque Allah le veut.
— Mais, il faut avant que tu nous arraches tous trois à ceux qui nous retiennent prisonniers ! Il faut que tu nous conduises aux établissements européens...

L'œil de l'Africain eut une lueur fauve.

Il se dressa brusquement malgré sa faiblesse, et interpella le jeune homme dans sa langue gutturale :

— Chien de chrétien, dit-il en tirant un revolver, tu oses me poser des conditions ! N'êtes-vous pas mes esclaves... Je viens de vous acheter tous trois... Vous ferez ce que je veux.

— Jamais, répliqua fièrement André en le fixant intrépidement. Tes menaces me font pitié. Tu cries comme une vieille femme. Mais nous sommes des hommes.

Ibrahim grinçait des dents comme un tigre en fureur. Il arma son revolver...

André ne sourcilla pas.

S'approchant lentement jusqu'à toucher de sa poitrine le canon de l'arme, il darda à son tour un regard étincelant sur la brute dont la main s'abaissa.

— Jure ! Il est temps...
— Je le jure, gronda-t-il dompté.
— Viens donc.

Le docteur qui assistait impassible à la scène, pensa qu'il serait bon de donner une certaine solennité à son examen médical. L'esprit de tous ces naïfs et féroces enfants de l'équateur ne pouvait qu'en être frappé. Le prestige des blancs s'en accroîtrait d'autant.

Il fit ranger en cercle les membres de l'escorte, qui, arrivés depuis quelques heures à peine, s'étaient déjà installés, en hommes rompus à la vie d'aventures.

Les ballots de marchandises étaient symétriquement empilés, et entourés d'un cordon sanitaire de sentinelles, destinées à tempérer la curiosité des Osyébas, ainsi qu'à les empêcher de se livrer à une opération arithmétique fort commune en Afrique, et qui s'appelle la soustraction.

Le docteur appela les tambours, qui exécutèrent un roulement sonore. L'étendard orné du croissant fut placé au milieu du cercle, près du malade, de l'autre côté duquel se tenait André. Il fit faire volte-face aux soldats noirs, en leur ordonnant expressément de ne pas se retourner sous peine de causer la mort de leur chef!... recommandation que celui-ci compléta en les menaçant préalablement d'une balle dans la tête.

— Tais-toi, lui dit rudement le docteur. Tu m'appartiens ; enlève tes habits.

Il voulut appeler un noir pour l'aider dans l'accomplissement de cette besogne.

— Toi seul, riposta plus durement encore le « tôbib » dont la face maigre et parcheminée était effrayante.

La voix était formidable, et le regard luisant sous les sourcils énormes, était terrible.

Le malade obéit docilement, et fut bientôt nu comme la main.

Il était plus hideux encore qu'on aurait pu le supposer. Tel fut du moins l'avis de cet intrigant de Friquet, qui, perché sur le col de l'éléphant, regardait, sans en avoir l'air, cette bizarre et mystérieuse consultation.

L'aspect du malade était effrayant. Des nodosités grosses comme le poing soulevaient çà et là l'épiderme. On eût dit des tumeurs près d'éclater. La peau de l'abdomen et de la poitrine, crevassée, ulcérée par places, laissait entrevoir la chair livide.

Friquet prétendit plus tard qu'il lui avait produit, du

haut de son observatoire, l'effet d'un sac à charbon bourré de pommes de pin.

Mais Friquet trouvait des points de comparaison tellement extraordinaires...

L'examen du docteur fut long et minutieux. Le patient, trituré, malaxé, retourné, tâté de tous côtés, laissait échapper de temps en temps comme un rugissement étouffé.

La bête souffrait. La sueur ruisselait sur sa face contractée. Ses yeux injectés de filaments bistrés, roulaient dans leur orbite.

Le vieux praticien ne disait mot. Il recula d'un pas, contempla un instant son malade anxieux, puis, impassible, il fit de la tête, un geste signifiant que c'était fini.

L'autre, épuisé, haletant, les mâchoires serrées s'affaissa sur le sol...

— C'est bien, dit enfin le docteur.

— C'est bien, répéta en arabe, à voix basse, André.

Il fit signe à quatre hommes qui emportèrent Ibrahim inerte.

Le cercle se rompit.

Le négrier fut conduit dans la case qui se referma sur les trois hommes.

— Eh bien ! demanda le jeune homme au chirurgien.

— Mon cher, répondit-il, l'affaire marche à souhait. J'ai reconnu tout d'abord la cause du mal. Mais j'ai cru devoir prolonger l'examen pour donner plus d'importance à l'opération, qui sera l'affaire de quelques heures.

— Vraiment ?

— Ma parole.

— Puissiez-vous dire vrai! Mais, ne craignez-vous pas que dans l'état d'atonie où il se trouve en ce moment, le pauvre diable ne succombe?

— Lui, jamais ! Je puis vous certifier qu'avant huit jours il sera luisant comme une botte vernie, et gai comme un jeune orang.

— Quand commencez-vous ?

— Mais, dans un moment. Lorsque nous aurons exigé le serment préalable.

Ibrahim revenait lentement à lui. André lui donna une calebasse pleine de bière de sorgho qu'il but avidement.

Les préliminaires du serment ne furent pas longs. L'Abyssinien était un affreux mécréant, mais c'était un fervent musulman. Il pratiquait consciencieusement sa religion.

Son premier lieutenant apporta un exemplaire du Coran, échappé de quelque bazar du Caire, et qui, plus encore que l'étendard surmonté du croissant, était le « palladium » de la troupe.

Les hommes, en armes, se rangèrent des deux côtés de la case. Le lieutenant, prosterné, déposa sur un tapis multicolore le livre sacré...

Ibrahim, complètement remis sur pied, étendit la main, et jura solennellement, s'il était guéri, de rendre la liberté aux trois Européens, de veiller à leurs besoins, et de les conduire jusqu'à la côte.

On ne put cependant pas obtenir de lui que ce fût aux possessions françaises. Le trafiquant tenant à son bétail humain, prétendit se diriger comme de coutume vers une colonie appartenant aux Portugais, les seuls qui ferment les yeux sur le hideux trafic des nègres.

Il fut intraitable sur ce point. Le docteur et André durent en passer par là.

Il recommanda à ses gens d'avoir les plus grands égards pour eux, mais que s'il mourait, ils aient à exercer les plus terribles représailles.

— Et maintenant, dit le docteur, à mon tour. Il faut de l'œil et de la main.

— Mais qu'allez-vous faire ?

— Je vais commencer l'opération.

— Quelle opération.

— Ce serait trop long à vous expliquer. Vous comprendrez en me voyant faire. Ah! diable, c'est que je manque d'instruments; il me faudrait au moins une pince et un bistouri, et les drôles, quand ils m'ont pris, ont eu grand soin de m'enlever ma trousse.

« Ces jolis outils les ont même ravis.

— Il faut à tout prix savoir ce qu'ils sont devenus.

Ibrahim qui ne disait mot, et attendait avec la résignation d'un vrai croyant la fin du colloque, fut chargé de négocier cette demande.

André eut toutes les peines à lui faire comprendre ce qu'il devait faire. Il saisit enfin, et fit appeler le grand chef, l'homme à l'habit rouge et à la canne de tambour-major.

Le monarque africain arriva en titubant. Il avait avalé de colossales rasades d'eau-de-vie de traite, et l'infernal liquide, après lui avoir flambé les entrailles, l'avait complètement abruti.

Il fallut des prodiges de diplomatie, complétés par une nouvelle distribution d'alcool, pour en arriver à le faire se dessaisir de ce « petit couteau » qui coupait si bien.

Mais, en somme, comme il n'avait rien à refuser à son bon ami Ibrahim, son père! il consentit.

Le docteur, en possession des deux instruments, — pince et bistouri, — étendit le malade sur la natte où ses deux compagnons avaient absorbé et digéré l'horrible repas.

Il saisit de la main gauche la plus grosse des tumeurs de l'abdomen, et l'incisa lentement, couche par couche, avec d'infinies précautions, mais avec une dextérité sans pareille.

André étanchait avec une poignée de coton, le sang qui commençait à couler.

Après avoir disséqué et écarté les lèvres de la plaie,

l'opérateur aperçut, un corps blanchâtre, rond, et de la grosseur d'une corde de violoncelle. Il saisit ce corps étranger, sur lequel il opéra une traction lente et continue.

— Allons, cela marche, dit-il en voyant se former peu à peu une anse qui sortait de la plaie.

— Eh! bon Dieu! Qu'est-ce donc? fit André étonné.

— C'est un « *filaire de Médine* », un ver qui vit sous la peau de notre homme, et qui produit les effroyables désordres que vous voyez.

« Le pauvre diable en est farci. Il y en a un par tumeur.

— Mais il doit souffrir affreusement.

— Non. D'ailleurs, interrogez-le.

Le noir répondit que la douleur était fort supportable.

Le docteur continua. Il tirait tantôt d'un bout, tantôt de l'autre, selon que le parasite résistait, et se cramponnait aux parois de son sillon sous-épidermique.

L'anse s'agrandissait. Trente centimètres au moins étaient sortis. Puis, brusquement un des deux fragments fut arraché, et l'on aperçut la tête de la hideuse bête, dont le corps s'agita et se replia en ondulant comme un serpent.

— Si nous avions une loupe, vous verriez que cette « bestiole » possède quatre crochets lui permettant de fouir entre cuir et chair. Mais nous n'avons pas le temps de faire de la zoologie. Au plus pressé.

Le docteur enroula autour d'un bâtonnet la portion arrachée, et continua lentement son mouvement de traction.

Au bout d'un quart d'heure, un filaire gigantesque, long d'au moins *quatre-vingt-quinze centimètres*, entourait la bobine. Il n'y avait plus trace de tumeur.

C'était un début encourageant.

Attaquant aussitôt une seconde protubérance, le docteur recommença avec un égal succès sa délicate et périlleuse manœuvre.

4.

Tout en opérant, il donnait à son aide improvisé des renseignements curieux sur cet étrange parasite, et la maladie terrible qu'il engendre.

— Le filaire est en principe un animal microscopique, qui habite dans les terrains humides et marécageux d'une partie de la zone équatoriale.

« Quand la femelle est fécondée, elle obéit à une sorte de prévoyance maternelle qui la pousse à chercher pour sa progéniture un asile inviolable. L'épiderme humain lui paraît remplir au mieux ces conditions, et elle s'introduit, quand l'occasion s'en présente, entre cuir et chair.

« Comme les nègres marchent toujours pieds et jambes nus, et que la propreté n'est pas leur vertu dominante, l'animal, infiniment petit, pique la peau, se fait un nid, s'y incruste, et prend sa nourriture aux dépens du corps qu'il habite. Il grossit bientôt outre mesure, gonfle l'épiderme, trace des voies sous-cutanées, voyage d'un membre à l'autre, gagne le tronc, et finalement s'enroule en produisant ces tumeurs que je vide en ce moment.

— Mais, c'est horrible.
— Horrible en effet.

« Mais ce n'est pas tout. Le malheureux qui remplit pour les filaires le rôle de couveuse artificielle maigrit, s'affaiblit, devient triste, fiévreux. Une toux sèche comme celle des phthisiques, lui déchire la poitrine, la sueur l'épuise...

« Voyez d'ailleurs ce qu'est devenu ce colosse qui se laisse faire comme un mouton.

« Puis, un beau jour, les petits éclosent, un abcès se forme, perce bientôt, et les jeunes retournent dans la terre humide, d'où ils sortiront plus tard, pour accomplir une migration analogue dans un autre organisme.

— Et de deux ! continua, en aparté, le docteur, en

jetant une seconde bobine sur laquelle était enrolé un autre filaire.

« Pourvu que cela continue avec autant de bonheur, je pourrai terminer aujourd'hui l'œuvre de notre libération.

— Mais, ne craignez-vous pas de fatiguer le malade?

— Lui! Allons donc! Mais il est enchanté d'en être quitte à si bon compte. Voyez! s'il souffle un mot.

Ibrahim, il faut lui rendre cette justice, était le patient le plus calme qui se puisse imaginer.

Il sentait bien que le « tôbib » avait trouvé la véritable cause de son mal, et que, décidément, les docteurs noirs, avec leurs enveloppements de peaux encore chaudes, et leurs bains de sang humain n'étaient que d'affreux charlatans.

Il regardait froidement sortir le troisième filaire, — colossal, celui-là, — dont plus de soixante centimètres avaient été extraits déjà d'une énorme tumeur qu'il portait à l'épaule.

Tout à coup, soit que le docteur eût opéré une traction un peu trop brusque, soi que le parasite, en raison de sa longueur et de sa grosseur inusitée, eût opposé une résistance plus considérable que les autres, le fragment se cassa net, au ras de l'incision pratiquée par le bistouri.

L'opérateur voulut saisir l'extrémité; trop tard, elle disparut comme un morceau de caoutchouc, ou plutôt, comme un ver de terre coupé en deux, qui se cramponne désespérément à son trou.

Une exclamation de désappointement lui échappa.

— Allons, bon! Voilà qui est à recommencer. C'est égal, Je le retrouverai.

« Ce petit accident me permet d'ailleurs de vous montrer un phénomène curieux, que bien peu ont pu observer.

« Voyez-vous cette liqueur blanche, épaisse comme de

la bouillie, sortir du corps de l'animal, lequel s'aplatit comme un sac qui se vide.

— Parfaitement, on dirait des milliers de corpuscules doués de mouvement.

— Vous avez de bons yeux. Ces corpuscules sont les petits filaires qui ne demandent qu'à s'en aller dans un autre corps.

— Merci, fit André, en essuyant ses mains.

— Oh! il n'y a aucun danger. Quelques gouttes d'eau suffiront à vous préserver.

« Les blancs n'en sont que très exceptionnellement atteints, précisément à cause des soins de propreté qu'ils prennent, et que les nègres négligent trop volontiers. »

Le docteur incisa de nouveau la tumeur, et finit par retrouver le second morceau de l'animal.

Après avoir pris quelques minutes de repos, s'être rafraîchi d'une ample rasade de vin de palme, il continua son voyage d'exploration entre la paroi interne et la paroi externe du torse d'Ibrahim.

Il opéra successivement douze tumeurs, petites ou grosses, et extirpa un nombre égal de filaires, dont la longueur totale n'atteignait pas moins de sept ou huit mètres.

S'appesantir sur un résultat aussi merveilleux, serait superflu.

Le brave homme était positivement rayonnant. Grâce à son flair de vieux praticien colonial, il avait diagnostiqué cette horrible maladie, à peu près inconnue en Europe; il venait de sauver le négrier, et par cela même d'assurer le salut commun.

La séance avait duré près de cinq heures !

Les trois hommes, opérateurs et opéré, étaient littéralement sur les dents.

Le malade fut enveloppé de compresses imbibées d'eau fraîche, et les deux Européens sortirent, après avoir mis près de lui deux hommes de garde, avec mission de renouveler ces compresses dès qu'elles commenceraient à s'échauffer.

Ils trouvèrent, à la porte, Friquet dévoré d'inquiétude. Quelques mots rassurèrent complètement le brave gamin que les hommes de l'escorte commençaient à regarder de travers.

— Eh! Friquet, moussaillon du tonnerre de Brest! mon matelot, dit le docteur enchanté, sois heureux, mon fils, nous sommes sauvés.

CHAPITRE IV

Ce que c'est qu'un *Palabre*. — Un marché d'esclaves. — Comment se paye le bétail humain. — La parole d'un noir. — Contretemps — Qui commence par des rasades et finit par des horions. — Grandeur et décadence d'un monarque africain. — Trois hommes pour neuf livres de sel. — Souvenir de deux Européens. — En route. — Une monture pour six. — Pillage d'un trésor royal. — Effroyable vengeance. — Curieuses révélations, l'esclavage. — Le Coran et l'Evangile. — Infamie. — Vendu par son frère!... — Refus d'être libres. — Friquet et son négrillon.

Quinze jours se sont écoulés depuis cette rapide et pour ainsi dire foudroyante succession d'événements, grâce auxquels le docteur Lamperrière, André, et le petit Parisien Friquet ont couru en trente-six heures les dangers les plus divers.

Depuis la merveilleuse opération exécutée par le chirurgien de marine sur l'Abyssinien, la situation des trois Européens s'est sensiblement améliorée.

C'est dire que celle d'Ibrahim, le marchand d'esclaves, est aussi satisfaisante que possible.

Il n'est plus reconnaissable. Sa lèpre est totalement guérie. Les abcès profonds, survenus à la suite de l'extraction des filaires, sont en pleine voie de cicatrisation.

Son torse d'athlète a recouvré sa puissante musculature. Sa figure respire une béatitude complète. Nous le trouvons présentement, — il est sept heures du matin, — sollicité par l'absorption d'un plantureux déjeuner.

Il est accroupi sous un banian colossal, au feuillage épais s'interposant entre la terre et les rayons brûlants du soleil, et produisant un ombrage d'une adorable fraîcheur.

Il mange ! Il mastique à mâchoire que veux-tu, et broie entre ses dents blanches, d'énormes bouchées d'un ragoût fort appétissant, ma foi, qu'il tire à pleines poignées d'un large plat de terre cuite.

Ce mets dont il se délecte est formidable comme quantité et comme origine.

C'est un rognon de rhinocéros, qui a doucement mijoté dans de l'huile de palme, et qu'un cuisinier indigène a savamment additionné d'un épais coulis de fourmis rouges en purée !

Cuisine barbare, qui semble agréablement chatouiller les papilles du convalescent.

En musulman convaincu, Ibrahim vide consciencieusement une gargoulette d'eau fraîche, qui suinte comme un alcarazas ; mais son repas terminé, il saisit un énorme vase plein de vin de palme et en absorbe le contenu d'un trait.

Bacchus, un moment détrôné par Mahomet, reconquiert tout son prestige.

— Mâtin ! fait tout à coup une voix bien connue, la jolie descente de gosier ! Ben ! vous savez, patron, j'en connais pas un comme vous, pour filer la pomponnette.

C'est Friquet, notre ami Friquet, qui après un bon somme sur un paquet d'herbes vertes, à côté de son ami l'éléphant, vient, en s'étirant, souhaiter le bonjour au « patron ».

Le petit homme a singulièrement modifié son uniforme, jadis fort élémentaire, on s'en souvient.

Il possède un burnous épais dont le capuchon lui tombe sur la tête, et une paire de bottes superbes, lui montant à mi-cuisse et dont les pieds sont bien de cinq centimètres trop longs.

Mais, il faut faire figure, et comme cet habillement est, après tout, celui qui garantit le mieux des coups de soleil, le gamin a cru devoir l'adopter.

Friquet en costume arabe est absolument renversant.

Ibrahim, dont il semble avoir fait la conquête, le reçoit avec une sorte de rictus qui s'efforce d'être aimable, et qui ressemble au froncement du mufle d'un félin.

C'est son sourire.

Le docteur et André arrivent en même temps.

Le premier est un peu moins maigre. Il a renversé la marmite à l'oxygène. Il porte également un burnous, présent d'Ibrahim. André, vêtu de son costume européen, est coiffé de son casque en liège.

— Eh ! matelot, dit le docteur, d'où viens-tu ?

— D'faire mon somme avec *Osanore*, parbleu.

— Ah ! oui, reprit André en souriant, votre ami l'éléphant.

— Une bonne bête, allez, m'sieu André ; si vous saviez comme c'est intelligent. Vrai, là, ça a plus d'entendement que bien des personnes.

— Je n'en doute pas. Mais pourquoi ce nom d'Osanore que vous lui avez donné ?

— Dame ! puisqu'il n'a plus qu'une défense.

— Raison de plus. Vous ignorez que *osanore* veut dire fausse dent. Non seulement votre gros ami n'en porte pas, mais il lui en manque une vraie. C'est plutôt Brèchedent, que vous auriez dû le nommer.

— Je ne dis pas non, mais que voulez vous, *Osanore*, c'est si joli, ça ressemble à un roucoulement. D'ailleurs il s'entend déjà appeler comme une vraie personne humaine.

— Osanore, soit ; nous ne vous chicanerons pas, cher ami.

Ibrahim avait fini son repas. Il se leva, salua sans mot dire les trois blancs, et se dirigea vers son lieutenant auquel il donna quelques ordres.

Le tambour retentit aussitôt sous la feuillée. Les indigènes sortirent tumultueusement de toutes les cases, pendant que les hommes de l'escorte formaient un large cercle.

— C'est aujourd'hui le grand jour, dit le docteur à ses compagnons.

— Quel grand jour? interrogea curieusement Friquet le nez en l'air, et se drapant fièrement dans son burnous.

— Celui du *Palabre*.

— Ah ! oui, j'ai entendu parler de ça depuis trois ou quatre jours, mais je ne comprends rien qui vaille à l'argot de tous ces moricauds.

— Les esclaves que ce drôle d'Ibrahim est venu acheter, sont arrivés de tous côtés : prisonniers de guerre, malheureux enlevés dans les razzias, victimes de guets-apens, etc. ; ils sont plus de quatre cents. Il s'agit de les examiner, de constater leur état, de les diviser par lots, de les cataloguer, bref, de les parquer comme des bêtes de somme, et finalement de les acheter.

— Ah ! docteur ! comme vous dites cela.

— Mon cher André, j'appelle les choses par leur nom, voulez-vous que je m'insurge inutilement contre un ordre de choses déplorable, et qui ne me semble hélas pas près d'être modifié ?

« Et d'ailleurs, à quelque chose malheur est bon. Ces

pauvres diables seront amenés à la côte portugaise. Nous partirons avec eux. Il nous sera facile alors de nous faire rapatrier.

« Tout ce que nous pourrons, sera d'alléger leurs souffrances.

— Et le *Palabre?*

— Voici. Ce terme s'emploie dans des acceptions différentes. Il signifie en principe : discussion, procès, au cours desquels les parties en litige comparaissent devant des arbitres chargés de statuer sur le débat.

« On a étendu son usage non seulement au procès, mais encore à la cause qui l'amène.

« Enfin, le mot *palabre*, est aussi appliqué aux négociations commerciales qui n'offrent aucun point de contestation. C'est alors la simple discussion des intérêts toujours contradictoires du vendeur et de l'acheteur.

« Celui auquel nous allons assister, va servir de préliminaire à l'acquisition du troupeau humain dont Ibrahim sera le concessionnaire.

« Il durera peut-être deux ou trois jours.

« Vous verrez, l'assaut de ruse et de duplicité auquel se livreront ces trafiquants ! Quelle surabondance de paroles, de gestes, d'imprécations, de caresses, d'embrassades et de horions !

« Vous verrez aussi quelle fantastique absorption de ce liquide corrosif, vitriol étendu d'eau, que l'on nomme eau-de-vie de traite.

« Surtout, le plus grand calme, pendant que ces mécréants vont *palabrer*.

— Soyez tranquille.

Aux roulements du tambour abyssinien, succèdent à ce moment les furibondes cacophonies de l'orchestre osyéba.

Les esclaves jusqu'alors parqués hors du village, et gardés étroitement par leurs ravisseurs, arrivent lentement, à la file, en chantonnant quelques plaintives mélopées.

Ils sont, comme l'avait dit le docteur, près de quatre cents en comptant les femmes et les enfants dont le nombre s'élève à cent cinquante environ.

Ces malheureux semblent avoir à peine conscience de leur situation. Ils ont tous absorbé de larges rations de bière de sorgho. Leurs maîtres les ont bien nourris depuis leur arrivée, comme nos maquignons font pour leurs bêtes dont ils veulent avoir un bon prix.

Tous les hommes ont au-dessus du pied une longue et lourde bûche de bois, dans laquelle a été pratiquée une ouverture permettant l'introduction de la cheville. Cette ouverture a été rétrécie, en enfonçant des coins de bois entre la jambe et la paroi intérieure, de façon que le pied ne puisse plus sortir.

Comme il leur serait impossible de faire un pas sans se blesser affreusement, ils attachent, à chaque bout de la bûche, une corde qui leur passe sur l'épaule, ou sur le pli du coude, comme une anse de panier.

Cette corde, sert, on le devine, à aider ces forçats de l'équateur à porter leur lourde entrave.

Quelques-uns, parmi ces infortunés, ont de plus les deux mains emprisonnées, dans une sorte de cangue. Ce sont les récalcitrants, ceux qu'on craint de voir s'enfuir.

Leurs souffrances doivent être épouvantables. Ils ne peuvent même pas chasser les moustiques qui bourdonnent de tous côtés, et se logent dans leurs yeux, leur bouche ou leurs oreilles.

Nul ne se plaint pourtant. Ils paraissent plus résignés qu'abattus. Les femmes allaitent leurs enfants.

Pauvres mères ! Pauvres petits !

Ils sont tous rangés en demi-cercle, et divisés par lots.

Les hommes d'Ibrahim déballent les marchandises. L'ingurgitation de l'eau-de-vie de traite commence. Puis, on entend des cris, des hurlements qui n'ont rien d'humain.

Les Européens se taisent, attristés.

Friquet, l'incorrigible loustic, a la larme à l'œil.

Les *paquets d'ivoire* sont alignés sur plusieurs rangs.

Un mot sur cette nouvelle appellation. De même que le mot palabre, l'expression « *paquet d'ivoire* » a des significations totalement différentes.

Ainsi, c'est tout à la fois la défense d'éléphant vendue par le noir et le lot de marchandises assorties avec lequel l'Européen s'en rend acquéreur.

Le *paquet d'ivoire* est donc par extension une sorte d'unité fictive, arbitraire, servant à désigner une défense plus ou moins grosse, ou même un lot d'ivoire, et la somme en marchandise, destinée à le payer.

Cette unité bizarre a été appliquée à l'odieux maquignonnage des humains. On solde l'achat d'un noir avec le prix d'un ou de plusieurs *paquets d'ivoire*.

Il se compose d'abord du fusil, qui forme la pièce de résistance du paquet. Ces outils fort primitifs, sont fabriqués à Birmingham, ainsi qu'à Paris. Ils coûtent de sept à neuf francs. Ils sont à pierre, et montés à la diable sur des fûts en bois blanc, peints en rouge vif. Nous avons manié quelques-unes de ces armes extravagantes, et nous avons été stupéfaits, nonobstant leur imperfection, des résultats qu'en obtiennent les noirs.

On donne en même temps que le fusil, deux boîtes de poudre. Cette poudre, qui, en dépit de la grosseur du grain et de l'infériorité des procédés employés à sa fabrication, est moins mauvaise qu'on pourrait le croire, est cédée aux noirs au prix de trois francs.

Le *paquet* comprend aussi deux *Neptunes*, grands bassins de cuivre, dont les indigènes sont grands amateurs, et qui constituent le bijou essentiel de la corbeille d'une mariée sous l'équateur.

On ajoute à chaque fusil huit brasses d'étoffes de Manchester, un paquet de tabac d'Amérique, une demi-livre de perles, deux couteaux, six barrettes de cuivre ou d'airain, servant aux indigènes à faire des bracelets pour les bras et les jambes, une marmite, un chaudron en cuivre, un chapeau à haute forme, exclusivement réservé au roi! un bonnet de laine rouge, pour un grand dignitaire, une livre de sel, vingt pierres à fusil, et enfin les deux denrées essentielles, qui sont : l'*alougou*, eau-de-vie de traite, et la *parfumerie*.

Vous avez bien lu, la *parfumerie*.

Les Africains, en général, ont pour l'alougou une passion qui va jusqu'à la frénésie. Cette drogue infâme est fabriquée en mélangeant, en proportions assez mal définies, du caramel et de l'alcool, — quel alcool!... — à 45 degrés.

Et n'allez pas allonger le mélange avec un peu d'eau. Les noirs s'en apercevraient bien vite.

Alfred Marche nous cite ce cas extraordinaire d'un nègre, qui avala sans sourciller, et avec des grimaces de satisfaction, un énorme verre d'alcool à 90 degrés, servant aux préparations anatomiques.

On donne quatre litres d'*alougou* par paquet.

La parfumerie se distribue *ad libitum ;* ce sont les épingles de madame, qui d'ailleurs ne se gêne pas pour ingurgiter les vinaigres de Bully impossibles, les eaux de lavande invraisemblables, et grignoter les savons multicolores, comme des sorbets exquis.

On voit que la bourse d'un traitant ou d'un marchand d'esclaves est passablement encombrante.

Celle d'Ibrahim était un véritable bazar. Le drôle, grâce à sa profonde expérience des transactions équatoriales, avait accumulé avec une rare sagacité, toutes ces richesses qui faisaient pousser aux Osyébas des cris de chacals à la curée.

Une salve de mousqueterie, suivie d'une énorme distribution d'alougou, annonça le commencement du marché.

Jamais nos Européens n'avaient contemplé un pareil spectacle !

Les roueries des palfreniers anglais, et l'astuce des maquignons bas-normands, ne sont que des enfantillages, comparés aux ficelles inventées par ces naïfs enfants de la nature !

Il fallait voir l'exubérance de gestes et la surabondance de paroles des vendeurs ; leur façon de présenter leur sujet, de le faire lever, marcher, courir, chanter, tousser, respirer !

Que dire des hochements de tête de l'acquéreur unique, Ibrahim, qui, tout en pontifiant, sans perdre un pouce de sa taille, ni une once de sa dignité, palpait les torses, soulevait les pieds, ouvrait les bouches, inspectait les yeux, et continuait sa ronde, tout en versant de nouvelles rasades.

On *palabrait* à loisir. Le temps n'ayant aucune valeur, qu'importent deux, quatre, huit, et même dix jours !

Les propriétaires ont la douce habitude de réclamer une valeur au moins dix fois supérieure à la valeur courante du malheureux dont ils trafiquent.

L'acheteur refuse. On passe à un autre. Même proposition également repoussée. On boit encore. Puis on mange. La nuit vient, on dort. Le lendemain, la scène recommence avec les mêmes incidents.

Peu à peu, les prétentions diminuent de part et d'autre, on termine par une dernière et colossale rasade. L'affaire est conclue.

Ibrahim est propriétaire du troupeau.

Les esclaves n'ont d'ailleurs pas été autrement maltraités. Leurs tourments commenceront réellement lorsqu'ils seront arrivés à la côte, lorsqu'ils abandonneront pour toujours le sol natal, et s'en iront à l'aventure, inhumainement empilés dans la cale l'un bâtiment négrier.

Jusque-là, leur maître a tout intérêt à les bien soigner. Plus l'état de la cargaison sera satisfaisant, meilleurs seront les profits.

C'est à dessein que nous avons épargné aux lecteurs tous les incidents de cet infâme marché qui ne dura pas moins de quatre longs jours.

Quatre mortelles journées, pendant lesquelles les malheureux esclaves, immobiles, en proie aux insectes, malmenés par les hommes, suffoqués par la chaleur, attendaient le bon plaisir des ivrognes qui les marchandaient.

Les captifs avaient changé de maître. Le cortège devait se mettre en route le lendemain. Il serait difficile et superflu tout à la fois de décrire la joie des trois Européens qui voyaient arriver l'instant de la délivrance.

Ils allaient donc enfin dire adieu à ces parages inhospitaliers, où ils avaient couru les risques d'une mort épouvantable.

Confiants dans la parole d'Ibrahim, ils attendaient.

Celui-ci ne leur avait rien dit à ce sujet, depuis le jour où le docteur, avant d'entreprendre son opération, avait exigé de lui le serment préalable.

Ils avaient dès lors été libres, et si les Osyébas ne semblaient pas nourrir à leur endroit de vifs sentiments d'affection, tout au moins les laissaient-ils en repos.

Ils n'en demandaient pas davantage.

Ses affaires terminées, le marchand de chair noire devint plus communicatif. Il possédait encore un stock fort respectable de marchandises, destinées à payer les frais de la route, qui promettait d'être longue.

Voulant tout d'abord témoigner aux Européens sa reconnaissance et sa sympathie, il fit déballer un paquet où étaient enfermées des armes magnifiques, qui, même en pays civilisé, eussent possédé une grande et incontestable valeur.

— Tiens, mon frère blanc, dit-il au docteur, en lui présentant une superbe carabine de fabrique anglaise, à canon court, à double détente, se chargeant par la culasse, et au bout de laquelle pouvait s'adapter un épais et solide coutelas.

« Tu es libre. Tu es un grand « tôbib ». Il faut une arme à l'homme libre. Tu as sauvé le grand Abyssinien, Ibrahim te donne son arme. »

Puis, s'adressant à André. :

— Toi, mon frère, tu es aussi l'ami du chef. Ta main a aidé celle du tôbib. Ibrahim n'oublie pas. Que cette arme te soit fidèle, termina-t-il en lui tendant une carabine qui ne le cédait à celle du docteur ni en élégance ni en précision.

Se tournant enfin vers Friquet un peu interdit:

— Et toi, mon fils, qui seras un guerrier subtil, toi qui es gai comme l'oiseau-moqueur, agile comme l'homme à quatre pieds, — il voulait dire sans doute le gorille, — prends ce bon fusil. Il est à toi.

— Nom d'un nom! patron, c'est pas de refus, fit le petit homme, quand André lui eut traduit la phrase. Ah! j'suis malin comme un singe... vous vous en être aperçu. Allons! tant mieux. C'est un compliment qu'en vaut ben un autre.

« Merci tout de même. »

Le lieutenant qui avait la surveillance particulière des munitions, leur donna à chacun une vaste cartouchière bien bourrée, et un de ces beaux revolvers américains signés Smiths et Wesson, qui portent à plus de 150 mètres.

Les trois blancs étaient ravis!

Posséder avec des armes le moyen de défendre sa vie, et de pourvoir à sa subsistance, être en un mot des valeurs actives dans cette troupe qui partait à l'aventure, était pour eux le comble du bonheur.

En revanche, quelqu'un paraissait ne goûter que médiocrement cette distribution faite à ceux qui avaient si miraculeusement échappé à la broche.

Ce trouble-fête, n'était rien moins que Sa Majesté Rha-Ma-Thô, celui que Friquet s'entêtait toujours à appeler « Bicondo. »

Rha-Ma-Thô, abominablement ivre, grignotait avec sensualité un long morceau de savon rose qui moussait au coin de ses lèvres lippues, et lui donnait l'air d'un de ces anciens « sabouleux » de la cour des Miracles.

Après avoir tourné en titubant autour de trois amis, il s'avança vers Friquet, qui lui en imposait sans doute moins que ses compagnons et voulut tout d'abord lui arracher le fusil, que celui-ci tenait, nous devons le confesser, assez maladroitement.

— Minute, mon garçon. Tu vas pas croire qu'un marin français, le matelot du docteur, va comme ça se laisser désarmer. Ah ! mais non.

« Tâche de lâcher mon flingot, ou y va grêler des gifles. »

Le docteur et André s'interposèrent. Le premier, interpellant l'ivrogne dans sa langue, voulut lui faire entendre raison.

Peine perdue. Les sujets, à peu près dans le même état que leur monarque, formaient un cercle menaçant.

Rha-Ma-Thô vociférait. Les hommes blancs lui appartenaient. Ibrahim, son bon ami, son père, les lui avait achetés, mais il ne les avait pas payés. Et dût-il employer la force, les Européens ne partiraient pas.

Ibrahim, muet jusqu'alors, s'avança lentement après avoir fait un imperceptible signe à son lieutenant.

Celui-ci, rassembla sa troupe par un coup de sifflet strident.

Friquet se démenait comme un possédé.

— Mon fusil ! Tu veux mon fusil, coquin ! C'est le premier que je possède. J'sais pas encore m'en servir, mais tu verras avant huit jours. D'abord, tu ne verras rien. Dans huit jours nous serons loin.

L'ivrogne tenait bon.

Ibrahim, développa sa haute taille, puis avec un geste qui ne manquait pas de noblesse, il désigna les cases et dit de sa voix de stentor à Rha-Ma-Thô :

— Va-t'en !

Au lieu d'obéir au colosse, qui semblait n'avoir pas l'habitude de plaisanter et qui tolérait la résistance à peu près comme les lions, ses fauves compatriotes, Rha-Ma-Thô protesta.

Ah ! pardieu, ce ne fut pas long. La main du traitant, cette main aux fines attaches, aux doigts élégants, mais durs comme des tiges d'airain, tomba sur la face noire du potentat africain, avec un formidable bruit d'assiette cassée.

L'ivrogne pirouetta deux tours, puis au moment où il se présentait de dos à son adversaire, celui-ci, saisit le temps avec un à-propos inimitable, et lui détacha à l'endroit où le dos change de nom, un coup de botte d'une telle force que le destinataire s'en alla rouler, les quatre fers en l'air, au beau milieu d'une épaisse broussaille.

— Tiens ! tiens ! dit Friquet ravi. Il en pince aussi, le patron. Bonne méthode, et du nerf !...

Une clameur furieuse retentit.

Les noirs, à la vue de l'affront fait à leur chef, se précipitèrent sur le groupe en brandissant leurs armes.

Ibrahim, bondit comme poussé par un ressort, son large cimeterre d'une main, son revolver de l'autre.

André et le docteur, passés maîtres dans le maniement des armes, glissèrent chacun une cartouche dans le tonnerre de leur carabine qui se referma avec un bruit sec.

5.

Friquet, l'intrépide gamin, chargea tant bien que mal son fusil à deux coups, d'inspiration.

Une salve de coups de feu éclata accompagnée d'un cri terrible d'angoisse et d'agonie.

Les trois blancs et Ibrahim, debout, sains et saufs, se retournèrent du côté d'où était parti cet appel déchirant.

Un des esclaves, avait reçu dans le ventre un projectile perdu, et le malheureux, en proie à une douleur atroce se tordait dans une mare de sang.

Le feu des noirs, mal dirigé, tant ils étaient ivres, n'avait atteint que ce pauvre diable, qui se trouvait à une assez grande distance du point dangereux.

Il avait été frappé, comme le constata plus tard le docteur, par un lingot de fonte, qui avait lacéré les intestins et produit une plaie horrible, large comme la main.

Cet homme était perdu.

Ibrahim, furieux, — le marchand se réveillait en lui, — ne perdit pas une minute.

Rha-Ma-Thô ne s'était pas relevé, après la magistrale correction qu'il avait reçue. L'empoigner par le collet de son habit rouge, l'enlever comme une simple peau de lapin et le déposer à ses pieds fut, pour le géant, l'affaire d'un moment.

Puis, de sa voix de clairon :

— On m'a tué un captif, celui-là le remplacera.

— Bonne idée, dit Friquet. Tu as voulu nous manger, tu cireras nos bottes.

Les noirs interdits, domptés par cet acte de vigueur s'arrêtent, sans renouveler leur déloyale agression.

L'esclave expirait à ce moment entre les bras du docteur.

En un tour de main, le lieutenant enleva la bûche qui entravait la jambe droite du mort, introduisit dans l'ouverture celle de Rha-Ma-Thô et l'assujettit avec des coins vigoureusement enfoncés à coups de maillet...

Subitement dégrisé par cette prise de possession, Rha-Ma-Thô beuglait comme un bœuf à l'abattoir.

De grosses larmes coulaient de ses yeux. Il implorait Ibrahim, il appelait ses sujets, ses femmes, ses sorciers... Il était plus répugnant, s'il est possible, dans sa lâcheté que dans sa cruauté.

— Encore une dynastie de fichue, grommelait philosophiquement Friquet.

— Non... hurlait le pauvre diable, dans son langage, je ne veux pas être esclave... je ne peux pas... je suis faible... donne de l'alougou... Tiens... prends, mon frère, il est fort... lui, il est robuste... oui, c'est cela... prends mon frère.

Le traitant le repoussa dédaigneusement du pied sans ajouter un mot. Il fit un signe, et on l'entraîna avec les autres captifs, qui le reçurent avec des huées et le couvrirent de crachats...

On devait, avons-nous dit, partir le lendemain.

Le « marché » était littéralement encombré de vivres frais apportés de tous côtés afin de pourvoir aux premiers besoins de la caravane.

Ibrahim avait gardé en réserve une ample provision de sel, destinée à solder ce monceau de victuailles.

Quand cette denrée, d'un prix inestimable dans toute l'Afrique équatoriale, fut exposée à la vue des noirs, dans les bassins et les chaudrons de cuivre, tout fut oublié, la captivité du roi, l'attaque manquée, l'alougou ! l'alougou lui-même.

C'est que rien ne saurait exprimer l'inconcevable passion que ces gens ont pour le sel. Il y avait là des femmes qui étaient venues de cinq ou six lieues, pliant sous quatre-vingts ou cent livres de bananes. Elles donnaient tout cela pour une poignée de sel qu'elles croquaient et avalaient séance tenante, avec des grimaces de contentement, et des mines indiquant une jubilation profonde.

D'autres amenaient des chèvres, qu'on échangeait contre une livre de sel tout au plus ; les chèvres étaient énormes.

Bref, tous ces négociants improvisés, qui étaient arrivés en endurant de longues et souvent terribles fatigues, n'avaient rien de plus pressé, aussitôt leur transaction opérée, que d'absorber leur ration de sel.

Quelques-uns, les favorisés, en avalaient une livre et demie, jusqu'à deux livres.

Nos trois amis, qui regardaient curieusement ce singulier festival, entendirent alors revenir à plusieurs reprises deux noms qui leur rappelèrent la patrie absente, et les chers souvenirs de Paris, la ville tant aimée.

Quelques noirs ne pouvaient arriver à s'entendre avec l'acheteur. Ils voulaient toujours une quantité supérieure à celle qu'on voulait leur donner, sous prétexte que *Maleci* et *Compini* étaient plus généreux.

Ces deux noms aussi célèbres au Gabon qu'en France, firent dresser l'oreille aux Européens. Alfred Marche ! le marquis de Compiègne ! les deux intrépides Français qui, les premiers, au milieu de fatigues et de dangers inouïs, découvrirent le haut Ogôoué.

André avait connu de Compiègne et Marche à leur retour de cette brillante expédition. S'aidant du docteur comme interprète, il parla longtemps avec les noirs des deux explorateurs, dont la bonté, la bravoure, l'énergie et la générosité, ont laissé là-bas d'impérissables souvenirs.

L'annonce de la mort du marquis de Compiègne les trouva incrédules. Mais la nouvelle du prochain retour de Marche, les combla de joie.

C'est que « Maleci » et « Compini » comme ils disent, sont des *Fala* (Français) et les Français ont su se faire adorer de ces peuplades indomptées.

— Mais nous sommes aussi des « Fala » leur dit le docteur !

— Non, vous n'êtes pas des *Fala*, puisque vous achetez des hommes. Maleci n'achetait pas les noirs. Compini non plus...

Depuis plus de vingt jours qu'il habitait avec les Osyébas, Friquet avait fini par comprendre quelques mots de leur langage.

Son indignation ne connut plus de bornes, quand il s'aperçut de la méprise commise par les noirs.

— Comment, nous !... des Français acheter des esclaves ! Allons donc ! Faut-il que vous soyez crétins... Quand on pense que nous étions destinés à être mangés il n'y a pas trois semaines et que nous sommes encore à vendre aujourd'hui... à ce que prétend « Bicondo » du moins.

— Laisse, va, matelot, reprit le docteur, je vais leur faire entendre raison.

— Ah ! ben oui, si vous pouvez en venir à bout, vous aurez de la chance.

Le lendemain matin, la troupe rangée sous les armes avant le lever du soleil, se mit en route, au moment où les cimes s'empourpraient.

Ibrahim, consciencieux jusqu'au bout, *palabra* quelques minutes avec les notables, au sujet de l'acquisition définitive des trois Européens.

Cet honnête négociant voulant sans doute conserver sa réputation intacte, démontra péremptoirement que les blancs ne pouvaient pas être considérés comme un article d'exportation. Il est impossible d'en faire des esclaves. Tout au plus s'ils sont bons à manger.

Ils n'ont donc aucune valeur mercantile. Aussi, croyait-il les payer bien au delà de leur valeur, en offrant pour chacun d'eux, trois livres de sel : le prix de trois chèvres.

Cette proposition obtint tout le succès désirable.

L'échange fut conclu à la satisfaction de tous, et la

caravane n'était pas à mille mètres du village, que la rançon de nos trois amis était complètement absorbée.

— Après tout, dit Friquet, qui trouvait toujours le mot de la situation, ils sont encore assez faciles à contenter.

« Échanger le rôti pour l'assaisonnement, c'est être de bonne composition.

« C'est égal : un homme pour trois livres de sel, ça n'est vraiment pas trop cher... »

La troupe marchait lentement. C'est en vain que les grands arbres élevaient au-dessus des voyageurs leurs épaisses ramures ; nul souffle n'agitait les feuilles, chauffées, presque calcinées par les implacables rayons du soleil.

Il régnait une température d'étuve sous ces végétaux immenses, aux troncs gigantesques, dont les branches s'entrelaçaient à perte de vue comme les arceaux gothiques d'une cathédrale sans fin.

On était en plein pays désert. Après la dernière case située au bord de la clairière, on avait pénétré dans l'inconnu.

Inconnu relatif, pourtant; car la caravane avait accompli plusieurs fois déjà le trajet, et son commandant la guidait vers le sud avec autant de précision que le meilleur chef d'état-major.

Le personnage principal de la troupe, eu égard à sa taille du moins, était l'ami de Friquet, l'éléphant, qui s'avançait gravement, les oreilles légèrement relevées, avec un gai mouvement de trompe.

C'était, avons-nous dit déjà, un admirable spécimen de ces superbes éléphants de la région occidentale, qui acquièrent un incroyable développement.

Osanore, conservons lui ce nom pour faire plaisir à Friquet, qui lira bientôt le récit de ses propres aventures, Osanore mesurait près de quatre mètres cinquante centimètres de haut.

Son unique défense, — il avait perdu l'autre dans une circonstance dramatique, dont nous parlerons plus tard, si l'espace nous le permet, — était longue de plus de deux mètres, et grosse en proportion.

Ce colosse, véritable montagne de chair, était aussi intelligent qu'il était gros, et sa bonté égalait son intelligence.

Il cheminait donc gaiement, arrachant deci, delà, une tige sucrée qu'il suçottait en sybarite, tantôt, cueillant délicatement un ananas qu'il croquait comme une fraise, tantôt enfin, enlevant quelque énorme branche morte obstruant le passage, et qu'il jetait dans les épais taillis s'étendant de chaque côté.

Sauf Ibrahim, André, le docteur, Friquet et le conducteur de l'éléphant, la caravane marchait à pied. Le pachyderme servait de monture à l'état-major.

Les trois premiers, commodément assis, dans une sorte de palanquin spacieux, couvert d'une toile légère, causaient amicalement.

Friquet, qui était devenu l'intime ami du cornac, se tenait avec lui sur le col monstrueux de l'animal, auquel il racontait toutes sortes de choses extraordinaires.

Osanore semblait ravi d'apprendre qu'un de ses congénères avait joué la comédie à la Porte-Saint-Martin, que les blanches mains des artistes lui avaient prodigué les friandises et les caresses, et qu'enfin il faisait une superbe figure devant les becs de gaz de la rampe.

Friquet avait contemplé ce spectacle des deuxièmes galeries, et certes, il s'y connaissait.

Osanore témoignait sa satisfaction, en poussant une sorte de soufflement saccadé, assez semblable au poufff!... poufff!... poufff!... qui sort d'une locomotive, quand celle-ci, manœuvrant sur les rails d'une gare, semble batifoler, comme un éléphant de métal, la trompe en l'air.

La plus triste figure était celle de Rha-Ma-Thô.

Le pauvre diable était dans un état déplorable. Les esclaves, ses nouveaux compagnons, après l'avoir couvert d'invectives et de crachats, avaient arraché son habit de général anglais, qui, dépecé en une infinité de morceaux, servait d'ornement aux élégants de la troupe.

Un cruel crève-cœur avait d'ailleurs précédé son départ. Il avait vu ses proches se partager ses dépouilles comme s'il était mort. Sa condition d'esclave équivalait à la mort civile et à la dégradation militaire.

Ses ministres, s'étaient coiffés de ses chapeaux à haute forme! Ses habits recouvraient les torses des hauts dignitaires de sa cour; enfin, son frère, celui-là même auquel il voulait absolument donner sa place et sa bûche d'esclavage, s'était sans façon assis sur le trône vacant.

Rha-Ma-Thô, l'avait vu se pavaner, la canne à pomme d'arrosoir à la main, vêtu d'une tunique de horse-guard, à laquelle étaient accrochées des épaulettes grosses comme la tête, et le crâne surmonté d'un casque de pompier, reflétant d'aveuglants rayons!

Pour comble de malheur, les épouses du monarque déchu s'étaient empressées d'imiter l'exemple général, et de faire leur soumission au nouveau prince.

Une ample distribution de coups de canne, dont la surabondance ne laissait rien à désirer, avait scellé cette prise de possession.

Le successeur était un homme de tradition.

L'infortune de Rha-Ma-Thô était complète, si complète, que les Européens émus, voulurent arracher sa grâce à Ibrahim.

Celui-ci fit la sourde oreille. Ses bons amis blancs pouvaient lui demander tout ce qu'ils voulaient, mais non une chose qui n'était pas dans leur contrat. Il avait fidèlement rempli ses engagements, que leur importait ce moricaud, ivrogne, menteur, traître et cruel?

Les affaires d'intérêt n'avaient rien de commun avec les sentiments.

Pourtant, voyant les mauvais traitements que lui faisaient subir ses compagnons d'infortune, et pressentant que le malheureux ne pourrait jamais gagner la côte, le traitant finit par se laisser fléchir le troisième jour.

Bicondo succomberait avant la fin de la semaine. Son organisme, usé par l'alcool, se refusait à toute fatigue ; Ibrahim pourrait faire une bonne action qui ne lui coûterait rien.

Il annonça donc au pauvre sire qu'il serait libre de s'en retourner le lendemain.

L'autre, la face hébétée, les yeux atones, ne put même pas bégayer un remerciement.

On s'était arrêté pour camper dans une vaste clairière, à cinq ou six cents mètres d'un petit village, dont les habitants s'étaient d'abord enfuis à la vue de l'aspect imposant de la caravane.

Comme les provisions étaient abondantes, on ne s'occupa pas de cette panique, et défense fut faite aux hommes de s'écarter.

Il entrait dans les plans d'Ibrahim, qui menait ses troupes militairement, de ne laisser jamais commettre la moindre exaction dont le résultat serait d'apporter des entraves à sa route.

Chacun dormait, sauf les sentinelles. Un horrible cri éclata soudain dans les ténèbres, puis des centaines de hurlements retentirent dans la partie affectée aux esclaves, et couvrirent cet appel désespéré.

On se précipita vers ce point, et un affreux spectacle, à peine éclairé par les fugitives lueurs d'un brasier mourant, s'offrit à tous les regards.

Le cadavre de Rha-Ma-Thô, dépecé, les entrailles à l'air, la gorge arrachée, les yeux crevés, les membres rompus, palpitait au milieu d'un ruisseau de sang.

Les malheureux qu'il avait si fort maltraités au temps de sa puissance, ceux qu'il avait achetés à ses voisins pour les revendre, venaient de tirer de lui une effroyable vengeance.

Apprenant qu'il allait recouvrer la liberté, ils avaient attendu la nuit, s'étaient rués sur lui comme des bêtes féroces, et l'avaient mis en pièces en un clin d'œil...

— C'était écrit, murmura philosophiquement Ibrahim, en le faisant tirer par les pieds jusqu'au bord du taillis.

La caravane passa le lendemain matin, abandonnant sans sépulture les restes mutilés du chef qui avait tenu sous son joug despotique plus de dix mille des riverains du haut Ogôôué!

Il y avait d'ailleurs dans le voisinage une colonie de ces énormes fourmis rouges, d'une taille monstrueuse, d'une voracité sans égale, et tellement nombreuses, qu'en moins d'une nuit, elles ne laissent d'un animal de forte taille qu'un squelette admirablement préparé.

— Pauvre Bicondo, dit en aparté Friquet; il avait la tête près du bonnet, il était pas mal ivrogne, mais il était si drôle en général Boum!

Ce fut sa seule oraison funèbre.

Cette mort affreuse avait attristé nos amis.

La vue du sang humain est si répugnante! Le spectacle de l'anéantissement d'une créature, quelque dégradée qu'elle soit, est si contraire à la nature.

Les esclaves avaient essuyé leurs mains rouges. Friquet écœuré, prétendait avoir vu quelques-uns d'entre eux sucer leurs doigts avec une révoltante sensualité.

Nul doute qu'ils eussent dévoré le cadavre s'il n'eût été mis aussitôt loin de leur portée.

Il y avait dans cet incident, ample matière pour philosopher. Les trois amis n'y manquèrent pas, chacun avec son tempérament particulier et ses idées personnelles.

André, toujours généreux, voyait avec une indignation mal dissimulée cet odieux trafic, et en revenait toujours à des idées de civilisation.

Le docteur, sceptique comme tous ceux qui ont vécu longtemps aux colonies, partageait tous les préjugés des créoles à l'endroit de la race nègre, et soutenait, avec infiniment de talent, la thèse de Georges Pochet, le célèbre anthropologiste, que les nègres appartiennent à une race particulière, inférieure peut-être à la race blanche, dont elle diffère essentiellement !

Friquet, nerveux comme un Parisien, était ravi d'être libre, de faire le tour du monde comme il l'avait rêvé, sur une monture de son choix, mais déplorait à chaque instant l'infortune des pauvres diables qui, suant, geignant et soufflant, traînaient leur lourde bûche.

Ibrahim, impassible comme toujours, surveillait sa « marchandise ».

Celui-là croyait de bonne foi que le nègre a exclusivement été créé pour être transporté sur un autre continent, où, à grand renfort de coups de fouet, il fait pousser le sucre et le café.

Le noir n'était pour lui qu'une bête de somme à deux pattes.

Il était absolument convaincu, et rien au monde n'aurait pu lui faire supposer que les êtres de cette couleur eussent pu, même de très loin, prétendre au titre d'homme.

Le seul fait d'être esclave les abaissait pour lui-même au-dessous de son éléphant.

Il émettait ces théories dans son langage guttural, en tirant de légères bouffées du bouquin d'ambre de sa longue pipe à tuyau de jasmin.

Bien qu'interrompue par les exigences de la traduction, la conversation n'en était pas moins animée.

— Tu me blâmes, disait l'Abyssinien à André, d'acheter des noirs. Mais la loi du Prophète le permet.

« Eux-mêmes ne demandent pas mieux. Où pourraient-ils être plus heureux qu'avec un maître comme moi.

« Je les nourris, je ne les fouette jamais. Les femmes sont libres, les enfants aussi. Ibrahim est un bon maître.

— Pardieu, reprit le docteur, je n'en doute pas, et certes tes noirs sont mieux traités qu'au Brésil, en Égypte ou à la Havane; mais quand tu dis qu'ils ne demandent pas mieux que d'être esclaves, tu me permettras bien de douter de ton affirmation.

— En veux-tu la preuve?

— Je ne demande pas mieux. Dites donc André, il est très amusant, notre ami. Il nous avance cela comme un homme sûr de son fait.

« Il est vraiment curieux, cet homme. Il a raison, savez-vous, quand il dit que la loi de Mahomet autorise le trafic des esclaves.

« Mais ce qui est plus fort, c'est que la morale chrétienne est d'un avis absolument conforme.

— Je vous croyais moins ferré sur les textes des Pères de l'Église, répliqua un peu sèchement André.

— Té, mon bon, saint Paul n'a-t-il pas dit : « *Esclaves, obéissez à vos maîtres selon la chair, avec crainte et tremblement, dans la simplicité de votre cœur, comme à Jésus-Christ lui-même...*

— C'est possible, mais les philosophes païens ont flétri cette hideuse pratique.

— Et avec juste raison, mon cher ami.

Ibrahim, fut enchanté d'apprendre que les textes chrétiens étaient d'accord avec ceux de Coran.

Son admiration pour le docteur augmenta encore s'il est possible.

— Je vais prouver que les esclaves ne veulent pas de la liberté, dit-il, et mieux encore, qu'ils sont indignes de la posséder.

André et Friquet étaient franchement révoltés du

cynisme de cette double affirmation, le docteur assistait curieusement à une expérience de psychologie.

Ibrahim commanda la halte.

Il appela son lieutenant, et lui ordonna de mettre en liberté, à son choix, cinq esclaves mâles, de leur donner à chacun autant de provisions qu'ils pourraient en porter, plus une hache, un couteau, et un faisceau de sagaïes.

Habitué à l'obéissance passive, le lieutenant enleva tout d'abord la bûche à deux jeunes frères, âgés l'un d'environ dix-huit ans, l'autre de seize. Il procéda de la même façon à l'égard de trois autres, en ayant préalablement soin de leur demander s'ils avaient une femme ou des enfants dans la troupe.

Sur leur réponse négative, leurs entraves tombèrent.

— Vous êtes libres! leur cria Ibrahim du haut de son éléphant.

Les quatre premiers, sans être autrement étonnés de ce bonheur inespéré, s'arrêtèrent un moment, puis tournèrent les talons sans même dire un mot, sans faire un signe de gratitude.

Seul, le négrillon de seize ans sourit en montrant ses dents blanches, baragouina en riant aux éclats un compliment assez long, cabriola comme un jeune babouin, se prosterna à deux reprises, remercia chaleureusement son bienfaiteur et rejoignit le groupe des libérés.

Le plus étonné fut Ibrahim. Friquet jubilait positivement.

— Est-il gentil, ce petit-là, il connaît son monde, y doit certainement être d'une bonne famille. Voyez-vous, comme ça vous a de l'usage. Eh bien! y me plaît. C'est très bien ce qu'il a fait là.

..... On était en marche depuis trois jours. La distance parcourue était d'environ soixante-cinq, à soixante-dix kilomètres. C'était énorme, eu égard à la température.

Après une halte de deux heures près d'un ruisseau, la

troupe se remit en route. Au bout d'une heure elle atteignait un village aux cases spacieuses, dont le traitant connaissait plusieurs notables habitants.

Au moment où l'éléphant n'était plus qu'à une vingtaine de mètres des premières habitations, un cri d'horreur et de réprobation échappa à André et à Friquet.

Le docteur sifflota d'un air ironique, Ibrahim sourit sataniquement.

Le spectacle qu'ils contemplaient était bien fait pour produire ces différentes impressions.

Les deux jeunes frères, libérés trois heures avant, suivaient la rue principale. Le plus jeune, la bûche au pied, le cou enserré dans une fourche de bois qui l'étranglait, et dont le manche était dans la main de son aîné, se traînait avec peine, tombait, et se relevait sous les coups dont l'autre le sanglait impitoyablement.

Le misérable n'avait pas perdu de temps. A peine délivré, se jeter sur le pauvre petit, le terrasser, lui enlever sa hache et son couteau, le garrotter, et fabriquer une entrave, avait été pour lui l'affaire d'un moment.

Maintenant, il allait le vendre(1) !...

Friquet se laissa glisser du col de l'éléphant, tomba à coups de pied et à coups de poing sur l'être dénaturé qui, répudiant les sentiments les plus sacrés, venait ainsi donner une cruelle confirmation aux paroles d'Ibrahim, quand celui-ci disait que les noirs n'étaient pas dignes de la liberté.

Friquet frappait comme un sourd ; l'instinct de la conservation donna des jambes d'antilope au gredin, qui s'enfuit en hurlant.

On n'avait aucune nouvelle des trois autres.

— Pauv'petit disait le gamin, t'as vraiment pas de

(1) Rigoureusement historique. — MM. Savorgnan de Brazza et le docteur Ballay ont été témoins du fait pendant leur voyage dans le haut Ogôoué.

chance. Heureusement que nous sommes là, pas vrai. Allons, n'aie donc pas peur, petit sauvage... Là, je ne te veux pas de mal, au contraire.

« Mâtin, si j'avais eu un frère, quand bien même il aurait eu la peau encore plus noire que la tienne, tonnerre, je me serai fichu au feu pour lui, plutôt dix fois qu'une !

— Bien ! Friquet, dit André.

— Bravo ! matelot, renchérit le docteur.

— Il est à moi, reprit le gamin, c'est-à-dire, entendons-nous, il est libre, eh ! ben, moi, je l'adopte... pas vrai, patron.

Ibrahim fit un signe d'assentiment en haussant les épaules.

— Vous ne savez pas où sont les autres? dit-il en riant de son rire de tigre. Ils tâchent de vendre pour un peu d'alougou, leur hache et leur couteau. Ils seront ivres ce soir, demain vous les verrez.

Vingt-quatre heures ne s'étaient pas écoulées, que la prédiction du négrier se réalisait de point en point.

A l'étape suivante, les blancs stupéfaits, crurent apercevoir, près d'une clairière, les trois hommes qu'on n'avait pas revus depuis leur libération. Quand le campement fut installé, quand les hommes de l'escorte, après avoir pourvu à la sécurité générale, s'allongeaient pour la sieste, on vit les formes noires s'avancer lentement. C'étaient bien les trois nègres. Ils portaient chacun une bûche façonnée de leurs mains, et s'en venaient, humblement, la déposer aux pieds d'Ibrahim, indiquant par là, qu'ils se reconnaissaient volontairement ses esclaves (1).

Moins d'une heure après, le frère dénaturé accomplissait avec plus de platitude encore la même cérémonie.

. . . .

Seul, le négrillon de Friquet était libre.

(1) Historique.

CHAPITRE V

École de tir. — Deux émules de Bas-de-Cuir. — Le gamin de Paris et le gamin de l'équateur. — Frère noir, frère blanc. — Grande chasse et vilain gibier. — Une serre chaude de cent lieues de superficie. — Tiens!... un singe! — Imprudence, catastrophe, désespoir. — Friquet disparu. — Vaines recherches. — Est-il mort? — Course folle à cent cinquante pieds au-dessus du niveau de la mer. — Effroyable chute. — Une idée de « Majesté ». — Un éléphant qui devint chien de chasse. — Nouveau péril — Deux gorilles. — « J'en veux manger! »

— Cré moussaillon de malheur!... criait le docteur de sa voix formidable.

— Mais, puisque je vous dis qu'y a pas moyen, répliquait piteusement Friquet... J'ai jamais été seulement fichu de gagner une demi-douzaine de macarons à la foire aux *pains d'épice*.

— Tron de l'air! ça m'enrage, de te voir si maladroit.

— Faut pas vous fâcher, une autre fois je ferai mieux.

— Eh! cape de Diou, il y a hûûit jours, hûûit entends-tu bien, couquinasse, que cela dure, et c'est pis que le premier.

— Pétard! Faut tout même que je sois rudement mazette.

— Quand nous serons rentrés en France ce n'est pas à l'École des fusiliers de Lorient que je t'enverrai, mais bien à celle des mousses!... Et encore!...

— Mais, puisque je vous dis...

— Tais-toi, et ouvre l'œil...

« Peloton! Garde à vôs!...

Le docteur, nonobstant les fonctions pacifiques qu'il

remplissait habituellement à bord, possédait une superbe voix de commandement.

— Là, continua-t-il, lève rapidement ton arme, dont la crosse doit s'emboîter comme instinctivement à ton épaule. Immobile... aïe donc, cherche ton point de mire. Vise bien... fin guidon... abaisse progressivement la détente.

« Feu !...

« Mille millions de milliasses !... Tu tires à hauteur d'homme, et ta balle vient de couper une branche située à plus de cinq mètres d'élévation !

— Cristi, fit Friquet, rouge comme une pivoine, la tignasse ébouriffée, et plus décontenancé que jamais.

— Allons, recommençons... Mais fais bien attention. Je te colle à la garde du camp si ça ne va pas mieux, fichu conscrit !... Voyons, prends ton temps, avec une arme comme celle-là on doit couper à cent pas le goulot d'une bouteille. N'est-ce pas André ?

— Sans doute, mais Friquet n'a pas pu apprendre le maniement de la carabine chez son ancien patron, le vieux savetier, et vous voudriez en faire de but en blanc un émule de Bas-de-Cuir.

— Dame ! c'est vrai. Je n'a jamais tiré que quand j'étais au Châtelet figurant dans *Marceau ou les Enfants de la République*, et je fermais les deux yeux.

— C'est ça, et aujourd'hui tu manquerais à dix pas l'Arc de Triomphe.

« Quand tu tires, tu donnes toujours un coup de doigt qui fait dévier le canon de près de dix centimètres.

« Allons, encore un coup.

« Je te répète : prends bien ton temps, mais ne reste pas là planté deux heures, comme si tu allais prendre une photographie.

« Gare au coup de doigt surtout.

La détonation retentit.

6

— A la bonne heure ! reprit le docteur. Très bien, matelot... Envoyé !... comme disait le lieutenant de vaisseau Gourdon sur le *Louis XIV*.

L'excellent homme passant subitement de la colère, factice, on s'en doute, à une vraie jubilation, frappait amicalement sur l'épaule du conscrit Friquet, qui venait d'exécuter un maître coup.

Le gamin faisait ses écoles à feu. Son matelot, le docteur voulait en faire un tireur, et notre ami ne répondait pas jusqu'alors aux espérances de son professeur de balistique.

Dans la vie d'aventuriers qu'ils menaient et qu'ils mèneraient probablement longtemps encore, il était urgent de posséder à fond l'usage des armes à feu. Souvent la vie du voyageur dépend de son sang-froid, et surtout de son adresse.

Le pauvre Friquet, on vient de le voir, eût fait piètre figure devant un des grands fauves du continent africain.

L'exercice était fini. Le docteur enjamba la distance qui séparait du but le groupe des tireurs, cent mètres environ. Il revint rapidement, agitant un morceau de calicot blanc, collé avec quatre épines sur le tronc d'un baobab et qui avait servi de cible à son élève.

La dernière balle avait frappé au centre du tissu.

Friquet n'était pas le moins du monde orgueilleux de cette prouesse, qu'il appelait naïvement un « coup de maladresse... »

— Ça se peut, dit le docteur.

— Eh ! eh ! reprit André, pas mal, pour un débutant.

Ibrahim souriait d'un air protecteur.

Ses hommes, rangés en demi-cercle, clignaient de l'œil avec de petites mines ironiques dont la signification n'était pas complètement à la louange du gamin.

— Ont-ils l'air de se ficher de moi... tous ces particuliers-là. Allez toujours, vous verrez, quand j'aurai grillé deux ou trois cents cartouches.

« Y croient peut-être comme ça que tous les blancs sont aussi maladroits que moi ; montrez-leur donc un peu, monsieur André, comment un Parisien mouche à cent pas une chandelle de six.

Celui-ci sourit sans répondre. Il prit la carabine des mains de Friquet, retira la baguette, assujettit à son extrémité un petit chiffon préalablement enduit de beurre de coco, et frotta vigoureusement l'intérieur du canon.

Il introduisit dans le tonnerre une cartouche métallique, puis, d'un coup d'œil rapide jeté circulairement, chercha un but. A soixante mètres environ, pendait à six pieds une petite courge de la grosseur des deux poings.

Sans prendre le temps de viser, mais le regard rivé sur ce point presque invisible, André leva brusquement son arme qui resta immobile une seconde à peine.

Le canon s'empanacha d'un léger flocon ; la calebasse, touchée probablement au centre, oscilla violemment.

Au moment où quelques Abyssiniens se précipitaient pour aller chercher le fruit et le rapporter à l'adroit tireur, celui-ci rechargea sa carabine en un clin d'œil. Au moment même où les coureurs atteignaient le pied de l'arbre, une balle guidée par l'œil infaillible du jeune homme coupait la queue de la courge, qui tombait sur l'herbe.

Les noirs, grands amateur de sport, applaudirent vivement à ce coup merveilleux, qui plaçait son auteur à mille coudées au-dessus du commun des mortels.

Le docteur, ne voulant pas rester en arrière, et désirant montrer à Friquet que ses connaissances n'étaient pas seulement théoriques, prétendit faire aussi bien que son ami. Il prit à son tour la carabine.

— Tiens, matelot, c'est pour toi, et profite de la leçon. Tu vois, cette noix de coco, là, à terre. Bon, ramasse-la.

Maintenant, lance-la sur le sol, devant toi, de toute ta force, comme si tu jouais aux quilles.

La boule était à peine à trente mètres, que, pan! elle éclatait, en dix morceaux, fracassée par le lingot cylindro-ogival.

L'admiration des spectateurs se compliquait presque de terreur.

Ibrahim était ébahi.

Les deux amis venaient de conquérir à tout jamais les sympathies et le respect de la caravane entière.

Autant le triomphe d'André était calme et réservé, autant celui du docteur était bruyant.

— Eh bien! matelot, qu'en dis-tu? Est-ce envoyé! Nous sommes tous comme ça, à Marseille. Hein! amène-les-moi donc, tes Parisiens.

Friquet avait trop conscience de son infériorité pour contredire son professeur et ami. Il connaissait les difficultés inouïes que comporte l'accomplissement de pareils tours de force, et il admirait naïvement, de tout son cœur, et non sans une certaines dose de fierté.

Il était pleinement rassuré sur l'éventualité probable d'une chasse organisée pour le lendemain, par le chef de la tribu des Galamundos. Cette fête cynégétique, donnée pour célébrer le passage du négrier, devait être l'occasion d'un ravitaillement, et par suite, d'une copieuse distribution de sel et d'alougou.

On juge si tout le ban et l'arrière-ban de ces anthropophages, convoqué depuis douze heures, devait être au grand complet.

C'était en prévision de cet exercice que le docteur avait voulu donner à Friquet une sérieuse leçon de tir. On a vu quels en étaient les résultats.

Nous sommes, présentement, à environ soixante-cinq lieues du pays des Osyébas. L'état de la caravane est excellent. Ibrahim ménage toujours sa marchandise, qui représente toute une fortune. Cela ne l'empêche pas entre temps, de s'offrir quelques divertissements, pour varier un peu la monotonie de la route.

On doit séjourner trente-six heures chez les Galamundos, qui, depuis plusieurs années, sont en relations d'*affaires* avec le traitant. Ces noirs sont bien les plus féroces de toute l'Afrique occidentale. Voleurs, pillards, cruels, anthropophages, avons-nous dit, ils possèdent, comme les Nyams-Nyams, une grande intelligence, dont ils font le plus déplorable usage.

Cela importe peu au négrier qui est plein d'indulgence pour de semblables peccadilles.

Le village, très considérable, est bien bâti. Les cases sont spacieuses, et ombragées par les splendides végétaux de la flore équatoriale. Les rues larges, bien unies, sans un brin d'herbe, attestent le zèle d'une *municipalité* soigneuse.

La journée de demain fera époque.

L'état-major de la troupe est invité à un festival monstre. Quel peut bien être ce régal d'anthropophages ?

On doit chasser le gorille !... On verra plus tard par quelle attention délicate le chef des Galamundos a choisi ce mammifère de préférence à tout autre.

Friquet, en homme qui ne doute de rien, se promet d'accomplir des merveilles. Son négrillon ne se possède pas de joie.

On n'a pas oublié l'attitude du pauvre petit, quand Ibrahim lui rendit la liberté, sa reconnaissance, et enfin son adoption par Friquet.

Ce dernier était superbe dans son rôle de protecteur. Il avait pour son compagnon des attentions en quelque sorte paternelles ; il lui évitait les fatigues trop considérables, lui donnait à manger et lui cédait au besoin sa place sur le col de l'éléphant.

Voici pourquoi : le négrier était un être singulier. Esclave de la parole donnée, mais incapable du moindre sentiment de générosité, il avait rempli tous ses engagements contractés envers les Européens avec la plus scrupuleuse ponctualité.

Après avoir, dans un moment de fantaisie, libérés cinq captifs, il en avait repris quatre lorsque ceux-ci s'étaient volontairement offerts à lui.

Le petit nègre était resté libre, il suivait la troupe, mais il n'en faisait pas officiellement partie, et alors Ibrahim prétendait ne rien devoir lui donner au point de vue de la subsistance. C'était une bouche inutile. Il ne rapportait rien et ne représentait aucune valeur.

Heureusement que Friquet, le bon et affectueux gamin, cet excellent cœur de Parisien, était là. Il avait bien le droit, en somme, de donner au négrillon la moitié de sa ration d'eau, de sa farine de maïs, de ses bananes ou de ses patates.

Osanore ne faisait aucune difficulté pour se laisser escalader par ce dernier quand Friquet voulait faire son étape à pied.

André et le docteur collaboraient entre temps à cette bonne action, et venaient en aide au pauvre abandonné, qui était digne à tous égards de leurs bienfaits.

Il aimait les blancs de tout son cœur, ce déshérité. Il était bon, de cette bonté gaie et expansive des êtres primitifs, et gentil à croquer.

Il adorait tout naturellement Friquet, dont il n'avait jamais pu prononcer le nom et qu'il appelait *Fliki*, les *r* étant absolument incompatibles avec un gosier de nègre.

Il s'appelait Na-Ghès-bé. Friquet ayant mal entendu ce nom la première fois qu'il le prononça, lui avait donné celui de *Majesté*.

Oh! en tout bien tout honneur, notre ami n'avait eu aucune intention ironique en donnant ce sobriquet à l'enfant.

Majesté allait mieux au gamin que Na-Ghès-bé. C'était plus facile à dire, comme du reste, le mot de Fliki pour l'autre.

Fliki et Majesté étaient donc les meilleurs amis du monde.

Le premier s'était constitué le précepteur, le mentor du second. Il lui apprenait le français, ou plutôt ce pittoresque langage du faubourg. L'élève faisait des progrès surprenants, à la grande joie des Européens, qui se tordaient en l'entendant patoiser un refrain à la mode, ou écorcher une de ces phrases inimitables, panachée de vocables dont le petit Parisien avait seul la clef.

Majesté devenait un gamin de l'équateur fort réussi. L'influence de Friquet était à tous les points de vue excellente. Il tirait du docteur toutes sortes d'enseignements utiles, et les transmettait au bon petit noir toujours ravi d'apprendre de nouveau, et toujours enchanté de témoigner à son ami Fliki, son incomparable affection, en profitant de ses leçons.

Des difficultés considérables étaient quotidiennement amenées par l'ignorance mutuelle des deux amis relativement à leur langage réciproque.

Le docteur, avec une condescendance charmante, et une bonhomie affectueuse, comblait en partie cette lacune, en servant d'interprète, pour les phrases compliquées.

Son admirable connaissance des idiomes équatoriaux leur était bien souvent utile. Puis, Majesté avait une mémoire surprenante. Il connaissait déjà couramment le nom de tous les objets usuels. Il les prononçait, la plupart du temps, d'une façon impossible, mais ils se faisait à peu près comprendre.

Un exemple amusant entre tous.

Friquet adorait les féeries, et aussi l'opérette. Les gaies ritournelles de la *Mère Ango* lui était familières.

Souvent, quand la caravane cheminait lourdement dans une nuée de moustiques, sous les arbres calcinés, au milieu des herbes roussies et brûlantes, la voix aiguë du gamin, s'élevait criarde, et déplorablement fausse.

Les oiseaux s'enfuyaient en caquetant, comme révoltés de ce massacre de vocalises, mais les hommes de l'escorte, battaient la mesure en hochant la tête, quand ce refrain connu, s'envolait des lèvres gouailleuses de Friquet.

> Pas bégueule,
> Forte en gueule,
> Telle était la mère Angot.

Majesté qui avait toutes les audaces, roulait ses bons yeux intelligents, secouait sa tignasse crépue, ouvrait largement sa bouche, découvrait ses dents de jeune loup, et criait à tue-tête :

> Pa béguel,
> Fôt en guél,
> Télétait la mélago !

— Bravo ! bravo ! bis ! bis ! criait Friquet au chanteur interdit, pendant que les deux Européens, le diaphragme tordu par un rire inextinguible, s'amusaient comme des bienheureux.

Chez Majesté, le chanteur était bien supérieur au géographe. Car il apprenait un peu de géographie. Oh ! son professeur n'avait pas la prétention d'en faire un rival d'Élisée Reclus, mais il lui expliquait le mieux qu'il pouvait que la terre est ronde, et que l'Afrique n'est qu'une des parties du monde ; qu'il y a entre ces diverses parties, d'énormes étendues d'eau, que cette eau est salée !... oh ! de l'eau salée ! Le négrillon se délectait à cette pensée. Il appelait de tous ses vœux le jour béni où il pourrait en avaler à pleine gorge, et s'offrir une orgie de sel, comme jamais estomac équatorial n'en avait eu l'occasion.

Ce fait l'avait surtout frappé ; c'était déjà quelque chose, et Friquet ne désespérait pas de grouper à l'entour de cet imperceptible embryon toute une série de connaissances utiles.

. . . .

Le lendemain de ce jour mémorable où Friquet avait si peu brillé comme tireur, on chassa le gorille.

Les principaux dignitaires des Galamundos, au nombre d'une douzaine, armés chacun d'un fusil à pierre, d'une hache et d'un large coutelas, emmenèrent au lever du soleil les trois Européens, le négrier, et dix de ses meilleurs tireurs.

La troupe se mit silencieusement en marche, à la recherche du singe géant, dont le repaire était assez proche du village.

Des traces toutes fraîches avaient été relevées la veille. L'animal ne devait pas être loin. Il fallait se diviser par groupe de trois ou quatre au plus, et avancer avec d'infinies précautions dans l'inextricable forêt, où les noirs ne pouvaient que bien rarement s'aventurer, en raison de son épaisseur, de son obscurité, et des périls sans nombre que recèlent ses profondeurs inexplorées.

En dépit de la terreur qu'il inspire aux nègres, le gorille est par excellence le gibier qu'ils aiment à chasser. Ils sont extrêmement friands de sa chair, et affrontent volontiers la mort pour satisfaire leur convoitise. Il est à remarquer que les tribus qui ne sont pas anthropophages ne partagent pas ce goût presque immodéré pour la chair de cet animal, dont la structure rappelle si étrangement celle de l'homme.

Sa taille atteint et dépasse quelquefois 1^m 70.

Les traits les plus saillants de sa tête consistent dans la largeur et l'allongement de la face, bestialement féroce. Les maxillaires sont énormes, le cerveau petit et déprimé ; l'œil rond et luisant, s'enfonce sous une arcade orbitaire très élevée. Les lèvres sont extensibles et longues.

L'expression de cette tête, portée sur un cou épais et court, est effroyable quand l'animal ramène en avant son cuir chevelu, et découvre dans un rictus affreux les crocs terribles qui arment ses mâchoires.

Le ventre est gros, tendu et comme ballonné. La peau, d'un noir foncé, est nue à la paume et à la face des mains.

L'allure naturelle de ce quadrumane n'est pas sur deux, mais sur quatre pattes. Dans cette posture, la longueur des bras fait que la tête et la poitrine sont très élevées. L'animal ressemble alors à un monstrueux batracien.

Quand il court, le bras et la jambe du même côté avancent en même temps ; il va l'amble, comme l'ours.

Enfin, en dépit de sa formidable denture, il est essentiellement herbivore. Sa force est incalculable ; d'un seul coup de patte, il éventre un homme ou lui broie la tête, fracasse comme des allumettes les plus solides gourdins, et tord comme un tire-bouchon un canon de fusil.

Les gorilles ne vont jamais en troupe, et ont l'ouïe extrêmement délicate. Ils attaquent rarement l'homme dont ils fuient volontiers l'approche, mais ils deviennent d'implacables et mortels ennemis quand ils sont blessés ou simplement serrés de près.

Tel était l'animal qui devait fournir le plat de résistance du festival pseudo-anthropophagique offert par les Galamundos à leurs invités.

Une plus longue description serait superflue. Le gorille est connu, grâce aux travaux de M. Paul du Chaillu, et à ceux plus récents des explorateurs anglais et français qui ont publié des monographies aussi nombreuses que complètes.

Après deux heures de marche, on pénétrait dans la forêt.

L'obscurité se fit tout à coup presque complète. L'aspect de ces futaies était imposant, terrible même.

On marchait sur une épaisse et molle couche d'humus, flasque comme une éponge, et sur laquelle serpentaient, ainsi que de fantastiques et monstrueux reptiles, les racines des géants, dont l'épais feuillage formait une impénétrable couche de verdure.

Les buées qui montaient lentement du sol saturé d'humidité, ruisselaient le long des troncs, coulaient lentement des feuilles, et retombaient lourdement sur les chasseurs haletants.

Jamais un rayon de lumière n'avait pénétré sur ce sol, vierge aussi de tout contact humain. Il régnait sous ces frondaisons immenses, cette insupportable température de serre chaude, dans laquelle on est à demi suffoqué.

Cette atmosphère, que le moindre courant d'air ne renouvelle jamais, est emprisonnée sous la voûte vert-sombre, sur laquelle le soleil équatorial darde ses implacables feux.

Aussi, la force végétative de ces plantes, surchauffées à la cime, et dont le pied est perpétuellement saturé d'eau, est-elle d'une incroyable activité.

Toutes ces racines, gorgées d'humidité, aspirent avec une intensité inouïe les sucs nourriciers. Les herbes prennent les dimensions de futaies, les buissons d'arbres immenses, les arbres dépassent en hauteur les plus hauts monuments des pays civilisés.

Nos chasseurs, courbaturés, épuisés par la transpiration, avançaient dans cette étuve, se frayant péniblement un passage à travers les dattiers, les amomes, les bananiers, les figuiers, les bambous, les acajoux, les *arbres à beurre*, les tamariniers, les élaïs produisant l'huile de palme, emmêlés de lianes de toutes grosseurs, tombant de tous côtés, se tordant, s'enroulant, rampant en un inextricable réseau.

Le groupe composé d'André, de Friquet, du docteur et de deux noirs Galamundos, déboucha enfin dans un sentier, à peu près frayé, au-dessus duquel les branches broyées comme si des éléphants s'y fussent ouverts un passage, formaient une sorte de chemin couvert.

On approchait du repaire du gorille ou plutôt des gorilles, car un couple venait d'être signalé.

Il avait été expressément recommandé de ne tirer qu'à coup sûr, et de ménager autant que possible son feu.

Il fallait approcher l'animal à dix pas, profiter de sa surprise, viser attentivement à la poitrine au moment ou il se dresserait pour faire face.

Friquet, étouffant sous son burnous, cherchait de son œil de furet la clairière tant désirée, pour respirer un peu plus à l'aise.

Il avançait, eu égard à sa petite taille, avec infiniment plus de facilité que ses compagnons, qui se cognaient à chaque pas, et ne pouvaient marcher que courbés en deux.

Le gamin, le revolver à la ceinture, le fusil en avant, le doigt sur la détente, — grave imprudence, — tenait la tête de la troupe, en dépit des observations du docteur.

— Mais place-toi donc en arrière, fichu cabillaud, soufflait celui-ci à voix basse, tu vas te faire écharper.

— As pas peur...

Il arriva le premier à la clairière précédant les autres de cinq ou six mètres. Après avoir dépassé un épais rideau de lianes qui le cacha un moment, il s'arrêta stupéfait.

— Tiens! un singe! dit-il de sa voix claire.

Il voulut faire un pas en arrière, puis, s'empêtra, glissa sur la terre glaise en serrant inconsciemment son fusil; son doigt appuya sur la détente. Le coup partit à l'aventure.

Un rugissement horrible, accompagné d'un claquement de mâchoire, retentit en même temps.

Les branches s'effondrèrent comme sous l'irrésistible poussée d'un boulet de canon.

Le pauvre Friquet poussa un cri aigu. Quand ses compagnons, écartant brusquement les lianes, pénétrèrent à leur tour dans la clairière, ils aperçurent de l'autre côté une forme blanche traînée sur le sol par un être noirâtre, difforme et de haute stature, le gorille sans doute.

Cette vision funèbre dura une seconde. Un deuxième appel, plus désespéré que le premier, se fit entendre... une minute après, un coup de feu... suivi à un long intervalle d'un second coup... puis le silence.

L'homme et le fauve avaient disparu.

. . . .

Les deux Européens un instant stupéfaits par l'horrible imprévu de cette situation, s'arrêtèrent comme pétrifiés.

Leur cher gamin était-il mort? Le colossal quadrumane l'avait-il broyé sous sa formidable étreinte? On n'entendait nul bruit sous l'épaisse feuillée!

Quel drame cachait l'impénétrable taillis de la forêt équatoriale!

Le pauvre enfant, qui avait déjà bravé tant de périls, agonisait-il, à deux pas de ses amis, sans même pouvoir demander du secours?

Si les deux coups de feu avaient pu le débarrasser du monstre, pourquoi n'appelait-il pas?

Le docteur et André réagirent bien vite contre l'angoisse qui leur tordait le cœur!

C'étaient deux hommes rudement trempés, qui pouvaient-être frappés, mais jamais abattus par les catastrophes les plus inattendues.

Leur plan fut tracé en une minute.

— Rallions notre monde, dit le premier. Peut-être les groupes en arrivant ici de cinq points différents, conduisant vraisemblablement à une clairière, rencontreront-ils quelque chose.

— C'est cela.

Les deux indigènes, prévenus par le docteur, mirent leurs mains en entonnoir autour de leur bouche, et modulèrent à plusieurs reprises un cri strident et bizarre qui devait s'entendre fort loin.

André tira ensuite son revolver de sa ceinture et en déchargea lentement les six coups à intervalles réguliers.

Les détonations éclatèrent sourdement dans l'atmosphère épaisse, comme au milieu du brouillard.

La fumée restait en quelque sorte stagnante, en un nuage blanchâtre à deux mètres du sol.

Il fut répondu presque aussitôt à ce signal. Ce devait être Ibrahim. Comprenant qu'il se passait quelque chose d'inusité, il accélérait la marche de sa troupe.

— Et maintenant, à l'œuvre. Vous, André, sans vous éloigner de plus de cent pas, faite rapidement le tour de l'enceinte de gauche à droite. J'en ferai autant de droite à gauche.

« Interrogez chaque buisson, chaque brin d'herbe foulé, chaque bourgeon brisé, chaque feuille arrachée.

« Les noirs vont opérer la même manœuvre, mais dans un cercle plus restreint. Dans un quart d'heure, Ibrahim et les autres seront ici, nous aviserons si nos recherches ont été infructueuses. »

L'arme en arrêt, l'œil rivé sur le sol, les deux hommes s'éloignèrent et disparurent bientôt, perdus, comme des fourmis au milieu des géants qui se dressaient de tous côtés.

André, rencontra le premier la piste, c'était tout d'abord une besogne facile.

Les « foulées » du quadrumane étaient profondes. La terre molle avait pris l'empreinte de ses talons. Les enjambées étaient énormes. Le chercheur de piste en compta une vingtaine. Friquet avait été traîné jusque-là par l'animal, qui avait empoigné un coin du burnous.

Les traces laissées par le corps du gamin se reconnaissaient aux herbes aplaties, roulées, et arrachées.

Tout à coup, André ne put retenir un cri désespéré. Il trouvait le fusil double de Friquet, la crosse brisée, sous un immense banian dont les branches touchant la terre, avaient pris racine. Elles s'étendaient de proche en proche, formaient une futaie de pousses maigres et déliées, et s'élevaient comme de minces colonnettes végétales, à l'entour d'un tronc qui mesurait plus de vingt mètres de circonférence. Cet arbre couvrait un espace qui eût pu abriter un régiment.

Les deux canons étaient vides. Le gamin avait eu le temps d'envoyer son second coup, et de faire ensuite usage une fois de son revolver.

L'extrémité de l'arme était fortement aplatie; on eût dit qu'elle avait été enserrée dans un étau garni de pointes de fer.

Il n'y avait pas de doute possible, c'étaient les traces des dents du gorille !

Le docteur arrivait aussitôt, attiré par le cri de son compagnon.

La vue de ce sinistre débris lui arracha comme un sanglot...

— Pauvre enfant... murmura-t-il, navré.

— Courage, lui dit André d'une voix qu'il voulait rendre assurée. Je ne peux pas croire qu'il soit mort.

— Cherchons, reprit le docteur en faisant appel à toute son énergie.

Ils regardaient de tous côtés, scrutant minutieusement les empreintes, et cherchant au milieu du fouillis de branches et d'herbages arrachés pendant la lutte, quelle pouvait être la direction suivie par le ravisseur.

— Tenez, docteur, voyez donc dans cette liane, ce petit trou rond de la grosseur d'un pois, et d'où coule une goutte de sève.

— Tiens, on dirait une chevrotine.

— C'est vrai, continua André, en tranchant la tige au milieu de laquelle un gros grain de plomb moulé était fixé.

— Pauvre imprudent! il avait chargé son fusil à plomb.

— Qui sait?... peut-être n'a-t-il pas eu tort. Pour tirer à une distance très faible, je préfère le plomb à la balle franche.

« Vous savez que Bonbonnel ne tuait jamais autrement ses panthères.

« Cette circonstance fortuite a peut-être pu l'aider à se débarrasser de l'animal.

— Puissiez-vous dire vrai!...

— Tenez. Il a fait feu à bout portant. Voyez plutôt ces quelques poils noirs, qui adhèrent à cet autre trou rond, au fond duquel est une seconde chevrotine.

« Ce poil vient de la toison de l'animal. Friquet a tiré machinalement. Le coup n'a pas atteint la bête en plein corps, sans quoi elle eût été tuée raide par la charge, qui eût tout broyé sur son passage, et pratiqué un trou à y loger le poing.

« Mais, elle a dû être sérieusement blessée, car je ne vois pas d'autres vestiges.

— Il est évident que si nous ne retrouvons pas les grains de plomb dans les branches, le gorille doit les avoir sous le peau.

— J'avais raison. Voyez maintenant, là, à hauteur d'homme, cette large trace, imprimée sur cette liane, par une main sanglante, une fois plus grande que celle de Friquet... Le gorille en tient.

— C'est vrai, il a empoigné la tige pour s'appuyer... mais tout cela ne nous dit pas où est le petit.

— Patience, mon ami. Nous avons déjà découvert un point essentiel. L'animal est blessé, il ne peut être loin.

Les Galamundos arrivaient en ce moment de tous côtés, ralliés par Ibrahim, qui fut mis en quelques mots au courant de la situation.

Tous les chasseurs, Abyssiniens et indigènes, faisant appel à leur habileté, s'éparpillèrent sur un périmètre assez étendu, croisèrent leurs pistes, cherchèrent de nouvelles traces, revinrent sur leurs pas, parcoururent vingt fois le chemin de la clairière au banian...

Peine inutile; il semblait que le gorille, arrivé à ce point, eût disparu sans laisser le moindre vestige de son passage.

Quelques-uns des guerriers, s'enlevant à la force des poignets, en gymnastes consommés, escaladèrent le géant à l'aide des cables végétaux qui pendaient de tous côtés.

Après un quart d'heure de recherches opérées jusque dans les hautes branches, ils redescendirent sans avoir rien trouvé.

Le banian, touchait un arbre de la même famille, qui lui-même se reliait à un autre. Sur un espace de plusieurs hectares, la forêt se composait exclusivement de végétaux de cette essence, tous enchevêtrés les uns dans les autres, et susceptibles d'offrir même à un homme, un chemin aérien, qui pouvait conduire à une distance considérable.

Il était vraisemblable, certain même, que l'animal, blessé, s'était dérobé par cette voie à la poursuite, en emportant le pauvre Friquet.

Les deux amis demeuraient atterrés en voyant ces inutiles efforts.

Non pas que personne eût l'intention d'abandonner la partie. Les Galamundos, sont d'une incroyable férocité; pillards, voleurs, anthropophages, rien ne leur manque pour être les hommes les plus redoutables, mais ils ont le culte de l'hospitalité.

Friquet était leur hôte, ils voulaient le retrouver mort ou vif.

Les Européens, épuisés, se reposèrent un instant, et absorbèrent à la hâte quelques larges bouchées. Il était urgent de réparer leurs forces.

Au moment où ils allaient repartir à la découverte, le négrillon de Friquet, en proie à une indescriptible émotion, arrivait tout essoufflé en brandissant une sagaïe.

Il parlait avec une extrême volubilité, criait, sanglotait, semblait désespéré. C'est en vain qu'il essaya de se faire entendre du docteur, qui interprètait cependant assez bien son dialecte.

Il n'avait pas été autorisé à suivre la chasse, quel qu'eût été son désir.

Mais ne pouvant se résoudre à passer une demi-journée loin de Fliki, il avait bien vite emboîté le pas à la troupe. Il accourait hors d'haleine.

Le brave enfant comprit sans explication quel danger terrible courait son ami, et vit du même coup l'inutilité des recherches opérées jusqu'alors. On l'écoutait à peine, tant était violente l'émotion générale, et pourtant, il avait une excellente idée.

Désespérant de se faire entendre, Majesté tourna les talons, sans ajouter un mot, et disparut dans l'épais fourré plus vite encore qu'il n'était venu.

Mais qu'était donc devenu notre pauvre gamin ?

Voici ce qui s'était passé. Au moment où le gorille, rendu furieux par le coup de feu parti accidentellement, se jetait sur Friquet, et allait le mettre en lambeaux, ce dernier s'aplatit machinalement contre le sol.

L'animal ne saisit que l'étoffe épaisse et extrêmement résistante du burnous, qu'il tira violemment à lui.

Le gamin, emmaillotté dans le vêtement, dont il ne pouvait se dépêtrer, fut, comme purent le voir ses compagnons, entraîné par le quadrumane affolé, qui sentant d'autres ennemis tout près de lui, ne songea qu'à disparaître avec sa proie.

Friquet bien qu'atrocement cahoté, n'avait pas la moindre blessure. Mais telle était la vitesse de l'allure du gorille, dont la force inouïe était encore décuplée par la rage et l'épouvante, que notre ami comprit qu'il allait être infailliblement broyé contre les troncs d'arbres.

Cette course furibonde dura une minute à peine. L'animal semblait ignorer ce qu'il y avait dans cette étoffe blanchâtre. Il fuyait, en emportant le ballot, quitte sans nul doute à l'inventorier plus tard.

Friquet n'avait pas lâché son fusil. Il poussa tout à coup le premier cri, entendu par André et le docteur au moment où ils s'élançaient dans la clairière.

Le fauve étonné s'arrêta un instant. Ce moment, d'une durée inappréciable, suffit à l'homme pour se dresser et mettre en joue.

Il avait, on s'en souvient, encore un coup de chargé.

Il fit feu presque à bout portant. Le gorille, la face grillée, cabriola, tomba sur le dos, et se releva plus menaçant que jamais.

Friquet tendit machinalement son fusil vide et désormais aussi inoffensif qu'un bâton. Il eut le temps d'apercevoir au côté gauche de la poitrine velue du monstre, une plaie énorme, d'où le sang s'échappait en bouillons rouges et écumeux.

L'arme arrachée, brisée comme un fétu, vola en éclats...

André et le docteur accouraient.

Le gorille, arrivé au paroxysme de la rage, empoigna de nouveau le jeune garçon par les habits et par la peau des flancs, le tint d'une main comme un homme ferait d'un petit chat, puis, escaladant le banian, en moins de temps qu'il n'en faut pour le raconter, il s'enfuit de branche en branche, mettant un intervalle assez considérable entre les chasseurs et lui.

Friquet suffoquait.

Le dénouement approchait. Il se sentait perdu. Suspendu entre ciel et terre, à une hauteur de plus de quarante mètres, il allait être mis en lambeaux, par l'animal qui malgré son horrible blessure, ne fléchissait pas, ou encore, il courait le risque d'être précipité, si l'autre était pris d'une subite faiblesse.

Il défaillait lui-même, sous la terrible étreinte de cette patte formidable. Nul doute que, sans l'épaisseur de son vêtement, il eût été depuis longtemps déchiré.

La terreur causée au gorille par l'approche des chasseurs avait retardé ce moment fatal.

Ces réflexions traversèrent l'esprit du gamin, comme un trait de lumière.

De branche en branche, d'arbre en arbre, il s'éloignait de plus en plus.

Saisissant machinalement son revolver qui était toujours à sa ceinture, il l'appuya froidement sur la poitrine noire et velue de la bête.

Une demi-seconde avant de serrer la détente, il se vit à une hauteur énorme, où le vertige régnait en souverain maître.

Il allait tomber...

Bah! mieux valait cette colossale culbute qu'un séjour plus prolongé en aussi mauvaise compagnie, et d'ailleurs c'était bien le diable s'il ne trouvait pas une branche où se raccrocher.

Les battements du cœur du quadrumane faisaient sauter le canon de l'arme.

Le coup partit!...

Mortellement blessé, le gorille porta les deux mains à sa poitrine et lâcha Friquet, qui poussa un appel désespéré et qui, jambe deci, tête delà, rebondissant lourdement d'une branche sur l'autre, dégringola d'une hauteur de cent cinquante pieds...

Cette scène terrible se déroulait à près de cinq cents mètres du point où se trouvaient les chasseurs.

La course du gorille à travers les branches avait été d'une fantastique rapidité. Ce qui expliquait l'éloignement du théâtre de la lutte.

Deux mortelles heures s'écoulèrent encore en vaines tentatives. Les deux amis étaient navrés.

Nul ne songeait pourtant à abandonner la partie, mais la recherche du gamin devenait de plus en plus difficile, au milieu de cet inextricable fouillis de végétaux.

Les complications surgissaient à chaque pas. En dépit de l'intelligence, de l'habileté et de la patience des chasseurs blancs et noirs, il devenait impossible de trouver de nouvelles pistes.

Le docteur éclatait en jurons et en imprécations inutiles.

Malgré la chaleur accablante, sous laquelle succombaient les plus robustes, on allait de nouveau élargir le cercle et recommencer une battue, quand un grand bruit de branches froissées, accompagné d'un souffle puissant fit rester tout le monde immobile.

Un cri aigu fendait l'air épais de la forêt, et l'éléphant d'Ibrahim, la trompe relevée, arrivait au grand trot, avec cette allure lourde, un peu dégingandée, qui dépasse la vitesse d'un cheval au galop.

Il portait son conducteur habituel et le négrillon Majesté, qui avait poussé le cri d'appel.

— Oû, lé pétit couquin, s'écria le docteur, il a plus d'esprit sous sa toison de laine, que nous deux dans nos cervelles civilisées...

« Il est allé chercher un limier...

« Bravo ! enfant. Tu nous amènes un chien de chasse qui a du nez.

— Je comprends ! dit à son tour André.

— L'éléphant, grâce à la merveilleuse subtilité de son odorat, va retrouver Friquet.

— Allons ! en chasse.

L'idée du négrillon, était tout bonnement admirable.

Pénétré de la vérité de cet axiome, formulé dans toutes les langues et même en latin : « *Acta non verba* », des faits et non des mots, Majesté, avait pris ses jambes à son cou, et s'en était allé, avec l'agilité d'une antilope, chercher le brave Osanore, qui, à table jusqu'au ventre, se délectait dans la méthodique mastication de graminées épaisses et sucrées.

L'excellent animal, comme s'il eût compris ce que son petit ami noir réclamait de son instinct, s'était mis incontinent en route.

André lui présenta tout d'abord les deux fragments du fusil. Il les saisit délicatement avec sa trompe, renifla fortement, sembla très étonné en voyant brisée cette arme qu'il connaissait bien.

Puis, il chercha à la ronde, de l'œil et de l'odorat où pouvait être Friquet. Son petit œil intelligent eut comme une expression de désappointement en ne le trouvant pas.

Il allait du docteur à André, les frôlait doucement de la trompe, aspirait les émanations, assez fortes nous devons l'avouer, qui s'exhalaient des guerriers noirs, et cherchait patiemment l'effluve particulier de son ami.

— Friquet ! Friquet ! criait le docteur de sa voix de tonnerre.

A chaque appel, l'éléphant soulevait ses immenses oreilles, comme s'il eût espéré entendre dans le lointain, une vague réponse, un cri, un soupir poussé par celui dont l'absence était pour lui non moins incompréhensible que douloureuse.

Il devenait nerveux, inquiet, agité. André le conduisit à la place où le gorille avait été blessé. Il promena lentement sa trompe sur l'empreinte sanglante laissée par le quadrumane, et souffla furieusement.

Un sourd grondement emplit sa gorge, et une note

vibrante, cuivreuse, s'exhala de son larynx, comme un formidable cri de guerre.

Son œil flamboyait, reflétant une implacable colère. Puis, son infaillible odorat lui permit de démêler au milieu de cette émanation impure, celle de son ami... il avait compris.

Il leva la tête, huma fortement l'air environnant, et partit comme un ouragan, la trompe levée vers les cimes.

Les chasseurs se lancèrent au galop à sa suite. Il bondissait, ce colosse, au milieu des tiges qu'il tordait, des arbres qu'il arrachait, des lianes qu'il cassait comme des ficelles. La voie qu'il traçait, eût été praticable pour une batterie d'artillerie.

Cette course furieuse dura cinq minutes. On sentait que le dénouement approchait. L'émotion avait centuplé la force de nos amis, qui arrivaient presque en même temps que le pachyderme sous un banian monstrueux.

Le négrillon se laissa glisser d'un bond sur le sol.

Le cadavre du gorille, le côté haché par les chevrotines, la poitrine trouée par la balle du revolver, gisait étendu sur le dos. La gueule, entre-bâillée, découvrait des dents énormes, l'éclat des yeux, grands ouverts, n'était pas encore voilé par la mort.

— La hideuse bête! s'écria André.

Osanore partageait sans doute cette manière de penser, car, s'approchant au plus près, il leva sa patte, grosse comme un tronc d'arbre, et la posa simplement sur le torse velu du quadrumane.

Cela fit : Crac! Et la poitrine du monstre, comme si elle eût été comprimée par une presse hydraulique, devint du coup, plate comme la main.

Cet acte de justice sommaire accompli, l'éléphant aspira de nouveau l'athmosphère, avec ces reniflements saccadés, habituels aux chiens de chasse qui rencontrent.

Il avança, recula, tourna, revint sur ses pas, puis, leva

la tête, autant que le peu de longueur de son cou le lui permettait, et de sa trompe droite, rigide, levée comme un doigt immense, il montra un paquet blanc, accroché à une hauteur considérable.

— C'est lui, s'écrièrent simultanément les deux Européens, c'est lui !

Le négrillon, avec l'agilité d'un écureuil, grimpait en s'aidant d'une liane.

— Doucement, lui cria le docteur, dans son patois, doucement, pas de secousses.

L'enfant montait toujours. Il atteignit enfin le point périlleux.

Déroulant une longue corde qu'il portait autour des reins, il s'occupa tout d'abord d'attacher solidement le corps inerte de son ami. Par un miracle inouï, un tronçon de branche taillé en biseau, avait traversé l'étoffe, du burnous. Le tissu, avons-nous dit, était à ce point résistant, que le corps de Friquet y était resté enveloppé comme dans un hamac.

Cet incident avait arrêté la chute, et notre gamin, accroché comme un lustre, évanoui sans doute, grièvement blessé peut-être, attendait, sans donner signe de vie, qu'on vînt le retirer de cette position périlleuse.

Maintenant que le négrillon avait paré à l'éventualité d'une nouvelle chute, il fallait aviser aux moyens de le descendre.

Plusieurs Galamundos, rompus à tous les exercices de la gymnastique équatoriale, se hissaient vivement pour aller prêter main-forte à Majesté.

Le moyen le plus simple était de descendre, de branche en branche, à l'aide de la corde, Friquet toujours enveloppé dans son burnous.

Au moment où cette manœuvre avait déjà reçu un commencement d'exécution, survint un nouvel et terrible incident, qui menaça d'en compromettre le succès.

Un cri d'horreur échappa à ceux qui étaient restés au pied de l'arbre, à la vue d'un corps énorme, s'élançant des plus hautes cimes et se laissant en quelque sorte tomber, dans un irrésistible élan, sur le groupe des sauveteurs, suspendus à plus de quarante mètres.

C'était un second gorille. L'arbre servait de repaire au couple signalé. Celui qui faisait en ce moment son apparition, s'apprêtait à venger chèrement la mort de son compagnon.

Il y eut un instant d'indescriptible angoisse.

Puis, un coup de feu.

Ah! bravo! Il fallait pour André mettre à profit cette adresse merveilleuse dont il avait donné la veille un si éclatant témoignage.

Il saisit le féroce animal au moment où il bondissait, et pendant le dixième de seconde que dura son élan, le chasseur concentrant en lui tout son sang-froid, mettant toute sa vie dans son regard, avait pour ainsi dire jeté d'inspiration ce coup de feu.

Le gorille, atteint au-dessous de l'épaule, en pleine poitrine, roula en rugissant et vint tomber sur ses deux pieds de derrière, juste devant l'éléphant.

Ah! pardieu, son affaire fut bientôt faite. Le brave animal saisit le monstre encore étourdi de sa chute, le ceintura en un tour de... trompe, et l'étripa littéralement, comme avec un câble serré par un cabestan.

L'autre hurlait désespérément, le sang sortait de sa blessure comme d'un robinet. Il essaya de se cramponner à la face de l'éléphant, dont il saisit une oreille entre ses dents.

Celui-ci, plus furieux que jamais, desserra légèrement son étreinte, puis, brusquement, le lança à toute volée sur le tronc du banian, contre lequel il vint s'écraser, en emportant un morceau de l'oreille entre ses mâchoires contractées.

Deux minutes après, le corps inanimé de Friquet touchait terre.

— Mon pauvre enfant, soupira douloureusement le docteur, dans quel état faut-il que je te retrouve !

— Il n'est pas mort, n'est-ce pas ? interrogea anxieusement André.

Le docteur, sans répondre, fendit les habits avec son couteau, et découvrit la poitrine, sur laquelle il appliqua son oreille.

— Comme il est pâle, le pauvre petit ! Vous ne dites rien, rassurez-moi, je vous en prie. Par pitié, docteur, vous savez combien je l'aime, disait le jeune homme les larmes aux yeux.

Le docteur auscultait toujours...

Le négrillon, accroupi, pâle comme les noirs, c'est-à-dire la peau cendrée, les lèvres grises, sanglotait à pleine poitrine.

Les anthropophages, eux-mêmes, étaient émus.

— Enfin !... Il vit, mon cher André, il vit... Entendez-vous !... son cœur bat. Vite de l'eau !

Ce n'était pas ce qui manquait, le sol était comme une éponge.

Après lui avoir doucement imbibé la figure et avoir fait glisser quelques gouttes entre ses lèvres serrées, le docteur appuya méthodiquement sa main sur la poitrine, qui se souleva peu à peu...

Un léger soupir s'exhala de la gorge du gamin, qui ouvrit lentement les yeux...

Après avoir été traîné à travers les végétaux de la forêt vierge, transporté au haut d'un arbre géant par une patte plus que brutale, lancé de haut en bas à l'aventure et être resté évanoui pendant près de deux heures, il était bien permis d'être un peu étonné en se retrouvant au nombre des vivants.

C'est ce qui arriva à Friquet. Il regarda son entourage

d'un air passablement interloqué. Mais, bien qu'il possédât quelque teinture de littérature boulevardière, qu'il sût parfaitement que quand le jeune premier revenait à la vie, il était d'usage qu'il demandât : « Où suis-je ? » notre ami eut le bon goût de rompre avec la tradition.

Il ouvrit largement les deux bras, et là, bonnement, rondement, comme avec un père, il embrassa le docteur sur les deux joues.

L'excellent homme, radieux, suffoquait de joie.

— Mon pauvre enfant ! Mon pauvre enfant ! Quelle inquiétude tu nous as donnée ?

— Cristi, docteur, c'est pas pour dire, mais j'suis rudement démoli, dit-il faiblement... Et m'sieu André... Où est-il ?

Le jeune homme, les mains tendues, étreignait fraternellement le gamin, sans dire un mot... Le bonheur l'étouffait.

Puis, ce fut le tour du négrillon, qui passait d'une inconsolable douleur à la joie la plus vive, riait, pleurait, criait, sautait comme un fou.

— Eh ! bien, matelot, tu voulais une famille. Tu peux te vanter d'en avoir une qui t'aime. Il y a pas mal de millionnaires qui voudraient être à ta place.

Puis, une organe bizarre, long, mou, cylindrique, contractile, se déroula au milieu du groupe, avec un soufflement bien connu.

C'était la trompe de l'éléphant. Le bon animal avait avancé la tête, et trouvant une petite place pour glisser bien affectueusement son puissant organe d'olfaction, caressait doucement la poitrine nue du gamin.

Enfin, chacun était en fête, jusqu'à Ibrahim, qui vint silencieusement serrer la main de Friquet, en lui témoignant toute la joie que lui causait sa résurrection.

Le pauvre petit homme était bien faible, bien *démoli*, comme il le disait plaisamment.

Il ne pouvait pas se lever, à peine s'il avait la force de parler.

Après avoir minutieusement passé en revue tous ses membres, tâté les jointures, fait jouer les articulations et reconnu que sauf de larges ecchymoses qui marbraient sa peau, Friquet était à peu près intact, le docteur pensa à le ramener au village.

La chasse était finie, puisque les deux gorilles, en fort mauvais état grâce aux horions distribués par l'éléphant, gisaient sur le sol.

Les Galamundos, après leur avoir lié les quatre pattes, les avaient enfilés chacun dans une perche portée triomphalement sur les épaules de deux hommes.

Quant à Friquet, il fut avec d'infinies précautions hissé sur le dos de son cher quadrupède, plus heureux et plus fier que jamais.

Majesté et le docteur prirent place à ses côtés, le premier, lui soutenant la tête, pour éviter jusqu'aux moindres cahots, le second racontant à voix basse à son matelot, par quelle terrible succession d'aventures il était passé, leur inquiétude mortelle, et enfin, l'idée du négrillon admirablement exécutée par l'éléphant.

Friquet, en proie à une épouvantable courbature, inerte, moulu, assommé, se laissait doucement bercer, et écoutait ravi ce récit quasi fantastique. Sa pensée seule était intacte...

— T'es gentil tout plein, mon petit frère noir, disait-il à son sauveur. Vrai, t'as eu là une idée sans pareille... A charge de revanche, pas vrai...

« Drôle d'histoire, tout de même. Me voilà, moi, le gamin de Paris, passé à l'état de gibier, c'est un fils de roi noir qui m'a chassé, avec un éléphant en guise de chien !...

« Oh ! mon tour du monde !...

« A propos, docteur, et le gorille... le mien, on l'emporte, n'est-ce pas... c'est que je veux en manger, moi !...

CHAPITRE VI

Pêche aux crocodiles et chasse aux flamants roses. — Les étonnements du gamin de Paris. — Déguisés en amphibies. — Un souvenir de Bougival... en France. — Les apprêts d'un festin d'empereur romain. — Quand on a jadis absorbé du bouillon de cheval dans un casque de cuirassier... — Fausse entrée du « spectre rouge » chez les noirs. — Un théâtre dans l'Afrique équatoriale. — Ce que c'est qu'un fauteuil d'orchestre au théâtre impérial de S. M. Zéluko. — Tragédien comme feu Néron. — C'est trop nature! — Anthropophages en effigie.

La chasse au gorille qui avait failli être si fatale à Friquet, était, avons-nous dit, le préliminaire d'un plantureux repas que Zéluko, chef des Galamundos, voulait offrir à son ami Ibrahim.

L'homme étant le « nec plus ultra » gastronomique, l'ambroisie des peuplades anthropophages, et le gorille étant par excellence le gibier qui se rapproche le plus de l'homme, on juge de la faveur avec laquelle sa capture est accueillie.

On n'avait pas en ce moment le moindre bimane à se mettre sous la dent : il fallait se contenter de simples quadrumanes.

Faute de grives on prend des merles.

Les cadavres des deux « hommes des bois », fort maltraités par l'éléphant, furent méthodiquement découpés, et les huit mains, désarticulées au poignet, soigneusement mises à mariner dans des jarres pleines d'excellent vinaigre de vin de palme.

Ces morceaux de choix étaient réservés aux invités de distinction. Mais il fallait, pour parachever ce ragoût équatorial, d'autres éléments très rares, ou tout au moins d'une conquête difficile.

Outre les mains humaimes, ou simplements simiennes, ce mets royal se compose de cervelles et de langues de flamants roses, assaisonnées d'un coulis d'œufs de fourmis rouges pilés, qui lui donne une saveur de haut goût, et, paraît-il, inoubliable.

Les fourmis rouges abondent. Les flamants aussi, mais ces magnifiques échassiers sont d'une humeur tellement farouche, que leur capture est presque impossible.

C'est de cet « impossible » que nos chasseurs allaient tenter la réalisation.

Le lendemain, dès l'aube, on se mettait derechef en chasse.

Vous croyez, peut-être, que Friquet, après son effroyable aventure de la veille, était, comme on dit vulgairement « sur le flanc ».

Allons donc ! se serait bien méconnaître l'intrépide gamin. Après quinze heures de repos, il ne lui restait, de son traînage à travers les branches, de sa course échevelée au haut des cimes, des sauvages étreintes du quadramane, et de sa fantastique culbute, qu'un peu de courbature et de raideur dans les reins.

Il est vrai qu'il avait subi, de la part d'un médecin indigène, un traitement énergique, qui avait fait merveille sur sa vigoureuse organisation.

Son ami le docteur, qui ignorait les mesquines jalousies professionnelles, avait laissé bien volontiers opérer son collègue.

Celui-ci avait mis le pauvre éclopé nu comme la main, et, pendant trois longues heures, l'avait soumis à un massage méthodique alterné avec de vigoureuses frictions d'huile de palme.

Friquet avait d'abord hurlé comme un chat écorché, puis, peu à peu, ses muscles de fer, ses nerfs d'acier, avaient repris leur élasticité première, à la grande joie de ses amis, et de son masseur, ravi de l'heureux résultat de l'opération.

— Mâtin, lui dit-il en guise de remerciement, t'es pas beaucoup plus gentil que mon singe d'hier, mais t'as tout de même la main plus douce.

« Patron, sans vous commander, donnez donc une poignée de sel à ce brave garçon. »

Ibrahim, qui, décidément, avait toutes les faiblesses pour le petit Parisien, fit aussitôt donner au docteur noir la friandise que celui-ci croqua avec des gambades fort incompatibles avec la dignité professionnelle.

Après une marche rapide, qui ne dura pas plus d'une demi-heure, les chasseurs atteignirent un lac de moyenne grandeur, aux eaux bleues, et que traversait un fleuve, comme le Rhône, le lac de Genève.

Une énorme quantité de flamants s'ébattaient sur les rives.

C'était merveille de voir ces admirables oiseaux au plumage flamboyant, au bec et aux pattes de corail, se promener gravement sur les berges, s'éplucher coquettement, puis détendre comme un ressort leur long col, darder leur tête sous les eaux et saisir, avec une adresse incroyable une larve ou un fretin.

Le docteur et André étaient armés de leurs bonnes carabines. Ibrahim ne portait que sa pipe à tuyau de jasmin. Quant à Zéluko et à ses hommes, au nombre d'une trentaine, ils avaient pour toute arme, un long coutelas. Les deux tiers environ étaient munis d'un sac d'étoffe grossière, et les autres portaient avec beaucoup de précautions chacun un petit cochon.

Des couteaux, des sacs de toile et des cochons de lait, ces singuliers engins d'une chasse au gibier à plume étaient assez extraordinaires et intriguaient vivement les Européens.

Impossible d'ailleurs d'approcher les flamants. Les moins farouches se tenaient à plus de deux cents mètres du groupe des chasseurs. Ceux-ci essayaient-ils d'avancer, qu'une sentinelle, faisant tout à coup retentir un cri vibrant comme une note de clairon, la bande s'envolait à tire-d'aile avec un bruit de tonnerre, et se posait deux cents mètres plus loin.

Voyant qu'il était impossible de tromper leur vigilance, André n'y tint plus. Épauler son arme, et tirer aussitôt fut l'affaire d'une seconde.

— Bravo! m'sieu André, bravo! c'est ça qu'est envoyé.

Un des phénicoptères, foudroyé par la balle de l'infaillible tireur, s'abattait en effet lourdement dans le lac.

Les noirs se mirent à rire, et nul d'entre eux ne fit mine d'aller chercher ce butin superbe.

— Dites donc, les amis, si vous avez peur de l'eau, faut l' dire, j'vas vous montrer comment on tire sa coupe...

Joignant le geste à la parole, le gamin allait piquer une tête, et parcourir en quelques brasses vigoureuses la distance qui séparait le gibier de la rive, quand un geste impérieux de Zéluko le cloua au sol.

Il était temps. L'eau bouillonnait en plus de vingt endroits, et l'on voyait émerger en même temps toute une série de têtes hideuses, s'avançant en cercle autour du flamant qui flottait au centre de cette menaçante circonférence.

Une de ces têtes sembla se fendre en deux, puis, clac! les deux moitiés se refermèrent avec ce bruit déjà connu d'un couvercle de malle qui retombe.

Le flamant avait disparu, escamoté comme une fraise.

C'étaient des crocodiles.

— Ah! mais non! Plus souvent que j'irais à l'école de natation avec des marsouins de cette espèce-là...

« Merci, estimable Zéluko. Vous êtes un père. C'est pas Bicondo, qu'aurait jamais fait une chose pareille.

« Avec tout ça, m'sieu André, c'est du gibier perdu. Jamais d'la vie on ne pourra attraper un seul oiseau.

— Cela me paraît en effet difficile, répondit le jeune homme un peu décontenancé.

— Laisse faire, matelot. Ce n'est pas sans motif qu'ils nous ont montré l'inutilité de nos efforts. Je suis sûr qu'ils ont quelque bon tour dans leur sac.

Ibrahim, accroupi à l'ombre, tirait méthodiquement de larges bouffées du bouquin d'ambre de sa pipe.

Zéluko vint s'allonger près de lui dans sa pose favorite, à plat ventre.

Les trois blancs les imitèrent, et attendirent plus intrigués que jamais.

— Ta carabine est inutile, dit le négrier à André. Mes amis vont prendre autant d'oiseaux qu'ils voudront. Tu verras. Nous aurons deux chasses pour une.

Puis, comme fatigué d'en avoir tant dit, il retomba dans sa muette immobilité.

Les noirs ne restaient pas inactifs.

— Mais que diable est-ce qu'ils tripotent, monologuait le gamin. Vont-ils donc pêcher à la ligne?

« L'hameçon est un peu fort, et si jamais les flamants gobent l'appât je veux devenir empereur de la lune. »

La manœuvre des noirs était, en effet, passablement singulière.

L'un d'eux était armé d'un fort émerillon à trois branches, attaché à une longue et solide ficelle en fibres d'aloès.

Il prit un des petits cochons, lui enfila fort délicatement une des pointes dans les parties les plus charnues du train de derrière, et le lança à toute volée, le plus loin qu'il put, au beau milieu de l'eau.

Pendant ce temps, un autre chasseur faisait crier un

second cochon en lui pinçant fortement l'oreille, car celui qui servait d'appât gardait un silence obstiné, pour échapper à un trépas pourtant inévitable.

Cette musique eut un résultat immédiat. Comme tout à l'heure le flamant, le pauvre petit cochon fut bientôt enserré dans un cercle formidable.

Les crocodiles sortant à mi-corps de la surface du lac, s'avançaient, les yeux ardents de convoitise, en faisant claquer leurs mâchoires hérissées comme des chevaux de frise.

Celui qui tenait la tête dans cet horrible steeple-chase, accéléra encore son élan, et d'un seul coup, happa goulûment et l'animal et le crampon.

— Oh! le pauvre petit cochon! s'écria Friquet désolé. Il était si gentil, avec son museau rose et sa queue en vrille!

C'est en vain que l'horrible saurien se livra à une série de culbutes et de bonds désordonnés, pour échapper à la griffe de fer qui déchirait le gosier.

Il fut doucement halé vers le bord, et attaché à un arbre par la queue. Cette précaution est indispensable, car les coups qu'il porte sont terribles. Il fut ensuite retourné sur le dos, comme une simple tortue, position fort incommode pour lui, et qui le rend absolument inoffensif.

Un des Galamundos lui ouvrit sans façon le ventre dans sa longueur, et retira l'estomac ainsi que les intestins qui furent lavés à grande eau, puis gonflés d'air.

La carapace, la tête et les pattes furent débarrassées de la chair, remplies de sable et déposées à l'ombre.

Ibrahim et Zéluko, qui semblaient assister à une cérémonie réglée d'avance, s'amusaient prodigieusement.

Les Européens étaient de plus en plus intrigués.

Chez Friquet, l'étonnement se compliquait d'une légère nuance d'ahurissement.

— Mais les flamants, répétait-il à satiété, les flamants,

Ils ne veulent pourtant pas nous faire manger cette sale viande qui empoisonne le musc... Ah ! mais non !

— Patience, mon fils, patience, murmurait le docteur, qui prenait de son côté un réel plaisir à ce sport singulier. Je n'y comprends rien, mais cela m'intéresse énormément.

L'opération qui avait présidé à la capture du premier crocodile, fut répétée une vingtaine de fois avec un égal succès. Au bout de deux heures, vingt carapaces séchaient sur le rivage, et les intestins gonflés, se parcheminaient lentement.

On prit une heure de repos. Il pouvait être dix heures. Le soleil dardait d'implacables rayons.

Le lac était redevenu tranquille. La torpeur envahissait la nature, les crocodiles dormaient lourdement, les uns, échoués sur les terrains d'alluvion formant les berges, les autres, flottant sur les eaux comme des troncs rugueux.

Chose incroyable, les flamants, loin d'appréhender leur présence, faisaient volontiers société avec eux.

Ils barbotaient presque entre leurs pattes, tout en se tenant hors de la portée de leur gueule, et enfin, ce qui confondait les Européens, ils ne craignaient pas de se reposer sur leur dos. Là, leur long col replié sous l'aile, une patte relevée sous le ventre, et en équilibre parfait sur l'autre, ils sommeillaient insoucieusement sur ce fantastique perchoir.

Les chasseurs attendaient ce moment.

Vingt noirs, nus comme la main, prirent chacun un des sacs de toile dans lequel ils déposèrent leur coutelas, et une demi-douzaine de morceaux d'un bois très dur, longs d'un pied, pointus aux deux bouts.

Les carapaces furent débarrassées du sable qu'elles contenaient, et les intestins gonflés, y furent introduits. Chaque homme se glissa ensuite par l'ouverture béante au milieu de ces membranes pleines d'air, qui d'après le principe d'Archimède devaient permettre à ce singulier appareil de flotter.

Puis, bien renfermé dans la dépouille du saurien, avec laquelle il faisait corps, le chasseur passa ses mains dans les pattes, dont la face palmaire enlevée, laissait libre les mouvements des doigts comme dans le gantelet de fer d'un chevalier du moyen âge.

L'ouverture abdominale fut cousue avec du fil d'aloès, et enduite de résine de gaïac. Enfin, on fit à tous ces hommes-crocodiles, leur « tête », de façon à tromper les dormeurs du lac, à deux et à quatre pieds.

Ces préparatifs terminés, ils furent transportés sur les épaules de quatre de leurs compagnons, comme une embarcation mise à flot par des canotiers.

Friquet, en sa qualité d'habitué des sports nautiques, ne pouvait manquer d'en faire la remarque.

— Ni plus ni moins qu'à la Grenouillère, dit-il au docteur. Drôles de yoles, tout de même. Que diable vont-ils faire, maintenant que les voilà déguisés en crocodiles!

— Patience, fichu bavard.

L'étrange flotille, abandonnée au caprice de l'eau, au point où le fleuve se perdait dans le lac, fut bientôt au milieu de celui-ci.

Les chasseurs, poussés par le courant, se dirigeaient avec leurs mains. Ils arrivèrent bientôt au milieu des amphibies, sans exciter, grâce à ce travestissement, leur défiance, non plus que celle des oiseaux endormis sur leur enveloppe écailleuse.

Le premier qui accosta était un favori de Zéluko, nommé Kouané.

Voyant l'instant propice, le rusé compère, leva un peu la tête, étendit le bras, et cueillit par la patte un superbe flamant, qui était comme planté sur le dos d'un vrai crocodile.

Avant d'avoir pu pousser un cri, l'oiseau disparut, et

fut déposé, après avoir eu préalablement le cou tordu, dans le sac servant de carnassière, et qui pendait dans l'eau, lesté par le coutelas et les lourds bâtonnets d'ébène.

— Ah ! les malins ! s'écria de nouveau le gamin stupéfait !... Eh ben !.... y sont rudement forts.

« C'est tapé, ça, papa, dit-il familièrement au monarque, dont un rire énorme entr'ouvrait les crocs aigus. »

Les compagnons de Kouané l'imitèrent à qui mieux mieux avec un égal bonheur, et le butin s'entassa rapidement.

Tout alla bien pendant un certain temps. Mais quelques-uns parmi les sauriens, les mieux avisés sans doute, trouvèrent étranges les allures des intrus. Ces inexplicables escamotages des flamants les intriguèrent, et ils se mirent à tourner autour des chasseurs, d'un air à la fois inquiet et menaçant.

Ceux-ci voyant leur artifice découvert, se préparèrent à la bataille !...

Ils saisirent d'une main leur coutelas, et de l'autre le morceau de bois dur qui était l'arme offensive, tranchèrent en un clin d'œil les coutures de leur fétide enveloppe, dont ils se débarrassèrent aussitôt.

Le but était désormais atteint, la chasse était copieuse, il s'agissait d'opérer la retraite vers la rive où se trouvaient les spectateurs.

Sans abandonner leurs appareils de flottaison, qu'ils poussaient devant eux comme des barricades mouvantes, les chasseurs se ruèrent au milieu de leurs ennemis, qui, friands de chair noire autant que les ours le sont de miel, s'avançaient, la gueule ouverte, en battant l'eau de formidables coups de queue.

Mais, quelle désillusion dut éprouver le premier qui voulut goûter du nègre !

Le bâtonnet lui fut, avec une dextérité sans égale, introduit verticalement entre la langue et le palais. Puis, quand il voulut réunir ses mâchoires, qui, suivant son calcul, devaient couper le bras de l'imprudent, les deux pointes s'implantèrent profondément en sens inverse dans la gueule, qui ne put plus se refermer.

La même manœuvre fut exécutée sur toute la ligne, et on vit bientôt les monstres se tordre affolés, tourner en tous sens, la gueule béante, haletant comme des soufflets de forge, et dans l'impossibilité de plonger sous peine d'asphyxie.

Il y eut bien quelques chasseurs contusionnés, mais aucun ne manquait à l'appel, quand ils abordèrent, porteurs d'un superbe butin.

Cinquante flamants avaient été capturés dans cette chasse étrange.

Restait à préparer le mets sans pareil. La troupe entière, Zéluko et Ibrahim en tête, revint au plus vite au village.

Cette course de gens haletants, fumants comme des solfatares, ressemblait à une déroute. C'était l'allure de gens affamés, pressés de se repaître de victuailles choisies, et dont la rareté centuplait la valeur.

Les Européens, suffoqués, la face violette, tirant la langue, emboîtaient le pas à ces goinfres, tout en maudissant leur incompréhensible précipitation. Ils ne comprenaient pas, et avec juste raison, cet hommage enthousiaste, brutal même, rendu au dieu Ventre.

A peine désaltérés d'une large lampée de bière de sorgho, la boisson habituelle des peuplades équatoriales, les chasseurs, transformés en cuisiniers, s'empressèrent, les uns de fouiller des fosses profondes, destinées à recevoir des braises sur lesquelles le rôti devait cuire à l'étouffée, les autres, d'aller chercher des herbes aromatiques propres à lui donner une saveur spéciale.

D'autres, enfin, se mirent en quête de bois d'une essence particulière, réservés à l'honneur de servir à la cuisson de ces sacro-saintes victuailles.

Le maître coq de la tribu, ou plutôt, l'officier de bouche de Sa Majesté, qui s'était fort distingué pendant l'expédition, saisit les phœnicoptères, et leur arracha d'abord la langue qu'il mit à part. Il leur brisa ensuite la tête d'un vigoureux coup de dent, sortit les cervelles à la façon d'un singe qui épeluche des noix, et les déposa dans une calebasse vide.

Il les pétrit ensuite ensemble, en fit un épais mastic, auquel il ajouta, en quantité égale, des gros œufs de fourmi ayant le volume de grains de riz. Dans sa pâte rendue bien homogène par une longue trituration, il introduisit, en guise de lardons, les langues, charnues et épaisses, à l'aide d'une mince brochette.

Il fit de cette pâte quatre blocs d'égale grosseur, et enferma chacun d'eux entre deux pattes de gorilles, qui furent ficelées à l'entour de la masse qu'elles semblaient étreindre dans leurs dix doigts.

Une quadruple enveloppe de feuilles enserra le tout, et ce rôti, fut déposé sur un lit de cailloux rougis par la combustion des branches odorantes rapportées par les marmitons couleur d'ébène.

Le rôti fut recouvert de braises et de cendres chaudes.

Deux heures étaient nécessaires à la cuisson.

Friquet ne songeait pas à dissimuler le dégoût que lui causaient ces préparatifs.

— Qué qu'vous dites de ça, m'sieu André ? Moi, j'avoue que ça me semble assez répugnant.

« J'ai mangé un peu de tout autrefois ; eh ben ! là, franchement, si c'est pour ce fricot-là qu'on s'éreinte depuis deux jours, le jeu n'en vaut pas la chandelle.

— C'est ce qui vous trompe, mon bon ami. Je suis persuadé que ce sera délicieux.

— Quoi ?... Les pattes... les mains du...

— Oui, du gorille.

— Pouah !... avec les langues violettes, ces cervelles en bouillie... ces œufs de fourmis... oh !... non, n'en faut pas.

— Oh! moi, cela m'est égal. J'ai mangé à Paris pendant le siège pire que tout cela. Je vous épargne le détail. Depuis les matous de gouttières jusqu'au rats d'égout, toute la série animale y a passé.

— Aïe !... Aïe !... Aïe !... Les camarades me l'on bien dit. Y en avait qu'étaient fusiliers avec le capitaine Lucas et l'enseigne des Essards en face la Gare-aux-Bœufs. Mais, c'est égal, n'empêche que c'est de vilaine marchandise.

— Allons, mon vieux marsouin, soyez donc à la hauteur. Non seulement j'ai mangé des rats frits dans du suif, mais encore j'ai bu du bouillon de cheval dans un casque de cuirassier, continua en riant le jeune homme, qui s'amusait des répugnances, fort admissibles d'ailleurs, du petit Parisien.

— Allons, matelot, cambusier de malheur! fichu délicat, Sa Majesté Zéluko t'offre un repas d'empereur romain, et tu t'avises de faire la petite bouche !...

— Un repas... d'empereur... romain... Oh là, là !... Eh ben! moi qui vous parle, je m'en moque pas mal de vos empereurs, aussi bien de ceux qui sont romains comme des chandelles d'artifice, que de ceux qui ne le sont pas, romains !

— Mossieu Friquet, respectez la constitution du pays dont vous êtes momentanément l'hôte. Conservez précieusement vos préférences républicaines, nous les partageons ; mais je vous le répète, respectez la monarchie qui vous héberge présentement.

— Suffit, m'sieu, on rengaîne son spectre rouge, et on garde ses convictions.

« Vous disiez donc que les empereurs romains mangeaient des fricots analogues...

— A celui qui cuit en ce moment. Le nommé Vitellius faisait venir à grands frais de la Lybie des cervelles et des langues de flamants, qui, préparées, sauf légères variantes, d'une façon semblable à celle-ci, constituaient un régal dont ses invités se léchaient les doigts.

« Ce n'est pas tout. Ce gourmand, imbécile et répugnant, dévorait aussi des plats composés de deux ou trois mille langues de rossignol, saupoudrées de poussière de diamants.

— Peuh !... d'un empereur rien ne m'étonne. Ce qui me surpasse, c'est qu'on en ait fait jadis en France, et qu'il y en ait encore en Europe.

— Mossieu Friquet, vous parlez politique, absolument comme un journal sans cautionnement. Finissons. Abandonnons ce terrain brûlant.

« D'autant plus, que la musique indigène semble nous annoncer quelque chose de neuf.

— Tiens, c'est vrai. D'zim !... boum !... boum !... on dirait la parade...

« Allons donc voir. »

Pendant que le repas cuisait, Zéluko, qui possédait toutes les délicatesses de l'hospitalité, avait fait préparer un divertissement non moins curieux qu'inattendu.

Nos trois amis allaient assister à une : *Représentation dramatique !*

Oui, vous avez bien lu : une représentation dramatique ! *Un théâtre dans l'Afrique équatoriale !*

Il était dit que Friquet, faisant son *Tour du monde*, verrait se réaliser toutes les invraisemblances.

— Ça, c'est gentil. Ce monsieur Zéluko me raccommode un peu avec l'autorité souveraine.

— Déjà, reprit malignement le docteur. Tes convictions ne tiennent pas longtemps. Réactionnaire, va !

8.

— Mais non. Y a pas de réaction là dedans, histoire de s'amuser un brin.

« Aujourd'hui, on fait un peu la noce, une fois n'est pas coutume.

— Té, tu trouves toujours autant dé trous qué dé chévilles. N'importe, te voilà coté, matelot.

Ah! bien oui, coté ou non, réactionnaire ou révolutionnaire, Friquet pensait vraiment à tout cela. Il voyait un théâtre presque pour de vrai, et ma foi le titi l'emportait sur l'explorateur et le politicien.

— Mais, c'est pas mal monté du tout, disait-il d'un air connaisseur.

Notre ami était décidément en veine d'optimisme, comme le lui fit remarquer André.

— Voyons Friquet, ce « théâtre », comme vous l'appelez pompeusement, n'est que la hutte où s'accomplissent les horribles sacrifices humains, suivis de festins plus épouvantables encore.

« Ces ossements qui tapissent les murailles, ces débris de squelettes...

— Le décor n'est pas folâtre, j'en conviens ; mais, regardez donc, il y a un rideau, un vrai rideau! Il n'y manque plus que les annonces. Et ce buffet, avec toutes les calebasses pleines de bière et de lait caillé. Tout ça gratuit. On n'attend plus que la marchande de chaussons aux pommes... Location d'lorgnettes!... *L'Entracte!*... Journaux du soir!... Faud-il une chumelle?...

— Gamin! va.

Les trois Européens sont conduits aux places d'honneur près de l'orchestre, très rudimentaire on va le voir, mais bien inattendu.

Il n'y a ni trucs, ni décors, ni luminaire, et pour cause, on ne joue que pendant le jour. Les loges et les galeries sont inconnues, un simple parterre s'étend devant la scène.

Détail répugnant, dont nos amis n'eurent que trop tard connaissance, les places réservées aux hôtes de distinction sont des crânes humains montés en escabeau sur une tige d'ébène, comme des tabourets de pianos.

Les abonnés à Paris, ont leur fauteuil à l'Opéra, chez les Galamundos, ils ont leur crâne... La place n'est pas large, elle leur suffit. Chacun en est fier. Ne la possède pas qui veut ?

Une douzaine, tout au plus, occupent ces sièges lugubres. Les autres n'ont pour s'asseoir qu'une tête de bœuf, dont les cornes servent d'appui à leurs bras. Ce sont les stalles.

Ibrahim, qui fume son éternelle pipe à tuyau de jasmin, donne à André quelques détails sur le spectacle qui va commencer.

Il n'y a pas de « troupes » chez les tribus équatoriales. Les rôles sont réservés au roi et aux principaux dignitaires.

Pourquoi pas ? Néron a bien joué la tragédie, et le Roi-Soleil n'a pas dédaigné de figurer dans les ballets à Versailles.

L'opérette, la comédie et l'opéra-comique y sont inconnus, mais le mélodrame y est nature.

Les artistes figurent, comme bon leur semble un épisode de guerre, de chasse ou du règne de leur souverain ; ce dernier est ordinairement le premier sujet.

Les femmes sont rigoureusement bannies des représentations, comme actrices et comme spectatrices. On les voit se presser curieusement hors des limites assignées à l'assistance masculine.

... La toile ne se lève pas, elle s'ouvre.

L'orchestre se fait entendre. O merveille inénarrable ! ce n'est plus la rafale expectorée jadis par les musiciens indigènes.

Oh ! non, c'est bien plus extraordinaire, c'est renversant.

Un virtuose du plus bel ébène, accroupi devant une caisse, qui est, ma foi, un orgue de Barbarie, tourne la manivelle, et moud avec acharnement des airs européens.

Friquet pétrifié reconnaît vaguement l'air de : « Ohé les p'tits agneaux », mais démoli, faussé, massacré par l'instrument détraqué, qui a fait l'admiration du feu roi, auquel Ibrahim l'avait cédé, une dizaine d'années avant, contre un lot d'esclaves.

Le gamin n'avait plus envie de rire. Le vieil outil poussif lui rappela soudain son cher Paris ! Douloureuse et pourtant bien douce évocation produite par une sérénade grotesque !...

Le spectacle commence.

Le drame a pour sujet l'avènement au trône du monarque actuel.

Son prédécesseur qui s'appelait, croyons-nous, Karkoan's, avait été détrôné par Zéluko, qui, après lui avoir crevé les yeux, l'avait soumis à un traitement analogue à celui que feu Bicondo voulait imposer aux trois Européens.

L'histoire ne dit pas si l'infortuné potentat fut mangé. C'est probable. Peut-être son crâne était-il devenu fauteuil d'orchestre !

L'acteur qui représente feu Karkoan's, apparaît assis à la droite du public ; il est entouré de sa cour. Sa mise est luxueuse.

Un diadème de verroterie entoure son front. Il se drape dans un manteau écarlate.

Par le côté droit de la scène, entre une troupe d'hommes nus, armés de lances indigènes. Leur chef porte pour tout vêtement une ceinture de joncs, dans laquelle est passé un couteau semblable au « troumbache », et au cou une corde rompue.

Ce chef est Zéluko.

Cette scène représente le premier acte de son avènement, alors que, vendu comme esclave, il allait être expédié pour le pays où croissent, à grands coups de trique, la canne à sucre et le café.

Il a brisé ses fers...

— Manière de parler, dit Friquet à voix basse. Ces fers-là, ça n'est jamais qu'une ficelle d'auteur.

Le Spartacus noir est furieux. Il montre le poing au tyran et l'interpelle avec véhémence.

Celui-ci, de bonne composition, en somme, répond à ses invectives par une sorte de mélopée traînante, et lui offre hospitalièrement, ainsi qu'à sa troupe, des calebasses pleines de vin de palme et de bière de sorgho.

Zéluko se précipite sur ces liquides avec une gloutonnerie sans égale. Ses compagnons l'imitent et se pourlèchent avec une sensualité de singes suçant des anamas.

Les buveurs, paraît-il, ne possèdent pas la reconnaissance de l'estomac, car le dialogue s'anime, les gestes deviennent menaçants.

L'ivresse commence à se manifester.

Les noirs tragédiens oublient le public et sont littéralement empoignés. Les invectives et les imprécations se croisent. Ils brandissent leurs armes et boivent encore.

Les chants continuent entremêlés de danses extravagantes. L'assistance est ravie.

Le prétendant, qui semble complètement ivre, s'avance vers le monarque qui ne l'est pas moins, lui enlève son diadème et le met sur son front.

Le pauvre homme résiste faiblement.

— Capon ! crie Friquet un peu emballé.

Enhardi par l'impunité, Zéluko arrache brutalement le manteau rouge dans lequel il se drape avec des airs de don César de Bazan.

C'en est trop. Karhoan's se débat énergiquement, et appelle à la rescousse ses fidèles qui s'ébranlent en masse.

Les révoltés ne restent pas inactifs et se groupent autour de leur chef. Les voilà séparés en deux camps, agitant leurs lances, hurlant à plein gosier, et près d'en venir aux mains. On entend alors une sorte de bourdonnement sonore. C'est le tambour indigène qui rhythme une marche.

Les deux troupes se mêlent en mesure, vont, viennent, s'entre-croisent en nasonnant d'incompréhensibles paroles, tourbillonnent, cabriolent, s'arrête, avec une merveilleuse précision, et s'alignent d'une façon irréprochable à un signal de leur chef.

Après un tel exercice, il faut encore boire. Aux calebasses vides, succèdent sans interruption des calebasses pleines.

La quantité de liquide absorbé devenait alarmante. Les acteurs sont abominablement gris. C'est dommage. Ils possèdent des jeux de physionomie étonnants, et leurs gestes sont d'une puissance et d'une vérité sans égale.

Ils simulent le combat, et commencent une série de culbutes désordonnées, capables de rendre jaloux des clowns de profession.

Leurs cris enfoncent les tympans européens et ravissent les oreilles indigènes.

On est stupéfait de la précision de leurs mouvements, et on se demande comment ils peuvent ainsi lancer et rattraper au milieu de ce tourbillon, leurs armes sans se blesser !

Mais, hélas ! la catastrophe appréhendée par les voyageurs finit par se produire.

Zéluko, entre tellement dans l'esprit de son rôle, que l'ivresse aidant, et peut-être aussi des dispositions dramatiques spéciales, il perce de part en part, de sa lance, la cuisse du soi-disant monarque.

Le sang ruisselle. Le pauvre diable se prend à hurler d'une façon lamentable. Le roi perd alors complètement la tête, se précipite sur lui et lui ouvre le ventre !

L'infortuné tombe avec un cri terrible. Tous, amis et ennemis, comme des loups à la curée, s'élancent sur lui et le mettent en lambeaux.

Une pluie rouge jaillit presque sur les spectateurs.

Cette scène atroce ne dure pas plus de dix secondes.

Avec l'admirable élan des cœurs généreux, les trois blancs voulaient se jeter entre le malheureux noir et la brute qui l'éventrait.

Dévouement inutile, qui aurait pu leur être fatal.

Ibrahim, qui riait de son rire aigu, leur fit comprendre leur folie. Il était d'abord trop tard.

Telle fut la fin de la représentation.

Friquet était furieux.

— Et comme ça, faudrait que j'aille manger avec ces gredins-là, les cervelles des flamants et les pattes de gorille ! Plus souvent.

Pour que la fête fût complète, il fallait en effet participer au festin dont la représentation n'avait été que le lugubre hors-d'œuvre.

Au moment où le drame final s'accomplissait, on annonçait que Sa Majesté était servie.

Il fallut, bon gré, mal gré, obéir et prendre place à ce repas pseudo-anthropophagique. Ibrahim ordonnait formellement.

Il y aurait eu pour les Européens un danger mortel à ne pas obtempérer.

Nous avons dit que Friquet n'éprouvait pour le plat national des Galamundos qu'un enthousiasme des plus modérés.

Ce fut bien pis, quand ce mélange hétéroclite fut retiré de la fosse où il avait cuit à l'étouffée pendant près de deux heures.

Chacune des masses entourées de feuilles calcinées, ressemblait à un gros hérisson grillé. Il paraît pourtant qu'il ne fallait pas juger le rôti sur la mine, car à peine l'enveloppe odorante fut elle enlevée, qu'un fumet exquis s'en exhala, chatouillant délicieusement les papilles des convives.

Friquet, lui-même, fermait les yeux, parce que la vue des mains de singe semblables à des mains humaines lui soulevait le cœur, mais il ouvrait des narines énormes.

L'odorat devait l'emporter sur la vue.

— Puis, dit pour s'encourager le gamin, après tout, on n'y a rien mis de sale... et ça sent si bon...

« Ben ! tant pis, je me risque. »

Il en prit timidement un morceau qu'il porta à sa bouche.

— Oh ! mais, c'est délicieux !... c'est exquis... Jamais je n'ai rien mangé de si bon !... Je ne m'étonne pas que tout ce monde-là soit...

— Hein ! fit en sautant sur son siège le docteur interloqué, soit quoi ?...

— Eh ! bien oui, soit si amateur de... de... ces bonnes choses-là !

Et Friquet dévorait à belles dents la main du gorille comme un vulgaire pied de cochon.

Ses compagnons imitèrent son exemple, par simple politesse, et sans enthousiasme, bien que le docteur fût habitué à tout, et que l'estomac d'André ignorât tous les préjugés.

Leur figure fut en somme très convenable devant le régal, qui n'avait d'anthropophagique que l'apparence, et ils ne firent pas trop la petite bouche.

— Voyez-vous, docteur, dit à son ami, Friquet en se levant de table, le gorille c'est très bon à manger, mais le nègre, ça ne doit pas valoir le diable.

« Je ne comprends pas comment tous ces sauvages-là mangent les hommes à deux pattes, quand il y en a tant à quatre mains qui courent dans les forêts.

« Et dire qu'ils vont dévorer demain l'ivrogne qu'ils ont tué aujourd'hui...

« Heureusement que demain nous serons bien loin !

CHAPITRE VII

Ce qu'était M. André. — L'opinion du commandant Cameron sur les Portugais. — Les splendeurs de la flore équatoriale. — Rencontre d'un serpent jaune. — Morsure terrible. — Désespoir. — Lutte de générosité. — Impuissance de la science. — Le gamin à l'agonie. — Son intrépidité devant la mort. — Majesté agit. — Creuse-t-il une fosse? — Enterrement d'une des jambes de Friquet. — Les fleurs barométriques. — Une forêt d'arbres sans tige. — Attaque mystérieuse. — Disparition. — La reconnaissance est une vertu noire. — Le docteur et André chez les Européens. — « Pauvre Friquet! Te reverrai-je jamais! »

L'action de ce récit, non moins extraordinaire que véridique, a été tellement rapide, qu'il nous a été jusqu'à présent impossible de dire quelques mots relatifs à ce personnage éminemment sympathique qui se nomme André.

Comme sa destinée est intimement liée à celle de notre gamin de Paris, comme son rôle ne doit pas être simplement épisodique, et qu'il jouera crânement sa partie dans les drames qui vont suivre, nous allons profiter du moment où la caravane quitte le pays des Galamudos, pour expliquer en quelques lignes ce qu'est M. André.

Possesseur d'une jolie fortune, à l'âge où l'on quitte les bancs du collège, André B..., orphelin à dix-sept ans, au lieu de se lancer en écervelé au milieu du tourbillon parisien, étudia le droit, comme complément d'étude, sans avoir jamais la prétention de faire retentir les voûtes du Palais de justice du tonnerre de sa voix.

Avocat à vingt-un ans, sérieux, travailleur, ce qui ne l'empêchait pas d'être un aimable compagnon, André, qui avait eu le bon esprit d'apprendre la vie en voyant ses contemporains accumuler sottises sur sottises, se mit à voyager.

C'était une façon intelligente de dépenser son argent. Il fit le tour du monde. Non pas à la façon bizarre des Anglais possédés du spleen, mais en garçon d'esprit qui savait bien voir et tirer parti de tout ce qu'il voyait.

La déclaration de guerre, en 1870, le fit revenir du Mexique par le premier paquebot. Cet homme d'esprit était tout naturellement un homme de cœur.

Ce fut bientôt fait. Il ne demanda au gouvernement ni place, ni mission, ni sinécure.

On lui donna un fusil modèle 1869, et ce grand gaillard de cinq pieds sept pouces devint un superbe fantassin.

Il fit son devoir simplement, en véritable patriote. Il fut blessé, mis à l'ordre du jour, et pas du tout décoré. A quoi bon ! Il conserva le numéro de l'*Officiel* où figurait son nom, cela le satisfit plus qu'un ruban rouge.

La guerre terminée, il rentra tout bonnement dans la vie civile, bien que l'épaulette de sous-lieutenant auxiliaire, vaillamment gagnée, lui eût été confirmée à titre définitif par la commission de revision des grades.

Il rendit de nombreux services, fut souvent payé d'ingratitude, et n'en devint que meilleur.

La nostalgie de la mer le prit. Il voyagea de nouveau, parcourut l'Amérique du Sud, l'Australie, visita Sumatra avec M. Brau de Saint-Paul Lias, puis revint au Sénégal où l'appelaient des intérêts commerciaux. Son oncle, riche armateur du Havre, possédait à Adanlinanlango une importante factorerie qui périclitait gravement.

Après avoir, à force de travail et d'énergie, rétabli les affaires de son parent, il allait revenir en France, quand la chaloupe qui remontait l'Ogôôué à la recherche du docteur Lamperrière, fit escale à sa porte.

Il mit, avec 500 cartouches, deux chemises de flanelle dans sa valise, prit sa carabine à percussion centrale, et obtint de monter sur le léger bâtiment dont le commandant était de ses amis.

On a vu comment il se conduisit lors des événements relatés au commencement de notre histoire.

André était un rude compagnon. Elégant de formes, mais taillé en athlète, d'extérieur froid, mais susceptible de tous les élans généreux, correct dans sa tenue, comme un vrai gentleman, nul n'était comme lui capable de porter élégamment le débraillé de l'explorateur.

Son habileté à tous les exercices du corps, son sang-froid inaltérable, sa santé de fer, son infaillible coup d'œil, lui donnaient une grande prépondérance parmi ses frères d'aventure.

Friquet surtout lui témoignait une sorte de vénération. Tout ce que disait m'sieu André était parole d'évangile. M'sieu André par ci, m'sieu André par là. Quand il disait : « m'sieu André », le gamin en avait plein la bouche.

Un personnage que nous avons négligé depuis quelque temps, c'est notre ami Majesté, l'*alter ego* de Friquet.

Nous devons dire une fois pour toutes, que le gamin noir est en quelque sorte, l'ombre du gamin blanc. Sa vie se passe à aimer Fliki, à faire comme Fliki à regarder Fliki lorsqu'il ne dit rien, à l'écouter quand il parle, à le copier en tout, jusque dans les cabrioles désordonnées et les crocs-en-jambe fantastiques qu'il administre cent fois par jour à la grammaire et au dictionnaire.

Comme Friquet est un bon petit homme, Majesté peut hardiment se modeler sur lui. Son éducation est peut-être un peu moins soignée que si elle avait été confiée à la baronne de Bassanville, mais bah ! sous l'équateur !...

En outre, comme Friquet aime de tout son cœur André et le docteur, Majesté professe pour *Adli* et *Dôti* un attachement de caniche.

Le négrillon est à bonne école. Les trois compagnons en feront un homme.

C'est merveille de voir comme se développe, au milieu de ce trio si différent et si affectueux, l'intelligence du jeune noir.

Friquet ne se sent pas d'aise. Car enfin c'est lui qui a « inventé » Majesté.

Il convient que jadis il eût fait un piètre mentor, mais aujourd'hui c'est autre chose !

C'est surtout à lui que revient tout l'honneur de l'éducation de l'élève commun. Il sait se mettre à sa portée, se faire comprendre, et surtout lui rendre très clairs les enseignements des deux hommes.

Et maintenant, continuons notre *Tour du Monde*.

Ibrahim conduit sa troupe vers la côte. Il prend de son bétail humain les mêmes soins qu'un maquignon aurait pour son troupeau.

L'Abyssinien n'est pas un mauvais maître, c'est un commerçant. Horrible négoce, infâme trafic auquel des Européens ne craignent pas de s'associer !...

Cette cargaison sera bientôt vendue. Les Portugais, qui, comme le dit le commandant Cameron dans sa relation de voyage à travers l'Afrique centrale, sont moralement complices de la traite, fermeront les yeux sur cette abominable transaction.

Le voyage s'accomplit lentement, mais sûrement ; on approche des rives de l'Atlantique.

La distance à parcourir, en principe, n'était pas d'ailleurs bien considérable : cinq degrés environ, soit cent vingt-cinq lieues. La caravane, partie du haut Ogôôué, est descendue du nord au sud, en suivant presque constamment le 11ᵉ degré de longitude est.

Le haut Ogôôué, est, on le sait, situé au point où le premier degré de latitude sud coupe le onzième degré de longitude est.

Les voyageurs, après avoir côtoyé ce massif montagneux, désigné sous le nom de Nchavi, vont suivre le cinquième parallèle jusqu'à une rivière désignée sur les cartes sous le nom de Louisa Loango, mais qu'Ibrahim appelle simplement la « rivière ».

C'est là qu'aura lieu l'embarquement à bord d'un bateau dont on ne parle qu'avec une sorte de terreur mystérieuse...

Aucun des Européens n'a pu obtenir le moindre renseignement sur ce « Voltigeur de la côte d'ébène » qui doit croiser au large, en dépit des vaisseaux anglais et français chargés de faire la police, et d'empêcher ces forbans de se livrer à l'exportation des noirs.

Il s'appelle le « Vaisseau » comme le cours d'eau la « Rivière ».

Les splendeurs de la flore équatoriale ont laissé froids les malheureux que l'implacable destinée chasse de leur pays, mais les trois amis sont positivement enthousiasmés.

Le docteur met à profit ses connaissances botaniques, et donne à tous ces végétaux magnifiques ou étranges des noms souvent baroques mais authentiques, et qui n'augmentent en rien l'admiration de ses compagnons.

Friquet est ravi d'ajouter de nouvelles connaissances à ses anciennes.

Après la physique, la botanique. Il est vrai que le professeur est plus sérieux que l'élève de « m'sieu Robert Houdin. »

Ici, l'élaïs, aux gracieuses frondes pennées, dont le fruit écarlate produit le beurre végétal, et dont la vue évoque chez Friquet le souvenir désagréable de la gaveuse équatoriale. Là, des caoutchoucs gigantesques, dont les feuilles vert-sombre se marient harmonieusement aux franges gracieuses de l'usnée.

Puis, les papyrus, les rotangs, les amômes dont l'éternelle et épaisse verdure représente si bien la végétation d'une forêt tropicale et d'un climat humide et chaud.

Les tecks au bois incorruptible se mêlent aux phryniées, aux figuiers, et aux bombax. Puis encore les ricins aux tiges violettes, les poivriers rouges, les gommiers bosvellia, les hyphénées aux fibres tenaces, les ébènes, les acajous, les santals, les bassias, les tamaris, le phrynium rarissimum dont les frondes à la fois longues et ténues servent aux indigènes pour couvrir leurs huttes, leurs magasins, envelopper le pain de casave, faire des corbeilles, etc.

Mentionnons en passant le bétel sauvage, le jatrapa curcas ou médicinier, les innombrables variétés d'euphorbes, les protées, les ananas, les arachides, les plantins du sage, la cassave, les bananiers, le sorgho, le maïs, le mucina pruricans, l'effroi des indigènes, en raison de la tenacité avec laquelle les poils de cette plante, véritables aiguillons, pénètrent dans la peau.

Tous ces végétaux, arbres, plantes, lianes, herbes, graminées, pliant sous les fruits, éclatant de fleurs, ou chargés de graines, s'enchevêtrent, se tordent, s'échevèlent et forment un colossal parterre, où s'ébattent tous les animaux composant la faune des tropiques.

Les rhinocéros, les buffles rouges et noirs, les hippopotames, les éléphants, se vautrent dans ces herbages plantureux et font envoler des essaims de marabouts, de grues baléariques, de baleiniceps-roi, de flamants, d'oies à l'aile éperonnée, de martins-pêcheurs, d'aigrettes, d'ibis, de spatules, de bécassines ou de canards.

Le clan des serpents est fort nombreux, depuis le boa

et le python jusqu'à la petite vipère verte. Vilain voisinage, mauvaise rencontre.

Les singes abondent et saluent les voyageurs d'atroces grimaces accompagnées souvent d'une grêle de cocos : singes noirs à collerettes blanches, petits singes gris, grands babouins hurleurs, chimpanzés, etc.

Friquet avait, on le voit, fort à faire, pour classer toutes ces espèces et les étudier méthodiquement, car son professeur qui ne lui faisait grâce d'aucun détail, voulait que toutes ces connaissances acquises en feuilletant le livre de la nature, fussent profitables à son élève dont les progrès étaient surprenants.

— Vois-tu, matelot, disait l'excellent homme, tu vas devenir un savant, un vrai. On dit que les voyages forment la jeunesse, mais à la condition de savoir en profiter.

« Ton *Tour du monde* ne sera pas stérile, mon fils.

— Ah! mon bon docteur, disait avec attendrissement le gamin, quelle chance de vous avoir rencontré !

« Dire que sans vous j'étudierais la botanique devant les fourneaux de la machine !

« J' vais donc devenir un homme, et apprendre un peu toutes ces belles choses qu'on aime et qu'on admire encore plus quand on les connaît.

— Bien cela, Friquet, disait André, enchanté de la tournure sérieuse que le petit Parisien imprimait inconsciemment à son esprit.

« Savez-vous, mon ami, que vous avez une mémoire prodigieuse !

— Oh! voyez-vous, m'sieu André, c'est que je ne l'ai guère surmenée jusqu'à présent ! Il faut regagner le temps perdu.

« Puis, c'est si agréable de s'instruire avec vous. Je suis si heureux... cela va si bien. »

Pauvre Friquet, cela allait trop bien.

Un matin la caravane cheminait avec son allure lente. Les noirs traînaient péniblement leur lourde bûche, en rhythmant leur marche par une mélopée plaintive.

L'éléphant, s'avançait en liberté. Les trois Européens se dégourdissaient les jambes en faisant à pied un bout d'étape.

Friquet furetait de droite ou de gauche, à la recherche d'un fruit, d'une baie ou d'un insecte.

Il poussa tout à coup un cri aigu.

— Qu'est-ce ? fit le docteur.

— Je viens d'être piqué à la jambe.

— Montre... fais vite !

— Oh ! cela ne sera rien... c'est sans doute une fourmi « eau bouillante » qui m'aura chatouillé.

« Ah ! mais non, c'est sérieux... Docteur, je vois trouble... j'ai mal au cœur...

« Docteur... j'ai froid...

— Mon enfant !... mon cher petit... qu'y a-t-il ?... Parle...

— Là... à la jambe... quelque chose... cela m'arrache la chair...

Il n'en put dire davantage. Il pâlit affreusement, sa tête se renversa en arrière. Ses yeux se fermèrent, son torse oscilla. Il serait tombé si André ne l'eût saisi à bras-le-corps.

Deux minutes s'étaient écoulées depuis que Friquet avait poussé son cri d'alarme.

Quelle était donc la cause mystérieuse et terrible de ce mal foudroyant ?

Le docteur écarta rapidement le burnous qui enveloppait le jeune homme.

Un cri d'angoisse lui échappa.

— Le malheureux enfant !...

Raide comme une barre de cuivre, accroché à la jambe, au-dessous du genou, un petit serpent jaune, long de quarante centimètres à peine, tenait dans sa mâchoire contractée le mince tissu du pantalon de Friquet, et ses dents qui avaient traversé l'étoffe, étaient profondément implantées dans la chair.

Toutes les forces du petit ophidien semblaient concentrées dans sa tête. Il mordait avec rage. Rien ne pouvait lui faire lâcher prise.

Ses hideux anneaux étaient rigides, inflexibles. Il était comme cataleptique.

Le docteur entr'ouvrit un large bowie-knife qu'il portait habituellement. La lame et le manche formaient un angle d'environ quarante-cinq degrés. Il fit passer sur le manche le corps du reptile, et poussa la lame qui retomba avec un bruit sec.

Le serpent fut décapité du coup. Les mâchoires se desserrèrent enfin, et la tête tomba près du tronc qui se tordait dans les herbes roussies.

Deux piqûres, qu'on eût dit faites avec des pointes d'aiguilles, avaient simplement traversé la peau. Déjà un cercle bleuâtre s'étendait sur une circonférence large comme une pièce de cinq francs.

Les noirs, à la vue du petit serpent jaune, firent un geste d'effroi, accompagnés de signes désespérés. Friquet leur semblait perdu.

Sa morsure est, en effet, réputée mortelle.

— C'était écrit ! dit froidement Ibrahim qui s'était approché. Ton ami va mourir, dit-il à André !

Le petit Parisien était évanoui.

— Docteur !... mon ami !... sauvez-le !... cria le jeune homme d'une voix étranglée.

« Dites... que faut-il faire ?

— Du calme. A moi d'agir.

Il dit, fend rapidement l'étoffe, pratique en pleine chair à l'aide de son couteau une incision en croix, et sans même penser qu'il peut à son tour périr foudroyé par le

9.

terrible poison animal, il applique sur la plaie ses lèvres, et aspire avec force le sang qui paraît se refuser à couler.

Deux autres minutes s'écoulent, mortelles, atroces.

— A moi ! dit à son tour André.

— Mais non, réplique le docteur. C'est bien assez si je succombe... ce serait trop de trois... d'ailleurs, je suis médecin...

— Il est mon ami ! Je le veux ! je vous en prie.

Ce sublime combat de générosité se termine par la victoire d'André, qui à son tour pratique énergiquement cette dangereuse succion.

Que faisait pendant ce temps le négrillon ?

Majesté était tout d'abord resté atterré. Il avait voulu, comme lors de l'enlèvement par le gorille, donner un avis que l'incohérence de son langage avait empêché de comprendre.

Voyant l'inutilité de ses efforts, il saisit une des pioches dont les hommes de l'escorte étaient pourvus, et se mit aussitôt à creuser avec rage un trou profond.

Que voulait-il faire ?

Creusait-il déjà la fosse de son ami ? Jugeait-il donc impuissants tous les efforts tentés par ces hommes blancs qui lui semblaient pourtant des êtres d'une essence supérieure ?

Le docteur n'avait aucun caustique sous la main. Il n'avait pas non plus le temps de faire rougir un fer.

Fouiller dans sa cartouchière, prendre une cartouche, la déchirer entre ses doigts, et mettre la poudre sur la plaie légèrement débridée, fut l'affaire d'un moment.

Ibrahim fumait flegmatiquement sa pipe.

— Donne, dit-il, en la lui arrachant presque brutalement.

Le tabac en combustion formait un charbon que le docteur fit tomber avec la pointe de son couteau.

La poudre s'enflamma. Les chairs noircirent, crépitèrent, se fendillèrent...

L'atroce douleur produite par cette cautérisation fit revenir à lui Friquet toujours évanoui.

Le pauvre garçon était livide. De ses lèvres blanches s'échappait une respiration sifflante. Ses yeux voyaient à peine, ses narines pincées ne pouvaient plus s'ouvrir.

Il agonisait.

Le négrillon creusait son trou avec plus d'acharnement que jamais.

— Docteur... monsieur André... articula faiblement le pauvre gamin, c'est fini... Le froid monte... je ne souffre plus..... mais mon cœur s'en va..... c'est dommage.... je vous aimais bien... allez... La vie était si bonne... avec vous... c'est pour ça que je la regrette... Ayez soin de mon pauvre... petit... frère... noir... adoptez-le... Faites-en un homme... moi... je... je... meurs !...

« Mais... je veux mourir en brave !... dit-il en se raidissant dans un suprême effort :

« Adieu !... mes amis !... »

La tête du moribond retomba lourdement.

Le docteur, pâle comme un spectre, fouillait sa poitrine de ses ongles.

Deux grosses larmes coulaient des yeux d'André.

Les deux hommes semblaient la vivante incarnation de la douleur arrivée à son paroxysme.

Les Abyssiniens d'Ibrahim, qui tous adoraient le petit Parisien, faisaient retentir l'air de cris aigus.

— C'était écrit, murmurait à voix basse le négrier, en s'inclinant avec une sorte de respect douloureux devant le corps qui avait toutes les apparences d'un cadavre.

Un hurlement qui n'avait rien d'humain retentit.

Le jeune noir, qui avait accompli son étrange besogne, lançait au loin sa pioche, et, essoufflé, hors d'haleine, ruisselant de sueur, se précipitait d'un bond sur Friquet qu'il étreignait convulsivement.

— Moi, c'é pas voulé toi mouri! s'écria-t-il.

Et enlevant avec une vigueur incroyable le corps de son ami, il le porta jusqu'au trou qu'il venait de creuser.

Il dépouilla jusqu'à la hanche la jambe blessée qui apparut livide, tuméfiée et déjà infiltrée de sérosité jaunâtre.

Le docteur et André, atterrés, laissaient le noir accomplir son acte jusqu'alors inexplicable.

Une idée folle, irréalisable, à laquelle ils s'attachaient désespérément venait de surgir dans leur esprit.

Les nègres possèdent certaines recettes mystérieuses complètement en dehors des lois de la thérapeutique, et qui ont quelquefois produit des résultats inouïs.

Il était peut-être encore temps; qui sait si le salut n'était pas là?

Impuissants et désespérés, ils laissaient faire.

Leur attente fut courte. Le négrillon étendit sur le sol Friquet inerte, et fit descendre jusqu'au fond du trou sa jambe malade.

L'excavation, pratiquée comme un sillon profond, était en pente douce, à trente-cinq degrés environ; l'autre membre reposait sur le sol.

Le torse du blessé fut un peu exhaussé par un petit talus en terre fraîche, et sa tête posée sur un paquet d'herbes.

Sans perdre une seconde, le négrillon enterra méthodiquement la jambe en déposant à l'entour, poignée par poignée, la terre qu'il massait avec le plus grand soin.

L'excavation fut bientôt comblée, et le membre complètement enfoui sous ces couches qui le comprimaient énergiquement jusqu'à la hanche.

Friquet, toujours inanimé, semblait mort. Respirait-il encore?

Le docteur, voulant s'en assurer, mit devant ses lèvres

la lame éclatante de son couteau... une imperceptible buée ternit légèrement l'acier poli.

Il y avait encore un souffle de vie, mais si faible.

André n'osa pas l'interroger. Mais son regard parlait pour lui.

— Il vit encore, dit le docteur d'une voix tremblante.

« Espérons !... Qui sait ?... Un miracle peut seul le sauver. »

Majesté s'était accroupi derrière le gamin, avait soulevé sa tête, et épongeait doucement l'écume blanchâtre qui moussait à la commissure des lèvres.

Il ne semblait pas trop inquiet. Ses traits reflétaient même une sorte de confiance qu'il était impossible à ses amis de partager.

Ibrahim avait commandé la halte. Ses compagnons, attristés, n'avaient plus ces gestes et ces cris joyeux d'écoliers en récréation.

Les malheureux esclaves, allongés sous la feuillée, près de leurs entraves qui ne les quittaient pas, sommeillaient lourdement.

Que leur importait cet incident ? Quelques-uns, le plus grand nombre peut-être, eussent voulu être à la place du moribond.

Deux heures passèrent pleines d'angoisses, avec une intolérable lenteur.

— C'est fini, soupira douloureusement André, il ne remue pas ! Pauvre enfant !

— Je suis désespéré, mon ami, répliqua le docteur. Le cher petit ! comme il est bon ! comme il est brave ! Non, c'est impossible ! Je ne puis croire que cet enfant mourra ainsi. Quel courage ! quelle simplicité ! Comme il représente bien, dans sa joyeuse intrépidité cette vaillante population de Paris !...

— Mais, moussi Dôti, mais moussi Adli, li pâs mô ! mais non, li pas mô, té dis !

..... Une légère rougeur montait lentement aux pommettes de Friquet.

Il entr'ouvrit les yeux. Puis, ses lèvres cherchèrent à balbutier d'incompréhensibles paroles.

— Il vit! André, vous voyez! Il vit, dit le docteur d'une voix que l'émotion étranglait!

— C'est vrai!

Un faible soupir sortit de la poitrine du gamin, puis une plainte, puis un cri!...

Pour la seconde fois, la souffrance le rappelait à la vie. La jambe, douloureusement comprimée par la terre, lui faisait ressentir comme d'atroces tenaillements.

— Mais! qu'est-ce que vous me faites donc? interrogea-t-il péniblement..... ça me brise les os..... oh! là! là!

« Otez-moi de ce trou! je ne suis pas mort! déterrez-moi! je suis vivant! Docteur! au secours! au secours!

— Là, mon enfant, calme-toi. Patience, tu es sauvé, je crois; allons, courage.

— Mais, enfin, dites-moi ce qu'il y a. Je ne sais plus où je suis...

Puis, apercevant la bonne face noire de Majesté qui souriait en montrant ses dents blanches :

— Ah! oui, le serpent... j'en réchapperai... n'est-ce pas?

— Oui, mon cher petit... certainement; mais reste en repos, on te contera cela plus tard.

— Comme tu es gentil, mon petit frère, de me soigner comme ça. Mais tu passes donc ta vie à conserver la mienne?

« Où est donc M. André?

— Me voici, mon cher ami.

— Je suis content de vous voir, je croyais bien que c'était fini, allez!

— Allons, tais-toi, reprit doucement le docteur; attendons l'effet de cette cure étrange et merveilleuse.

— Cela vous est bien facile à dire, à vous. Mais cela m'arrache la jambe; je souffre comme un damné. Je voudrais m'arracher de ce trou.

— Nô! nô! fit brusquement Majesté en le forçant à se tenir en place.

. . . .

L'enfouissement dura près de quatre heures encore. La douleur était tellement intense qu'il fallut employer la force pour maintenir le petit Parisien.

Enfin, le négrillon exhuma le membre blessé avec d'infinies précautions. A mesure que la terre était enlevée, la souffrance disparaissait.

La jambe, entièrement dégagée, avait repris sa couleur; seule, la trace livide produite par la déflagration de la poudre apparaissait distinctement. *Il n'y avait plus trace d'enflure.*

Friquet était sauvé.

Notre enragé gamin, qui ressentait seulement une violente courbature, voulut se lever et sauter au cou du négrillon, mais ses forces le trahirent. Le membre ne put supporter le poids de son corps : il s'étala rudement de son long.

— Tonnerre de Paris!... suis-je mou!

Puis, voyant que malgré tous ses efforts il ne pouvait se mettre d'aplomb, il prit le parti de rire de sa mésaventure.

— Eh bien! non, je ne pourrais vraiment pas recommencer ces culbutes qui faisaient tant rire le pauvre Bicondo. C'est égal, il fait rudement bon de vivre. Dis donc, Majesté, sais-tu que tu es très fort!

Puis, avec sa rieuse mobilité, qui dissimulait mal une sensibilité profonde, il dit au négrillon en employant cette locution familière qu'il répétait à satiété :

— Majesté, tu es un père !

Et son bon rire si gai, si franc, si communicatif, éclata comme une fanfare.

Majesté ne savait pas au juste ce que ça voulait dire, mais il voyait Friquet guéri et content, cela lui suffisait.

Il répondit simplement :

— Voui !

— Tiens, il faut que je t'embrasse !

Et les deux petits hommes se confondirent affectueusement dans une fraternelle étreinte.

— Y a deux choses qui m'étonnent, docteur. Pendant la faction de quatre heures que j'ai montée dans mon trou, j'ai vu ces fleurs qui sont là, sur ce grand arbre, changer deux fois de couleur. Elles étaient jaunes à midi, et les voici complètement bleues.

« Cela me rappelle les fleurs barométriques. Vous savez, celles qui indiquent le changement de temps.

— Je n'ai décidément pas de chance aujourd'hui ; tout ce que je puis te dire, c'est le nom de cette plante curieuse, qui s'appelle : *Hao*. Les fleurs, blanches le matin, changent trois fois de couleur pendant que le soleil accomplit sa course. Elles meurent le lendemain, et sont remplacées par de nouvelles.

« Et ta seconde question ?

— Comment se fait-il que l'enterrement de ma jambe m'ait si vite et si bien guéri de la morsure du serpent jaune ?

— C'est, je crois, assez facile à expliquer :

« Tu comprends bien que la terre ne saurait agir comme médicament.

« Son action a été purement mécanique. D'une part, la compression énergique exercée par ce tassement sur tous les points de la jambe, a non seulement empêché l'absorption ultérieure du venin, mais encore facilité la sortie de ce qui avait été préalablement absorbé.

« Cela se conçoit sans peine, et n'a pas besoin de démonstration, n'est-ce pas?

« D'un autre côté, toutes ces parcelles de terre se sont imprégnées du sang vicié et de la sérosité qui découlaient de la plaie, au fur et à mesure que la compression en amenait la sortie.

— Ah! très bien, je comprends maintenant. Et c'est Majesté qui a trouvé cela?

— Je ne veux rien enlever à son mérite, mais je crois que le procédé a déjà été employé. Dans tous les cas, Majesté l'a mis en œuvre bien à propos, et il t'a rendu un fier service.

— Je crois bien.

Majesté rayonnait; sa joie se traduisait par de petits cris, des sautements, des mouvements de jambes et des jeux de physionomie plus éloquents que toutes les protestations.

Friquet, incapable de continuer son étape, fut hissé sur l'éléphant, qui le reçut à merveille. Le brave animal voyant tout à l'heure son petit ami blanc sans mouvement, avait donné à plusieurs reprises des signes de violente et presque douloureuse inquiétude.

Après l'avoir palpé de tous côtés, et en quelque sorte inventorié avec sa trompe, il reprit sa marche, et parut trouver que tout était pour le mieux dans le meilleur des mondes.

Ce n'était pas, hélas! pour bien longtemps.

On venait de traverser le massif montagneux formé par un des contreforts de la chaîne Santa-Complida.

Quinze lieues à peine séparaient les voyageurs des rivages de l'Atlantique, dont les émanations salines seraient perceptibles à l'odorat, la nuit suivante.

Du côté occidental du versant, s'étendait, sur un espace de près de trois lieues, la plus fantasque réunion de végétaux que jamais botaniste ait rêvée.

Une véritable forêt croissait à perte de vue. Nous disons forêt, car il n'existe pas d'autre mot pour désigner en général une agglomération d'arbres et en particulier, celle des *welwitschia*, dont la tige, souvent large de plus d'un mètre et demi, n'atteint jamais plus de trente-cinq centimètres de hauteur.

Ces arbres, trapus, ou plutôt aplatis, avaient pris tout leur développement en largeur. Le tronc semblait un énorme billot dur comme du bois de fer, d'où s'échappaient deux feuilles uniques, ligneuses, épaisses, monstrueuses, longues de deux mètres, et larges de soixante-quinze centimètres.

L'impression produite par la vue de ces culs-de-jatte végétaux tenait de la stupeur, presque du dégoût.

Friquet ne manqua pas d'en faire la remarque du haut de son éléphant qui enjambait gravement les tiges et les feuilles.

— C'est par trop fort. Jamais depuis que le monde est monde, on n'a rien vu de pareil.

« Savez-vous, docteur, que ces arbres sont, par rapport à ceux des forêts vierges, ce que les crapauds sont, comparés aux girafes.

« Expliquez-moi donc un peu ce que c'est.

— Je ne puis pas t'en dire bien long. Je n'avais jamais vu cet arbre merveilleux dont le docteur Hooker a donné jadis une description exacte en tous points. C'est une bonne fortune pour nous de pouvoir contrôler la véracité de sa monographie, qui avait trouvé passablement d'incrédules parmi les savants européens.

— Dame! écoutez, on serait incrédule à moins. Et quel nom donnez-vous à cette forêt d'arbres sans tiges, et, je dirai presque sans feuilles, puisque chacun n'en a que deux qui ressemblent, dans d'énormes proportions, aux moitiés d'un haricot qui germe.

— Sais-tu que tu deviens très fort. Ces deux moitiés de

haricots, comme tu dis, sont les feuilles séminales ou cotylédons, qui, par une cause mystérieuse, ont seuls pris de l'accroissement, sans pouvoir devenir un végétal parfait.

« C'est comme si, dans l'ordre animal, un oiseau sortant de l'œuf, un poulet, prenait sans cesser d'être un poussin, le développement d'un coq énorme.

« Cette plante, nommée par le docteur Hooker, welwitschia, du nom du voyageur qui l'a découverte, vit plus de cent ans. On ignore son mode de reproduction ; car tous les organes de la génération paraissent faire défaut... »

Cette intéressante dissertation continua longtemps encore. On était maintenant dans un grand bois feuillu.

Un sifflement aigu coupa la parole au docteur.

Vouitz!...

— Ah! bah! fit-il surpris.

Vouitz!... vouitz...

Et de tous côtés, une grêle de flèches à plumes rouges s'abattit sur la troupe.

Quelques coups de feu éclatent soudain, sous la feuillée, et les morceaux de fonte servant de projectiles aux noirs, ronflent aux oreilles des voyageurs.

Les hommes d'Ibrahim se forment en carré et font une décharge générale au hasard, sur les auteurs invisibles de cette attaque imprévue.

Ibrahim, bien qu'il n'en pût croire ses yeux, ne perd pas son sang-froid. Les esclaves sont mis au centre du carré, et toutes les mesures de sécurité sont prises en un clin d'œil.

Les flèches pleuvent toujours, quelques hommes tombent, le sang coule. Il est dificile de riposter.

Comme la traite est une chose autorisée par les rois nègres qui y trouvent leur compte, cette agression ne peut être conduite que par des pillards que tentent les richesses de la caravane.

Plusieurs esclaves sont morts, les survivants hurlent désespérément.

Ibrahim voyant cette brèche faite à son capital, n'y tient plus. Il rallie une trentaine d'hommes et les lance en avant, au milieu des fourrés, pour débusquer l'ennemi.

Celui-ci, voyant le peu de succès de son attaque, et s'apercevant qu'il ne pourra pas avoir raison de ces hommes si résolus, bat précipitamment en retraite.

Quand l'épais nuage de fumée produit par la poudre se fut lentement élevé, on se compta. Le docteur et André cherchaient des yeux le gamin, son nègre et leur monture.

Ils appellent... Rien !...

— Friquet ! Friquet !

L'écho assourdi répond seul.

— Mais, c'est donc une malédiction, rugit le docteur d'une voix de tonnerre.

— C'est impossible, s'écrie André anxieux. Eh ! quoi ! un pareil malheur nous frapperait quand nous touchons au but !

On se précipite de tous côtés, on cherche, et on rencontre des larges foulées de l'éléphant, qui, pris d'une inexplicable terreur, s'est enfui, emportant les deux jeunes gens.

Friquet, incapable de mouvement, n'a pu descendre, et le négrillon a partagé son sort.

Une mince traînée d'un sang vermeil rougit les herbes sèches. L'éléphant doit être blessé. Tout s'explique.

Malheureusement, il doit être bien loin. Ses formidables enjambées qui le font dépasser sans peine le meilleur cheval au galop, doivent l'avoir déjà porté à une incalculable distance.

Les deux amis atterrés, muets, désespérés, sont forcés d'interrompre d'inutiles recherches.

C'en est fait. Leurs chers enfants sont perdus au milieu de la solitude équatoriale.

. . . .

Le négrier était le lendemain avec sa troupe à vingt-cinq kilomètres à peine de l'Atlantique. On suivait le cours de la rivière Louisa Loango à l'embouchure de laquelle devait se trouver le vaisseau mystérieux qui attendait sa cargaison humaine.

— Il faut nous séparer, dit-il brusquement à André.

Celui-ci voulut l'interrompre.

— Assez, répliqua-t-il presque rudement, j'ai tenu ma parole. Le tôbib m'a sauvé, j'ai fait pour lui, pour toi et pour l'enfant tout ce que j'ai pu. Il m'était impossible d'aller à sa recherche, sans compromettre une fortune.

« Nous allons nous quitter ici. Les hommes blancs d'Europe ne peuvent pas voir l'embarquement des noirs, ils ne doivent pas connaître le lieu de rendez-vous des traitants.

« Mes hommes vous conduiront à Chinsonxo, à l'embouchure de la rivière Kakongo. Vous trouverez les Européens, qui vous permettront d'attendre chez eux le passage d'un bâtiment.

« D'ailleurs, ajouta-t-il avec un singulier sourire puisque le « Vaisseau » est ici, l'*Éclair* ne doit pas être bien loin.

« L'*Éclair* croise pour m'empêcher d'embarquer... nous verrons bien.

« J'ai dit. Adieu !

— Et si nous ne voulons pas aller chez les Européens ! Si nous préférons rester ici, et chercher nos compagnons. Ne sommes-nous pas libres ?

— Non !

— Et pourquoi ?

— Hommes blancs ! obéissez ; j'ai pour moi la force. Je pourrais vous faire désarmer et conduire enchaînés à la côte, je ne le veux pas. La reconnaissance est une vertu noire.

— Docteur, dit en français André, il faut en passer par là. Faisons-nous accompagner jusqu'à Chinsonxo, nous reviendrons ensuite à tout prix à la recherche de nos amis.

— C'est dit, partons.

— Adieu, Ibrahim!

— Adieu! je suis quitte envers vous!

Dix heures après, les deux hommes épuisés, haletants, étaient en vue de la ville, ou plutôt de la bourgade de Chinsonxo, et serraient la main des négociants européens accourus à leur rencontre. Après un récit sommaire de leur périlleuse odyssée dans l'Afrique équatoriale, ils se préparèrent à faire honneur à la cordiale hospitalité qui s'offrait à eux.

Le docteur voulait partir dès le lendemain à la recherche de son cher gamin. André s'associa pleinement à ce projet.

Une inconcevable fatalité, qui semblait attachée au sort de Friquet, vint presque aussitôt paralyser le bon vouloir de ses amis.

Au moment où il allait pour la première fois depuis longtemps se coucher dans un lit, André, qui avait ressenti douze heures avant un léger frisson, fut tout à coup pris de vertiges, de délire, de convulsions. Ses dents claquaient à se briser: une sueur visqueuse inondait sa figure aux traits affreusement pâlis et contractés. Tous ses muscles étaient agités de petites trépidations, ses yeux étaient comme éteints, sa respiration saccadée pouvait à peine soulever sa poitrine.

Il fut en quelques secondes envahi par un mal terrible.

Ces symptômes foudroyants, le vieux médecin de marine ne les connaissait que trop bien! André était frappé d'un accès de fièvre pernicieuse!...

Au bout d'un quart d'heure son état était presque désespéré.

— Je suis cruellement frappé dans mes affections, murmura tristement le docteur, mais sans que son indomptable énergie fléchît un instant.

« L'un agonise, l'autre est perdu. Allons ! au plus pressé, sauvons celui-ci.

« Mon pauvre Friquet quand te reverrai-je!....

FIN DE LA PREMIÈRE PARTIE

DEUXIÈME PARTIE

LES BANDITS DE LA MER

CHAPITRE PREMIER

Un duel au sabre d'abordage. — David et Goliath. — Le *Georges Washington*. — Respect au pavillon français, ou la mort!... — Battez-vous mais qu'on se tue. — Comme quoi l'usage de la « cuiller à pot » n'est pas exclusivement réservé aux cuisiniers. — Halte-là, ça coupe. — Deux rudes jouteurs. — Un commandant qui ne plaisante pas. — La lettre d'un bandit, et le portrait d'un enfant. — Le maître n'est qu'un esclave. — Le commandant admire les honnêtes gens, mais ne les imite pas. — Ce qu'il y a de meilleur dans la contrepointe, c'est la pointe. — Navire de guerre, bâtiment transatlantique, « *Vaisseau de proie* ».

— Herr gott !.....
— Tonnerre !.....
— Tarteiffle!.....
— Pétard !...
— Herr gott sacrament!...
— T'as pas fini!... Attends un peu..... J'vas t'en administrer un..... de sacrement!.....

Un terrible cliquetis d'acier accompagnait ces jurons de provenances latine et teutonique.

Deux hommes, pieds et tête nus, les manches relevées jusqu'aux épaules, la poitrine au vent, s'escrimaient avec fureur sur le pont vacillant d'un navire.

Ils se battaient au sabre. Armés l'un et l'autre d'un de ces redoutables engins de mort appelés « cuiller à pot » par les matelots, et plus connus sous le nom de sabre d'abordage, ils se portaient des coups formidables.

La voix qui sacrait en allemand et confondait Dieu et le diable dans ses imprécations, appartenait à un colosse de cinq pieds dix pouces.

Taillé en hippopotame, le torse comme une barrique, campé sur des jambes rappelant des poutres mal équarries, maniant ainsi qu'une plume son arme qui semblait voltiger au bout d'un bras d'athlète, cet homme personnifiait la force matérielle dans tout ce qu'elle a de brutal et d'irrésistible.

La tête était à l'avenant : barbe inculte, fauve, emmêlée, yeux clairs, petits, féroces, nez violet d'ivrogne abêti, masque taillé à coups de serpe dans une souche de hêtre de la Forêt-Noire.

L'autre voix était claire, vibrante, gouailleuse. L'accent était intraduisible. Ceux qui connaissent à fond le dialecte parlé entre Bercy et Auteuil, entre Montrouge et Montmartre, eussent dit, en l'entendant par 35° de latitude sud et 45° de longitude ouest :

— Tiens, un Parisien!

Si son « tonnerre » et son « pétard » ne possédaient pas la rauque et bruyante intonation de son adversaire, son attitude n'était pas moins résolue, ses moulinets moins rapides et ses coups moins vigoureux.

Il avait toute l'apparence d'un enfant. Pas encore dix-huit ans, cinq pieds à peine, sans un poil de barbe; le le nez un peu relevé, aux narines ouvertes, aspirait largement les émanations de la mer. La bouche ironique devait avoir au besoin un bon sourire, l'œil, étincelant comme une épée, pouvait, à un moment donné, être obscurci par une larme.

Les jambes, dures et sèches comme des pattes de chevreuil, possédaient une agilité surhumaine. Les bras grêles semblaient des câbles métalliques tressés avec des fils d'acier.

Les muscles, inflexibles, se tordaient en saillies capricieuses sous la peau qu'ils menaçaient de faire éclater.

Sa petite main disparaissait tout entière sous la large coquille de fer bruni qui forme la garde du sabre d'abordage, et lui a valu son nom de cuiller à pot.

Il manœuvrait la lourde lame, épaisse comme un couperet, avec autant d'aisance qu'un couteau à papier.

Cet enfant était un rude homme.

En voyant ces deux adversaires, offrant un pareil contraste, l'esprit évoquait aussitôt ce combat biblique, digne en tous points des héros d'Homère, et qui se termina par la victoire de David sur Goliath.

Les coups tombaient dru comme grêle. Le grand frappait avec furie. Le petit parait avec un sang-froid imperturbable. Les coups du colosse eussent décapité un bœuf, son adversaire n'en était même pas ébranlé.

Quand, par une volte rapide comme un bond de félin, il avait évité l'attaque, et que l'autre, frappant dans le vide, reprenait tout déconcerté sa garde un instant abandonnée, la lame du gamin lui éraflant l'épiderme, ou lui fauchant le poil, semblait lui dire : — Halte-là ! ça coupe !

Et il le comprenait si bien, le colosse rageur, qui, tout d'abord, avait dédaigné ce chétif adversaire, qu'il serrait maintenant son jeu et faisait appel à toute sa science de l'escrime.

Une trentaine de matelots, témoins impassibles de ce duel farouche, faisaient un large cercle aux deux adversaires.

Au premier rang se tenait un jeune nègre de quinze à

seize ans qui roulait des yeux effarés, et dont le regard n'abandonnait pas un instant le plus petit des combattants.

Il y eut un moment de trêve. L'Allemand saisit furieusement une bouteille de gin qu'on lui tendait, engloutit le goulot, et la vida d'un trait.

Le négrillon présenta au petit Français un « quart » plein de rhum.

— Non, dit-il, pas d'alcool. De l'eau.

Il trempa ses lèvres dans le gobelet de fer qu'un matelot lui apporta aussitôt, puis, releva la pointe de son arme piquée sur les planches du pont, et dit de sa voix ironique :

— Si m'sieu veut.

L'autre se remit en garde.

Le cliquetis recommença plus pressé, le combat reprit plus furieux que jamais.

Des paris étaient engagés entre les marins de l'équipage. Le géant commençait à inspirer moins de confiance à ses commettants. Le petit devenait favori. Son agilité, son sang-froid, sa vigueur, et sa merveilleuse habileté à la terrible escrime du sabre, amenaient en sa faveur un revirement complet dans l'opinion des plus sceptiques.

Le résultat ne pouvait guère se faire attendre. La lutte était près de finir...

Dans quelques minutes il allait y avoir mort d'homme.

. . . .

Le bâtiment dont le pont servait de théâtre à cette scène dramatique, était un splendide trois-mâts, gréé en goëlette, qui, toutes voiles dehors, se dirigeait vers la côte orientale de l'Amérique du Sud.

Il se trouvait, avons-nous dit, environ par 35° de latitude sud, et 45° de longitude ouest, à peu près à 10 degrés de Buenos-Ayres.

Sa coque d'un noir d'ébène, aux sabords blancs, bondissait sur la lame, qu'il franchissait avec la facilité d'un pur sang qui se joue des banquettes irlandaises.

Long et étroit, rappelant, par sa conformation, la structure effilée d'un brochet, il semblait que son constructeur eût voulu en faire exclusivement un marcheur.

Il avait pleinement réussi.

Ce pacifique voilier, avec une machine de 500 chevaux dans le ventre, et deux hélices à l'arrière, eût pu hardiment faire la « pige » au plus rapide croiseur, et « brûler » les meilleurs transatlantiques.

Puis, il vous avait la crânerie d'allure de quelqu'un qui a servi. De même qu'on reconnaît sous l'habit civil un ancien soldat, de même aussi, un navire possède ce je ne sais quoi indiquant qu'il n'a pas toujours transporté des épices, du coton ou du chocolat.

Ce trois-mâts, rappelait ces intrépides *forceurs de blocus*, qui, pendant la guerre de la Sécession, accomplirent des faits désormais légendaires dans les fastes de la marine.

La propreté méticuleuse, rigoureusement observée sur un navire de guerre, régnait à bord.

Les vingt-cinq ou trente hommes qui, debout sur le pont, ou accrochés aux haubans, assistaient au combat singulier, avaient tous, sauf peut-être l'Allemand qui espadonnait, de ces bonnes et rudes figures largement épanouies dont les gens de mer sont généralement porteurs.

Oh! si les croiseurs de tous les pays civilisés ne faisaient pas aussi bonne garde, si le métier de négrier n'était pas tombé en désuétude, si les écumeurs de mer ne se recrutaient plus uniquement parmi les Malais, et autres Asiatiques, qui limitent leurs exploits aux seules mers baignant leur pays, peut-être, en dépit de l'honnêteté de sa physionomie, ce bâtiment eût-il semblé suspects à certains pessimistes.

10.

Mais, bah! les grandes routes et les océans offrent maintenant une complète sécurité. Et d'ailleurs, pourquoi cette intempestive évocation?

A la corne d'artimon flotte le pavillon étoilé de l'Union américaine, et à l'arrière, se lit en lettres d'or, sur une bande bleue enjolivée d'arabesques, le nom de *Georges-Washington*.

Allons, tout va bien. Le *Georges-Washington* est vraisemblablement un ancien « *blockade runner* » qui, de même qu'un soldat après une campagne accroche son sabre à la tête de son lit, a remis ses canons à l'arsenal. Sa machine sert sans doute de moteur à une sucrerie quelconque, et la place qu'elle occupait, est avantageusement remplacée par une cargaison importante.

Mais, ces deux hommes qui se battent sur le pont... le fait est bien inusité, pour ne pas dire invraisemblable.

Il est vrai que ces Américains ont des idées si bizarres!

D'un autre côté, [le motif de cette lutte homicide est tellement étrange, qu'il doit nécessairement donner lieu à des conjectures pour le moins singulières.

Ce motif, le voici :

Douze heures environ avant la scène qui forme le début de cette véridique et terrible histoire, le *Georges-Washington*, naviguait sous pavillon français. Il s'appelait le *Rhône*. La bande bleue à lettres d'or était remplacée par une bande blanche à lettres noires.

Presque tout l'équipage parlait français, tandis qu'aujourd'hui, chacun parle anglais. Enfin, la coque du bâtiment était grise, et les sabords noirs.

Cette brusque transformation cache un mystère. Quel est-il?

Au moment où le pavillon français montait lentement le long de sa drisse, les matelots de quart saluèrent ces couleurs qui devenaient les leurs.

Seul, le marin allemand proféra d'une voix parfaitement intelligible un expression ignoble. Le jeune Français qui se trouvait près de lui riposta par un soufflet retentissant. L'autre voulut le prendre au collet, quand celui-ci l'étala net d'un croc-en-jambe.

Le second intervint aussitôt, les fit empoigner solidement l'un et l'autre et mettre aux fers séance tenante.

On ne plaisantait pas sur ce vaisseau.

Au moment où le capitaine d'armes allait, pour procéder à cette opération, descendre à la fosse aux lions, survint le commandant du bord.

Le jeune matelot s'élança vers lui en criant :

— Capitaine! justice! justice au nom de l'honneur.

— Qu'est-ce? demanda-t-il froidement.

Deux mots le mirent au courant de la situation.

— Venez, fit-il simplement aux antagonistes qu'il emmena dans sa cabine.

— Parlez, dit-il au Français. Soyez bref.

Celui-ci, sans s'intimider, retira son béret de laine. L'Allemand regardait stupidement comme une bête prise au piège.

Le capitaine s'assit, et écouta en jouant négligemment avec un revolver de fort calibre.

— Capitaine, ce qui se passe ici ne me regarde pas... Vous êtes le maître chez vous, et bien libre de naviguer sous tel pavillon qu'il vous plaît. Vous avez bien voulu, sur la recommandation d'Ibrahim, me prendre à votre bord, et je me flatte de faire mon service aussi bien que pas un.

— Après.

— Je voulais vous dire que je suis un bon compagnon, que j'observe la discipline, que j'exécute un ordre quel qu'il soit, et qu'enfin je n'ai jamais cherché querelle à personne.

— Au fait.

— Capitaine, quand le drapeau allemand se déploie à

l'arrière du bâtiment, quand l'aigle noir à deux têtes talée son sinistre profil, je le salue. C'est l'ordre, c'est la règle. Je m'abstiens de toute réflexion, bien que je le haïsse de toutes mes forces, cet emblème de malheur.

« Quand je vois flotter les couleurs françaises, mon cœur bat, ma vue se trouble. Le bleu, le blanc et le rouge font sur mes yeux l'effet d'une fanfare de couleurs. Je l'aime tant, mon cher drapeau.

« Mais je ne veux pas qu'on l'insulte. Car, alors, tout mon sang ne fait qu'un tour, je tuerais comme un chien le lâche qui s'oublie à ce point.

— Que voulez-vous enfin?

— La brute que vous voyez là a commis cet infamie. Capitaine, je sollicite de votre bienveillance et de votre justice la faveur d'une réparation par les armes.

L'Allemand se taisait, mais il roulait des yeux farouches à ces paroles prononcées avec un incomparable accent de dignité, et bien en dehors du langage habituel du petit matelot, qui, pâle, les yeux flamboyants, semblait transfiguré.

— Vous êtes fou, mon garçon, dit l'officier, intéressé pourtant malgré lui.

— Oui, capitaine, fou de honte et de rage. Je suis déshonoré à mes yeux et à ceux de l'équipage, si vous ne m'accordez pas ce que je vous demande.

« Tenez, on peut vous dire ça, à vous qui êtes un homme, bien que vous fassiez un drôle de métier...

— Plaît-il, reprit le commandant en braquant son revolver sur le gamin impassible.

— C'est vrai, je dis des bêtises, faut pas m'en vouloir. C'est que, voyez-vous, j'ai la tête à l'envers. Je dis donc que vous en feriez autant à ma place.

« Et d'ailleurs, j'avoue que jamais je n'oserai me représenter devant le docteur Lamperrière et M. André B...

— André B... Vous avez dit André B..., reprit le capitaine qui, malgré tout son sang-froid, ne put maîtriser une vive et singulière émotion.

— C'est mon ami. Il m'appelle son frère. Nous avons dû être mangés ensemble... termina le petit homme qui ne pouvait rester bien longtemps sérieux.

— Qui me prouve la vérité de ce que vous avancez là ?

— Ma parole d'honneur !...

— C'est bien. Vous vous battrez demain.

— Capitaine, vous connaissez m'sieu André... Eh bien, là, franchement, je vous en fais mon compliment.

Le commandant, qui n'en avait peut-être jamais autant dit à un de ses hommes, interrompit par un geste brusque ce flux de paroles.

— Vous vous battrez au sabre.

— Merci. Vous êtes un brave homme, malgré... enfin, suffit. Je m'entends.

— Vous passerez la nuit aux fers pour votre manque à la discipline.

« Demain, après le troisième quart... et *j'entends qu'on se tue !*

— Ah ! ya ! cap'tain, fit d'un ton farouche l'Allemand, qui, se dandinant comme un ours, n'avait pas encore desserré les dents.

— Faudra voir.

— Allez, capitaine d'armes, ces hommes aux fers !

— Ben, tu sais, t'as pas d'toupet, dit notre jeune matelot au colosse. Tu t'imagines que tu vas me fendre comme un navet. A pas peur. On verra demain comment tu manies la cuiller à pot. T'as pas été chez m'sieu Paz, toi.

« J'ai idée que c'est moi qui te couperai en deux. »

La voix du capitaine d'armes mit fin à cette gasconnade telle que semblaient n'en avoir jamais reproduit les échos de la Garonne.

Et voilà pourquoi, le lendemain matin, ces formidables froissements d'acier retentissaient sur le pont du *Rhône*, devenu pendant la nuit le *Georges-Washington*.

Le Teuton, grâce à sa prodigieuse vigueur était un terrible adversaire. Il semblait en outre posséder à fond l'escrime du sabre, qu'il avait sans doute longuement étudiée dans quelque brasserie enfumée d'Heidelberg ou d'Iéna, alors qu'avant d'être matelot, il portait la petite casquette des universités allemandes.

Le petit Parisien n'était pas à dédaigner. Sa garde n'était pas irréprochable, il est vrai, et ses coups ne possédaient pas toute la régularité académique, mais aussi, quelle vitesse dans la main ! Quel coup d'œil ! Quel sang-froid.

Tantôt, au moment où l'on s'attendait à le voir tomber sanglant, le crâne fendu par un de ces horribles coups de tête, les seuls qu'il pût appréhender en raison de sa petite taille, un bond le portait à deux mètres en arrière.

Tantôt, au contraire, se lançant intrépidement en avant, se fourrant littéralement dans les jambes du colosse, il menaçait d'un coup de pointe le ventre de son adversaire, forcé de rompre à son tour.

Bondissant en dehors de toutes les règles de l'art, mêlant la pointe à la contrepointe, frappant d'estoc et de taille, se couvrant de moulinets fantastiques, il s'entourait des pieds à la tête d'un flamboiement d'acier. Parant, attaquant, taillant, piquant, trouant, il se multipliait, et finissait par fatiguer son ennemi, comme un taon, un taureau en furie.

Le sang commençait à couler de minces estafilades sans conséquence.

— Sacrament ! hurla l'Allemand, dont le poignet, entamé par un coup de manchette délicatement enlevé, laissa suinter des gouttes rouges.

— Tu te répètes trop... mon bonhomme, ça te portera malheur.

« Aïe donc !... gare à ton ventre... tu sais, le nommé coup de banderole... çà vous met les tripes à l'air...

« Bien paré... T'as des principes... Et moi aussi.

« Ah mais... minute !... faut pas s'amuser à la moutard...

« Aïe... à moi, touché... c'est rien... ça pique un peu.

« Ben ! là... vrai de vrai, j'crois que t'es fichu... ma vieille *Tête de Boche*... Tu n'insulteras plus le pavillon français... Tu n'en peux plus... Tu souffles comme un phoque... t'as le trac.

« J'vas te tuer !... aussi vrai que je m'appelle de mon vrai nom :

« *Friquet le petit Parisien !* »

L'Allemand, en effet, semblait épuisé. De larges gouttes de sueur ruisselaient de son front, se mêlant au sang qui coulait des entailles pratiquées par la lourde lame du gamin.

Ses coups n'avaient plus la même précision, ni la même vitesse.

Ce mastodonte éprouvait maintenant une peine infinie à déplacer son énorme individu.

Il demanda une seconde fois à l'alcool une passagère et indispensable surexcitation.

Notre brave Friquet, que l'on a depuis longtemps reconnu, est aussi frais qu'au début. Il n'y a pas la moindre trace de rougeur sur sa petite face, pâlotte comme toujours.

Ses yeux clairs flamboient plus que jamais. Son nez froncé, et ses lèvres relevées, lui donnent l'aspect d'un chat en colère.

L'équipage entier se tait. Toutes les poitrines sont haletantes.

Le négrillon pâlit ; sa figure et ses lèvres deviennent grises. Il joint les mains et semble pétrifié.

L'Allemand, après une série de feintes et de moulinets dans lesquels il met toute sa science, porte à Friquet un terrible coup de tête.

Au moment où la lame descend comme la foudre avec un sifflement sinistre, le gamin relève son arme en prime. Il semble s'aplatir sur le pont, et se précipite à corps perdu sur le colosse, la pointe en avant.

Deux cris retentissent. L'un rauque, farouche, étranglé ! l'autre, aigu, vibrant, perçant.

Les deux corps roulent sur les planches qu'une énorme mare de sang rougit aussitôt.

Un hourra formidable de l'équipage accueille cette double chute...

Pendant toute la durée de cette scène dramatique, le commandant du *Georges-Washington*, était resté enfermé dans sa cabine.

Il pouvait avoir trente-cinq ans. C'était un homme de haute taille, aux traits énergiques et réguliers. Une barbe d'un noir d'ébène encadrait sa figure mate que le hâle de la mer n'avait pu brunir.

L'expression de la bouche au menton rond d'empereur romain, aux lèvres serrées, révélait une indomptable volonté. Ses yeux bleus corrigeaient cette expression qui, à certains moments, pouvait aller jusqu'à la cruauté.

Il semblait être tout contraste. Quelle était sa nationalité ? Il parlait le français avec une grande facilité, et il eût fallu une oreille bien exercée pour découvrir dans son intonation le léger accent des anciens créoles de la Louisiane.

L'anglais lui était également familier. Nous verrons dans la suite que là ne se bornait pas sa science des langues, et qu'il était un incomparable polyglotte.

Assis devant une table surchargée de papiers, il était plongé dans de douloureuses réflexions. Tout son être semblait en révolte contre lui-même. Un sourire amer crispait sa bouche, quand son regard tombait sur une large enveloppe cachetée de rouge que sa main hésitait à effleurer.

Cette plaque de cire paraissait lui produire l'effet d'une tache de sang.

Il monologuait, comme les êtres voués à la solitude.

— Il faut donc encore frapper aujourd'hui... Eh quoi ! le spectre du passé se dressera-t-il toujours devant moi !... Faudra-t-il que toujours un crime en amène un autre ?... que la chaîne qui m'attache à la vie s'alourdisse d'un nouveau chaînon ?

« Ah ! c'en est trop !...

« Il semble que tout conspire pour me reprocher mon infamie !... tout ! jusqu'à cet enfant qu'on tue peut-être en ce moment.

« Quelle leçon !... Il a un drapeau, lui ! Il aime son emblème national, ce que l'on appelle l'honneur lui fait battre le cœur !

« Oui, j'ai été comme cela jadis ; j'ai eu la foi, comme lui, comme cet André, dont la noble et sympathique nature m'est encore et malgré tout si chère.

« Mais, tous ces hommes « d'honneur » se sont donc ligués pour me faire plus cruellement encore déplorer mon ignominie ?...

« Allons, il faut en finir ! Une balle entre les deux yeux, un éblouissement, un craquement de la boîte du crâne... et c'est tout... C'est l'oubli... le néant !...

« Du courage ! Eh ! pardieu ! je ne crains pas la mort. »

L'officier saisit froidement son revolver. Il appliqua le canon sur son front.

Il allait serrer la détente... Ses yeux tombèrent sur un

adorable portrait d'enfant, une fillette de dix ans environ, qui souriait au milieu de son cadre d'or.

L'arme lui échappa.

— Magge ! ma fille !... Ma mort serait ton déshonneur ! Pardon !...

« Je n'ai pas le droit de m'affranchir de la vie... Ils me tiennent par toi, les misérables !

« C'est bien... Que l'infamie de ton père soit toujours ignorée... Puisses-tu être heureuse à ce prix !

« C'est pour sauver ton honneur et ta vie, que je suis devenu un...

« Il eût mieux valu que tu fusses morte, pauvre enfant ! Mais il est certains sacrifices au-dessus des forces humaines.

« Allons donc... Je m'attendris. Que diraient de moi les lascars qui sont là-haut s'ils me voyaient ?

« Vous avez vos nerfs, mon garçon, il faut soigner ça.

« Vous êtes un bon officier de mer, vous devez toute votre intelligence à vos maîtres, car vous avez des maîtres, et de terribles.

« Eh bien, à vos ordres, messieurs ! termina-t-il en reprenant aussitôt, avec une incroyable mobilité, son expression d'implacable ironie.

« Voyons ! quel est le mot d'ordre pour aujourd'hui ?

« Je m'en doute bien un peu. Encore une exécution....

« Ce steamer que je dois rencontrer tout près d'ici sera probablement... »

Il saisit l'enveloppe et lut d'une voix calme la suscription suivante :

« Le commandant Flaxhant, prendra connaissance de la présente dépêche, par 33° de latitude sud et 45° de longitude ouest.

« Il se conformera strictement comme de coutume aux instructions qu'elle renferme. »

— Oui, je connais la formule.

Au moment où il allait briser le cachet, le hourra qui accompagna la chute des deux combattants le fit légèrement tressaillir.

— Tiens ! j'oubliais... allons donc voir. Ce gamin m'intéresse... pauvre diable, il doit être en morceaux.

L'officier ouvrit la porte et arriva sur le pont. Son visage était impassible comme d'habitude.

Pas un de ses muscles ne sourcilla devant l'horrible spectacle qui s'offrit à sa vue.

L'Allemand, en proie à d'effroyables convulsions, se tordait en râlant sur le pont, rouge comme les dalles d'un abattoir.

La lame du gamin l'avait traversé de part en part au creux de l'estomac ; l'extrémité sortait le long de la colonne vertébrale, et son épaisse garde d'acier bruni était comme incrustée dans la paroi antérieure.

Friquet, debout, était atterré. Il devait le salut à son incroyable témérité. Lancé comme une balle au moment où le coup s'abattait sur lui, il glissa sous l'arme de son adversaire, laquelle, ne rencontrant que le vide, passait derrière son dos à l'instant précis où la pointe de la sienne trouait le corps du géant.

S'il avait roulé en même temps que lui, c'est que l'impulsion avait été si forte, qu'après s'être en quelque sorte embroché lui-même, l'Allemand éventré, suivait encore le mouvement en avant et s'abattait sur le gamin dont le bras n'avait pas fléchi.

Le moribond fut emporté au poste des blessés. Le médecin, — le *Georges-Washington*, bien qu'il fût un simple marchand, possédait un docteur, — hocha la tête et ne put que constater la mort, survenue au bout de quelques minutes.

Une douzaine de seaux d'eau jetés à toute volée sur le pont firent disparaître les traces du combat. Après un bon coup de faubert, il n'y paraissait plus.

Le négrillon riait, gambadait, pleurait en embrassant Friquet toujours sombre, en dépit des cris de joie et des félicitations de l'équipage.

La voix du capitaine le fit tressaillir.

— Eh bien ! garçon, que signifie cette figure consternée ?

— Capitaine, reprit-il d'une voix sourde... j'ai tué.... j'ai tué un homme !

— Vous avez tué un homme ? Eh ! pardieu ! la belle affaire. Vous ne vous battiez pas, je pense, pour faire du sentiment.

« Sacrebleu ! vous êtes un rude compagnon. Vous avez fort proprement décousu la panse à Fritz !

« Vous êtes novice, je vous fais matelot de première classe.

« Allons, qu'on s'amuse !... Il y aura branle-bas ce soir... et double ration !

— Heepp ! heepp ! heepp ! hourra ! hurla l'équipage, en exécutant une farandole échevelée.

Le bâtiment, toutes voiles dehors, continuait sa route vers la côte sud du Brésil.

La nuit vint ; une de ces nuits calmes, sereines, si chères aux gens de mer, qui échappent alors à la suffocante atmosphère du tropique.

En dépit des règlements maritimes et des dangers qu'il pouvait courir, le bâtiment n'avait pas allumé ses feux réglementaires.

Il avait sans doute d'excellentes raisons pour cela.

Tout à coup, dans l'infini lointain des ténèbres, où se confondaient l'horizon noir et la mer invisible, surgit dans la direction de tribord un long faisceau lumineux, qui monta à perte de vue et s'éparpilla en poussières multicolores.

En mer, tout événement imprévu a une signification.

L'incident le plus futile en apparence peut être suivi de conséquences d'une extrême gravité.

Aussi, rien ne passe inaperçu pour l'officier de quart à qui incombe l'absolue responsabilité de cet organisme si complet qui s'appelle un navire.

Toutes les facultés de son être se concentrent dans la vision. Son œil embrasse tout, voit tout, et lui permet de pourvoir à tout.

L'officier commandant le premier quart de nuit à bord du *Georges-Washington* fit prévenir son capitaine.

Celui-ci arriva aussitôt.

Les signaux se multipliaient sur le même point.

— Ah, très bien ! dit le capitaine ; je sais ce que signifient ces fusées. On va répondre de bâbord...

« Tenez ! je vous le disais bien. »

Trois ou quatre fusées s'élancèrent coup sur coup dans la direction indiquée.

Deux bâtiments, séparés par une distance qui devait être considérable, correspondaient.

Il y avait donc en présence trois navires formant par leurs dispositions un triangle parfait. Le *Georges-Washington*, invisible aux deux autres placés aux angles formant la base de ce triangle hypothétique, se trouvait au sommet.

Leur manœuvre paraissait intéresser énormément le capitaine Flaxhant.

Deux minutes s'étaient écoulées et un immense gerbe de lumière étincela au point d'où étaient parties les premières fusées.

Elle s'étendit à perte de vue sur la surface des eaux tranquilles, où elle se réfléchit comme une comète d'un incomparable éclat.

Cette source de lumière subit, peu après son apparition, des interruptions irrégulièrement espacées, d'après une sorte de rythme de convention. Ce fut comme une phrase flamboyante, une sorte d'interrogation lumineuse ; puis tout rentra dans les ténèbres.

Flaxhant savait ce dont il s'agissait. Un des deux vaisseaux venait de faire à l'autre une communication importante.

Ce foyer incandescent était produit par une puissante machine électrique. Les occultations plus ou moins longues de la lumière avaient, suivant leur durée, la même signification que les points, les doubles points et les lignes bleues tracées sur la bandelette de papier du récepteur d'un télégraphe de Morse.

Comme ces signaux ont été institués par une commission internationale, ils sont parfaitement interprétables par tous ceux qui ont étudié la télégraphie nautique.

Leur montre à la main, le commandant et l'officier de quart, en consultant jusqu'aux fractions de seconde, mesurèrent la durée des éclipses. Ils lurent la dépêche suivante :

— Du croiseur français l'*Éclair*. Êtes-vous la *Ville-de-Saint-Nazaire*?

La réponse ne fut pas longue à arriver.

Une machine analogue avait été rapidement installée, probablement dans la mâture de l'autre bâtiment. La même lumière éblouissante jaillit bientôt des deux pointes de charbon en ignition.

Le commandant de l'*Éclair* ainsi que celui du *Georges-Washington* surent bientôt à quoi s'en tenir.

— *Ville-de-Saint-Nazaire*, fut-il répondu, parti depuis quarante-huit heures de Rio-de-Janeiro. Tout va bien.

Les communications étaient désormais établies avec autant de précision que si un fil électrique eût relié les deux bâtiments.

Pendant plus d'un quart d'heure, il y eut un échange incessant de dépêches qui sillonnèrent les ténèbres.

Flaxhant, qui maintenant semblait radieux, en avait naturellement eu connaissance.

— Allons ! tout est pour le mieux. Quels niais que ces honnêtes gens ! Décidément ce vieux drôle de Javercy est très fort.

« Monsieur Brown, dit-il à voix basse au second, dans une heure ce sera fini.

« Tout est paré, n'est-ce pas ?

— C'est paré, capitaine.

— La cargaison est bien arrimée. Le choc sera rude. Je ne tiens pas à avoir des membres ou des têtes cassés.

— C'est impossible ! capitaine. Ils sont tous amarrés les uns aux autres. Ils forment pour ainsi dire un bloc plein.

— Très bien. Comme c'est la première fois que nous « opérons » avec un chargement, je n'étais pas sans inquiétude.

Flaxhant descendit allègrement dans sa cabine, et saisit la fameuse dépêche qu'il n'avait pas osé ouvrir pendant que Friquet se battait contre l'Allemand.

Il semblait transfiguré. Toute hésitation avait disparu. Sa figure ne reflétait que l'expression d'une implacable résolution.

La dépêche était courte et écrite en caractères mystérieux dont il fallait avoir la clef. Il lut couramment.

C'était terrible.

« *Ville-de-Saint-Nazaire* partira 27 mai de Rio à cinq heures du matin pour le Havre. Sera le 29, même heure, par 33° 4′ L. S. et 45° 4′ L. O. Croisez. Suivez jusqu'à la nuit. Coulez. Avons à bord quatre millions en or, fausse monnaie bien entendu. Vaisseau perdu corps et biens. Compagnie et assurance payeront. »

. . . .

— Très bien, dans une heure le steamer sera coulé !

« Tiens ! j'oubliais le croiseur l'*Éclair* ; cela compliquera la situation... mais si peu ! »

CHAPITRE II

Les naufrageurs. — Télégraphie maritime. — L'*Éclair* et la *Ville-de-Saint-Nazaire*. — Ni voiles ni vapeur. — Tentative d'abordage. — Le pavillon noir !... — Trahison. — Explosion dans la machine. — Deux braves. — Horribles angoisses. — Épouvantable catastrophe. — Encore des traîtres. — L'abordage. — Le « naufragement ». — Navire éventré. — Habileté, courage et dévouement inutiles. — Agonie d'un steamer. — Cinq cents noyés. — Un coup de canon. — Dernière bravade. — Voix d'en haut. — Que signifie ce cri : *Santiago !*

La *Ville-de-Saint-Nazaire* était partie de Rio depuis quarante-huit heures. Les voyageurs, réunis par le hasard, avaient déjà échangé de ces relations moins banales que celles qui prennent naissance en chemin de fer, mais aussi imprévues et devant être probablement aussi fugitives.

La cohabitation sur cet étroit espace limité aux planches d'un navire, et qui pourtant constitue un monde, avait rapproché les êtres à peu près identiques. La naissance, l'éducation, ou des attractions morales, quelquefois incompréhensibles à première vue, et souvent légitimées dans la suite, produisent de ces phénomènes : c'est ce qu'on nomme les affinités.

Il semblait que le roulis et le tangage eussent, par la combinaison de leurs mouvements, trié les éléments disparates composant cette cargaison humaine, pour les réunir selon leur nature, leurs aptitudes, ou les désirs inconscients encore de leurs esprits.

Ainsi, dans la nature, les mêmes atomes, obéissant à des lois non encore formulées de sélection, se rassemblent, s'agglomèrent, s'homogénisent, pour composer un être organisé.

Or, pendant cette nuit tiède, étoilée, calme, les passagers du steamer, groupés ainsi que nous venons de le dire, avaient brusquement interrompu leurs conversations pour commenter de différentes façons l'événement inusité qui sollicitait leur attention.

Pendant plus d'un quart d'heure les éclairs se succédèrent sans interruption.

Le capitaine et le second de la *Ville-de-Saint-Nazaire* les enregistraient minutieusement.

Quelque maîtres d'eux-mêmes que fussent les deux officiers, leur figure se rembrunit. Les communications de l'*Éclair* devaient être bien graves, à en juger par les mesures qui furent aussitôt ordonnées, et dont l'exécution s'accomplit sans retard.

Les passagers, attirés par la nouveauté du spectacle, s'intéressaient vivement à ces jeux de lumière, dont ils étaient loin de soupçonner l'alarmante signification.

Non seulement alarmante, mais terrible.

Cependant, le capitaine descendit lui-même dans les profondeurs du navire. Il visita minutieusement les portes des compartiments étanches formant des cavités isolées et indépendantes, de manière que si une voie d'eau se déclare, un seul de ces compartiments est submergé.

Il passa à la machine et fit doubler l'équipe des chauffeurs et mécaniciens. La même précaution fut prise à l'égard des timoniers.

Les saisines des canots et les garants de palans furent disposés de façon à pouvoir être largués au commandement. La grande chaloupe à vapeur chauffa entre les dromes.

L'équipage tout entier se tint à son poste, comme dans la prévision d'un événement aussi grave qu'inattendu.

— Tout est paré ! étincela une dernière fois la machine électrique du steamer.

11.

— Tout va bien ! Nous arrivons, fut-il répondu de l'*Éclair*.

La marche de la *Ville-de-Saint-Nazaire* s'accélérait. La pression des chaudières avait presque doublé. Le paquebot se dirigeait, éblouissant de lumière, vers le point où brillaient comme des phares les feux du vaisseau de guerre.

La mer était éclairée à plusieurs kilomètres à la ronde. Les bras de l'hélice battaient les flots avec une folle rapidité. La vapeur fusait en sifflant sous les soupapes que le commandant fit charger.

L'immense bâtiment volait sur les lames.

— Capitaine, dit un des passagers, est-ce que nous courons un danger ? Que se passe-t-il donc ?

— C'est un vaisseau qui nous fait des signaux de détresse, répondit évasivement l'officier. Nous allons... lui porter secours...

Rassuré par ces paroles et l'air calme qui les accompagne, les curieux retournent à leurs cabines, ou reprennent insoucieusement le cours de leurs plaisirs.

On danse un peu, on chante beaucoup, on boit du champagne...

On porte un toast. Le cliquetis du cristal se mêle aux hourras !

. . . .

Des cris épouvantables retentissent tout à coup !

Partout, des gens éperdus, la terreur peinte sur le visage, se croisent, se bousculent, s'étreignent, et tombent en hurlant.

Que se passe-t-il ? Quel vent de désespoir souffle-t-il sur le transatlantique naguère si joyeux ?

Du cercle d'ombre limitant l'éclatante lumière projetée par la *Ville-de-Saint-Nazaire* surgit une fantastique apparition.

Un grand navire, noir comme les ténèbres d'où il sort,

court, silencieux et sombre, droit au paquebot, avec la vélocité d'un monstre de la mer.

Aucun feu ne brille à son bord.

Ses mâts ne portent pas le moindre lambeau de toile.

Il n'a pas non plus de cheminée ; l'œil ne perçoit nulle trace de fumée.

Un silence de mort l'enveloppe. Il semble désert.

Ses formes, effilées comme celles des oiseaux ou des poissons de proie, rappellent seules la coque élégante du *Georges-Washington*.

Quel est donc ce bâtiment qui ne marche ni à la voile ni à la vapeur ? Quel est ce vaisseau-fantôme que personne ne dirige, et qui, sans machine apparente, file une fois plus vite que les plus fins marcheurs des marines des deux mondes ?...

Sa vue semble celle d'un spectre apparaissant au milieu d'une fête. On dirait la sombre évocation d'un fiévreux en proie au cauchemar.

La vitesse et la rectitude de sa direction rappellent l'infaillible et irrésistible propulsion d'un projectile que rien ne peut faire dévier de sa route.

Son avant, aigu comme une lame d'acier, coupe à angle droit la ligne suivie par le steamer.

Il n'est plus qu'à cent mètres de ce dernier...

Quelques secondes encore, et son taille-mer l'éventre...

Il faut un miracle pour le sauver...

Ce miracle, le sang-froid et l'habileté du capitaine l'opèrent.

Au risque de briser ses machines, il fait renverser la marche de l'hélice de tribord, et augmenter celle de bâbord...

— A bâbord la barre !... Toute !...

Ce mouvement d'ensemble, exécuté avec la rapidité de la pensée, fait « venir en grand » sur tribord le steamer qui se trouve en même temps dans une direction parallèle et opposée à celle de l'assaillant.

Il était temps.

L'autre continua sa course comme un taureau aveuglément lancé, dont un habile adversaire a évité la brutale attaque par une volte de côté.

Son bordage érailla le transatlantique dont la membrure tout entière gémit lugubrement. Telle était la force de son élan, qu'il franchit comme une flèche la zone lumineuse.

Il disparut dans la nuit.

Haletants, muets, crispés, les passagers, terrifiés par l'imminence du danger auquel ils venaient d'échapper, sentirent leurs poitrines se dilater. Leurs cœurs, tordus par l'angoisse, se reprirent à battre d'espoir.

Le front du commandant s'assombrissait. Les avertissements du bâtiment de guerre, à bord duquel on était prévenu de l'attaque dont le steamer allait être victime, n'avaient pas été inutiles. Ses feux brillaient toujours.

Son équipage avait dû être témoin de cette inqualifiable agression. Le croiseur essayait évidemment de se rapprocher du transatlantique, dans le but de le protéger avec son artillerie, soit même d'interposer son blindage entre le naufrageur et le fragile paquebot.

Mais comment pouvait-il être au courant de la criminelle manœuvre du bandit ?

C'est ce que nous saurons plus tard.

Pourtant, l'*Éclair* ne paraissait pas se rapprocher sensiblement. Que faire si le *Vaisseau de proie* renouvelait son attaque ?

Les signaux recommencèrent à bord de l'*Éclair*. Leur brutale éloquence fut terrifiante.

— Nous ne gouvernons plus ! — Venez à nous ! — Forcez la marche ! — A toute vapeur. — Dussiez-vous sauter.

Et les chauffeurs du steamer, stimulés par leurs chefs,

empilaient des monceaux de charbon dans les fourneaux, dont les grilles fondaient comme des barres de plomb.

La température de la machine égalait celle de la bouche d'un haut-fourneau.

La vapeur soufflait, sifflait, renâclait, mugissait avec des bruits bizarres et terribles, sous la puissante étreinte du fer qui l'emprisonnait à peine.

De convulsifs soubresauts et de sourdes trépidations agitaient le bateau-géant dont les flancs semblaient battre comme ceux d'un coursier hors d'haleine.

— Chauffez !... chauffez toujours !...

Lorsqu'un homme tombait à moitié asphyxié, on l'emportait sous les manches à vent. Il buvait une large lampée d'air pur, et, ranimé par ce contact vivifiant, il reprenait son infernale besogne.

Les cabines et les salons étaient déserts. Chacun se faisait part de ses impressions. C'était un brouhaha comme dans l'entr'acte d'un drame à sensation. Mais, le drame avait pour décor l'immense horizon noir, pour scène le pont d'un navire près de sauter. Chacun des spectateurs avait un rôle à jouer ; le dénouement, encore inconnu, menaçait d'être terrible.

— Il n'y avait personne à bord, disait l'un.

— Moi, j'ai vu un homme à la barre, un colosse !

— Eh bien, moi, renchérissait un troisième, j'ai vu plus de vingt hommes couchés le long des bastingages.

— Il y a une pièce de canon... énorme... toute noire... dans une tourelle... noire aussi...

— A-t-il un pavillon ?...

— Non.

— Si.

— Moi, je l'ai vu, dit un autre.... comme en plein jour !... C'est un immense drap noir... Une grande croix rouge le coupe en biais... au milieu, des lettres étincellent comme des flammes.

« Aucune nation au monde ne porte un pareil emblème sur cette lugubre couleur...

« Ce pavillon, messieurs, c'est le pavillon d'un pirate.

Nous ne gouvernons plus ! disait la dernière dépêche de l'*Éclair* ; tel était le résumé laconique et désespérant de la situation du croiseur.

Mais, s'il ne gouverne plus, c'en est fait du paquebot. Qui donc le protégera ?

Eh quoi ! les bandits vont-ils triompher ? Le commandant du bâtiment de guerre verra-t-il ses généreux efforts paralysés par la fatalité, et, qui sait, peut-être par la trahison ?

Assistera-t-il impuissant et désespéré à cet épouvantable forfait qui va s'accomplir sous ses yeux ?

Que s'est-il donc passé ? Comment se fait-il que la machine d'un croiseur français ne fonctionne plus au moment du péril ?

Pour suivre l'action multiple engagée entre ces trois navires, il est indispensable au lecteur de passer sur l'*Éclair*, dont la présence dans ces parages, ainsi que son intervention dans le drame qui s'accomplit en ce moment, seront, comme nous l'avons déjà dit, légitimées par la suite du récit.

L'*Éclair* est commandé par un capitaine de frégate, un des plus jeunes de son grade, dont les capacités sont hautement reconnues. Le commandant de Valpreux n'a pas encore quarante ans. Il doit à son mérite seul la mission qu'il remplit. C'est un poste de confiance, et qui nécessite une habileté et une énergie sans égales.

Les négriers et les pirates de la côte africaine le connaissent bien et le redoutent plus encore.

Qui sait? peut-être est-il à la piste du sinistre naufrageur depuis plus d'une semaine.

Il a pu arriver en temps opportun, pour avertir le steamer du danger qui le menace.

Il a installé son appareil électrique... on lui a répondu. La *Ville-de-Saint-Nazaire* a éclairé sa marche et forcé de vapeur.

Trois kilomètres à peine les séparent.

On se voit comme en plein jour.

C'est à ce moment que le « naufrageur » se précipite sur le transatlantique, qui est sauvé par l'admirable et téméraire manœuvre de son capitaine.

Un cri de rage retentit sur le pont du croiseur.

Le commandant de Valpreux voit l'attaque.

— A toute vapeur !... s'écrie-t-il.

L'*Éclair* bondit sur les flots.

Le branle-bas de combat a été commandé. Chacun est à son poste. Pointeurs et servants sont dans la batterie, parés au commandement.

Un vieux maître canonnier, tanné, goudronné, barbu, hirsute, cligne de l'œil d'un air entendu en lançant un coup d'œil satisfait par le sabord entr'ouvert.

— Eh bien, les enfants, ça va chauffer... Hein ! les lapins du *Louis XIV*, tu vas te rappeler tes écoles à feu... allons-y, là, de l'œil et de la main... comme au siège de Paris... Tu vas lui en fourrer, dans le ventre, du plomb et de la fonte, à ce mauvais cachalot.

— Comme ça, maître Pierre, dit avec déférence au maître canonnier le premier servant de droite d'une pièce de 19, c'est donc comme qui dirait une espèce de « voltigeur » monté par tous les fins gredins du diable, en fin finale de couler les marchands et les transports.

— Tu l'as dit, mon fils, à preuve que tu vas avoir celui d'ouvrir l'œil dans le droit fil de sa flottaison. Car, si nous n'arrivons pas, il s'agit de l'arrêter au vol.

— Mauvais commerce, pas vrai, maître, mais crâne bateau.

— Oui, si l'équipage était accroché tout entier aux vergues. Tout ce qui est bon à prendre est bon à pendre... à bord d'un marchand de chair noire.

— Vous croyez donc que c'en est un?

Le maître canonnier allait répondre, quand une sourde détonation, suivie de plusieurs autres, mais plus faibles, éclata dans l'intérieur du croiseur.

On entendit des sifflements aigus et des déchirements stridents produits par des torrents de vapeur fuyant de tous côtés.

D'effroyables hurlements de douleur montaient de la machine.

Muets et impassibles, les hommes restèrent à leur poste comme à la parade.

On allait peut-être sauter!...

Le commandant pâlit. Il s'élança vers le panneau, le revolver à la main.

Un homme montait en chancelant.

— Arrête! lui cria-t-il d'une voix tonnante, en lui collant entre les yeux le canon de son arme.

Le malheureux regarda un instant l'officier d'un air hébété. Il voulut avancer. Ses forces le trahirent. Il tomba en gémissant sur la dernière marche.

— Commandant, râla-t-il, je suis mort!

Un inexprimable sentiment d'horreur et de pitié contracta les traits du capitaine de frégate.

L'aspect de cet homme était épouvantable.

Le champ de bataille n'offre jamais un pareil spectacle aux yeux du chirurgien.

Sa chemise flambait sur sa peau qui se carbonisait en grésillant, ses mains et ses bras, brûlés jusqu'aux épaules étaient littéralement cuits par la vapeur. La chair corrodée se décollait de dessus les os et pendait en lambeaux horribles au bout des tendons racornis.

Sa figure tuméfiée n'offrait plus rien d'humain.

De son ventre, qui n'était qu'une plaie, s'échappaient les entrailles que cherchait à retenir sa main de squelette.

M. de Valpreux, le cœur serré, écarta tristement l'agonisant.

Il allait descendre à la machine.

Deux hommes de haute taille se dressèrent devant lui Ils sortaient on ne sait d'où.

L'un, maigre, un peu dégingandé, revêtu d'un uniforme tout flambant neuf de chirurgien, lui mit familièrement la main sur l'épaule.

L'autre, tête nue, couvert d'un paletot blanc, lui barra le passage, d'un air tout à la fois respectueux et résolu.

— Commandant! crièrent-ils en même temps, pas vous.

— Qu'est-ce, messieurs, dit-il brusquement, presque courroucé. Docteur !...

— Commandant, vous êtes le maître à bord, mais votre place n'est pas là... Il y a des blessés en bas, c'est mon affaire... Je vous en prie... Il y a une chance sur deux d'y rester...

« L'*Éclair* serait perdu sans vous... Laissez-moi descendre... c'est moi, votre vieil ami le docteur Lamperrière... qui vous en prie.

— Et moi, commandant, riposta l'autre interlocuteur... Laissez-moi payer ma dette... Vous m'avez sauvé... je suis inutile ici... En bas, mon concours sera des plus efficaces.

— Bien, cela, mon cher André, dit le docteur...

— Allez, messieurs, reprit comme à regret l'officier, qui remonta lentement sur la dunette.

« Le devoir a parfois de cruelles exigences, murmura-t-il, que ne puis-je accompagner ces deux braves !

Nos vieilles connaissances, le docteur et André, que, certes, on ne s'attendait guère à rencontrer sur ce vaisseau de guerre, se couvrirent d'un mouchoir mouillé la bouche et les oreilles, précaution indispensable pour échapper à l'absorption mortelle de la vapeur.

Ils descendirent d'un bond à la machine remplie de fumée sortant du panneau en épais tourbillons.

L'eau commençait à avoir raison du feu. La moitié des fourneaux était noyée. Les charbons, projetés hors des foyers par une force inouïe, s'éteignaient en ronflant sur le parquet inondé.

Quatre cadavres gisaient, affreusement tordus. Les vivants ne valaient guère mieux.

Les lampes jetaient des lueurs vagues au milieu des vapeurs opaques, comme le soleil d'hiver dans les brouillards.

Les deux hommes embrassèrent tant bien que mal la scène du bas de l'escalier où ils arrivèrent presque suffoqués. Le premier maître mécanicien, la face boursouflée les yeux à moitié desséchés, expirait. Il était perdu sans retour, car il avait respiré la vapeur.

Au même instant retentissait le cri de : — Incendie dans la machine ! — accompagné d'un double tintement de cloche. Les hommes faisant partie de l'incendie général inondèrent les chambres de chauffe. Quelques matelots, plus hardis que les autres, — ils allaient peut-être à la mort, — descendirent sur les traces d'André et du docteur.

On remonta sur le pont les tristes victimes de cette horrible et mystérieuse catastrophe.

Le maître mécanicien, en respirant l'air pur de la mer, eut le temps de murmurer ces quelques paroles à l'oreille du docteur.

— Nous sommes trahis... Les tubes sont crevés... par l'explosion... de la dynamite dans... le charbon... apporté par... un... soutier... La machine ne... fonctionne plus... l'hélice arrêtée...

Il se raidit et mourut.

Voici pourquoi le croiseur n'avançait pas.

Le temps manquait pour faire une enquête. Le steamer était toujours en vue. Il approchait. La partie n'était pas perdue.

Le commandant était sur la passerelle.

Il fallait mettre à la voile.

Au commandement de :

— Bordez !... Hissez les huniers !... ces voiles serrées, mais retenues par de simples fils carrés, furent établies en un instant. Le petit foc fut hissé au même moment, et le navire se trouva en position de profiter de la moindre brise.

Le vent, hélas ! était bien faible.

L'irréparable désastre de la machine, et la mise à la voile, avaient duré moins de temps qu'il n'en faut pour le raconter. Le bâtiment reprit sa marche en se dirigeant vers le steamer qui arrivait.

Quinze cents mètres encore, et ils se trouvaient bord à bord.

Trop tard !...

L'avant du naufrageur surgit une seconde fois des ténèbres.

Le commandant sentit les battements de son cœur s'arrêter. De larges gouttes de sueur ruisselaient de son front.

Cette fois les mesures du bandit étaient bien prises. L'abordage mathématiquement calculé était inévitable.

L'*Éclair* ne pouvait plus arriver à temps pour se jeter devant le flanc du steamer, et opposer à un irrésistible choc les plaques de son blindage d'acier.

Cinq secondes encore... et c'était fini.

L'artillerie seule pouvait peut-être sinon arrêter l'élan du pirate, lui faire au moins une avarie sérieuse, et peut-être enrayer le mouvement de sa mystérieuse machine.

— Les enfants ! disait en ce moment le maître canonnier Pierre, qui n'avait pas plus que les autres quitté la batterie de bâbord, on vient de détraquer notre machine.

« Le linge de Jean Ledoux, de Joseph Kentic et de bien d'autres encore est lavé pour toujours.

« Pauv' vieux matelots ! Nous marchons à la voile, à présent.

« S'agit pas que les canonniers la dansent comme les chauffeurs. On ne sait vraiment plus ce qui se manigance sur le bateau.

« Faut ouvrir l'œil, et visiter un peu les pièces.

Il mit aussitôt la main sur la culasse mobile, et tira brusquement à lui.

La lourde pièce obéit sans effort à la traction et s'ouvrit...

— Quand je te le disais, les canonniers !... Les brigands qui ont mis des pétards dans le charbon ont calé les linguets de sûreté. La culasse ne ferme plus, et tout est paré à faire feu. La pièce est chargée. Le cordon tire-feu est en place...

« Ça va encore crever comme dans le temps sur le *Suffren* !... Pas une seconde à perdre...

« Un homme à tribord pour avertir les autres. »
Trop tard !...

— Feu de bordée !... Tribord !... Feu !... tonna la voix du commandant.

— Malheur, s'écria le maître canonnier. Les tribordais sont...

Il n'acheva pas... La batterie gronda. Le bandit devait être, selon l'expression de Pierre, arrêté au vol !

Mais au lieu du râlement bien connu de l'obus se vissant dans les couches d'air, on entendit un bruit sourd, étouffé, semblable à la détonation d'un fourneau de mine qui saute.

Le vieux matelot ne s'était pas trompé. Une main criminelle avait mutilé les fermetures mobiles. Le point d'appui manqua tout à coup pour contre-balancer la force d'expansion des gaz produits par la déflagration de la poudre ; l'effroyable poussée qui devait chasser les projectiles des pièces et les pousser à leur but, eut lieu en arrière.

Et quelle poussée ! quand on pense que la charge de poudre produit une quantité de gaz capable d'envoyer à 10 kilomètres un obus de cent cinquante à deux cents kilos !

Les cloisons s'abattirent, effondrées comme sous l'irrésistible effort d'un titan.

L'âcre fumée se répandit dans l'entrepont à travers la brèche béante.

Des cris de rage et de douleur s'élevèrent à la vue de cette nouvelle mutilation.

Dix hommes tués ou blessés gisaient sur le plancher de la batterie.

Les pièces étaient hors de service.

Le corps d'un pointeur, dont la tête avait été broyée par la culasse, était agité de soubresauts convulsifs. Les deux bras battaient dans le vide.

Du col arraché jaillissaient d'énormes jets de sang.

Plusieurs servants se tordaient, en proie à d'horribles douleurs. D'autres se traînaient en hurlant sur leurs membres fracassés.

Ce malheur, aussi terrible et non moins irréparable que celui survenu dans la machine, compromettait gravement le croiseur et l'empêchait de porter secours au paquebot désormais condamné.

Malgré sa haute expérience, malgré ses minutieuses précautions, le commandant ne pouvait ni prévoir, ni empêcher de semblables désastres.

Que peuvent le courage, la force, l'habileté, contre la trahison qui veille minute par minute, épie lâchement, et déjoue toutes les mesures loyalement prises?

Il n'est pas au pouvoir de l'homme de se multiplier à ce point qu'il puisse tout faire par lui-même.

Honte et malédiction sur les traîtres!...

Impuissant, muet, glacé d'horreur, le malheureux officier, debout sur la passerelle, fouille de ses ongles sa poitrine que soulève un sanglot.

Aux imprécations des marins de l'*Éclair* répond une clameur d'épouvante poussée par les cinq cents passagers de la *Ville-de-Saint-Nazaire*.

Le naufrageur, emporté par un irrésistible élan, l'atteint en plein flanc... à la flottaison!

Son éperon disparaît tout entier dans une brèche énorme, où s'engouffrent à l'instant des torrents d'eau.

Puis, le bandit se recule, et cherche à dégager son avant, grâce à son mystérieux moteur.

Le transatlantique s'arrête. Il est frappé à mort. Les feux de sa machine s'éteignent.

Les cloisons étanches éventrées deviennent inutiles.

Il ne gouverne plus, c'est un noyé qui se débat.

— A la mer les embarcations!... crie le commandant de l'*Éclair*, qui suit d'un œil atterré cet horrible drame.

La grande chaloupe, le canot-major, le youyou, la yole, glissent aussitôt sur les palans, et nagent avec fureur vers le point où s'enfonce le paquebot qui s'emplit de bruits sinistres et semble râler.

L'eau monte, envahit toutes ses cavités et fait gémir sa charpente.

Il s'enfonce à vue d'œil.

Un mouvement saccadé d'avant en arrière le secoue convulsivement, comme le hoquet de la mort, la poitrine d'un agonisant. Les mâts battent l'air comme rompus à leur emplanture.

Sur le pont, c'est un spectacle affreux, un pêle-mêle affolé de gens hagards.

Ils ne veulent pas mourir... Leur heure n'a pas encore sonné... De rauques blasphèmes couvrent des prières désespérées...

Aux dernières lueurs qui les éclairent, on voit, affreusement convulsées par l'épouvante, des figures de damnés, à côté de visages calmes et résignés comme ceux des martyrs.

Quelques-uns pris de vertige se jettent à la mer, et abrègent de quelques secondes le temps qui les sépare du moment fatal.

D'autres se précipitent aux embarcations déjà pleines jusqu'aux bords avant même d'être lancées à la mer.

Tout homme, faible ou robuste, est étreint par dix femmes suppliantes.

Il y a des égoïsmes ignobles qui se donnent carrière. Là des avares étreignent convulsivement leur trésor, et marchandent leur salut aux hommes de l'équipage.

Ici des vieillards et des enfants refoulés, écrasés sous les pieds de gens que la terreur rend fous.

Des mères se débarrassent du cher fardeau de leurs petits, pour sauter plus légères dans les canots.

On voit aussi des dévouements sublimes. On assiste à des débats héroïques entre des parents ou des amis qui, eux, du moins, luttent à qui cédera sa place à l'autre !...

Le steamer oscille follement. On entend un roulement sonore, comme celui de la glace qui craque. Il tourne deux ou trois fois sur lui-même avec une rapidité vertigineuse.

L'air contenu à l'intérieur est comprimé avec une force colossale. Enfin, toutes les barrières élevées par la main des hommes cèdent en même temps. Le navire saute comme si une tonne de poudre faisait explosion dans la cale. Il s'engloutit au milieu d'une clameur rugissante de rage et de désespoir...

Un tourbillon se forme en entonnoir à la place où il a

disparu. Les chaloupes surchargées ne peuvent remonter cette muraille liquide. Elles sont comme aspirées au fond du gouffre qui se referme aussitôt.

La mer reprend impassiblement son niveau. La gigantesque fosse est comblée.

Sans la présence de quelques naufragés nageant éperdus, nul ne pourrait se douter de cette hécatombe humaine !...

La grande chaloupe de l'*Éclair* arrive à force de rames. Le croiseur désemparé vient aussi, bien lentement, en tirant des bordées ; le vent est faible et, pour comble de malheur, défavorable.

Sa lumière éclaire comme en plein jour les flots, sur lesquels roulent, accrochés aux épaves, les derniers survivants. On les recueille un à un, épuisés, haletants.

L'embarcation est bientôt pleine à couler, le bordage est au ras de la lame.

Mais quelle dernière et terrible infortune est encore réservée aux quelques malheureux échappés par miracle à cette effroyable catastrophe ?

Ils sont donc tous condamnés ?

Comme tout à l'heure le steamer, la chaloupe envahie par l'eau sombre à son tour.

Le patron, la sentant s'enfoncer, allonge machinalement les bras pour nager. Il met la main sur un morceau de bois rond qui flotte.

— Mille démons ! s'écrie-t-il, c'est le *nabe* (1).

« Nous sommes perdus !... Je veux manger le cœur au scélérat qui l'a arraché !

— A nous ! crient cinquante voix terrifiées ! A nous !...

---

(1). Le *nabe* est une sorte de gros bouchon de bois qui sert à fermer au fond des embarcations un trou destiné à laisser écouler, quand on les hisse à bord, toute l'eau qu'elles ont embarquée en route.

Un canot, monté par trois marins de l'*Éclair*, arrive au moment où s'enfonce la chaloupe.

Bien loin de porter secours aux naufragés, ils font force de rames pour se dérober au plus vite.

Le commandant du croiseur, les voyant gagner au large, leur crie de stopper. Ils n'obéissent pas, ils se courbent sur leurs avirons et nagent désespérément.

Plus de doute... Ces trois hommes sont les complices du bandit qui se cache dans la nuit; ce sont les traîtres qui ont désemparé la machine au moyen de matières explosibles cachées dans le charbon, qui ont mis hors de service la moitié de l'artillerie, en mutilant les culasses mobiles.

— Feu sur le canot!... Feu!... s'écrie le capitaine de frégate.

Une vingtaine de coups de fusil éclatent...

Comme si cette détonation était un signal, un éclair illumine soudain les flots. Un projectile, venant du large, passe avec un ronflement saccadé au-dessus des naufragés...

On entend un coup de canon!...

L'appareil électrique du croiseur est broyé. Ce dernier n'a plus que ses feux réglementaires de tribord et de bâbord, ainsi que son feu blanc du mât de misaine.

Le naufrageur n'est pas loin. Ce terrible bâtiment, qui ne marche ni à la voile ni à la vapeur, a bien effectivement de l'artillerie...

Il s'avance avec la vélocité d'un squale. Sa coque sombre glisse sans bruit sur les flots. Il évolue rapidement du côté du canot qui disparaît derrière lui. Les trois hommes qui ont échappé aux balles des matelots de l'*Éclair*, s'accrochent à des manœuvres qui pendent à l'arrière, et se hissent à bord en un clin d'œil.

On dirait qu'il va se ruer maintenant sur le croiseur,

et tenter de l'éventrer à son tour. Celui-ci se tient sur la défensive et lui présente son éperon.

Il n'en est rien. Par une dernière et insolente bravade, il vient passer à trente mètres à peine et disparaît bientôt dans un tourbillon d'écume, avec la rapidité d'un train express...

Mais pas si vite cependant, pour qu'au milieu du silence de mort qui plane en ce moment sur les flots tranquilles on n'entende distinctement un mot tomber du haut de la mâture.

Ce mot, crié à pleine poitrine par une voix grêle et perçante, c'est :

— Santiago !...

CHAPITRE III

Aventures extraordinaires du gamin de Paris et du gamin de l'équateur. — La mort d'un brave. — A propos d'un sou de mouron. — Bols de lait et pain grillé, quand on n'a ni lait, ni pain, ni bol. — Deux Robinsons sur une île de cinquante mètres carrés. — Sauvage agression. — Pauvre « Majesté ». — Entre deux feux. — Friquet chez lui. — Supplice de Tantale. — Bénie soit la fringale et vive la faim ! — Les rivières sont des chemins qui marchent. — L'île flottante. — Violation de domicile. — Cinq contre un. — Les dernières cartouches. — A la dérive. — Bonjour, patron. — Nouvelles connaissances. — Chez les *Bandits de la mer !*

Le lecteur l'a deviné : le terrible naufrageur n'est autre que le *Georges-Washington*, dont le commandant accomplit, en vertu d'ordres mystérieux, une œuvre d'effroyable destruction.

Par quelle invraisemblable succession d'événements

Friquet et le négrillon Majesté se trouvent-ils sur le vaisseau de proie, qui s'en vient passer à portée de la voix du croiseur l'*Éclair* à bord duquel sont André et le docteur Lamperrière ?

Nous les avons laissés, il n'y a pas deux mois, à près de deux mille lieues de là, sur la côte ouest de l'Afrique équatoriale : André, mourant de la fièvre à Chinsonxo, après que Friquet et Majesté, emportés par l'éléphant affolé, eurent disparu perdus dans les solitudes du continent mystérieux.

Nous allons éclaircir ce fait incroyable, dans lequel le hasard n'a eu, somme toute, qu'une part assez restreinte.

Voici :

La caravane d'Ibrahim avait été brusquement attaquée par une troupe de noirs, peu après sa sortie de cette singulière réunion de végétaux que nous avons nommée *la forêt d'arbres sans tiges*. On se rappelle que les deux jeunes gens précédaient la troupe, montés sur l'éléphant.

Si « Osanore », ordinairement fort et doux, s'était ainsi rué en avant, sans que les cris et les appels de Friquet, son favori, eussent pu arrêter ni même ralentir sa course effrénée, c'est que le pauvre animal avait été atteint d'une blessure terrible.

Les assaillants, voyant que les négriers étaient sur leurs gardes, avaient tourné toute leur fureur contre le pachyderme qu'ils avaient enveloppé en un clin d'œil, en dépit des coups de revolver que leur envoya le gamin.

Cette montagne de chair excitait en eux d'ardentes convoitises. Il la leur fallait.

Comme la peau de l'éléphant est à l'épreuve de la balle, ils usèrent d'un moyen qui leur est familier, et dont la réussite est presque toujours assurée.

Pendant que le gros de la troupe escarmouchait pour la forme avec les Abyssiniens et qu'un groupe entourait le quadrupède, un homme, armé d'une énorme zagaie, s'élança derrière lui et, brandissant l'arme de toute la force de son bras, l'enfonça de plus de quarante centimètres juste sous la queue du colosse.

On conçoit sans peine les ravages opérés au milieu des entrailles par cette pointe barbelée, qui demeura dans la plaie, après la rupture du manche.

L'éléphant devait succomber aux suites de cette affreuse blessure. Sa mort n'était qu'une question de temps. Les noirs, collés à sa piste comme des limiers, allaient suivre sa trace jusqu'au point où il tomberait.

Ce lieu serait probablement fort éloigné, en raison de la vitalité prodigieuse de l'animal qui courrait jusqu'à complet épuisement.

Quant à descendre, les deux gamins n'y pouvaient raisonnablement prétendre, sous peine de se briser les os, car la vitesse de leur fantastique monture égalait celle d'un cheval de course. Tous leurs efforts se résumaient à se maintenir en équilibre sur l'énorme échine du colosse affolé.

Il allait traversant, comme un rocher lancé par une machine de guerre, les taillis, les futaies, les halliers, escaladant les pentes, bondissant dans les ravins, broyant les tiges, fracassant les troncs, arrachant les lianes, effondrant des pans tout entiers de forêt.

Cette course furibonde dura près de quatre heures. Le négrillon et le petit Parisien étranglant de soif, la peau en lambeaux, le corps couvert de contusions, les yeux troubles, défaillaient.

L'éléphant commençait à râler. Sa respiration sifflante s'échappait par saccades de sa trompe, comme la vapeur de la cheminée d'une machine surchauffée. Ses flancs battaient agités de violents soubresauts, comme si ses poumons, injectés de sang, allaient les faire éclater.

De son larynx desséché sortaient des ronflements stridents, métalliques, en même temps que des flots d'écume sanglante tombaient sur son poitrail.

Il avait parcouru plus de quinze lieues sans broncher. Il allait tomber pour ne plus se relever. Une large rivière, qui coulait à pleins bords, au pied d'arbres géants, lui barra bientôt la route.

Réunissant toute son énergie dans un suprême et formidable effort, il bondit au milieu des flots, qui jaillirent en poussières irisées, réfléchissant pendant deux secondes les feux éclatants du soleil.

La gueule largement ouverte, comme s'il eût voulu éteindre d'un seul coup le volcan qui flambait dans ses entrailles, il plongea sa tête tout entière au plus profond du courant.

Accrochés chacun à une de ses oreilles, les deux gamins n'avaient pas lâché prise. Si cette soudaine immersion leur causait un bien-être infini, ils ne voulaient pas se laisser emporter par les eaux tourmentées.

L'animal, un instant calmé, se mit à nager vers la rive opposée. Il allait l'atteindre après des efforts inouïs. Déjà il avait pris pied. Il s'avançait lentement, péniblement. Son corps émergea tout entier. Il marcha plus lentement encore. L'eau atteignait à peine son ventre.

Friquet et Majesté le précédaient, le premier l'appelant d'une voix caressante.

Le pauvre animal tituba, se raidit, tendit la trompe comme pour chercher un point d'appui. Enfin, incapable d'avancer, il s'arc-bouta sur ses quatre pieds agités d'un convulsif tremblement.

Il agonisait. A cet instant fatal, l'homme comme l'animal, n'a plus la perception de la douleur. Mais si l'élément vital est assez diminué pour que la sensibilité soit abolie, il semble qu'avant d'être anéantie pour jamais la pensée subsiste encore un moment, avec toute son intensité.

Le colosse fixa sur le jeune homme son œil où brillait un indicible regard de tendresse et de regret.

Une sorte de rugissement, terminé par un rauque sanglot, déchira sa gorge...

Il s'affaissa lentement, resta un moment accroupi comme un sphinx de granit noir, puis il roula brusquement sur le côté.

Deux grosses larmes coulaient silencieusement des yeux de Friquet, qui contemplait, désespéré, ce spectacle poignant...

— Allons-nous-en, dit-il à voix basse au négrillon.

Celui-ci, voyant la douleur de son ami, était tout chagrin, mais en quelque sorte sympathiquement, et sans bien en savoir la cause.

Le petit sauvage, l'enfant de la nature, habitué à voir dans les animaux soit des ennemis, soit des provisions de bouche, ne comprenait pas quelle place une bête, quelle qu'elle soit, occupe dans l'existence de l'homme des villes.

Un éléphant représentait pour lui une monture commode, un compagnon de route facile, pouvant aisément se transformer en une montagne de victuailles.

C'était tout. L'affection du Parisien pour le bon animal était absolument inintelligible pour lui... Il avait d'ailleurs vu mourir bien d'autres éléphants, quand ses compatriotes conviaient leurs amis à quelque pantagruélique bombance, et quand les pachydermes, traqués sans trêve ni merci, tombaient dans les trappes d'où on les retirait par morceaux, lardés de zagaies, avant de composer le plat de résistance des agapes équatoriales.

Cette insensibilité à l'endroit des animaux se constate également chez le paysan, qui emploie ces indispensables auxiliaires sans avoir aucune affection pour eux, et souvent en les accablant de mauvais traitements.

Le négrillon péchait par inconscience, non par dureté, ni insensibilité.

Friquet, au contraire, le véritable type de l'habitant des villes adorait la nature et aimait follement les animaux; semblable d'ailleurs en cela à ces chers et braves Parisiens qui, échappant le dimanche à la suffocante atmosphère de l'atelier, s'en vont, père, mère, enfants, contempler un coin du ciel, voir un morceau de verdure boire une gorgée d'air, et faire pour leur semaine une provision de bonheur.

Et les animaux, comme ils les aiment! Qui pourrait peindre la passion du Parisien pour les animaux? Tantôt c'est l'ouvrière qui se prive chaque jour d'un sou pour le mouron de son chardonneret, qui lui parle, lui donne des petits noms de tendresse; tantôt c'est l'employé, le modeste employé, qui revient un soir avec un pauvre chien famélique et crotté, dont il fait son ami, et avec lequel il partage son unique morceau de pain; tantôt, enfin, c'est un malheureux chat pelé qui miaule désespérément à une gouttière et qu'une famille indigente accueille, choie, nourrit.

Braves gens! bons cœurs!

N'ayant jamais, pendant son séjour à Paris, possédé quoi que ce fût rappelant un appartement, Friquet n'avait pas d'animaux sur lesquels il eût pu reporter son affection. Mais comme il se dédommageait de cette solitude, quand « ses affaires » l'appelaient du côté du Jardin des Plantes! Il connaissait tous les animaux par leur nom et passait avec eux des journées entières dans de longs et affectueux tête-à-tête.

— Allons-nous-en, murmura-t-il une seconde fois, en poussant un soupir à la vue du colosse inerte.

— Pov' Zano'! L'è mô!... fit à son tour le négrillon, pour dire quelque chose, et avec l'intonation insensible des enfants qui ne comprennent pas.

— Voyons, dit Friquet, en recouvrant brusquement toute son énergie, qu'allons-nous faire maintenant? S'agit pas de rester là pendant l'éternité. Nous ne devons pas être trop loin de la côte, si je ne me trompe. Voici une rivière. La mer n'est pas à cent lieues, puisque Ibrahim disait que demain on embarquerait son monde.

« Suivons donc le courant, et puis... au petit bonheur!

« Rendons-nous donc compte de la situation. J'ai encore mon couteau. Ça peut servir. Malheureusement, mon fusil se promène dans la forêt... Ah! mon revolver... Il est chargé... Très bien... Diable! j'ai perdu mes munitions.

« Pas une cartouche de rechange. Eh ben! on s'en passera.

« Il commence à faire rudement faim. Si on cassait une croûte. Qu'en dis-tu, Majesté?

— Voui.

— Ah! très bien! tu n'en dis pas long, mais aussi tu ne t'amuses pas en route. Allons-y, et préparons notre « bicondo » nous-mêmes.

« Avec tout ça, je me demande ce que nous allons manger. C'est pas avec mon « étui à pipe » (c'est ainsi qu'il appelait dédaigneusement son revolver), que je vais abattre un de ces oiseaux qui se démènent là-haut.

« Mais comment donc faire! continua-t-il en se grattant furieusement le crâne.

Majesté ne restait pas inactif pendant ce monologue auquel il ne comprenait par un traître mot.

Après avoir embrassé d'un coup d'œil circulaire les végétaux qui se dressaient de tous côtés, il avait, sans mot dire, escaladé le tronc d'un arbre magnifique, aux rameaux épais, aux feuilles larges et profondément découpées.

Cet arbre portait de gros fruits ronds, durs, du volume

d'un œuf d'autruche. Majesté en abattit une douzaine qui tombèrent lourdement à terre.

Il dégringola aussitôt avec l'agilité d'un singe.

— Mais, je connais ça, dit Friquet. Ça doit être bien sûr le fruit de l'*arbre à pain*.

Le négrillon, toujours silencieux, recommença une nouvelle ascension, après avoir empilé ses boules comme des bombes dans un parc d'artillerie.

Friquet laissait faire.

S'il ne connaissait pas au point de vue de la botanique le Jacquier (l'*Artocarpus incisa* des naturalistes), il le connaissait suffisamment au point de vue gastronomique.

Cela lui suffisait.

Une nouvelle grêle de fruits d'un autre genre s'abattit dans les herbes.

— Ah! cette fois, mon fils, tu me pousses une charge. Je la connais, tu sais. Qu'est-ce que tu veux que je fiche de tes calebasses?

« T'es ben gentil, mais c'est pas la peine de me faire de mauvaises plaisanteries.

Friquet savait très bien ce que c'était que la calebasse. Il n'ignorait pas que ce fruit du baobab n'est qu'un manger insipide, à peine bon pour des gens près de mourir de faim.

Aussi ne s'expliquait-il pas pourquoi son ami s'acharnait après les courges.

Majesté, impassible comme un dieu d'ébène, s'en vint bientôt prendre le couteau du gamin; il coupa une branche qu'il émonda proprement et dont il appointit une des extrémités. Puis, avisant un tronc desséché couché sur le sol, il y pratiqua une légère entaille, appuya sur cette entaille, recouverte de mousses bien sèches, une des extrémités de son bâton qu'il fit tourner rapidement entre ses mains.

— Ah! très bien, nous allons faire du feu, dit Friquet en ramassant à pleines brassées du bois mort.

« Mais, y a pourtant rien à rôtir!

« Enfin, si tu le fais, c'est que t'as tes raisons. T'es chez toi, d'ailleurs. »

Une épaisse fumée se dégagea bientôt, grâce à l'énergique frottement des deux morceaux de bois. Les mousses crépitèrent, puis s'enflammèrent. Le brasier flamba.

— Ben, voyons! c'est pourtant pas pour nous chauffer les pieds que tu te donnes tant de mal. Y a pas d'engelures à craindre, et la saison des marrons n'est pas encore arrivée.

Pendant que les branches se consumaient lentement, Majesté séparait très adroitement les plus belles calebasses en deux, retirait la pulpe avec ses ongles, de façon à posséder deux plats formés par l'écorce dure, coriace comme celle d'une gourde.

— Ah! parfaitement; fallait donc le dire, d'la vaisselle plate! Tu reçois bien les amis!

Majesté se multipliait. Il ne disait pas un mot, mais il se démenait comme quatre.

Il possédait quatre plats pouvant contenir chacun deux litres. Courir à quatre grands arbres, inciser rapidement les troncs à trente centimètres du sol, déposer sous la blessure, d'où coulait un liquide blanc-jaunâtre et laiteux, ses quatre vases, fut l'affaire d'un instant.

Puis, revenant sous l'arbre à pain, il fendit les gros fruits ronds qu'il avait abattus tout à l'heure. La substance précieuse qu'ils renferment apparut blanche, ferme, farineuse, comme de la pomme de terre cuite à l'étouffée. Il coupa fort proprement la masse assez consistante en tranches épaisses comme la main.

Puis, disposant ces tranches sur les charbons, il leur fit subir une légère cuisson. Une délicieuse odeur de pain grillé se répandit dans l'air.

— Bravo! bravo! cria Friquet enthousiasmé. Tu es le plus malin des malins.

« Du pain! du lait! Mais comme t'es donc gentil! Tiens! veux-tu que je te le dise? quand je rêvais, en sortant de la Porte-Saint-Martin, de faire mon tour du monde, jamais je n'aurais cru que ça serait aussi amusant.

« Sais-tu que nous voilà ni plus ni moins que deux Robinsons? »

Et notre jeune ami, la bouche pleine, ayant à sa gauche une calebasse pleine de la sève de l'*arbre à beurre* (*Bassia Parkii* pour les savants), mange et boit avec l'appétit que donnent dix-huit ans, une course furibonde et une conscience tranquille.

Majesté dévore également. Il est ravi du bon accueil que son frère blanc fait à sa cuisine.

— Sais-tu bien, dit tout à coup l'incorrigible bavard, que tu es rudement débrouillard? Ainsi, moi qui te parle, je serais mort de faim ici. Et pourtant Dieu le sait, si à Paris j'en avais des procédés pour trouver ma pitance!

« Il est vrai que, toi, tu serais pas mal empêtré là-bas. Tu ne saurais seulement pas trouver un marchand de tabac.

« C'est égal, si le docteur et m'sieu André étaient là, ils diraient aussi que tu es un fin matelot. »

— Dôti! Adli! reprit tristement l'enfant.

— Mais, oui, mon pauvre petit frère... ça te chavire le cœur, de les avoir perdus... Moi aussi, va!

« Sois tranquille, nous les reverrons. Deux matelots comme ça, vois-tu, la terre est trop petite qu'on ne les retrouve pas.

« Et d'ailleurs ça va on ne peut mieux. Nous sommes bien rassasiés; nous allons aller faire un bon somme au bord de la rivière, puis nous descendrons le courant; ça nous mènera toujours quelque part.

« Coupons d'abord chacun un solide gourdin. C'est

une bonne précaution, dans ce pays de serpents de toute longueur et de toute couleur.

« Ma pauvre jambe est encore bien raide. Mais, bah! à la guerre comme à la guerre. »

Les deux jeunes gens avaient déjeuné à cinq cents mètres à peine du point où était tombé l'éléphant. Ils revinrent sur leurs pas, et atteignirent la berge que le pauvre animal n'avait pu franchir.

Trois heures environ s'étaient écoulées. Ils ne pouvaient raisonnablement penser à se mettre en route. La nuit viendrait assez rapidement. Mieux valait l'employer à dormir, plutôt que de courir le risque d'une mauvaise rencontre.

Après une sieste assez longue au bord de l'eau, ils pensèrent à se construire sur les premières branches d'un baobab une espèce de large nid formé de tiges entrelacées que Friquet, en véritable sybarite, matelassa d'une épaisse couche d'herbes sèches.

Le gîte était commode et mettait nos amis hors de la portée des bêtes fauves qui, attirées par le cadavre de l'éléphant, vinrent en rugissant rôder aussitôt après le coucher du soleil.

Malgré la lugubre sérénade offerte par tous ces affamés, ils dormirent comme des bienheureux.

Ils descendirent en deux bonds de leur hamac de verdure, au moment où les premières lueurs de l'aurore empourpraient les cimes.

— Allons, en route! dit Friquet, après avoir eu la précaution de mettre dans le capuchon de son burnous quelques tranches du fruit de l'arbre à pain.

— Allons, oute! fit comme un écho Majesté, qui répétait volontiers, mais en avalant les *r*, tout ce que disait son ami.

Ils n'avaient pas fait dix pas, que de l'autre côté de la rivière, éloigné d'environ cent mètres, un léger nuage de fumée blanchâtre apparut entre les feuilles, précédant à peine un ronflement saccadé.

Puis, une détonation éclata.

Le négrillon poussa un cri de douleur.

Le brave enfant, sans penser à lui, se précipita vers Friquet, et l'entraîna en une seconde derrière un arbre.

— Les gredins ! les gueux ! Qu'est-ce qu'ils t'ont fait, mon pauvre petit ? Tu as l'épaule toute déchirée. Comme tu saignes ! Il n'y a rien de cassé, au moins ?

« Si c'est possible d'arranger le « monde » comme ça ! De quoi sommes-nous donc coupables, pour qu'ils nous fusillent avec leurs mauvaises raquettes, et nous mitraillent avec leurs morceaux de fonte ?

« Ce sont, bien sûr, ceux qui ont tué Osanore hier ; ils ont suivi notre piste. Oh ! les brutes ! »

Tout en rageant, Friquet ne restait pas inactif. Il tâtait doucement la blessure de son ami, et s'assurait qu'aucune partie essentielle n'était atteinte. La plaie saignait abondamment ; c'était une large déchirure heureusement plus douloureuse que dangereuse.

— Ça rien, disait le négrillon.

— Tant mieux ! mais, c'est pas de leur faute, et ils vont me le payer.

« Je vais te mettre là-dessus une compresse d'eau fraîche, comme celle que le docteur a mise sur le ventre d'Ibrahim. C'est très bon, l'eau fraîche pour les blessures, termina-t-il d'un air entendu.

« Et maintenant, assurons le passage. »

Il dit, allonge un peu la tête, et aperçoit un groupe composé d'une dizaine de noirs qui gesticulaient et s'apprêtaient à traverser la rivière.

— Minute, mon garçon, comme dit Boquillon.

« Attendez un peu, tas de sauvages ! »

Armant son revolver, il appuya le canon le long du

tronc; puis, visant avec un soin minutieux, il serra la détente.

La détonation aiguë avait à peine retenti, qu'un des assaillants, mortellement blessé, étendait les bras et roulait comme une masse.

— Attrape, mal blanchi! C'est m'sieu André qui serait content! Dire que je n'ai plus que cinq coups à tirer!

Les noirs avaient disparu.

En deux bonds, le gamin fut au bord de l'eau. Il trempa un large morceau arraché à sa ceinture de calicot, présent d'Ibrahim, et revint l'appliquer sur l'épaule du blessé, qui ressentit un bien-être immédiat.

— Il ne manquait vraiment plus que cela. Nous voilà bien lotis, avec ces Bédouins-là sur le dos.

« Pour peu que la fièvre empoigne mon pauvre petit, où diable pourrai-je bien l'installer?

« C'est courageux comme père et mère, et bon à proportion. Pas un mot, pas une plainte. Il sourit pour me rassurer!

« Si le docteur et m'sieu André étaient avec moi, comme nous aurions bientôt fait de déblayer la place! »

Les noirs n'avaient pas renouvelé leur tentative; la détonation de l'arme du gamin les avait, en dépit de sa faiblesse, frappés de crainte.

Mais le corps de l'éléphant les attirait; ils avaient suivi sa piste depuis la veille, et ils n'étaient pas gens à renoncer à une pareille aubaine.

Friquet s'en aperçut bientôt en voyant leurs préparatifs. Ils commençaient à se mettre à l'eau en poussant devant eux chacun une énorme botte de roseau, derrière laquelle ils s'abritaient. Dans quelques minutes ils auraient traversé la rivière.

Résister eût été folie.

— Allons, en retraite! commanda le gamin en prenant son ami sous le bras.

Celui-ci, pour montrer que sa blessure ne pouvait l'arrêter, se dégagea doucement, et fila d'un trait derrière l'arbre le plus rapproché.

Manœuvre fort habile qu'imita séance tenante Friquet, non sans essuyer une bordée envoyée par ceux qui protégeaient la traversée.

— Zut! leur cria-t-il dédaigneusement.

« En avant, petit, en avant! »

Et ils détalèrent comme des cerfs.

Ils franchirent un kilomètre environ en cinq ou six minutes, malgré les broussailles et les hautes herbes qui entravaient leur course.

Une large clairière s'étendait devant eux, trouant la forêt vierge. Au moment où ils allaient y pénétrer, sans pour cela ralentir leur allure, bien que leurs flancs commençassent à battre, Majesté, toujours aux aguets, aperçut, à cinq cents mètres à peine, une nouvelle troupe de noirs venant du côté opposé.

Ces nouveaux arrivants, mis en éveil sans doute par les coups de feu, s'avançaient prudemment sur une longue ligne qui barrait complètement le chemin aux deux jeunes gens.

Leur situation devenait terrible!

Pris entre deux feux, qu'allaient-ils devenir?

Obliquant rapidement sur la droite, avant d'avoir été aperçus, ils s'enfuirent vers la rivière, qu'ils atteignirent en quelques secondes.

Sans calculer le danger qu'ils couraient de disparaître dans la vase, ils se jetèrent à corps perdu au milieu des roseaux énormes qui y croissaient à profusion, et attendirent anxieusement, blottis sur cette terre molle au milieu de laquelle ils enfonçaient lentement.

Ce répit ne fut pas de longue durée. Un des noirs, rencontrant leur piste, arriva bientôt jusqu'à eux et s'arrêta un moment, surpris à leur aspect, en brandissant sa lance.

Ce moment d'hésitation lui fut fatal. Friquet bondit comme un chat-tigre, et saisit cet ennemi à la gorge. Celui-ci voulut se dégager. Peine perdue. Les dix doigts du petit Parisien était un fier bâillon. Il ne put même pas pousser un cri. Car, en même temps, Majesté, saisissant le couteau passé à la ceinture de Friquet, le planta jusqu'au manche entre les deux épaules du noir, qui tomba comme une masse...

— Crédié! murmura le gamin à voix basse, les affaires vont se gâter. Nous aurons bientôt tous ces animaux-là sur le dos. Et avec ça, le petit saigne comme un malheureux. Tout à l'heure, il va défaillir.

« Tiens, une idée. Au lieu de rester plantés là, dans cette vase qui va nous engloutir, si nous nous laissions glisser avec précaution au fil de l'eau, sans trop barboter et en faisant la planche.

« Allons-y. J'vas faire un paquet de mon burnous, que que je tiendrai sur ma poitrine. Ah! et mon revolver! s'agit de ne pas le mouiller. »

Ils entrèrent en effet bien doucement dans l'eau, et s'allongèrent en hommes auxquels les exercices de la natation sont depuis longtemps familiers.

Le courant était insensible, et ils n'avançaient que fort lentement.

Pour comble de malheur, Majesté commençait à faiblir... Il n'avait pas fait cent mètres, qu'il s'enfonça une première fois... Il remonta presque aussitôt, mais non sans pousser un long soupir d'angoisse qui fit au cœur de Friquet l'impression d'une lame d'acier.

— Oh! mais non, minute. Pauv'petit! il n'appellerait pourtant pas au secours! Heureusement que je suis là.

« Au diable le burnous. Tant pis si les cartouches se mouillent.

« Au plus pressé! »

Tout en monologuant, c'était, on le sait, son habitude,

Friquet avait saisi son ami sous l'aisselle, et, nageant vigoureusement de l'autre main, il atteignit en quelques brasses un îlot de dix mètres de long, sur cinq de large, planté de longues herbes aquatiques au milieu desquelles végétait un gros bouquet de bambous.

Les noirs les aperçurent au moment où ils disparaissaient, comme deux rats d'eau, entre les tiges vertes, Friquet tirant Majesté à moitié évanoui.

Il était temps. Une douzaine de coups de feu éclatèrent simultanément, sans autre résultat, d'ailleurs que la chute de deux ou trois bambous, coupés à deux mètres au moins du sol.

— Ah! enfin, nous voici donc chez nous. Le local n'est pas grand, mais on pourra peut-être s'y défendre un moment.

« Pourvu que mon pistolet ne soit pas mouillé! Bah! ces cartouches métalliques sont très bien serties... Nous allons rire, tout à l'heure. »

Le local était en effet d'une exiguïté rappelant celle du trou du père Schinickmann, le premier patron de Friquet.

Après avoir commodément installé le blessé sur un lit de verdure et renouvelé la compresse appliquée sur la plaie, notre ami se mit en devoir de faire le tour de sa propriété.

Ce voyage d'exploration ne devait pas être long.

Il recommanda expressément à Majesté de ne pas remuer; puis, bien doucement, et en se courbant dans les hautes herbes, il gagna en quatre enjambées la pointe orientale du minuscule continent.

— Stop! dit-il à voix basse, c'est ici le bout du monde.

Puis, écartant le rideau vert qui le cachait, il aperçut les noirs occupés à dépecer l'éléphant.

Cette vue le mit en fureur.

— Les gredins, murmura-t-il. Ça ne pense qu'à tuer et

à bâfrer. Je vous demande un peu ce que leur avait fait c'te pauvre bête.

« Si j'avais encore mon flingot et un cent de cartouches, je leur apprendrais un peu à vivre autrement.

Cette façon « d'apprendre à vivre » aux habitants de l'équateur en leur envoyant des lingots de plomb était pour le moins fantaisiste, et notre ami avait, pour le moment, une singulière manière de comprendre l'existence.

Il quitta son poste, revint vers l'extrémité ouest de l'îlot, en longeant le bord élevé d'un mètre à peine au-dessus de l'eau, mais complètement à pic.

— C'est drôle, reprit-il, on dirait que ce terrain remue. Eh! oui, je ne me trompe pas. Sur quoi diable le sol repose-t-il donc! Il n'est venu à personne l'idée de bâtir ici sur pilotis...

Il sauta alors sur place, pour donner plus de poids à son corps, et bien s'assurer que ce plancher était réellement mobile.

L'îlot tout entier oscilla, et s'enfonça à l'avant d'environ dix centimètres, en faisant clapoter les flots en amont et en aval.

— Mais c'est une île flottante, c'est une espèce de radeau. J'voudrais bien trouver l'amarre qui le retient. Quel pied de nez aux moricauds!

« Allons, j'dis des bêtises.

« Mais quel singulier terrain!

« Quand je dis du terrain, c'est manière de parler. Je ferais mieux de lui donner le nom de terreau. Cela ne se compose en réalité que de débris d'herbes et de roseaux, agglomérés et comme pétris, qui ont été poussés par le courant. Ils se sont arrêtés ici par une cause que je découvrirai.

« Puis, il a poussé là-dessus des herbes et des bambous, et... voilà... C'est nous qui sommes les Robinsons de ce modeste territoire.

« Malheureusement, les vivres sont rares sur notre propriété. Cela me fait involontairement penser au radeau de *la Méduse*.

« Si seulement le petit n'était pas blessé !

« Friquet, mon garçon, vous êtes père de famille, faut avoir de l'esprit pour deux. »

Il revint près du négrillon, qui était assoupi. Il entrecroisa au-dessus de sa tête les herbes, puis se mit à réfléchir.

La chaleur était suffocante ; pas un souffle ne venait renouveler les couches d'air surchauffées par le soleil, dont les rayons, en se réfléchissant sur la rivière, acquéraient une nouvelle et terrible intensité. Les réflexions du petit Parisien ne furent pas longues, un lourd sommeil l'envahit bientôt.

Il dormait depuis près de deux heures. Un soubresaut violent imprimé à son île, qui pencha d'un bout comme si elle allait sombrer, l'éveilla soudain.

— Alerte, Majesté ! mon petit, nous coulons.

Un hurlement féroce retentit en même temps derrière les bambous, et la tête d'un noir colossal apparut.

Le nouvel arrivant brandissait sa lance et allait, sans autre préambule, percer le gamin, mais celui-ci n'était jamais pris au dépourvu.

— Une violation de domicile !... Attends un peu...

Il n'avait pas achevé, que le noir, foudroyé à bout portant d'un coup de revolver, tombait lourdement à l'eau.

— Décidément, mes cartouches sont de premières qualité.

« Allons, à qui le tour ! » dit-il de sa voix aiguë en s'avançant intrépidement jusqu'à l'extrême bord.

Les assaillants, surpris de cette riposte, sautèrent à l'eau comme un clan de grenouilles, et disparurent aussitôt.

— Et dire que je n'ai plus que quatre coups à tirer !

Allons, nous voilà assiégés, et y a pas dix grammes de biscuit dans la soute aux provisions. Quant aux munitions, c'est pas la peine d'en parler.

« Si on pouvait seulement couper les coups en deux !

« Avec tout ça, ce pauvre petit n'a rien à se mettre sous la dent!

« Mais, comment donc faire ? »

Le soleil déclinait lentement. La nuit venait, et la situation empirait.

Il ne fallait pas songer à quitter l'îlot. Les noirs, qui faisaient bonne garde sur les deux rives, poussaient de temps en temps un cri, comme pour indiquer aux jeunes gens que la retraite leur était coupée. Cette nuit fut longue comme deux jours sans pain. Le pauvre blessé, en proie à la fièvre, délirait. Sa plaie s'enflammait, en dépit des compresses que Friquet y appliquait sans relâche.

Il voulait se lever, et, par moments, il résistait aux fraternelles exhortations de son ami, qui l'engageait doucement à patienter.

Enfin, le dévouement du gamin fut mis à une rude épreuve. Il lui fallut employer la force pour empêcher le négrillon de s'arracher de sa couche. Il dut lui attacher les jambes à l'aide d'une sorte de câble qu'il tressa à la hâte av leces *carex* qui croissaient dans le sol vaseux de l'îlot.

Le matin, la fièvre tomba. Le pauvre petit était épuisé. Il s'endormit d'un sommeil de plomb. Friquet, mourant de faim, cherchait à tromper les tiraillements de son estomac en mâchant des bourgeons de bambou.

Triste restauration qui lui procura des nausées sans apporter le moindre soulagement à ses souffrances.

— Décidément, j'ai été mis au monde pour crever la faim. Je ne peux pas vivre six mois, sans que la fringale intervienne bêtement dans mon existence.

« Je vous demande un peu à quoi je vais être bon dans douze heures d'ici.

« Il faut pourtant que j'emmène de là le petit, qui commence à ne pas être à son aise. Il y a cinquante sauvages qui en veulent à notre peau. Pour comble de malheur, je ne peux pas aller chercher un fruit sans risquer de me faire empoigner.

« Si cependant je pouvais, en nageant entre deux eaux, aller couper un morceau de mon pauvre Osanore.

« Dame ! après tout... pourquoi pas ?

« C'est une idée, ça. Ce sera le dernier service rendu par ce bon animal.

Il s'assura que Majesté dormait profondément ; puis, passant son couteau dans sa ceinture, il s'enfonça sans bruit sous les flots.

Il fut un temps énorme sans reparaître. Était-il devenu la proie d'un crocodile ? Gisait-il sur le fond herbeux de la rivière, paralysé par une subite faiblesse ?

Non. Les eaux bouillonnèrent enfin à quelques mètres à peine du point où il avait plongé, puis sa tête émergea...

Il aspira une longue bouffée d'air, souffla, renifla avec ces gestes et ces froncements de la face familiers aux habitués des bains froids ; puis, replongea de nouveau.

Il reparut au bout de vingt secondes, mais de l'autre côté de l'île qu'il avait traversée par-dessous. Après avoir pris pied en se hissant à l'aide des roseaux qu'il empoigna à pleine main, il se mit à exécuter une gigue de haute fantaisie, dont l'incohérence trahissait sinon un accès de folie, du moins une joie qui tenait du délire.

— Et moi qui maudissait la faim ?... Crédié, ça a du bon, la faim !... Je la bénis, moi, la faim !... Vive la fringale !... Elle va nous sauver...

« Pourvu que nous trouvions encore une fois, pour nous remonter, une bonne soupe de matelot quand tout sera fini ? »

Que pouvait bien avoir de commun la fringale avec le salut de nos deux héros?

Voici :

Au moment où Friquet, après avoir piqué sa tête, allait, en nageant entre deux eaux, se diriger vers la carcasse de l'éléphant, à laquelle adhéraient d'énormes morceaux de chair, il avait, plongeur émérite, jeté un regard circulaire.

Il remarqua tout d'abord une chose singulière. L'île sur laquelle il avait abordé, en compagnie de Majesté, était supportée par un tronc d'arbre de moyenne grosseur, qui formait le seul appui de cette terre mouvante.

Ce tronc était mort depuis longtemps, à demi pourri, et en partie rongé par l'action des eaux.

C'est alors qu'il était remonté pour renouveler sa provision d'air ; puis, continuant son exploration sous-aquatique, il était passé de l'autre bout en longeant le tronc d'arbre, et avait pu se convaincre que l'île était bien réellement soutenue par cet unique pilotis.

Cette circonstance lui avait suggéré une idée originale.

Le parti merveilleux qu'il voulait en tirer pouvait assurer leur salut à tous les deux.

De là cette exubérance de joie dont la signification sera intelligible dans quelques instants.

— Friquet, mon garçon, assez de cabrioles. Soyez sérieux. Vous allez appareiller d'ici peu. Ménagez vos forces. D'autant plus que vous êtes seul pour les manœuvres.

« Qué veine, tout de même, d'être à jeun. C'est comme le jour où j'ai repêché l'homme du pont des Arts.

« Pas d' danger de congestion, comme disait le docteur. Et voilà!... Si je n'avais pas eu faim, je n'aurais pas voulu manger de l'éléphant. Je n'aurais pas pensé à plonger, et alors je n'aurais pas vu que notre île était perchée sur un arbre planté au fond de la rivière, comme un nid de canards sur une broussaille.

Friquet avait raison et sa comparaison était fort juste. Le lit des cours d'eau de l'Afrique équatoriale est sujet à des déplacements fréquents, amenés par des causes multiples, parmi lesquelles des convulsions géologiques, résultant des tremblements de terre.

A une époque assez récente, cette rivière avait été brusquement poussée hors des berges qui l'enserraient jadis; ses eaux s'étaient tracé une autre route, par suite d'un cataclysme facilement explicable.

Un arbre s'était trouvé sur son passage. Ses rameaux avaient nécessairement arrêté tous les débris venant du côté d'amont. Ces débris s'étaient amalgamés peu à peu. Ils avaient pris du corps, et acquis une sorte de cohésion. De nouveaux matériaux s'étaient sans relâche ajoutés aux anciens. Puis tout cela s'était transformé en humus. Les branches de l'arbre s'étaient pourries. Le tronc lui-même se désagrégeait lentement.

Enfin, des herbes et des plantes aquatiques, trouvant un aliment parfait sur ce sol en formation, avaient végété avec une incroyable intensité. Leurs racines, profondément implantées dans ces couches encore sans consistance, avaient emprisonné cette tourbe à peine formée dans un inextricable réseau composé de chevelus déliés et tenaces.

C'était maintenant une île flottante, encore appuyée sur son piédestal, comme un champignon sur sa tige.

Il suffisait d'un effort, peut-être considérable, pour briser ce support, et transformer l'île en radeau... C'est ce qu'allait essayer Friquet.

Le pauvre garçon était bien faible pour accomplir un pareil travail; sa faim l'avait déjà singulièrement débilité; n'importe!

Son corps peut défaillir un moment, mais son énergie de fer saura bien pouvoir à tout.

— Puis, d'ailleurs, se disait le brave gamin, on n'a rien

sans peine. Quand j'aurai démoli l'arbre, notre île descendra tout doucement au fil de l'eau. Je m'affalerai bien gentiment dessus, et alors je ferai un bon somme jusqu'au moment où nous arriverons à la côte qui ne doit pas être bien éloignée.

« Les moricauds se tiennent tranquilles. Ils digèrent Osanore. Le petit dort comme un bienheureux. Le moment est propice...

« Allons-y ! »

Il dit, et plonge, son couteau à la main.

Deux secondes après, l'îlot est agité de trépidations saccadées. Le fragile plancher oscille. Cela dure plus d'une demi-minute ; Friquet remonte, respire largement, puis redescend.

Et ainsi de suite jusqu'à complet épuisement.

Chose étrange, les soubresauts de l'île sont de plus en plus violents. Plus le gamin est fatigué, plus il semble mettre d'acharnement à démolir le tronc, qui, jusqu'à présent a raison de ses efforts.

Cet enfant a des étreintes de géant. Il ne veut ni succomber ni abandonner la partie.

De temps à autre, entre deux immersions, il jette un coup d'œil à la ronde, pour s'assurer que tout est tranquille.

Cette apparence de calme et l'absence des noirs ne lui disent rien qui vaille. Comme il est absolument hors d'haleine, que, grâce à ses plongeons réitérés et aux efforts énormes qu'il a faits pour entailler l'arbre, il est près de défaillir, il remonte à grand'peine, afin de goûter un moment de repos.

Bien lui en prend. Ses ennemis veillent. Une nouvelle attaque est prochaine. Ils arrivent, en nageant entre deux eaux comme des alligators.

Friquet les entrevoit. Il se tient tapi sous les herbes, l'œil et l'oreille au guet, son revolver à la main.

— Plus que quatre coups, murmure-t-il. Pourvu que le le petit ne bouge pas. C'est ça qui compliquerait la situation !

« Quel malheur de n'avoir pas pu arracher ce mauvais pieu, qui est plus d'aux trois quarts dépecé !

« L'île filerait maintenant, et les négros seraient bien attrapés.

« Aïe ! aïe ! aïe ! Ça y est ! Les voici. »

Cinq tignasses crépues émergeaient doucement, à un mètre à peine du bord contre lequel se brisait le courant.

Les corps apparurent bientôt. Les mains s'accrochèrent aux herbes, et les indigènes, bondissant en même temps sur l'étroite langue de terre, se dressèrent en poussant un cri horrible.

Friquet, caché sous les herbes, ne bougea pas plus qu'une pierre.

L'élan des nouveaux venus fut tel, que l'île bascula et s'enfonça de plus d'un mètre sous les talons des assaillants surpris et quelque peu effarés.

Puis, un craquement sourd se fit entendre : le radeau de verdure tournoya lentement, tangua, roula comme une embarcation mal lestée, et finalement devint le jouet du courant.

Ce que Friquet n'avait pu faire tout seul, venait d'être exécuté, grâce à l'attaque soudaine de ses ennemis.

Ceux-ci, qui s'attendaient à une résistance désespérée, étaient tout déconfits. Cette solitude déroutait leurs suppositions, en même temps que la marche du sol qu'ils croyaient la terre ferme les frappait d'une sorte d'épouvante.

Ce fut bien pis, quand Friquet, son revolver armé, se jeta intrépidement au milieu d'eux.

— Allons, fichez-moi le camp ! Au trot et plus vite que ça.

Le charme était rompu. La bataille commençait. Elle ne fut pas longue.

Le premier qui voulut saisir le petit homme roula, une mâchoire fracassée ; un second ne fut pas plus heureux ; une balle, envoyée à bout portant en pleine poitrine, le fit dégringoler jusque dans la rivière.

Le troisième, affolé à la vue de ce coup double, s'enfuit plus vite encore qu'il n'était venu. C'était peut-être ce qu'il avait de mieux à faire.

Friquet avait encore deux coups. La lutte circonscrite sur cet étroit espace était désespérée. Il fallait vaincre ou mourir. Le gamin le vit bien, à l'attitude résolue des deux hommes qui allaient s'élancer sur lui.

L'un d'eux brandit son casse-tête. Friquet fit feu une troisième fois au moment où il échappait à un coup terrible par une retraite de corps.

L'arme rata...

— Pas possible, dit-il plus surpris qu'effrayé. Aux derniers les bons ! s'écria-t-il en allongeant le bras et en brûlant sa dernière cartouche.

Le noir tomba comme une masse, le crâne troué, la cervelle en morceaux.

Au moment où le gamin jetait son arme désormais inutile, il s'abattit lui-même, frappé à la nuque par le seul survivant qui, croyant l'avoir tué, piqua une tête et disparut.

— Mon pauvre petit frère, gémit Friquet en roulant dans les herbes, que vas-tu devenir sans moi ?

Puis il resta étendu sans mouvement.

L'île, prise par le courant, descendait rapidement vers l'embouchure de la rivière...

Elle flotta longtemps, tournoya dans les remous, vint butter contre les rives, s'arrêta, repartit, s'écorcha le long des roches, glissa sur les herbes...

Peu à peu, sa vitesse augmenta en raison de la rapidité du courant. Les berges s'élargissaient.

Friquet était toujours évanoui, entre le cadavre d'un noir et Majesté qui dormait...

Un choc terrible les éveilla.

L'île venait de toucher !

Il faisait grand jour. Les deux gamins poussèrent chacun un cri de surprise. Majesté n'avait plus la fièvre, mais il était, ainsi que Friquet, d'une faiblesse extrême. Ce dernier, le cerveau endolori, l'estomac tiraillé par la faim, était dans un état déplorable.

A leur cri répondit une clameur dans laquelle se confondaient les idiomes équatoriaux avec les vocables habituels à des gosiers civilisés :

— Waht ! Was ist ? Stop ! Halte !

— Où diable sommes-nous donc ? fit le gamin ébahi.

« On a crié halte ! Y a un Français ici ! Un pays !

« Eh ! dites donc, dépêchez-vous, nous coulons.

Hasard étrange : l'îlot venait de heurter le taille-mer d'un splendide bâtiment ancré à l'embouchure de la rivière.

Le gamin se frottait les yeux, comme s'il eût été en proie à une hallucination. Son étonnement fut de courte durée. Sa « propriété » coupée en deux s'en allait à la dérive.

Il n'eut que le temps de saisir Majesté à bras-le-corps, et de s'accrocher à une amarre qui pendait le long du mystérieux bâtiment.

Ceux qui avaient poussé les cris entendus par les deux naufragés, les hissèrent rapidement sur le pont, où ils tombèrent mourants de fatigue et d'épuisement.

Chez Friquet, comme chez son compagnon, les syncopes n'étaient pas de longue durée. Il ouvrit bientôt les yeux, et la première personne sur laquelle tomba son regard fut, je vous le donne à deviner en mille... Ibrahim lui-même, qui, les jambes croisées, fumait impassiblement son éternelle pipe à tuyau de jasmin.

— Tiens ! bonjour, patron !

Ibrahim faillit laisser échapper un geste de surprise au son de cette voix connue.

Il fut d'ailleurs très convenable, et fit une chose absolument inusitée qui stupéfia son entourage.

Il se leva gravement, retira méthodiquement de sa bouche le bouquin d'ambre de sa pipe, confia celle-ci à un des familiers, et vint serrer la main du petit Parisien avec une vigueur qui attestait une sincère cordialité.

— Ben oui, c'est nous. Enchantés de vous voir, patron. Vous savez, ce pauvre Osanore est mort. Les moricauds l'ont mangé. Mais aussi, j'en ai démoli une demi-douzaine.

« Voyez donc comme ils nous ont arrangés.

« Allons, bon ! j'oubliais que vous ne parliez que l'*arbi*. C'est gênant...

« Mais M. André !... et le docteur, où sont-ils ?... termina-t-il en pâlissant, et avec un inexplicable accent d'angoisse, contrastant douloureusement avec son entrain habituel.

Un homme de haute taille, aux traits énergiques et distingués, vêtu à l'européenne, s'avançait à ce moment.

— Vous parlez, dit-il, de deux Français qui, après avoir été pris par les Osyébas, ont été délivrés par Ibrahim et ramenés par lui à la côte ?

— Oui, monsieur,

— Appelez-moi capitaine.

— Oui, capitaine. Vous plairait-il de me donner de leurs nouvelles ? Nous sommes, le petit et moi, de leurs amis, et des meilleurs, soit dit sans nous flatter. Leur absence m'alarme.

— Tranquillisez-vous, mon garçon. Ils sont en lieu sûr. Ibrahim, qui m'a raconté leurs aventures et les vôtres, a tenu toutes ses promesses... Il les a fait conduire à

Chinsonxo, possession portugaise, d'où ils seront rapatriés en France.

— Ah ! tant mieux. Merci, capitaine.

« Si ça ne vous fait rien, je serais bien content de les rejoindre. Ils ne peuvent pas être bien éloignés.

— Ils ne sont pas très éloignés, en effet, mais vous ne pouvez pas les rejoindre.

— Pourquoi donc ? sans vous offenser.

— Parce que vous allez rester ici.

— Pas possible !

— C'est comme ça, mon garçon. Vous avez le choix, vous et votre compagnon, entre un engagement comme matelots à mon bord, ou une culbute au fond de l'eau avec un boulet de vingt-quatre au pied.

— Comme ça, y a pas moyen de choisir autre chose.

— Non.

— Du moment que nos amis sont en sûreté, et que vous voulez bien vous charger de me faire faire mon *Tour du monde*, j'accepte.

— Vous avez raison.

— Mais je voudrais pourtant bien savoir où nous sommes.

— A bord d'un négrier, mon garçon.

— Ah ! Alors c'est vous qui transportez la marchandise de ce grand coquin d'Ibrahim ?

— Vous l'avez dit, reprit le capitaine qui semblait s'amuser à cette conversation. Mais vous devez avoir faim, je n'ai pas l'habitude de faire jeûner mon équipage ; allez manger, matelots.

— Oui, capitaine. Viens, Majesté, dit Friquet, se dirigeant vers la cuisine, en homme auquel la distribution d'un bâtiment était familière.

Majesté emboîta le pas en chancelant. Son épaule le faisait affreusement souffrir.

— Dites-donc, matelot, comment vous appelez-vous ?

— Friquet, capitaine, Friquet de Paris.

— Bien. Vous serez inscrit tout à l'heure au rôle de l'équipage.

« Votre noir recevra les soins du docteur.

— Merci, capitaine.

— Allez.

— Il n'a pas l'air si féroce que ça, le capitaine. Après tout, s'agit que de se débrouiller. Allons à la soupe, ensuite on verra.

« C'est égal, ce bateau est tout de même un drôle de bateau.

« Ainsi, nous voilà à bord d'un négrier, c'est-à-dire à la veille d'être pendus, si nous sommes crochés par les croiseurs ; et avec ça pas moyen de filer, car ce capitaine n'a pas l'air de rire avec son boulet de vingt-quatre au pied. Ça serait bientôt fait.

« Au plus pressé, à la soupe !

C'était, en effet, un singulier bateau que celui sur lequel Friquet avait été amené par les bizarreries de son existence aventureuse.

Rasé comme un ponton, sa mâture, y compris le beaupré, était symétriquement rangée sur le pont. Bien affourché sur ses ancres, on eût dit, en le voyant immobile sur les eaux, qu'il attendait patiemment la marée basse, afin d'être soumis à quelque réparation urgente, nécessitée sans doute par l'état de sa carène ; mais, en voyant ses plats-bords émerger à peine, on reconnaissait bientôt qu'il portait au contraire une cargaison complète.

Il semblait être prêt pour l'appareillage, bien qu'il fût pour le moment privé de ses organes habituels de locomotion.

Tous les malheureux qu'Ibrahim avait amenés du pays des Osyébas, étaient arrimés dans la profondeur de la cale.

La cargaison humaine était arrivée à bon port. Le

bétail noir avait été marchandé, toisé, examiné, acheté. L'affaire était conclue.

Le capitaine avait pris livraison du bois d'ébène. Il allait appareiller pendant la nuit.

L'Abyssinien était en ce moment seul à bord avec son lieutenant. Les hommes de son escorte attendaient sur la rive une dernière et importante formalité.

Elle fut courte. Le capitaine, après être descendu dans sa cabine, remonta portant deux énormes sacs d'or qu'il remit au lieutenant.

Puis, un papier, écrit en anglais et en arabe, dont Ibrahim prit connaissance.

C'était une traite sur une des principales maisons de banque du Cap.

Le prix du sang !

Vous avez bien lu. Une maison anglaise allait prochainement prêter les mains à ce hideux trafic, en faisant honneur à la signature du capitaine négrier, à présentation faite par le traitant.

Ibrahim, guéri grâce au docteur, se trouvait désormais assez riche. Turcaret africain, usurier de chair humaine, il n'avait plus qu'à mettre sa conscience en repos.

C'était chose facile.

Quant au reste, il licenciait sa troupe, cédait son fonds de commerce à son lieutenant, et partait pour Saint-Paul de Loanda, d'où il gagnait le Cap. Il encaissait alors la somme dont il était créancier, et revenait par mer dans sa chère Abyssinie, où il jouissait en paix du fruit de ses économies.

Ainsi fut fait. Il serra une dernière fois la main du capitaine, et descendit, sans avoir revu Friquet, dans l'embarcation qui avait été armée pour le conduire au milieu des siens.

Quant au gamin, après avoir absorbé sa « bonne soupe de matelot », qui, suivant son expression, lui avait remis le cœur à l'épaule, et avoir conduit Majesté au poste des blessés, il ne vit plus, en remontant sur le pont, que la rive déserte, ombragée de palétuviers...

Ibrahim avait disparu.

CHAPITRE IV

Ras comme un ponton, et plus rapide qu'un aviso. — Friquet encore plus étonné. — Les ruses d'un forban. — Croiseur et négrier. — Un cadavre qui marche. — L'opinion du docteur Lamperrière sur les amis d'Ibrahim. — La chasse au bandit. — Pourquoi et comment André et le docteur sont à bord du bâtiment de guerre. — Le docteur retrouve une perruque et... un barbier. — Rencontre d'un trois-mâts. — Les facéties du capitaine Marius Cazavan. — Ce qu'on entendait à bord du *Rhône* par « matériel d'une sucrerie ». — Métamorphose d'un gredin. — Les ennemis en présence — Qui l'eût dit ?... — Comme quoi un épissoir tombant des perroquets sur la tête d'un matelot peut déterminer une méningite. — Le délire d'un misérable. — Affreuse réalité.

Les noirs amenés par Ibrahim sont arrimés dans l'entrepont du mystérieux vaisseau.

Vers quelles régions l'aveugle destinée va-t-elle pousser le bétail humain ?

Le capitaine Flaxhant est-il acquéreur du noir troupeau, ou opère-t-il pour le compte de ces armateurs opulents, mais sans préjugés, qui approvisionnent encore aujourd'hui le Brésil, le Rio-Grande-do-Sul, Cuba, et autres pays où, quoi qu'on dise, l'esclavage est toujours toléré ?

C'est ce que se demande aussi notre ami, le gamin de Paris, qui, acclimaté déjà au bout de deux heures, furette de tous côtés, flanqué de Majesté qui le suit comme son ombre.

Aller ici ou là, peu lui importe ! Deux choses sont essentielles pour lui : retrouver le docteur avec André, et faire son *Tour du monde*.

Il a une foi robuste dans son étoile, et il ne désespère en aucune façon de la réalisation de ces deux désirs.

Par quel moyen ? Il n'en sait absolument rien. Mais comme il possède cette confiance qui semble commander aux événements, nous avouons la partager avec lui.

Il a été inscrit au rôle de l'équipage, comme matelot de deuxième classe, sous le nom de Friquet, Français, né à Paris.

Quant au négrillon, il est inscrit comme novice, sous le nom de Majesté, *nègre libre*, né au Gabon.

Leurs fonctions sont pour le moment une sinécure, et pour cause : le vaisseau est, avons-nous dit, rasé comme un ponton. Il semble un monstrueux cétacé qui sommeille au milieu des herbes. Habilement dissimulé dans une petite anse formée par une dépression de la berge, il est impossible de l'apercevoir à mille mètres, à plus forte raison du large.

L'océan est là, à deux pas. La marée monte lentement. Les racines bulbeuses des palétuviers, alternativement baignées par l'eau douce et par l'eau salée, laissent échapper encore les émanations pestilentielles produites par ce mélange et qui sont mortelles aux Européens non acclimatés.

Petit à petit le flot les recouvre. L'odeur de vase diminue. Des nuées de moustiques s'envolent. L'embouchure de la rivière est devenue un bras de mer. Dans quelques minutes, cette mer sera étale.

Un coup de sifflet retentit. Le pont du navire se peuple comme par enchantement.

Bien qu'il soit composé de matelots appartenant à toutes les nations imaginables, l'équipage obéit comme un seul homme aux commandements formulés en anglais et qui suivent le strident appel.

Il y a là d'étranges et sinistres figures. Sauf de rares exceptions, on ne trouve pas le type jovial et luron du vrai mathurin français.

C'est un équipage de déclassés, bons marins sans doute, mais sans aucun préjugé, que le capitaine a ramassés un peu partout, jusqu'au bout de la corde des potences, et qu'il maintient avec une discipline de fer.

Friquet a fait cette remarque. Il est sur le point de demander quelques renseignements à un Français qu'il déniche, on ne sait comment, bien qu'il soit perdu au milieu de tous ces malandrins, mais le commandement de : *Pare à virer !*... lui coupe la parole.

— Pare à virer, murmure-t-il tout bas. Je me demande comment il entend faire pivoter ce ponton qui contient quatre cents nègres; et cela, sans un chiffon de toile, sans machine, surtout !

« Enfin, faut voir. »

Ah ! pardieu, ce n'est pas long.

Nous avons dit que le bâtiment était à l'ancre, près de la berge gauche de la rivière. Son avant est, en outre, amarré à la rive droite par un long câble, solidement attaché à un énorme baobab.

Au commandement, une sorte de frémissement parcourt la coque tout entière. On dirait ce bruit particulier de la vapeur qui s'introduit dans tous les conduits d'une machine, sorte de murmure circulatoire précédant la mise en train de cet organisme admirable.

Puis, un sourd mouvement de piston. Le cœur du navire bat. Et, lentement, sans secousse, sans effort apparent, sans même qu'aucun des hommes de l'équipage y mette la main, les deux ancres de l'avant s'arrachent du fond vaseux de la rivière.

Les chaînes glissent en ronflant sur l'armature de fer

des écubiers, elles s'enroulent automatiquement sur un tambour, grâce à une énergique traction exercée de l'intérieur, puis elles se perdent au fond de la cale dans leurs puits spéciaux.

En deux minutes les ancres sont à leur poste de mer.

Friquet est stupéfié. Il n'y a ni fumée ni cheminée; et d'ailleurs, pas le moindre jet de vapeur, ni ces émanations bien connues des fourneaux de chauffe.

Pourtant, le fait de ces deux ancres qui viennent de déraper en un moment, est indéniable.

Puis ces heurts saccadés du piston sont familiers à l'ancien chauffeur.

Quelle mystérieuse machine recèlent donc les flancs du navire.

Friquet n'est pas au bout de ses étonnements. Le câble qui relie l'avant à la rive droite se tend violemment. L'axe du bâtiment, parallèle à celui de la rivière, se déplace insensiblement. Il forme un angle qui s'élargit de plus en plus, par une manœuvre d'une simplicité élémentaire.

Grâce à son invisible machine, le « ponton », comme se plaît à le nommer Friquet, se hale sur le câble qui vient s'enrouler sur le tambour, qui n'est lui-même qu'un guindeau sans barres.

Le bateau est maintenant perpendiculaire aux deux rives. L'extrémité du câble accrochée au baobab est larguée. La coque obéit alors à la poussée du courant qui le prend en plein travers; mais comme l'arrière est toujours maintenu par la troisième ancre, le bâtiment pivote complètement sur lui-même et vient en un clin d'œil se placer, après avoir décrit un demi-cercle, au point qu'il occupait avant, mais complètement retourné.

— J'ai déjà vu bien des choses en ma vie, mais jamais d'appareillage aussi enlevé que celui-ci. Décidément, le commandant est un malin, et un malin pour de vrai.

« Pétard ! ça n'a pas duré cinq minutes. Et pas un de ces particuliers-là n'a seulement remué le bout du doigt.

« Mais qu'est-ce que ce bateau a donc dans le ventre.

« Pour peu qu'il y ait une hélice...

— Go ahead ! fait de sa voix calme le commandant...

Un énorme bouillon frangé d'écume s'élève aussitôt à l'arrière. La coque s'agite, frissonne, puis bondit comme un pur sang dont le flanc est labouré par une molette d'acier.

Le bâtiment marche.

— Pétard de pétard ! s'écrie Friquet les narines dilatées, la bouche entr'ouverte, les yeux ronds, la face bouleversée. Qu'est-ce que ça veut dire ? Si je croyais aux sorciers, là, vrai de vrai, je ne serais pas rassuré.

« Un bateau qui ne va ni à la voile ni à la vapeur, qui est ras comme un sabot, qui file comme un paquebot-poste, qui démarre sans cabestan, et dont l'hélice ronfle comme un tonnerre, car il a une hélice, il en a même deux, — je connais ça rien qu'en voyant le sillage, — non, tout ça n'est pas naturel.

« Ben, ma fois, tant pis, naturel ou non, miracle ou diablerie, ça m'intéresse, moi.

« Tiens, vois donc, Majesté, comme c'est beau ! Tu vas voir la mer, la vraie mer, l'océan des vieux de la cale, le pays désert qui est peuplé de voiles blanches, où s'ébattent les mouettes et les marsouins, où fument les steamers !

« Nous allons nous lancer dans l'immensité, courir les aventures, et faire le tour du monde, en mauvaise compagnie... ça, c'est vrai, et ça me jette un froid.

— Mangi li sel ? interrogea timidement le négrillon, mais avec des yeux ardents de convoitise.

— Ah ! oui, répliqua le gamin en pouffant de rire, j'oubliais... T'es bébête tout plein, avec ton sel. On t'en donnera tant que t'en voudras, mais, attends un peu... que diable ! on n'est pas comme ça porté sur sa bouche.

Friquet n'eut pas le temps de remarquer la moue d'enfant gâté qui plissa la bonne grosse lèvre du petit bonhomme...

— Stop, cria le commandant.

Puis aussitôt :

— Machine en arrière.

Le bâtiment, qui marchait sur son erre, s'arrêta net.

— Paraît qu'y a du nouveau, chuchota le gamin au milieu du silence qui régnait à bord.

Il y avait en effet du nouveau, sinon de l'imprévu.

Le capitaine négrier, avant de quitter l'embouchure de la rivière formant, en ce moment, un large estuaire, voulait savoir à quoi s'en tenir sur la présence ou l'absence des croiseurs qui, pendant toute l'année, ne manquent pas d'explorer minutieusement toutes les sinuosités de la plage.

Comme il y allait pour lui, non seulement de sa cargaison, mais encore de sa vie, il ne voulait avancer qu'à bon escient.

Il n'y avait, d'ailleurs, rien de suspect à l'horizon. Le soleil brillait d'un vif éclat. Le ciel était d'un bleu cru tranchant violemment avec l'azur pâli des flots ; pas une vapeur ne flottait dans l'air, et pourtant il semblait qu'on entrevoyait bien vaguement au-dessus de la haute mer, au point où le ciel se confondait avec la ligne des eaux, comme une légère buée noirâtre.

Quelque chose comme une imperceptible trace de fumée...

Pas de fumée sans feu, dit le proverbe. En mer il n'y a généralement pas de feu sans machine, et dans ces parages suspects cela signifie croiseurs, qui eux-mêmes évoquent l'image de gentlemen sans préjugés, pincés en flagrant délit de commerce de bois d'ébène, et qu'une cravate de chanvre débarrasse à tout jamais des soucis de l'existence.

C'est pourquoi le capitaine avait fait stopper.

Le navire était à vingt mètres du bord. Une légère embarcation montée par trois hommes glissa en une seconde des portemanteaux. En quatre coups de rame elle atterrit.

Un des trois matelots, une lunette marine en bandoulière, escalada avec l'agilité d'un écureuil un palétuvier, s'installa dans les hautes branches, tira sa lorgnette et interrogea attentivement l'horizon.

L'examen dura une minute.

Puis l'homme dégringola avec l'agilité d'un clown, sauta dans la barque, qui rallia le vaisseau.

Le capitaine l'attendait.

Il tira son béret, sortit le paquet de tabac qui gonflait sa joue et dit :

— Capitaine, c'est lui.
— L'*Éclair*?
— L'*Éclair*.
— Bien, nous passerons.

L'officier descendit rapidement dans le navire.

Il remonta au bout de cinq minutes.

Une trentaine de matelots apparurent, comme par enchantement, sortant on ne sait d'où. De rudes gaillards : larges d'épaules, étroits de hanches, la poitrine bombée, les bras musclés à faire éclater leurs tricots rayés.

Aucun commandement ne leur fut donné. Ils savaient ce qu'ils avaient à faire.

La besogne à laquelle ils se livrèrent et qu'ils achevèrent en moins de temps qu'il n'en faut pour le dire, était réellement stupéfiante.

Nous éprouvons, quel que doive être l'étonnement du lecteur, le besoin de dire que nous n'inventons rien.

L'apparition d'un panache de fumée flottant au-dessus de l'horizon, les quelques paroles échangées entre le commandant et le matelot qui, de son poste aérien, venait d'inspecter la haute mer, l'annonce de l'*Éclair*, ces deux mots : « nous passerons », indiquent suffisamment que la route était coupée par un croiseur.

Et pourtant le négrier avait dit :

— Nous passerons.

De quelle façon ?

Voici. Le pont, et par conséquent le bastingage du vaisseau mystérieux, émergeaient très peu. Il pouvait, tel qu'il était, privé de ses mâts, n'ayant pas de cheminée, et en apparence abandonné, passer pour une épave.

Si un bâtiment, correctement gréé, filant à pleines voiles ou à toute vapeur, devait exciter vivement la défiance d'un croiseur, étant donné le lieu suspect où il se trouvait, il n'en était pas de même d'un bateau désemparé, qui semblait déserté par son équipage.

Le capitaine, qui certes n'en était pas à son coup d'essai, devait compter là-dessus.

Les matelots se mirent à arracher, ou plutôt à démonter certaines parties des bastingages dans lesquels s'ouvrirent de larges brèches qu'on eût dites pratiquées par l'irruption brutale des paquets de mer.

Les écrous, les chevilles et les rivets servant à joindre toutes ces pièces étaient soigneusement rangées dans l'entrepont.

Les dallots, sortes d'ouvertures carrées par lesquelles s'écoule de dessus le pont l'eau embarquée quand la mer est furieuse, furent éventrés et devinrent des trous informes.

La barre fut enlevée.

Enfin, pour que l'illusion fût complète, un mât de fortune, préalablement brisé à son emplanture, et auquel adhéraient encore des lambeaux de voile, fut couché de trois quarts sur le bordage qu'il semblait avoir fracassé dans sa chute.

Ainsi grimé, transformé, en quelque sorte maquillé, le bâtiment négrier n'avait plus que l'apparence d'une triste victime d'un sinistre maritime.

Tout cela, on le conçoit, n'était que fictif. Cette métamorphose subite pouvait se comparer aux changements à vue si admirablement réalisés sur nos théâtres parisiens, ainsi qu'à ceux que subissent les comédiens qui deviennent en un clin d'œil d'abominables truands, de gentilshommes qu'ils étaient l'instant d'avant.

Quelques coups de ciseaux habilement dissimulés dans le tissu de l'habit, dont les lambeaux sont maintenus par un simple fil, quelques coups de pinceau à la face, une perruque, et la chose est faite.

De même pour le bandit de la mer.

En apparence privé de ses organes essentiels, il devait exciter la commisération, non la défiance, comme ces sordides chercheurs d'or qui portent dans leur ceinture une fortune tout entière, et auxquels on donnerait deux sous.

Lui recélait quatre cents nègres dans ses cavités, et de plus, sa formidable machine, en sommeil pour l'instant, mais qui devait avoir un terrible réveil.

Bien que l'embouchure de la rivière fût très large, le courant était extrêmement rapide...

Le bâtiment glissait vers l'océan.

Le pont était devenu désert. Il y avait une barre dans la batterie, le capitaine, une carte sous les yeux, s'y installa en personne.

Puis les hélices se mirent en marche, mais très lentement, et alternativement, de façon à imprimer à l'avant des mouvements de droite et de gauche paraissant produits par le courant et les lames dont cette coque, en apparence désemparée, semblait le jouet.

C'est ainsi que, titubant, oscillant, tanguant, et roulant à faire pitié, ce faux cadavre de navire gagna la haute mer.

. . . .

Le croiseur filait vers le sud. Il avait dépassé l'embouchure de la rivière sans rien apercevoir de suspect.

— Épave à bâbord... par l'arrière, cria la vigie.

L'*Éclair* stoppa. Toutes les lunettes furent braquées, mais inutilement, sur l'épave signalée. Elle n'était visible que de la mâture, eu égard à son peu d'élévation au-dessus des flots.

Une embarcation fut aussitôt mise à la mer et fit force de rames vers cette coque délabrée, dont on commençait à distinguer les mutilations.

Chose étrange, bien qu'elle dansât toujours comme une bouée sans amarre, elle n'en continuait pas moins son mouvement lent, mais continu, vers la haute mer; pourtant le courant ne se faisait plus sentir; enfin le vent soufflait du large.

Phénomène non moins extraordinaire, elle gagnait visiblement sur la chaloupe montée par les plus fins rameurs de l'équipage.

— Mille milliards de milliasses de tonnerre de l'équateur, cria une voix terrible agrémentée d'un inimitable accent marseillais, commandant, nous sommes roulés ! c'est lui, lou coquine !

— Mais qui ? interrogea le commandant.

— Eh ! bagasse ! ce mécréant d'enfer, ce pirate, ce voleur, ce scélérat de marchand de bois d'ébène.

« Ce grand vaurien d'Ibrahim a de jolies connaissances ! »

— Voyons, docteur... expliquez-vous.

— Té ! Boudiou ! lé grédin n'est pas plus désemparé qué nous. C'est encore un tour de son métier... Il nous brûle du poivre, là, à notre nez... Il emporte pour plus de sept cent mille francs de marchandise...

« Oh ! je m'y connais... c'est de premier choix, aussi vrai que je me nomme le docteur Lamperrière.

« Mais comment donc faire pour le crocher?

— C'est bien simple, répliqua de sa voix calme le commandant : virer en deux temps, lui donner la chasse, l'aborder, prendre cette coque à la remorque, ramener les noirs chez eux, et... pendre, séance tenante, l'équipage.

« Voilà, mon cher docteur. »

— Vous parlez d'or, commandant; n'est-ce pas, André? dit-il à notre ancienne connaissance, qui, pâle, amaigri, se soutenant à peine, suivait d'un œil fiévreux les évolutions bizarres de l'épave.

— C'est vrai, répondit le jeune homme. C'est le seul moyen possible. Mais êtes-vous absolument sûr de ce que vous avancez, mon bon ami?

— Je voudrais bien être aussi certain de l'existence de mon pauvre Friquet, reprit l'excellent homme avec un tremblement dans la voix.

L'*Éclair* venait de virer en un clin d'œil. Il se dirigeait à toute vapeur vers l'épave solitaire, mais toujours animée de son singulier mouvement de translation.

La distance diminuait rapidement...

Mais, tout à coup, l'épave s'arrêta un moment, s'affermit, reprit son aplomb, comme un bandit qui se redresse sous le haillon, puis s'élança comme une flèche en laissant derrière elle un blanc sillage d'écume !...

— Eh bien? s'écria le docteur.

— Eh bien ! quoi?... nous allons lui donner la chasse, parbleu !... Et si cela ne suffit pas, nous verrons à lui fourrer quelques kilos de fonte dans les côtes !

— Mais... Et les noirs?

— Ah! sacrebleu! c'est vrai. Pauvres diables!

« Allons, pas de temps à perdre ! En chasse, Docteur, nous les prendrons... avant peu... Ou, alors, l'*Éclair* ne serait plus le meilleur marcheur de notre glorieuse marine. »

Et le croiseur, lui aussi, bondit tout fumant à travers les lames, avec une vélocité qui légitimait pleinement son nom, ainsi que l'espoir que fondait sur lui son brave capitaine.

Pendant que la course prend une allure enragée, et que, malgré les tonnes de charbon engouffrées dans ses fourneaux, le navire de guerre a peine à maintenir sa distance, expliquons pourquoi et comment le docteur et André se trouvent à bord.

C'est bien simple.

On se rappelle qu'après la disparition de Friquet et du négrillon, les deux Français avaient été brutalement expédiés à Chinsonxo par Ibrahim.

Au moment où ils allaient se mettre à la recherche des deux gamins, André, terrassé par un effroyable accès de fièvre, était tombé mourant entre les bras du docteur.

Il devait la vie à un miracle opéré par la science et le dévouement de son ami. Recommencer la campagne, et s'en aller à l'aventure battre les recoins inexplorés de l'Afrique mystérieuse, il n'y fallait pas penser. C'était courir à une mort certaine, sans aucune chance de succès. André pouvait à peine se tenir debout, et la convalescence menaçait d'être longue.

Il fallait d'abord aviser au plus pressé, c'est-à-dire conjurer le péril. Heureusement que la pharmacie du gouverneur portugais était amplement fournie de sulfate de quinine, la panacée par excellence, devant laquelle les infections paludéennes cèdent généralement.

Quelle que fût son inquiétude sur le compte de son cher gamin, le docteur espérait bien le revoir tôt ou tard. Il avait une entière confiance en son ingéniosité pour se tirer de tous les mauvais pas; et d'ailleurs la présence du négrillon, de l'enfant de l'équateur, contribuait aussi à le rassurer.

Friquet en avait vu bien d'autres, quand, perdu à huit ou dix ans sur le pavé de Paris, il avait résolu le fantastique problème de vivre dans ce désert peuplé, où l'on est plus isolé, s'il est possible, que dans les solitudes africaines.

Avec l'aide de Majesté qui semblait rompu à la vie d'aventure, et qui dans tous les cas connaissait les ressources comme aussi les dangers du pays, il y avait à supposer que les deux amis s'en tireraient.

Sur ces entrefaites, le mât de signaux, placé à côté de la petite rade de Chinsonxo, au haut d'un arbre, signala la présence d'un navire de guerre français. Un croiseur sans doute.

A cette nouvelle, le cœur du docteur battit à rompre. Le navire, c'était le salut. Il fallait à tout prix entrer en communication avec lui.

Le gouverneur, qui avait peut-être d'excellentes raisons pour éviter cette visite, hésita bien un peu avant d'ordonner les signaux; mais le docteur, quand il avait une idée bien incrustée dans le cerveau, n'avait jamais l'habitude d'en démordre.

Aussi, moitié persuasion, moitié intimidation, finit-il par obtenir ce qu'il voulait.

Les signaux, communs à toutes les nations du monde furent exécutés, et au bout de trois heures une chaloupe accostait.

A la vue des marins qui la montait, le docteur pâlit.

— André, balbutia-t-il, la chaloupe... de... l'*Éclair*, entendez-vous? de l'*Éclair*, mon bâtiment... nous sommes sauvés. Nous retrouverons nos enfants, venez, mon ami. Le commandant accordera tout.

« Allons, embarque! »

André ne se le fit pas dire deux fois. Après avoir remercié chaleureusement le gouverneur de ses attentions, et l'avoir assuré de leur vive reconnaissance, les deux amis prirent place dans l'embarcation.

Les matelots contemplaient le docteur avec une stupéfaction profonde.

En dépit de cette tête chauve, de cette barbe de trois mois, de ces traits amaigris, de cette peau couleur de brique, enfin de ces habits sordides couvrant un torse décharné, ils retrouvaient vaguement une physionomie autrefois connue, mais à laquelle il était pour le moment impossible d'assigner une individualité.

Le docteur s'amusa un instant de leur étonnement, puis, au moment où le patron envoyait le commandement de :

— Nage !

— Eh bien ! dit-il au sous-officier, qui n'était autre que le timonier Pierre, sauvé par Friquet des griffes du noir lors de l'expédition dans le haut Ogôôué, eh bien ! voyons, on ne reconnaît pas les amis ?

« Mais oui, mon fils, c'est moi. Le docteur Lamperrière. Le commandant va bien ?

— Oh ! monsieur le docteur, répondit Pierre, c'est ça une veine ! y n'vous ont pas mangé, tout de même, là-bas...

— Tu vois bien.

— C'est le commandant qui va être content.

— Et moi donc ! Hé ! continua-t-il en interpellant l'équipage, qui, bouche béante, souquait ferme. Tu me reconnais, maintenant, les enfants ! allons, ça va bien.

— M'sieu le docteur, reprit le timonier, je ne vois pas avec vous le « petit », not'gamin, Friquet, ce brave enfant qui nous a tous sauvés là-bas, et qu'a disparu avec votre compagnon que voici.

« Sans vous commander, je voudrais bien savoir où il

est. Voyez-vous, je l'aime tout plein. C'est à lui que je dois celui de vous ramener.

— Nous l'avons perdu il y a déjà cinq jours, mais, sois tranquille, va, mon vieux Pierre, nous le retrouverons. Nous allons battre la côte ensemble, et c'est bien le diable si nous ne mettons pas la main dessus.

— Pour ça, tout le monde sera « porté de bonne volonté » car, voyez-vous, ce moussaillon-là, c'est de la vraie graine de matelot, et pour sûr que ça sera à qui l'ira chercher.

— J'y compte bien, mes braves amis, et merci pour moi comme pour lui. Nous aurons bientôt occasion d'utiliser votre dévouement.

Quelque temps après, la chaloupe frôlait la coque de l'*Éclair* qui s'approchait lentement.

L'arrivée du docteur, qui se hissa en deux temps comme un faucheux, enjamba lestement le bastingage et s'avança ainsi qu'un revenant au milieu d'un groupe d'officiers, provoqua un véritable enthousiasme.

Certes, si l'on comptait sur quelqu'un, ce n'était plus sur lui. Aussi, le digne homme, fêté, embrassé, choyé, ne savait-il plus à qui entendre ni à qui répondre.

Il était adoré à bord, et on a vu combien cette sympathie qu'il avait inspirée à tout l'équipage était légitime.

Il présenta André au commandant, qui connaissait déjà sa généreuse conduite et l'héroïque abnégation dont il avait fait preuve, à bord de la chaloupe à vapeur, lors de l'attaque des Osyébas.

Le jeune homme était dorénavant chez lui. Tous les officiers s'en vinrent lui serrer énergiquement la main, et l'assurer de leurs meilleurs sentiments.

Le docteur retrouva naturellement sa cabine dans le même état. Ouvrir rapidement une malle, en tirer un uniforme tout flambant neuf, appeler le perruquier qui, séance tenante, abattit la broussaille grise qu'on voyait se tordre à son menton, fut l'affaire d'un moment.

Puis, la face bien savonnée, les favoris bien peignés, et enfin, ô miracle de l'industrie contemporaine ! le chef recouvert d'une perruque neuve, que surmontait une casquette à triple galon d'or, le docteur métamorphosé, méconnaissable, se rendit au carré.

André fut positivement stupéfait du changement.

— N'est-ce pas, que je suis encore présentable, dit-il radieux.

— Mais, docteur, vous êtes superbe.

— A votre service, mon bon ami. Ma chambre vous est ouverte. Allez donc aussi faire un bout de toilette. Vous trouverez du linge, des effets d'habillement, tout ce qu'il vous faut enfin.

— Ma foi, j'accepte, et de grand cœur.

Pendant qu'André accomplissait une métamorphose analogue, le docteur faisait à l'état-major le récit des aventures incroyables dont il avait été le héros, ainsi que ses compagnons, y compris Majesté.

Il serait superflu de dire qu'il obtint un succès inouï.

Tout naturellement, la plus large part en revint à Friquet, qui devenait dorénavant l'enfant gâté de tout le corps d'officiers, et dont chacun déplorait vivement l'absence.

En somme, un point extrêmement important était éclairci. Il y avait là, tout près, à la côte, une caravane d'esclaves qu'un négrier allait certainement venir chercher d'ici peu.

Peut-être même était-il arrivé déjà, et se dissimulait-il dans une crique ignorée. Il fallait à tout prix le retrouver.

Quant à Friquet, on allait détacher de nouveau la chaloupe à vapeur qui était allée à la recherche du docteur. Elle fouillerait toutes les anfractuosités de la côte, remonterait les cours d'eau, ferait des signaux de jour et de nuit; bref, on mettrait tout en œuvre pour retrouver l'intrépide gamin.

Ce projet devait être, comme on a pu le voir tout à l'heure, malheureusement mis à néant, puisqu'à ce moment-là le petit Parisien était déjà sur le bâtiment négrier.

L'*Éclair* força sa marche, longea la côte, passa devant l'embouchure de la rivière où était dissimulé le vaisseau de proie et ne vit rien de suspect.

Pourtant, le commandant n'était pas dupe de cette apparente solitude; aussi feignit-il de dépasser ce point où, grâce à son flair de vrai loup de mer, il sentait inconsciemment quelque chose d'anormal, mais avec la ferme volonté de s'éloigner pour la forme et de veiller avec plus d'attention que jamais.

Il allait donner l'ordre de faire pénétrer la chaloupe dans le large estuaire formé par l'embouchure de la rivière, quand le cri de la vigie signala l'épave...

On sait le reste. La chaloupe voulut l'accoster, mais inutilement. L'*Éclair* prit la chasse, et le négrier, poussé par sa mystérieuse machine, se mit à filer avec la vélocité d'un cétacé.

. . . .

La poursuite continua sans relâche, implacable, acharnée, désespérée.

La nuit vint. La distance qui séparait le fugitif du vaisseau de guerre se maintenait rigoureusement. Ce dernier avait pourtant activé ses feux et donné son maximum de pression. Quelle infernale machine l'autre, qui semblait un cadavre de navire, avait-il donc dans le ventre pour tenir ainsi en échec ce vaillant croiseur?

Pendant longtemps, suivant la pittoresque expression des matelots, leur vitesse était à ce point égale, qu'un fil de la Vierge joignant l'arrière du premier à l'avant du second n'eût pas été brisé.

La course dura une demi-heure encore, puis le négrier disparut.

Il n'y avait rien d'étonnant à cela. Son peu d'élévation lui permettait de se dissimuler derrière les lames qui commençaient à grossir.

Peut-être avait-il accéléré sa marche et fait une pointe hardie à droite ou à gauche, mettant à profit l'obscurité qui ne permettait que bien difficilement aux lunettes de l'observer.

Quoi qu'il en soit, le commandant de l'*Éclair* attendait le jour avec une impatience facile à concevoir.

A quatre heures, le disque du soleil émergea brusquement, rougeoyant sur les crêtes des vagues, et laissant des taches d'ombre dans les vallées mouvantes, aussitôt comblées et sans cesse creusées grâce à l'éternel mouvement de la masse liquide.

Le commandant, qui n'avait pas quitté la dunette, était en conversation animée avec le premier lieutenant et le docteur.

Une voix sonore tombant des perroquets interrompit le colloque.

— Bâtiment à voile!... par bâbord!... marchant comme nous.

Un quartier-maître timonier, portant en bandoulière une forte lunette, se tenait près de l'officier. Il décrocha rapidement la bretelle qui maintenait l'instrument d'optique, le mit au point en une seconde, et le tendit à son chef qui contempla longuement le point invisible encore à l'œil nu.

— C'est un trois-mâts, murmura-t-il à part lui. Bien qu'il marche parallèlement à nous, peut-être pourra-t-il me renseigner sur le négrier... ce gredin est peut-être sur son horizon... Dans une demi-heure on verra ses couleurs, je vais courir sur lui.

« Car, enfin, il faut bien que ce ponton aborde quel-

15

que part, et un bateau ainsi mutilé est facile à signaler...

— Timonier, dites à l'officier de quart que je le prie de mettre le cap sur le navire en vue.

« Quand on verra ses couleurs, on me préviendra. »

Il descendit ensuite à sa chambre et absorba à la hâte un frugal repas.

Vingt-cinq minutes s'écoulèrent.

— Entrez, dit-il en entendant un léger coup frappé à la porte.

— Commandant, le navire est en vue. Il porte les couleurs françaises.

L'officier remonta rapidement sur le pont et vit un trois-mâts qui marchait vent arrière, toutes voiles dehors, avec une remarquable vitesse.

Il lui fit faire le signal de mettre en panne, manœuvre que l'autre exécuta instantanément, avec une habileté consommée.

Il prit la panne sous le grand hunier, en saluant par trois fois le navire de guerre de son pavillon tricolore. Son numéro fut aussitôt hissé, et l'on vit que c'était le *Rhône*, de Marseille.

C'était un magnifique trois-mâts-barque, aux flancs peints d'une jolie couleur gris poussière, au milieu desquels tranchaient des sabords d'un noir d'ébène.

La vague le berçait gracieusement, et quand il s'inclinait coquettement sous la brise, on apercevait une mince bande de son doublage de cuivre, qui réflétait les feux du soleil. Il était effilé comme un poisson de mer, et admirablement taillé pour la course.

— Ces marchands, ça ne se refuse plus rien, disait le premier lieutenant. Ma parole, ils vous ont maintenant des bâtiments ficelés comme des avisos.

— Eh! que voulez-vous, répondit le docteur, c'est logique, depuis que les Américains ont inventé et mis en pratique leur fameux « Times is money » !

« Tron de l'air ! l'armateur du *Rhône* a un fin bateau. Mon pays le capitaine est un heureux coquin. »

Les deux vaisseaux étaient à portée de la voix.

L'*Éclair* stoppa à son tour, après s'être mis sous le vent du navire en panne.

— Ohé ! du trois-mâts, cria-t-on de l'*Éclair*, d'où venez-vous ?

— De Cap-Town.

— Où allez-vous ?

— A Cuba.

— Quel est votre commandant ?

— Le capitaine Marius Cazavan, de Marseille.

— Té parbleu, mon pitchoun, quand au nom de Cazavan on a l'honneur d'ajouter celui de Marius, on est toujours de Marseille.

Inutile de dire que cette réflexion était du docteur, ravi de la présence d'un « pays ».

— Le capitaine de frégate de Valpreux, commandant de l'*Éclair*, prie le capitaine Marius Cazavan de passer à son bord.

Quelques minutes après, le petit canot du vaisseau marchand accosta, portant le capitaine qui monta rapidement par l'échelle, et s'avança vers le commandant, devant lequel il s'arrêta avec une attitude respectueuse et crâne tout à la fois.

C'était un solide gaillard, à l'air intelligent et déterminé. Brun de peau, les cheveux noirs, courts et drus, les yeux luisants, les dents éblouissantes, la main fine et robuste tout ensemble, les épaules larges, de taille moyenne, le capitaine Cazavan, âgé d'environ trente-cinq ans, était ce qu'on pouvait appeler un fort joli garçon.

Son air de franchise, la loyauté de son regard, prévenaient aussitôt en sa faveur. L'impression qu'il produisit fut excellente.

— Capitaine, lui dit le commandant, je suis heureux de vous voir.

— Commandant, tout l'honneur est pour moi. Veuillez me dire ce qu'il y a pour votre service.

— Comment se fait-il, lui demanda l'officier à brûle-pourpoint, que, venant du Cap et allant à Cuba, je vous rencontre ici, près des côtes africaines.

— Mon Dieu, commandant, c'est bien simple. Après avoir vendu aux colons du Cap, un bon prix, mon article de Manchester, acheté une misère après la faillite Bœhler et Wilson, j'étais un peu embarrassé pour mon fret de retour, quand j'appris que MM. Brander Cumming and C°, de gros fabricants de sucre, venaient également de faire faillite.

« Je n'en fis ni une ni deux, j'achetai au comptant le matériel de trois raffineries, j'embarquai tout cela sur le *Rhône*, puis je partis pour vendre cette ferraille au signor Rafaël Calderon, de Cuba.

« Comme je suis pressé, j'ai pensé à profiter du courant de l'Atlantique sud, qui me jettera dans le courant de l'équateur... vous voyez la route.

« Nous autres voiliers, nous tirons parti de tout.

— Té, c'est vrai, mon pitchoun, répliqua un peu inconsidérément le docteur, d'un air moitié figue et moitié raisin.

— C'est très bien, capitaine, et vous entendez admirablement le commerce.

« N'auriez-vous pas, par hasard, rencontré un bâtiment désemparé, aux bastingages éventrés, qui semble le jouet de la lame, et qui pourtant file comme le plus rapide des steamers?

— Commandant, répliqua Cazavan, dont le front se rembrunit, je l'ai en effet rencontré. Il a failli m'éventrer d'un coup de son entrave. Je ne suis pas poltron... moi, un Marseillais... eh bien! je vous avoue que j'ai tremblé comme un enfant.

« Il faisait nuit... ce ponton à hélice virait à ce moment comme s'il eût voulu retourner à la côte. Pécaïre... il nous frôla... Un faux coup de barre, et nous étions f...ichus!

« J'entends encore ronfler son hélice... Et personne à bord!

— C'est tout, n'est-ce pas?

— Dame! que voulez-vous, commandant, si j'avais eu du canon et un équipage de guerre, j'aurais voulu savoir ce qu'il avait dans le ventre... mais le signor Rafaël Calderon attend...

— Sa ferraille?

— Sans doute.

— Et vous êtes pressé?

— Pas plus que de raison, commandant... si vous voulez honorer le *Rhône* de votre visite...

— Merci, capitaine Cazavan, et adieu...

— Au revoir, commandant, fit Marius en saluant militairement.

— Quel atroce tripoteur d'affaires, murmura M. de Valpreux, pendant que le capitaine du *Rhône* regagnait son bord.

— Que voulez-vous, reprit le docteur... ce n'est pas pour rien qu'on appelle cela des capitaines marchands...

« Mon pays est un peu près de ses intérêts.

— Votre pays, comme vous dites, docteur, est un abominable filou. Pour ne pas dire un complice de ces gredins que nous poursuivons.

— Ah! commandant! Comment pouvez-vous?...

— Eh! pardieu, je ne sais ce qui me retient de faire une perquisition à son bord... la crainte de lâcher la proie pour l'ombre. Le drôle m'a dit la vérité, quant à ce qui le concerne; mais il m'a menti comme un Maltais, quant à sa soi-disant rencontre avec le « ponton ».

Le *Rhône*, pendant ce temps, s'inclinait sous la brise, saluait de nouveau de son pavillon, et s'éloignait vers le nord, avec la vitesse d'un oiseau de mer.

L'*Éclair* courait vers la côte américaine.

Marius Cazavan descendait l'escalier conduisant à une cabine spacieuse. Il entra sans frapper.

Un homme, la figure dans les mains, était assis devant une table. L'entrée du Marseillais le tira de sa méditation.

Cet homme était l'Américain Flaxhant, le capitaine négrier!...

— C'est fait?...

— C'est fait.

— Ils ne soupçonnent rien?

— Rien.

— Parbleu! Qui donc, à moins d'être le diable, notre patron, supposerait qu'il y a quatre cents noirs ici; qu'en moins de huit heures, le ponton démâté, qui dansait sur la lame, est devenu le trois-mâts le *Rhône*; que les bastingages en haillons ont été rapiécés, les mâts redressés avec leurs agrès; que la coque n'a plus conservé que sa chemise gris perle, et que, enfin, le matériel des raffineries à sucre est en chair et en os, au lieu d'être en fer?

« Et nos hommes, les avez-vous vus?

— J'ai aperçu Martial qui m'a fait signe que tout allait bien.

— Et les trois autres?

— Il y en a deux dans la machine, le troisième était en vigie.

— Bon.

— Et maintenant, qu'allons-nous faire?

— Prenez le quart, Marius, et gouvernez vers le nord. Demain nous obliquerons vers le Rio-Grande-do-Sul.

« Rafaël Calderon ne prendra livraison de sa marchandise qu'après nos amis du Lagoa dos Patos.
— Bon.
— A propos, nos deux recrues ne se doutent de rien. Ils dorment comme des bienheureux. Vingt gouttes de teinture d'opium dans une bonne dose de tafia leur procurent en ce moment un sommeil de plomb.
— C'est parfait. Ce grand benêt d'Ibrahim avait bien besoin de se faire un cas de conscience de leur existence et de nous embarrasser d'eux.
« Enfin, ce qui est promis est promis. Il n'y a plus à se dédire. Les affaires sont les affaires, et ce cher ami serait intraitable une autre fois.

C'est ainsi que le bâtiment mystérieux, devenu le *Rhône*, allait au bout de trente-six heures, se métamorphoser une seconde fois, et devenir le *Georges-Washington*. Il se rendrait vers le point où, d'après des ordres secrets dont le capitaine devait prendre connaissance en temps et lieu, il coulerait le steamer la *Ville-de-Saint-Nazaire*.

C'est alors qu'eut lieu le duel entre Friquet et l'Allemand Fritz, lutte terrible qui se termina par la mort de ce dernier.

Mais, comment le commandant de l'*Éclair* avait-il pu, de son côté, être averti du sinistre projet des bandits de la mer, et se trouver à aussi peu de distance de ce point géographique, où devait s'accomplir cette épouvantable scène de naufragement?

Par un hasard véritablement prodigieux.

La conversation entre Flaxhant et Marius Cazavan, un des officiers du bord, chargé de remplir le personnage du capitaine quand le navire marchait sous pavillon français, est suffisamment explicite.

On a pu comprendre que l'association pour le compte de laquelle opéraient ces scélérats possédait à bord de l'*Éclair* quatre complices. On verra plus tard pourquoi et par quel diabolique artifice ces hommes pouvaient jouer leur double jeu, au point de tromper tous les membres du valeureux et loyal équipage.

Le lendemain du jour où, avec cette prodigieuse audace qui leur avait si bien réussi, les négriers étaient restés en panne une demi-heure à une encâblure du croiseur, un matelot de l'*Éclair* fut victime d'un étrange et malheureux accident.

Un épissoir de fer s'échappa de la poche d'un gabier occupé à serrer une voile de perroquet.

L'instrument tomba avec un bruit sec sur le crâne d'un matelot de quart, qui roula évanoui en perdant des flots de sang.

C'était précisément celui que Marius Cazavan avait désigné sous le nom de Martial.

Martial fut transporté au poste des blessés. Le docteur accourut avec son aide, et fit tout d'abord une grimace significative, à la vue des ravages affreux opérés par l'épissoir du gabier.

La boîte osseuse était complètement enfoncée. Deux fragments des os pariétaux formaient, à droite et à gauche de la suture médiane, chacun une dépression large comme une pièce de cinq francs, et profonde d'un centimètre.

La matière cérébrale, violemment comprimée, refoulait, à travers l'ouverture pratiquée au cuir chevelu par choc de l'outil de fer, les méninges, qui faisaient hernie entre les parois fracturées.

Le blessé, les yeux fixes, les narines pincées, la bouche entr'ouverte, les poings crispés, ne donnait plus signe de vie. N'eût été la respiration qui s'échappait avec peine de sa gorge serrée, on eût dit un cadavre.

Le docteur ne prononça pas un mot. Donc, c'était grave. En quelques coups de rasoir, il abattit les cheveux. La plaie était énorme. C'était insignifiant en soi.

Les solutions de continuité au cuir chevelu sont peu importantes.

Mais cet enfoncement de la boîte crânienne était d'un pronostic fâcheux, pour ne pas dire désespéré.

Il fallait au plus tôt soustraire le cerveau à cette compression, sous peine de voir bien vite périr le matelot.

Voici ce que fit le vieux praticien :

Il prit dans sa boîte à instruments un outil bizarre, appelé tire-fond, absolument semblable à celui dont se servent les tonneliers pour retirer la bonde des futailles.

On sait comment procèdent ces ouvriers. Le docteur accomplit une manœuvre analogue. Il enfonça avec d'infinies précautions la vis d'acier dans le fragment d'os comme il eût fait avec une vrille dans un morceau de bois.

Puis, quand la vis eut presque perforé cette paroi osseuse, à laquelle elle adhéra solidement, il tira doucement à lui, en opérant de petits mouvements latéraux.

Cette manœuvre, exécutée avec une dextérité inouïe, eut un plein succès. Les fragments furent bientôt remis en place, le cerveau, n'étant plus comprimé, recouvra son volume, la circulation reprit son cours, le malade poussa un long soupir... les fonctions organiques étaient pour le moment rétablies.

— Tout cela est fort bien, dit le docteur en faisant claquer sa langue d'un air satisfait. La réduction a été opérée avec assez de facilité.

« Ça, c'est de la besogne de chirurgien. Maintenant, ce diable d'homme va être certainement empoigné par une terrible méningite, et dame !... la médecine aura fort à faire.

« Cela va suppurer en diable. Nous allons avoir une inflammation énorme. Ce pauvre cerveau doit être atrocement congestionné, là-dessous...

« Enfin, nous ferons pour le mieux.

« Diable d'épissoir, va ! »

Le docteur fit ce qui était le plus simple et le plus rationnel tout à la fois. Il employa l'irrigation continue : de l'eau fraîche, appliquée sur la plaie en compresses renouvelées à chaque instant.

Malheureusement, en dépit des soins qu'on lui rendit, complétés par un traitement général parfaitement approprié, comme purgatifs au calomel et au jalap, vésicatoires à la nuque, dérivatifs aux membres inférieurs, larges affusions d'eau froide, l'état du matelot empira.

Le délire survint. Il fut terrible.

Au milieu des fantômes qui hantaient son esprit, à travers les phrases hachées qui sortaient de ses lèvres bleuies, le blessé, comme si la même pensée eût toujours implacablement tenaillé son cerveau broyé, répétait d'une voix rauque et entrecoupée :

— Oui..... j'obéis..... c'est bon !..... j'obéis..... pour de l'or !.....

« Allons !... les naufrageurs !... hardi... Tue !... Encore un crime... qu'importe ?... Vous le voulez... n'est-ce pas ?... Tue !... tue !...

« Je ne suis pas un matelot... comme un... autre !... moi... »

Ses idées inconscientes reprenaient alors un autre cours ; il parlait, avec cette monotonie douloureuse particulière à ceux qui délirent, de choses complètement étrangères.

Puis, le cauchemar revenait.

— Ah !... ah !... Les négriers... Millionnaires !...

« Et les primes d'assurances... Le bois d'ébène... Flaxhant !... habile homme... Le *Washington*... Marius Cazavan... Le *Rhône*... l'épave... plaisanteries... La même chose...

« Le même navire... Le commandant... L'*Éclair*...

Imbécile... Entends-tu?... commandant... ils s'échappent...

« Écoute, disait-il au docteur qu'il regardait de ses yeux égarés, avec ce regard fou qui trouble, écoute... Je suis un viveur... embarqué ici... pour...

« Oh! non... Si... Tiens... Je suis de la bande... et Cazavan... et Flaxhant... Le *Rhône*, c'était lui... je l'ai vu...

« Tu sais... le steamer... le steamer de Montevideo... La ville... oh! oui, la *Ville-de-Saint-Nazaire!*... Ils vont le tuer avec l'éperon... Deux millions à l'assurance... oui, pour nous...

« Oh! Je sais, 35 degrés, 42 degrés... oui, c'est ça, trente-cinq, quarante-deux. Là, en pleine mer... trente-cinq... quarante-deux... »

Et le malheureux, brisé de fièvre et de fatigue, tomba dans un état comateux, en répétant d'une voix sifflante à peine perceptible au milieu de sa respiration stertoreuse :

— Trente-cinq, quarante-deux !

Le docteur avait fait appeler le commandant, qui assistait, violemment impressionné, à cette scène lugubre.

Ce délire, étant donnés les événements qu'on venait de traverser, était terriblement éloquent. Que penser, que résoudre, et, surtout, quelle foi ajouter à ces propos entrecoupés, qui, peut-être, étaient l'expression de l'exacte vérité ?

Les aveux du blessé étaient précieux, en somme. Le capitaine de frégate et le chirurgien avaient cru comprendre qu'une de ces terribles scènes de naufragement, comme depuis quelque temps en ont enregistré les annales de la marine, allait avoir lieu.

Cet homme, qui semblait bien au-dessus de son obscure condition de matelot, devait certainement être affilié à cette secte de réprouvés qui, depuis longtemps, mettent en coupe réglée les deux hémisphères et épouvantent le monde de crimes jusqu'alors impunis.

Cette persistance à rappeler un point géographique où vraisemblablement un steamer bien connu, la *Ville-de-Saint-Nazaire*, allait être abordé et coulé, avait sa raison d'être.

La même scène, sauf de légères variantes, se reproduisit pendant quarante-huit heures.

Le navire se dirigeait à tout hasard vers Montevideo, ou plutôt vers le point géographique dont la formule semblait hanter le malade.

Le commandant, poussé par un irrésistible pressentiment, voulait arriver au plus vite. Pourquoi pas? Si ces aveux échappés au délire n'étaient pas confirmés, qu'importait une croisière inutile? Qu'importaient quelques tonnes de charbon brûlé en pure perte?

Mais si l'homme disait vrai? Quels remords! et aussi quel désastre!

L'état du blessé sembla s'améliorer un peu. Aux spasmes, aux grincements de dents, aux vomissements, succéda un peu de calme. Il recouvra une apparence de raison.

— Il est sauvé! dit le commandant.

— Il est perdu! fit le docteur.

Effectivement, douze heures après, le cou devint rigide, la face grimaça, les pupilles, naguère contractées, se dilatèrent largement, un accès terrible de convulsions survint, puis le pouls tomba...

Le matelot battit l'air... râla... rugit... hurla...

Le sang lui jaillit du nez, il se leva comme secoué par une pile électrique, battit désespérément l'air de ses bras tordus... Puis il cria :

— *Saint... Nazaire...* Tue!... tue... Hardi... les naufrageurs...

Il retomba lourdement...

— Commandant, il est mort, dit le docteur d'une voix calme.

La détermination du capitaine de frégate fut bientôt prise. Il abandonna momentanément la poursuite des négriers qu'il appréhendait, avec juste raison, de rencontrer au lieu qu'avait indiqué le moribond.

Les craintes du brave officier reçurent une effroyable confirmation.

Le crime fut consommé. La *Ville-de-Saint-Nazaire* fut perdue corps et biens. L'*Éclair*, désemparé par les traîtres qui étaient à bord, arriva trop tard...

CHAPITRE V

Pourquoi Friquet avait-il crié : *Santiago?* — A coups de couteau sur une vergue. — Un homme à la mer! — Qu'il y crève! — Signaux de nuit. — Les négriers au Rio-Grande. — Le Lagoa dos Patos. — Double évasion. — Le *pampero* souffle en tempête. — Mortelle angoisse. — Sauvé, mais à quel prix!... — Dévouement inutile. — Ce que c'est qu'un Parisien. — Le chien n'est pas toujours l'ami de l'homme. — La chasse au fugitif. — Un saladero. — Cent mille kilos de viande. — Je voudrais bien un bifteck. — Conséquences d'une correction administrée à un nègre et à un Chinois. — Friquet sera-t-il saigné, grillé ou pendu? — Encore un Parisien. — Le cheval qui *tire* le chausson. — Friquet émule de l'écuyer quadrumane.

Impuissant et glacé d'horreur, Friquet avait assisté à la courte agonie du steamer. A cheval sur la vergue du grand hunier, il n'avait perdu aucun détail de cette effroyable scène.

Il avait, pour ainsi dire, senti l'éperon du *Washington*

éventrer les cloisons étanches de la *Ville-de-Saint-Nazaire*. Au cri d'épouvante poussé par les passagers avait répondu, des profondeurs du vaisseau de proie, un gémissement immense, étouffé, lugubre, comme une plainte d'âmes en peine...

C'étaient les noirs que le choc venait de renverser pêle-mêle, et qui roulaient les uns sur les autres, contusionnés et sanglants.

La cargaison humaine, quelque bien arrimée qu'elle fût, ne pouvait avoir la stabilité de balles de coton ou de sacs de sucre brut.

Qu'importait d'ailleurs aux bandits de la mer? Il n'y avait pas trop de membres fracturés. Les noirs qui, pour leur malheur, étaient quelque peu avariés, passeraient par-dessus bord, et tout serait dit. Cela ferait de la place aux autres.

Le gamin, tout en constatant que ses nouveaux compagnons étaient d'affreux coquins, n'eût jamais soupçonné de leur part autant de scélératesse.

Sa première pensée avait été de se jeter à l'eau et de gagner à la nage une des embarcations du navire de guerre; mais le capitaine Flaxhant, qui veillait à tout avec une habileté véritablement diabolique, avait fait savoir à notre ami que toute tentative d'évasion de sa part serait l'arrêt de mort du négrillon.

Aussi, le pauvre Majesté, depuis que la *Ville-de-Saint-Nazaire* était en vue, était-il aux fers avec un homme de garde, qui avait mission de lui faire sauter la cervelle si Friquet n'observait pas rigoureusement les prescriptions du terrible commandant.

Il aimait trop son petit frère noir pour compromettre cette chère existence, et il se tenait coi.

Pourtant, quand, à la lueur du fanal électrique, il reconnut l'*Éclair*, son bâtiment, quand il distingua la fière silhouette d'André, quand il aperçut la sympathique figure du docteur, son père d'adoption, un sanglot souleva sa poitrine. Les larmes l'aveuglèrent.

Il les crut perdus à jamais pour lui. Il allait s'élancer, se précipiter à corps perdu du haut de la mâture... Le souvenir du négrillon le cloua en quelque sorte à la vergue, qu'il étreignit désespérément.

Mais un cri jaillit de sa gorge, un appel spontané, irrésistible, qu'il ne put retenir. S'il ne devait plus revoir ses amis, au moins voulait-il, à tout prix, leur faire savoir qu'il était là.

Il avait entendu dire que le négrier s'en allait à Santiago. Il ne savait pas au juste où c'était. Qu'importe? Santiago se trouvait quelque part dans le monde, et l'on y vendait des nègres !

Le docteur et André comprendraient, ils entendraient sa voix, ils viendraient plus tard à sa recherche.

Ces deux vaillants cœurs, ces hommes d'action et d'énergie fouilleraient la terre et les mers ; ils n'abandonneraient pas leur cher gamin.

Aussi, ce cri de :

— « *Santiago!*... » Déchira-t-il l'espace comme un appel de clairon.

Les deux amis l'entendirent du pont de l'*Éclair* et frémirent.

Friquet au pouvoir des *Bandits de la mer!*

La dernière syllabe n'était pas sortie des lèvres du petit Parisien, qu'une main de fer lui étreignit la gorge.

Il n'était pas seul. Il avait oublié le matelot qui était près de lui en vigie.

— Langue de vipère, grogna-t-il en mauvais français, ma main va t'arracher !...

« Fils de chien !... mon couteau va te fouiller les côtes !... »

Les yeux de Friquet se troublèrent, ses tempes battirent, sa poitrine se serra.

L'homme tira son couteau qui, par bonheur, était enfoncé dans une gaine. Il s'en aperçut quand il voulut frapper.

Sans lâcher la gorge du gamin qui râlait, il essaya d'arracher la lame, en serrant le fourreau entre ses dents.

Un coup de roulis le fit un moment chanceler. Il fut forcé de se rattraper à la vergue. Ce mouvement sauva Friquet qui échappa pour une seconde à cette mortelle étreinte.

Quand l'autre leva son couteau enfin sorti de sa gaine, il trouva notre ami sur la défensive, armé lui aussi d'un de ces redoutables bowie-knifes, qui, maniés par une main robuste, éventrent un bœuf d'un seul coup.

— A nous deux, mon garçon! Quand tu m'arracheras la langue, il fera chaud.

Les deux adversaires, face à face, étreignaient convulsivement la vergue entre leurs jambes. Cette lutte à soixante pieds de haut allait être courte, mais atroce. Elle se terminerait fatalement par la mort de l'un des deux hommes.

Le matelot leva le bras et frappa un coup terrible. Le gamin, aussi agile qu'à terre, se renversa complètement, la tête en bas, en pivotant autour de la pièce de bois qu'il enserrait de ses genoux nerveux.

Le couteau de son ennemi, lancé avec une force irrésistible, frappa l'endroit qu'occupait, une demi-seconde plus tôt, le corps du petit Parisien, et se brisa net.

Avant que le bandit fût revenu de la stupeur que lui causait cette manœuvre de quadrumane, Friquet, reprenant son aplomb, attaquait à son tour, et lui plantait, jusqu'au manche, son bowie-knife dans la gorge.

L'homme poussa un grognement sourd, mais ne tomba pas, et pour cause. La poigne solide du gamin le maintenait à la vergue. Il fallait que la chute du corps fût dirigée de façon qu'il roulât dans les flots, et non sur le pont.

La mer discrète garde tous les secrets qu'on lui confie, et le petit Parisien tenait essentiellement à ce que la mort du gredin demeurât mystérieuse.

Il voulait qu'on crût à un accident. En homme avisé, il laissa le couteau dans la plaie, afin d'éviter l'effusion du sang. Cette pluie rouge, tombant de la mâture, eût été quelque peu compromettante. Il arriva lentement au bout de la vergue, en traînant après lui le matelot qui ne donnait plus signe de vie. Puis il raidit ses muscles dans un dernier et terrible effort, et, profitant du roulis, il poussa brusquement le cadavre.

Au bruit de sa chute retentit le cri sinistre et bien connu de :

— Un homme à la mer !

L'homme de quart à l'arrière trancha d'un coup de hache l'amarre de la bouée de sauvetage.

Un mot à ce sujet.

Quand un navire se met en marche, il porte à l'arrière une énorme bouée près de laquelle, nuit et jour, un matelot de quart est en faction. Ce matelot, muni d'une hache, a pour consigne de couper l'amarre qui retient la bouée au-dessus des flots, dès qu'on signale un homme à la mer.

On met aussitôt en panne; mais comme le bâtiment ne peut stopper instantanément, l'appareil de sauvetage est attaché à un câble suffisamment long, qui lui permet de se maintenir à une grande distance du navire.

Comme ensuite le naufragé pourrait, en raison des lames qui s'interposent, perdre la direction de la bouée, celle-ci est pourvue pendant le jour d'un pavillon qui sort, au moment de sa chute, d'un étui, et flotte au-dessus de l'appareil, dont il indique la position.

La nuit, le pavillon est remplacé par une fusée qui dure une demi-heure, et qui s'allume avec une étoupille s'enflammant par un mécanisme analogue à celui qui fait sortir le pavillon.

La bouée du vaisseau de proie tomba.... La fusée s'alluma.

Un effroyable blasphème sortit de la bouche de l'officier de quart.

— Comment !...... tu veux donc nous faire pendre ?... Nous ne portons pas nos feux réglementaires... et la fusée brûle ?... Misérable !... tu indiques notre position à ce gredin de croiseur.

— Mais, capitaine... un homme à la mer !

— Qu'il y crève !... Sacrebleu ! allons !... hisse la bouée... et noie la fusée !...

La lumière fut étouffée sous un faubert mouillé.

Il était temps. Une lueur surgit à l'horizon, et un obus, envoyé du large par un des infaillibles pointeurs de l'*Éclair*, venait fracasser le gui de la brigantine.

— Heureusement que nous marchons à la machine, dit froidement l'officier, sans quoi cet imbécile nous gênait sur le moment.

Friquet, pendant ce court épisode, avait lestement dégringolé de son poste aérien, et d'un air innocent, comme s'il ne venait pas d'échapper à un péril effroyable, se mêlait aux matelots qui commentaient à perte de vue cet accident, auquel nul parmi eux ne songeait à assigner sa véritable cause.

— Ouf ! disait à part lui le gamin, je l'échappe belle.

« En v'là une colonie ! race de gredins, va ! Heureusement que je vais te brûler la politesse, et lestement, encore.

« Qué boîte !

« Ah ! si seulement le petit frère n'était pas bouclé ! »

Nul ne se douta de la lutte sauvage que le gamin venait de terminer à son avantage, avec autant de vigueur que de sang-froid.

On avait vaguement vu tomber un homme à la mer, un

pauvre diable que l'officier de quart croyait de bonne foi avoir abandonné.

Eh bien! après! la belle affaire, vraiment!

Quant au cri poussé par Friquet, nul ne parut l'avoir remarqué. C'était fort heureux pour lui. Cet imprudent appel eût amené séance tenante son arrêt de mort.

Enfin, si notre ami avait un homme de plus sur la conscience, nous avouons bonnement qu'il semblait allègrement porter ce fardeau. Dame! comme il y allait pour lui de sa peau, il fallait bien aviser. Et certes, jamais cas de défense ne fut plus légitime.

Deux jours, ou plutôt deux nuits après ces dramatiques événements, le *Georges-Washington*, complètement démâté, de nouveau ras comme un ponton, était en vue de la côte sud-américaine, en face la province du Rio-Grande-do-Sul.

Quelques feux brillaient dans le lointain, comme des poingts rougeâtres, trouant à peine les ténèbres de leurs lueurs indécises.

Le vaisseau de proie avançait lentement, poussé par sa mystérieuse machine qu'on entendait à peine, tant son mouvement était doux et régulier.

Comme à la sortie de la rivière équatoriale, le pont était presque désert. Un matelot seul veillait à l'avant. Le capitaine était à la barre située dans la batterie; il guidait, en homme à qui la route est familière, le bâtiment vers un point que nul ne semblait connaître, dont personne d'ailleurs ne semblait se préoccuper.

Une fusée blanche s'éleva au nord, coupant la nuit d'un sillon éclatant, analogue à celui que produit la chute d'un bolide.

Puis, quelques minutes après, une fusée verte s'élança comme un serpent de feu dans la direction du sud.

Le bâtiment, qui avait stoppé à l'apparition de la première pièce d'artifice, repartit au moment où la seconde s'éteignait.

Sa marche s'accéléra. La voie était libre. Il pénétra hardiment dans le Rio-Grande de São Pedro.

Ce fleuve, très court, large, rapide, n'est en quelque sorte qu'un détroit faisant communiquer l'Océan avec le Lagoa dos Patos.

Quand on consulte la carte de l'Amérique du Sud, on trouve, à l'extrémité méridionale du Brésil, une vaste province faisant partie de cet immense empire, et qui se termine en pointe aiguë au 32° degré de latitude sud.

Bornée au sud-ouest par l'Uruguay, à l'ouest par le Paraguay, à l'est par l'Océan, cette province, qui ne comprend pas moins de 2,842 myriamètres carrés, s'allonge jusqu'à celle du Parana, c'est-à-dire jusqu'au 25° parallèle.

C'est le Rio-Grande-do-Sul, qui, en dépit de son énorme étendue, ne compte que 310,000 habitants, dont 190,000 libres et 120,000 esclaves.

Vous avez bien lu : 120,000 esclaves !...

L'arrivée du négrier s'explique, n'est-ce pas ?

Le capitaine Flaxhant était un des pourvoyeurs de ces opulents propriétaires, qui, au mépris des lois les plus sacrées de l'humanité, osent encore jeter à la civilisation contemporaine cet audacieux défi : l'esclavage.

Sur la côte plate, triste, grise et stérile s'étend une série de lagunes formant deux vaste lacs assez semblables aux « *haffs* » de la Baltique. (Haff, ce nom d'origine danoise et qui signifie mer ou grande partie de mer, est employé par les Allemands pour désigner les lagunes de la Poméranie.)

Les deux lacs ou haffs brésiliens sont le Lagoa de Mirine, qui, situé au sud, dépend en partie de l'Uruguay, et le Lagoa dos Patos, au nord du précédent.

Ce dernier est une petite mer de forme elliptique

de près de quarante lieues de long, sur vingt de large.

Une fois la passe franchie, le *Georges-Washington* allait pouvoir avancer à l'aise, et débarquer les malheureux qui depuis huit longues journées suffoquaient dans la cale et l'entrepont.

Depuis qu'il se savait près des côtes, Friquet était en proie à un impérieux besoin de liberté. Il avait résolu, coûte que coûte, de s'échapper. Et comme c'était un gaillard qui, une fois sa résolution prise, ne reculait pas devant l'exécution, il était à présumer qu'avant peu il aurait brûlé la politesse aux forbans.

Il avait fait part de son plan à Majesté qui lui avait été rendu aussitôt après la disparition du croiseur. Le négrillon avait naturellement donné un complet assentiment au projet de son ami. Aller à l'aventure ou rester ici, peu lui importait d'ailleurs, pourvu qu'il fût avec « Fliki ».

La patrie était pour lui le lieu que foulait le petit Parisien. Ce dernier eût voulu rester sur le *Georges-Washington*, Majesté eût dit : « Bien » !

Friquet voulait s'en aller, le gamin noir disait : « Oui » !

La surveillance des premiers jours s'était considérablement ralentie à l'endroit des deux jeunes gens. Le commandant, qui était complètement chez lui sur le Lagoa, ne craignait guère les indiscrétions, puisque son odieux négoce était toléré par les autorités locales.

Le débarquement avait lieu en plein jour. Si le négrier avait cru devoir se transformer encore une fois, se mettre en quelque sorte en tenue de travail, c'était uniquement pour devenir presque invisible, franchir la passe en toute sécurité, et échapper aux croiseurs qui ne manquent pas de surveiller cette entrée suspecte du Lagoa dos Patos.

Comme le fond ne permet pas d'aborder, le navire stoppa à environ deux kilomètres de la côte. Ce contretemps désorienta Friquet, qui avait compté s'échapper tout naturellement pendant la nuit, en sautant sur la rive et en pointant droit devant lui, à travers les terres, à l'aventure.

Il était environ une heure du matin. Un vent violent s'éleva soudain, venant de la terre. Un vent sec, dur, qui soufflait sans amener un nuage. Le ciel était pur. Les étoiles scintillaient. C'était le « pampero », l'ouragan, qui est à la pampa ce que le typhon est aux mers de Chine, le simoun au Sahara.

Les vagues s'enflèrent, roulèrent bientôt les unes sur les autres avec un bruit terrible.

— Tiens! tiens! dit Friquet à son ami, ça n'est vraiment pas trop bête. Ce grain va bien faire notre affaire. Peste! on ne se refuse rien ici.

« Voici que cette mer, grande tout juste comme une brigantine pliée en quatre, s'offre des tempêtes. Comme si la mare d'Auteuil voulait se donner des airs d'océan.

« Bravo! Nous allons escalader le bastingage, nous affaler bien doucement par la chaîne des ancres, puis nous payer une pleine eau distinguée.

— Moi cé voulé bien tout, répliqua doucement Majesté.

— Parbleu! Une fois dans l'eau, c'est-à-dire chez nous, nous piquons en avant. La côte n'est pas loin. Nous abordons, puis après, au petit bonheur!

« C'est bien le diable si nous ne trouvons pas quelque brave homme qui nous donne la niche et la pâtée pour un moment. Plus tard, on se débrouillera.

« La mer est un peu forte... Mais, bah! elle nous portera mieux. »

Le bâtiment, solidement affourché sur ses ancres, présentait son avant à la vague. Comme il était privé de sa mâture, il n'offrait aucune prise à la rafale. De temps à autre, une vague s'abattait sur le pont, mais elle s'écoulait aussitôt par les dallots tout grands ouverts.

Au moment d'opérer sa tentative d'évasion, Friquet dit à part lui :

— Et tous ces malheureux nègres qui étouffent là dedans, sans qu'on puisse seulement leur ouvrir un hublot! Pauvres gens! que vont-ils devenir?

« C'est égal! Il faut que ce monsieur Flaxhant soit une jolie canaille!

« Allons, Majesté, mon fils embarque! »

Le noir obéit, bondit par-dessus le bastingage et disparut.

Friquet, sans perdre une minute, opéra la même manœuvre, et sans avoir même besoin de s'accrocher à la chaîne, se trouva sur le dos d'une vague monstrueuse.

Un abîme se creusa soudain devant lui. Il y descendit comme une flèche. Puis, une autre vague le reprit...

— Allons, ça va! S'agit de mettre le cap vers la côte, et de s'orienter en conséquence.

« Tiens, c'est drôle, le vent souffle de la terre, et la vague me porte de ce côté.

« Le petit frère, qui nage comme un vieux marsouin, va me suivre.

« Où diable est-il?

« Ah! très bien, fit-il en apercevant sur le sommet d'une lame la silhouette d'ébène du négrillon se détachant comme une tache d'encre au milieu d'un blanc flocon d'écume.

« C'est un courant qui nous pousse avec la marée. Vive le courant! vive la marée!

« Et allons-y! »

Pendant que, selon son habitude, Friquet monologuait, emporté par les lames, perdu comme un atome au milieu des montagnes liquides, mais flottant comme un bouchon, il crut apercevoir une lueur vive et rapide comme un éclair :

— Qu'est-ce encore que cela?

Le rugissement des flots l'empêcha d'entendre une série de détonations qui partaient du navire.

Il lui sembla vaguement entendre, un instant après, comme un cri humain...

L'inquiétude le prit.

Que se passait-il donc? C'était terrible.

A peine les deux amis avaient-ils quitté le *Georges-Washington*, qu'on s'aperçut de leur fuite.

Il y avait toujours à bord du vaisseau de proie des yeux ouverts et des fusils chargés.

Au moment où la silhouette du jeune nègre se détachait, comme nous venons de le dire, au milieu de l'écume, un feu de peloton éclata soudain. Le pauvre petit, dont la blessure reçue jadis à l'épaule était à peine cicatrisée, se sentit atteint de nouveau.

Un cri de douleur lui échappa. Voyant que leur évasion était découverte, l'héroïque enfant, craignant que Friquet ne servît à son tour de point de mire, continua de crier à tue-tête pour attirer sur lui l'attention des bandits et permettre à son frère bien-aimé d'atteindre la côte sans encombre.

Cette ruse qui le perdait, eut un plein succès. Les négriers, craignant de lâcher la proie pour l'ombre, s'évertuaient à reconnaître le point d'où partaient les appels, sans même se préoccuper de savoir s'il y avait un autre fugitif.

Pendant que Friquet, dévoré d'inquiétude, était poussé vers la côte, Majesté, qui n'avait pu être pris par le courant, flottait sur place, secoué par les vagues qui le ramenaient peu à peu vers le navire immobile.

Au moment où, à bout de forces et d'haleine, il allait couler, il fut soulevé par un paquet de mer qui le roula sur le pont, où il resta sans connaissance, assommé, meurtri, sanglant.

L'abîme rejetait ce déshérité. Les flots, complices des

hommes, lui enlevaient cette chère liberté qu'il avait à peine eu le temps de goûter.

Séparé de son ami, de son bienfaiteur, blessé, au pouvoir de bandits sans foi ni loi, qu'allait-il devenir ?

Pendant que des mains brutales le saisissaient, que de lourdes chaînes étaient attachées à ses pauvres membres raidis, et qu'on le transportait dans la cale, avec ceux qu'on allait vendre demain, Friquet, poussé par le flot, prenait pied sur la rive. Une lame le ramenait vers le large, une seconde le repoussait vers la terre, puis finalement il se trouvait debout sur une plage unie. Épuisé, hors d'haleine, il eut encore assez de force pour courir sur la grève, et échapper à la dernière montagne liquide qui menaçait de s'effondrer sur lui.

Il était sauvé, mais à quel prix !

Il n'avait pensé qu'à son compagnon d'évasion. Son premier soin fut de se mettre à sa recherche.

Si le gamin de Paris, rompu à tous les exercices du corps, virtuose de la pleine eau, et roi des bains à quatre sous, était un nageur émérite, le gamin de l'équateur, qui avait passé sa vie au bord des fleuves impétueux de l'Afrique mystérieuse, ne le lui cédait en rien.

Il se jouait de l'eau comme un véritable amphibie. Il devait, d'après les suppositions de Friquet, qui l'avait vu à l'œuvre, être abordé depuis un moment.

Aussi, le petit Parisien n'était-il pas trop inquiet. Majesté se trouvait sans doute quelque part sur la côte. Après s'être secoué comme un caniche, après avoir toussé fortement et expectoré une gorgée d'eau de mer, il mit ses deux mains en entonnoir autour de sa bouche, et poussa à deux reprises ce cri strident bien connu des Parisiens :

— Piii-où-où-it !... piii-où-où-it !...

Ce signal familier au négrillon resta sans réponse.

Friquet recommença. Rien. Il fit au galop cent à cent

cinquante mètres dans la direction du nord en renouvelant son appel sans interruption.

Rien encore.

Il revint sur ses pas, toujours courant, toujours criant ; sa voix aiguë déchirait l'air, et dominait les hurlements de la mer.

Vains efforts.

Cela dura un quart d'heure ! Puis, l'inquiétude le prit. Une horrible angoisse lui étreignit le cœur. Ses tempes battirent. Ses yeux se troublèrent.

— Majesté ! criait-il désespérément, Majesté ! où es-tu ? A moi ! à moi !... Mais, il est perdu !... A moi !... mon frère !... mon enfant !...

Puis, atterré, foudroyé, il tomba à genoux sur la grève humide, en tordant ses mains et en sanglotant à pleine gorge...

. . . .

Cette défaillance fut courte. Friquet, on l'a vu, était trempé au moral comme au physique. Il se releva d'un bond, en jetant à la mer comme un regard de défi.

— Halte-là, dit-il, pas de faiblesse. Le petit ne peut pas être noyé. Je suis bien là, moi. De deux choses l'une : ou il flotte quelque part là-dessus, ou les gredins l'ont repris.

« La dernière supposition me paraît la vraie.

« Je ne suis pas plus fatigué qu'à mon départ, et quand même, ce n'est pas ce qui pourrait m'empêcher de recommencer la traversée.

« Je vais retourner au bateau. Après tout on ne nous mangera pas. S'il grêle des coups de trique, nous les partagerons... Si par hasard on nous pend, eh bien ! tant pis... mon *Tour du monde* sera fini. Mais au moins il ne sera pas dit que Friquet le petit Parisien aura lâché son seul ami, son frère.

« Malheur ! m'sieu André et le docteur ne me le pardonneraient jamais ; moi non plus, d'ailleurs.

« Pauvre petit... Il n'a plus que moi pour le moment... Comme il doit m'appeler !... doit-il être inquiet !... Et puis, seul avec ces brutes... Tandis qu'avec moi... surtout depuis que j'ai décousu ce grand flandrin d'Allemand... ça ira tout seul.

« Friquet, mon garçon, vous allez faire par le flanc... en avant !... marche !... »

Et sans hésiter une seconde, il s'élance sur une vague colossale qui, après avoir roulé en s'écrasant sur la plage, s'enflait de nouveau et bondissait vers la haute mer.

Le gamin fut enlevé comme une plume. Du sommet de la montagne d'eau, il chercha à s'orienter et à reconnaître la place du navire.

Bien que le vent soufflât toujours avec violence, aucun nuage ne voilait les étoiles. Leur pâle clarté répandait une lumière suffisante pour permettre à Friquet d'entrevoir l'horizon.

Il nageait posément, doucement, en homme expérimenté qui veut ménager ses forces et qui connaît l'importance d'un coup de jarret donné à propos.

Le temps passait. La distance parcourue devait être considérable. Pourtant, quand il se trouvait sur la crête d'une vague, Friquet avait beau écarquiller les yeux, il n'apercevait rien.

— Est-ce que je ferais fausse route, se demanda-t-il enfin ?

« Mais non. Je n'ai pas la berlue. Les étoiles sont toujours en place. Mais où est donc ce négrier de malheur ?

« Ah ! bah !... de l'artillerie, à présent. »

L'exclamation du nageur était motivée par un éclair qui embrasa l'horizon à peu de distance, et qui fut, deux secondes après, suivi d'un formidable coup de canon.

— Ma foi, je ne comprends plus, murmura-t-il.

Un second éclair flamboya, suivi d'un nouveau coup ;

puis, une minute après, un troisième, puis un quatrième, et enfin un cinquième.

A peine l'écho de la dernière détonation s'était-il répercuté en grondant jusqu'à l'extrémité de la plaine liquide, qu'une demi-douzaine de fusées s'élevèrent à perte de vue en traçant dans les airs leurs courbes capricieuses.

— Compris, dit le gamin. Cinq coups de canon, des fusées... dans tous les pays du monde ça veut dire : évasion. Mais puisque l'évadé revient, tas de gredins... c'est pas la peine de brûler tant de poudre et de tirer un feu d'artifice.

« Eh ben ! ça va être du propre, quand je vais arriver là-bas. S'ils font tant de tapage, c'est qu'ils me ménagent une jolie réception !

« Allons, en avant ! Le petit frère doit avoir grand besoin de moi. »

Il pressa ses mouvements et s'avança rapidement. Il allait à coup sûr, maintenant que les fusées lui avaient indiqué la situation exacte du navire, dont il finit par entrevoir vaguement la coque.

Il nageait toujours. Chose étrange, il lui semblait avancer, et pourtant la distance ne diminuait pas. Au contraire.

En dépit de ses efforts, et bien que le vent vînt toujours de la terre, la lame avait une tendance continuelle à le ramener à la côte.

Il s'en aperçut enfin et frémit. Il eut peur, non pas pour lui, l'héroïque gamin, qui faisait bon marché de sa vie et qui ne manquait jamais l'occasion de sacrifier son existence à une idée généreuse.

Mais le souvenir du pauvre enfant qu'il ne pouvait pas sauver, près duquel il lui était interdit de souffrir, peut-être de mourir, le désespérait.

— Allons, c'est fini, dit-il haletant. Je boirai mon dernier coup avant d'aborder au bateau. Mon pauvre petit frère... je t'aime de tout mon cœur.

« M'sieu André, mon bon docteur... c'est fini de votre gamin...

« J'avais pourtant beaucoup de bonnes choses à faire... j'aurais voulu être un homme utile... Eh ben! non... C'est mon cadavre qui s'en ira à la côte... Moi vivant.... jamais! Jusqu'au dernier moment, jusqu'à mon dernier souffle, j'essayerai d'arriver au petit... qui m'attend... qui m'appelle... qui compte sur moi...

« Zut! je pleure... dans l'eau!... j'vous demande un peu si y a besoin d'eau ici... c'est trop bête... »

Puis ses membres s'engourdirent... Il nagea plus mollement... Une lame s'abattit sur lui, le roula comme un fétu. Il perdit connaissance et disparut...

. . . .

De tous les êtres qui habitent la planète, quadrupèdes ou bipèdes, et parmi ces derniers, blancs, noirs, jaunes ou rouges, celui qui a l'âme véritablement chevillée dans le ventre, est sans contredit le Parisien.

Le Parisien est un être à part. Si jamais la qualification de « paquet de nerfs » a été justement appliquée à quelqu'un, c'est à lui.

Il n'est ni gros ni grand. Est-il généralement brun ou blond? Non, sa nuance est indéfinissable. Il est presque incolore quant au système pileux, c'est-à-dire que sa pigmentation ne peut rigoureusement appartenir à l'une plus qu'à l'autre couleur.

Son masque n'a rien de commun avec la régularité un peu niaise du profil grec, encore moins avec la courbe austère de la silhouette romaine.

Ses membres grêles offrent un invraisemblable contraste avec ceux des athlètes aux muscles puissants. Son torse enfin, qui arrive parfois à dépasser de un mètre soixante-cinq centimètres la hauteur du niveau de la mer, paraitrait, après un examen superficiel, susceptible d'être renversé d'une pichenette.

Ne vous y fiez pas.

Ce petit homme, au regard clair, au nez ouvert, à la face blême, aux « abatis », — pardonnez ce terme du cru, — un peu... communs, est un citoyen auquel il ne fait pas bon se frotter, avec ou sans bâton.

Ah! mais non. Le Parisien, bon jusqu'à la faiblesse, généreux jusqu'à la folie, dévoué jusqu'à la mort pour un homme, surtout pour une idée, — il l'a souvent prouvé, — le Parisien devient terrible quand on touche « à sa chose ».

Il est non seulement terrible, mais irrésistible.

Je m'explique. Sa prétendue faiblesse n'est qu'apparente. Mettez-le à une forge, faites-lui respirer le cuivre, faites-en un fondeur de métaux, donnez-lui à manipuler des produits chimiques ou du verre à souffler, professions essentiellement homicides, et généralement à courte échéance, le Parisien résistera à tout.

Huit pieds carrés, des miasmes à asphyxier un bataillon, une température de haut-fourneau, avec du travail à courbaturer un éléphant, ce petit homme vivra en dépit de ces conditions biologiques, antibiologiques, devrais-je dire, et il fournira une somme de labeur véritablement stupéfiante.

Notez bien qu'il n'aura pour régénérer son organisme plus ou moins intoxiqué, ni l'air pur des grands bois, ni le vin généreux des coteaux bourguignons, ni la viande savoureuse des pâturages normands.

Une chopine de bleu dans lequel entrera accidentellement, et à titre de contrefaçon, un soupçon de raisin, voilà son nectar.

Quant à son ambroisie : des pommes de terre frites, du bœuf bouilli, — quel bœuf! — et les charcuteries les plus invraisemblables.

Vienne l'épidémie, le Parisien s'en moquera comme des tempêtes dans la lune. Avec six sous de tord-boyau il narguera la face livide du choléra ou du typhus, et écorchera avec plus d'entrain encore le refrain à la mode.

En guerre, il est inimitable. Un peu « chapardeur », mais débrouillard en diable, il trouverait des truffes sur le radeau de *la Méduse*.

On en ferait difficilement un soldat de parade. L'astiquage laisse généralement quelque peu à désirer. L'homme ergote quelquefois, et demande pourquoi ou comment. Des misères, quoi !

Mais vienne la bataille ! La sonnerie du clairon le fait bondir, le roulement du tambour l'enrage, le sifflement des balles le pousse, la fumée le grise.

En avant !...

Notre petit homme, héros obscur et toujours gouailleur, les yeux flamboyants, trouant de deux lueurs d'acier sa face blême, la tignasse hérissée, s'élance au plus dru.

Je les ai vus au Bourget, à Champigny, à la Gare-aux-Bœufs, à Buzenval.

Ces braves se battaient pour une idée, la plus belle, la plus généreuse qui ait jamais fait battre le cœur d'un citoyen : l'amour de la patrie !

Qu'ils reçoivent ici cet hommage d'un obscur soldat qui a combattu pour la patrie en danger.

J'ai dit : « l'idée ». L'idée est en effet l'unique moteur du Parisien. Elle lui donne tout à la fois une résistance et un ressort incroyables. C'est par elle qu'il vit dans son enfer, c'est par elle aussi qu'il accomplit ces actes stupéfiants d'audace et de vigueur dont il est coutumier.

Suivant une expression familière, il faut tuer le Parisien pour qu'il ne bouge plus.

Tel Friquet. Nous l'avons laissé évanoui, roulé par une lame énorme. Il fut rudement lancé sur la grève, où il resta étalé, jambes deci, tête delà, sans mouvement.

Le jour vint. La mer s'était retirée. Le gamin, toujours sans connaissance, sentit quelque chose de glacé sur son visage. Il ouvrit les yeux.

N'avais-je pas raison de dire que le Parisien a l'âme chevillée au ventre?

Il poussa un léger cri d'étonnement en s'apercevant que ce contact humide et froid était produit par le nez d'un chien colossal.

L'animal recula, fronça le muffle et montra une double rangée de dents éblouissantes, mais peu rassurantes. Puis il gronda sourdement en faisant mine de s'élancer sur le gamin.

Celui-ci redressa péniblement son torse, et finit par se relever complètement.

Le molosse se mit à aboyer à plein gosier.

— Ben! voyons, lui dit doucement Friquet, qu'est-ce qui te prend? Je ne te veux pas de mal... Au contraire... Tu voudrais du sucre... j'en ai pas... Là... là.... mon brave chien... pas tant de musique... Tu dois t'appeler Médor... c'est un joli nom, Médor...

Mais le soi-disant Médor, insensible à ces cordiales paroles, se ramassa et bondit sur le gamin, qu'il tenta d'étrangler.

Friquet n'était jamais pris au dépourvu. Il évita l'attaque du redoutable animal par une volte rapide, et, bien qu'il fût les pieds nus, lui détacha au passage, dans le flanc, un solide coup de talon qui le fit hurler de douleur.

— Que t'es donc bête, mon pauvre toutou... Tu vas te faire assommer... peut-être même va-t-il t'arriver pire encore...

« Allons, la paix! »

L'animal revint à la charge, mais le gamin avait tiré son couteau, ce terrible bowie-knife qui était toujours accroché à la ceinture de son pantalon, et qui lui battait les reins comme la clef d'or d'un chambellan.

Au moment où il ouvrait la gueule pour broyer la gorge du petit Parisien, il roula, le col fauché d'un coup de revers, et resta pantelant sur la grève rougie.

— Je passerai donc ma vie à tuer? murmura mélancoliquement Friquet... Mon existence est-elle donc si précieuse, que ma route doive toujours être jonchée de cadavres d'hommes ou d'animaux.

« Allons, pas de faiblesses... ce n'est pas cela qui me rendra le petit.

« Puisque je suis encore vivant, en route pour le retrouver. »

Comme il achevait ces mots, un aboiement guttural éclata près de lui.

— Bon, encore un *cabot* à découdre. Vilain pays... Si les chiens sont si peu hospitaliers, comment doivent être les hommes?

Cinq secondes après, un nouvel aboiement, puis un bruissement d'herbes, puis apparut un homme au teint bronzé, tenant en laisse un chien pareil à celui qui était étendu sur la plage.

— Raje de Dios!... hurla-t-il à la vue du cadavre.

— Plaît-il? fit le gamin d'un air aimable.

L'autre répondit par une phrase incompréhensible pour Friquet, qui ne connaissait pas plus l'espagnol, qu'un indigène de Bagnolet l'indoustani.

— Quand vous aurez fini de m'empoigner en auvergnat... Vous savez, ou plutôt vous ne savez pas que j'suis patient tout juste, et que quand on me rase de trop près, je cogne...

« Parce que j'ai coupé le cou au cabot!... j'aurais bien voulu vous y voir... Fallait pas qu'y aille... quand on a des chiens aussi enragés, on les muselle! y a donc pas de sergent de ville... ni de fourrière ici?...

L'autre, un instant ahuri par ce flux de paroles, reprit de plus belle ses vociférations. Le chien se mit de la partie, Friquet renchérit encore, et ce fut un trio à donner la chair de poule à Richard Wagner lui-même.

L'affaire eût pu traîner en longueur, car le nouveau venu hésitait en voyant l'attitude résolue du gamin, quand un deuxième personnage, bientôt suivi d'un troisième, survenant à l'improviste, décidèrent notre ami à opérer une retraite aussi rapide que prudente.

Il prit lestement ses jambes à son cou, piqua droit devant lui, et disparut dans les hautes herbes qui croissaient à cinquante mètres à peine de la grève.

Les autres lui emboîtèrent le pas en hurlant, guidés par le chien que son propriétaire maintenait prudemment en laisse.

La chasse à l'homme commençait. On saura plus tard pourquoi.

Friquet bondissait à travers les tiges de *gynerium argenteum*, végétal que l'on trouve par places en abondance dans la Pampa, ce désert herbeux de l'Amérique du Sud.

Un étroit sentier s'offrit à lui; il l'enfila sans hésiter. Ce sentier s'élargit peu à peu. Quelle que fût la rapidité de sa course, il reconnut qu'il était piétiné par des milliers de sabots appartenant à des bœufs.

Il fit de la sorte près de deux lieues, toujours « mené à voix » par l'enragé molosse rivé à sa piste.

Enfin, haletant, la gorge sèche, ruisselant de sueur, le gamin déboucha dans une immense clairière, où le spectacle le plus fantastique et le plus inattendu s'offrit à ses regards.

Un vaste bâtiment, en forme de parallélogramme d'environ deux cents mètres de côté, s'élevait à la hauteur d'un premier étage. Pas de murailles proprement dites, mais des claires-voies faites de madriers solides formaient l'enceinte. Quatre hangars s'étendaient en auvent extérieurement à l'édifice. Pour toiture, des roseaux roussis et recroquevillés par le soleil et la pluie.

Une foule d'hommes de toute couleur, blancs, noirs, métis, Indiens café au lait, Chinois, tous armés d'énormes couteaux, évoluaient dans cette enceinte, emplie de mugissements, de soupirs d'agonie, de clapotements, d'éclats de rire et de jurons.

Le sang ruisselait partout. Il y en avait sur les poutres, sur la face et les mains des hommes; leurs vêtements disparaissaient sous une couche brune, uniforme, couleur « bois de guillotine ». Leurs couteaux, rouges jusqu'au manche, semblaient transsuder des gouttes rutilantes.

Le sol enfin, était transformé en une boue rougeâtre, infecte, nauséabonde, dans laquelle pataugeait jusqu'aux chevilles tout ce clan d'égorgeurs.

Des bœufs, parqués dans des enclos palissadés, violemment tirés par les cornes au moyen d'un lasso, arrivaient pour ainsi dire à la file en titubant, les yeux pleins d'épouvante, les naseaux béants. Le premier tombait tout à coup, la nuque piquée d'un coup de coutelas; un flot de sang jaillissait. L'animal était en un clin d'œil dépecé par quartiers, coupé en tranches, et dépouillé de sa peau. Une véritable armée de chiens dévorait ses entrailles... Il n'en restait plus rien.

A un autre !

Friquet se trouvait devant un *saladero*. L'étonnement le cloua une minute au sol. Puis, comme il avait souvent à bord entendu parler de cette « exploitation » du bétail, particulière à l'Amérique du Sud, il comprit bientôt.

— Ah! très bien. C'est un abattoir. Je meurs de faim, il y a là dedans cent mille kilos de viande... C'est bien le diable si on me refuse un bifteck d'une demi-livre.

« Ça ne vaut pas les abattoirs de la Villette, mais c'est

encore pas mal installé. Ça manque d'eau, par exemple. Vrai, c'est pas pour dire, ça sent diablement mauvais.

« Allons, entrons. D'autant plus que l'homme au chien va m'arriver avec ses acolytes. »

Épuisé par une course folle, l'estomac aboyant la faim, les pieds ensanglantés, il pénétra dans l'intérieur du saladero.

Avec sa vareuse collée au dos, son béret enfoncé jusqu'aux oreilles, sa face pâlie par les fatigues de la nuit, notre ami ne payait pas de mine.

Il s'avança pourtant assez délibérément vers le capataz qui, d'un air majestueux, fumait, en surveillant les peones, une cigarette microscopique, aussitôt grillée, aussitôt renouvelée.

Cet important personnage, caparaçonné comme une mule andalouse, toisa le nouveau venu avec une arrogance hautaine, et lui demanda brutalement ce qu'il voulait.

— Un bifteck.

— Qué es eso? (Qu'est-ce que c'est).

— Ben oui, quoi, un bifteck... C'est pas ça qui manque ici...

— Tú eres un perezoso... (Tu est un paresseux).

— Qu'est-ce qu'il me raconte, celui-là... avec son père zozo... j'ai pas besoin qu'on me donne des noms de chien... j'ai faim... Il se perd ici de la viande, de quoi nourrir dix familles indigentes...

Mais le señor capataz était sans doute de fort méchante humeur, car montrant du bout de son *revinque* (fouet), la porte au pauvre diable, il lui intima rudement l'ordre de sortir.

— Vous n'êtes guère hospitalier, mon garçon, je m'étais laissé dire que les habitants de l'Amérique du Sud avaient bon cœur, ou bien on m'a trompé, ou l'habitude de charcuter les bêtes vous a diablement endurci.

« Au plaisir de ne pas vous revoir... Je vais aller chercher des coquillages à la côte. Puis, après, je verrai à me débrouiller...

Au moment où il allait franchir la porte, les trois hommes qui le poursuivaient depuis le rivage avec le chien, et qu'il avait un instant oubliés, firent leur apparition.

— Allons, bon, il ne manquait plus que cela, fit-il en les apercevant.

La vue du petit Parisien sembla porter à son comble la rage des nouveaux venus.

Un colloque des plus animés s'engagea soudain entre eux et le capataz; puis des expressions qui n'avaient rien d'évangélique, accompagnées de gestes menaçants à l'adresse de Friquet, entremêlèrent désagréablement leurs phrases gutturales.

— Mais enfin, qu'est-ce que vous me voulez? tas de... bavards.

Le gamin l'apprit bien vite.

Substituons un moment, pour l'intelligence du récit, le dialogue français, aux périodes ronflantes des saladeristes et de leurs interlocuteurs.

— Vous avez entendu le canon, cette nuit, sur le *Lagoa*, n'est-ce pas? señor capataz.

— Oui.

— Vous avez vu les signaux?

— Oui.

— Le marchands de noirs est là. Il y a des fugitifs... Nous sommes à leur poursuite. Celui-là est un déserteur.

— Nous allons l'arrêter, alors. Il y a une bonne récompense. Le señor Flaxhant est généreux.

— Aïe, ils connaissent Flaxhant, dit à part lui le gamin. Je suis pincé.

« Tout s'explique. Mon évasion est signalée. Les coups de canon, les fusées, ça voulait dire aux gens de la côte : en chasse...

17

« Ces honorables caballeros, comme ils disent ici, sont des chasseurs d'esclaves marrons ; à l'occasion, ils chassent aussi les blancs.

« Après tout, le meilleur moyen est de me laisser faire... de cette façon, je retrouverai le petit.

« C'est égal, j'prendrais bien quéque chose.

Le gamin était, on le voit, pétri de bonnes intentions. La brutalité des peones l'empêcha seule de les mettre à exécution.

L'abattage des bœufs avait été un instant suspendu par l'arrivée des trois hommes.

Tous ces égorgeurs se pressaient autour du groupe formé pas eux, le gamin et le capataz.

Tous voulaient participer à l'arrestation du fugitif. La prime leur importait peu ; mais le capitaine négrier ne manquerait pas d'expédier un tonneau d'eau-de-vie de France, pour reconnaître leurs bons offices, et pour ces gens condamnés à la *caña*, l'eau-de-vie de France était un tel régal, qu'ils n'hésitaient pas devant l'infamie.

Le cercle se resserra. Ce fut un nègre qui voulut avoir l'honneur de la capture. Oui, un nègre. Ce déshérité, encore esclave hier, ne trouvait rien de mieux que de ravir la liberté à cet enfant qui invoquait en vain les lois sacrées de l'hospitalité.

Quand Friquet sentit la lourde patte du moricaud s'abattre sur ses épaules, tout son sang, comme on dit vulgairement, ne fit qu'un tour.

— A bas les pattes, Bamboulo, dit-il en pâlissant, ou je te crève.

Le noir resserra son étreinte. Sans effort apparent, le gamin se dégagea, et d'une ruade violente, appliquée au-dessous du sternum de son adversaire, envoya celui-ci s'asseoir sur une peau encore ruisselante de sang.

Cette chute fut saluée d'un énorme éclat de rire accompagné d'une véritable bordée de quolibets. Le nègre se releva en grinçant des dents; mais rendu plus circonspect par la riposte de Friquet, il s'adjoignit un Chinois pour l'aider dans l'accomplissement de son projet, dont la réalisation ne lui semblait plus si facile.

A la vue du « célestial » le gamin se tordit.

— Un magot! un vrai! et qui veut me crocher, encore... J'en rirai, jusqu'à ma retraite. Toi, tu sais, le magot, je me contenterai de te gifler. Tiens donc!

Flic! Flac! et une paire de soufflets retentissants s'abattent, avec un bruit d'assiette cassée, sur la face jaune du bonhomme. Sa tête pirouette de gauche à droite, puis de droite à gauche, sa queue de cheveux se décroche du coup et lui tombe jusqu'au jarret.

Le nègre stupéfait de tant d'audace, n'ose plus avancer. Il y a une seconde de trêve.

— Place! s'écrie de sa voix aiguë le gamin qui bondit vers la porte.

La poussée est irrésistible, quatre peones roulent les uns sur les autres. Des jurons, des cris, des hurlements retentissent.

— Hijo de perro!
— Ruffianne!
— Carajo!
— Horroroso muchacho!
— Berraco!

— Ah! les gredins! les lâches! Deux cents contre un!...

Au moment où le petit Parisien allait s'élancer hors du lieu maudit, un lasso lui tombait sur les épaules, glissait jusqu'à mi-corps, lui collait les bras au torse et le réduisait à l'impuissance.

La main qui tenait l'extrémité de la courroie imprimait à celle-ci un mouvement brutal... Le gamin roulait dans la boue sanglante, puis, traîné jusque sous la poulie servant à l'abattage des taureaux, il était hissé à un mètre de sol, après avoir été roué de coups de pied.

Les chiens, repus de chair morte, les babines rouges, lui sautaient aux jambes.

Le nègre s'avança un couteau à la main. Le Chinois arriva portant un brasero incandescent, pour lui rôtir la plante des pieds.

Le gamin se sentit perdu. Il eut une dernière révolte, cracha à la face du noir, tenta un inutile et terrible effort pour échapper à l'étreinte qui le paralysait...

Sa chair saigna...

— Lâches! cria-t-il une dernière fois. Lâches! Vous voulez me torturer... Vous allez voir comment meurt un matelot français!...

Le nègre brandit son couteau à bœuf.

Son bras ne retomba pas. Une détonation aiguë retentit, accompagnée d'un petit craquement sec. La boîte osseuse, sur laquelle se tordait la tignasse laineuse du drôle éclata, comme une citrouille jetée le long d'un mur.

Une main de fer empoigna le Chinois par sa queue de cheveux. Le magot, arraché du sol par une force irrésistible, fut lancé par-dessus la palissade du corral, et tomba au milieu des taureaux furieux qui le mirent en lambeaux.

Ce fut un véritable coup de théâtre.

Sans que personne osât s'opposer à son entrée, un homme de haute taille, monté sur un admirable cheval pie, pénétra jusqu'au milieu du saladero.

Il tenait de la main droite un revolver encore fumant. De la gauche, il venait, sans que ce formidable effort l'eût fait sourciller, d'expédier le « célestial » dans l'enceinte palissadée.

— Place! garçons, dit-il d'une voix calme qui sonnait haut et ferme comme un cuivre.

Comme on n'obéissait pas assez vite à son gré, le cavalier serra imperceptiblement des jambes les flancs de sa monture.

Le mustang rua, bondit, se dressa, et retomba de tout son poids sur ceux qui se tenaient à l'entour du gamin gigottant au bout de son lasso.

— A moi! coupez la ficelle! je veux leur manger le nez!

— Je ne m'étais pas trompé, dit l'inconnu... c'est un Pantinois.

Tirer son *facon* (couteau), couper le lasso, débarrasser le gamin, l'asseoir sur le garrot du cheval, fut pour lui l'affaire d'un moment.

— Merci, fit le gamin.
— Tout à l'heure.
— Prenez un revolver... j'en ai deux...
— Bon!
— Tenez-vous ferme.
— Ça va bien.
— En avant.

Le cheval, malgré son double fardeau, bondit, culbuta du poitrail ceux qui essayaient de le saisir à la bride.

Il arriva à la porte. Trop tard! Elle retombait lourdement, avec un claquement sec du pêne dans la gâche de la serrure.

Par un prodige d'habileté, le cavalier arrêta net sa monture, les naseaux sur un des battants.

— Nous allons rire, dit-il de sa voix calme qui devint légèrement moqueuse.

Une simple pression de la bride fit faire volte-face au mustang. Un léger chatouillement de l'éperon le fit ruer avec furie sur les planches qui résonnèrent sous son sabot.

Les peones se groupèrent menaçants, le couteau à la main.

— Feu à volonté? demanda le gamin.
— Pas encore. Deux mots seulement à ces coquins.

« Voulez-vous, oui ou non ouvrir la porte, leur cria-t-il

de sa voix toujours calme, mais en scandant ses syllabes avec un accent de froide menace qui voulait dire : c'est un ultimatum !

— A mort ! à mort ! hurlaient à pleine gorge les saladeristes furieux d'être tenus en échec par deux hommes.

— Onze coups à tirer. La vie de onze d'entre vous. Puis mon couteau jusqu'au manche dans le ventre du douzième... Puis... La bataille jusqu'à la mort... Réfléchissez... Il est temps encore.

— A mort ! à mort !

— C'est bien, reprit le cavalier dont les pommettes s'empourprèrent légèrement.

« Au large ! coquins. Vous allez voir ce que valent deux Français !

Le capataz se piqua d'amour-propre. Il s'élança vers l'homme et voulut le saisir à la botte pour le désarçonner pendant que le cercle des assaillants se rétrécissait.

Avec une aisance parfaite, il déchaussa son étrier, et au moment où le capataz allongeait le bras, il recevait en pleine face un coup de semelle qui lui faisait cracher deux dents et l'envoyait promener, les jambes en l'air, à trois mètres.

— Et d'un.

— Bravo, dit Friquet électrisé... à nous deux, avec le dada qui tire la savate comme père et mère, nous allons leur administrer une de ces roulées...

Le « dada », suivant l'expression du gamin, se remit à ruer de plus belle. La porte se fendit bientôt, puis deux ais se brisèrent.

— Feu !

Le gamin tira, et le plus naturellement du monde, manqua son homme.

— Un second coup retentit, c'était l'inconnu qui faisait feu. Un des peones tomba à gauche.

Pan ! un troisième dégringolait à droite.

— Si vous voulez m'en croire, dit rapidement le petit Parisien, vous prendrez mon revolver. Vous avez de l'œil. Moi pas. Le temps de jeter par terre une demi-douzaine de ces vilains bonshommes, et je crochète la porte.

— Allez.

Au moment où Friquet allait sauter sur le sol, un des battants s'effondrait.

— Pas besoin. La voie est libre.

« Volte-face en avant... marche.

Dix chevaux des prairies, composant la *tropilla*, — réserve, — du sauveur de Friquet, se tenaient à quelques mètres de l'entrée. Ils portaient les provisions et effets de campement de l'inconnu. Un superbe peloton de cavalerie.

— Êtes-vous cavalier? demanda-t-il.

— Comme l'écuyer quadrumane, d'instinct, je m'accroche à tout, répliqua le gamin.

— Bien. Ventre à terre!

Le mustang portant les deux hommes franchissait la porte comme une flèche. Un coup de sifflet retentit. La tropilla tout entière, obéissant à ce signal bien connu, s'élança sur ses traces.

Un magnifique cheval blanc, à la crinière et à la queue ardoisées, caracolait à côté de Friquet. Celui-ci se pencha un peu, le saisit aux crins, se laissa glisser de dessus le garrot du mustang de son nouvel ami, et se trouva du coup, en raison de la vitesse acquise, à califourchon sur l'échine de cette admirable monture, qui filait comme un météore.

Le saladero était déjà à cinq cents mètres, et les deux hommes hors d'atteinte.

— Enfin! Il n'était pas trop tôt.

— En avant, mon camarade, en avant! Nous allons être poursuivis.

« A propos, vous êtes Parisien, moi aussi. Que diable faisiez-vous donc dans le saladero.

— Moi, je faisais le *Tour du monde!*
— Pas possible!...

CHAPITRE VI

Les débuts du matelot Friquet dans la cavalerie. — Titi et boulevardier. — La poursuite. — Le *chokebore* Greener. — L'arsenal du voyageur. — Un coup double. — Encore un coup double. — Un maître tireur. — Bataille gagnée. — Avantages du plomb moulé sur la balle franche. — En route pour Santa-Fé. — Itinéraire. — A travers la *pampa*. — Un camp sans tentes ni soldats. — Charge à fond de train... contre les voyageurs en chambre. — Les végétaux de la *pampa*. — *Se habla español*. — Friquet déclare qu'il ne peut vivre sans manger.

Cette course dura près de deux heures. Les chevaux filaient toujours comme le vent à travers des plaines sablonneuses, faisant suite à l'espèce de promontoire formé par la pampa, et qui s'avançait en pointe aiguë jusqu'au Lagoa dos Patos.

Le terrain, en quelque sorte séparé par bandes d'espèces différentes, produisait les végétaux les plus divers. Ici, grâce à l'humidité chaude du climat, l'épaisse couche d'humus recouvrant des défrichis de forêt disparaissait sous les splendides produits de la flore sous-tropicale, bien que la latitude soit 32° sud.

Caféiers, cannes à sucre, cocotier, bananiers, ananas, manguiers, etc... croissaient à profusion, non loin de champs cultivés, où poussaient l'orge, le froment, la vigne et l'« Yerba mate » ou thé du Paraguay.

Enfin, dans d'étroites zones de sable, les deux cavaliers, suivis des chevaux de la tropilla, bondissaient à travers d'énormes cactus nopals, qui croissent spontanément, et se couvrent de cochenille.

Les mustangs ne semblaient pas plus fatigués qu'au départ. Telle était pourtant la rapidité de leur course, que les deux hommes pouvaient à peine échanger quelques paroles.

Friquet avait été un peu cahoté au début. Sa science en équitation était des plus élémentaires, mais en somme il se tenait solidement sur le cheval blanc à crinière ardoise, c'était l'important.

Il étreignait le noble animal, un peu de la même façon qu'une vergue d'un bâtiment secoué par l'ouragan.

Puis il s'était peu à peu habitué au mouvement de la bête, et moins préoccupé du soin de garder l'équilibre, il avait pu jeter un coup d'œil sur son libérateur.

Celui-ci, imperturbable toujours, droit et ferme sur son grand cheval pie, fumait avec un véritable sybaritisme une cigarette de tabac français, qu'il venait de rouler et d'allumer comme s'il eût été tranquillement dans un fauteuil.

C'était un jeune homme de haute taille, à la carrure puissante, aux bras solidement musclés, — il en avait donné la preuve dans le saladero, — aux mains fines, bien attachées, brunies par le soleil, et dont les ongles étaient soignés comme ceux d'une petite maîtresse.

Il avait de vingt-cinq à vingt-six ans.

Un large chapeau de feutre noir, coquettement décoré d'une plume d'aigle blanc, s'inclinait crânement sur l'oreille, et découvrait une tête dont l'expression dominante était l'audace et l'énergie.

De grands yeux noirs, luisants comme deux globes d'acier bruni, qui se fixaient droit devant eux, et regardaient bien en face, accentuaient encore cette expression.

Mais, la bouche, un peu grande, surmontée d'une fine moustache brune, et garnie de dents éblouissantes, avait un bon sourire qui, en dépit de son expression un peu moqueuse, compensait avantageusement la dureté et la fixité presque inquiétantes du regard.

Sous la couche de hâle que le soleil des tropiques avait collée à sa peau, on devinait l'épiderme du Parisien. La nuance de son teint paraissait d'ailleurs l'inquiéter médiocrement, bien que les moindres détails de son ajustement semblassent indiquer un homme essentiellement soucieux de l'élégance et du confort.

C'était tout à la fois un bel homme et un fort joli garçon.

Il portait crânement un costume de voyage européen, complété de certaines parties appartenant à celui des gauchos, et indispensables pour une exploration dans l'Amérique du Sud.

Sa tête était couverte d'un foulard flottant sur les oreilles et noué sous le menton, de façon que, pendant la course, l'air s'engouffrant de chaque côté dans les plis du tissu, produit un courant perpétuel dont la fraîcheur est fort appréciable dans la pampa.

Un second foulard, négligemment jeté autour du cou, et tombant sur les épaules, complétait cette parure empruntée aux gauchos, qui ne sortiraient pas plus sans leurs foulards, qu'un boulevardier sans cravate.

Une blouse de molleton gris, très ample, aux innombrables poches, était serrée à la taille par un ceinturon où étaient accrochés deux revolvers nickelés, du système Smith et Wesson, les meilleurs entre tous.

Ses culottes de velours olive se perdaient dans une solide paire de bottes en cuir fauve, plissées à la cheville, à la tige rigide montant jusqu'aux genoux. Au lieu de l'énorme éperon d'argent des gauchos, à molette large comme une soucoupe, un éperon d'acier, aux dents aiguës, à la chaînette étincelante.

Cet équipement se complétait d'un superbe poncho en laine de vigogne, d'un prix inestimable.

On connaît le poncho. C'est une pièce d'étoffe de deux mètres carrés, percée au centre d'un trou où l'on passe la tête. Il protège le voyageur des averses et des rosées tropicales, et lui sert de lit quand il lui est impossible de tendre son hamac.

Il le garantit aussi des rayons du soleil, et l'expérience a démontré qu'une épaisse couverture de laine tient le corps humide et frais le jour, et chaud la nuit.

Celui de notre nouveau compagnon est double ; il se compose de deux espèces d'étoffes superposées, l'une bleu foncé, l'autre jaune pâle.

La chaleur et la lumière agissant différemment sur chacune de ces couleurs, il peut retourner son poncho selon la température.

Est-elle humide et froide, il expose à l'air le côté bleu noir qui absorbe le plus de chaleur.

Le thermomètre remonte-t-il, la couleur jaune clair apparaît et s'oppose à cette absorption.

Enfin, dernière et indispensable concession aux besoins du moment, plutôt qu'à la mode, le voyageur était assis sur une selle du pays.

La selle du gaucho, quoique un peu lourde, est admirablement appropriée aux longues pérégrinations.

Les broderies d'argent, les dessins en maroquin, les riches ornements du genre arabe y sont prodigués. Elle se termine en avant par une pointe élevée, en arrière, par un chanteau plus grand encore.

Une schabraque faite d'une peau de mouton recouvre le siège et pend en plis gracieux. Enfin, dans la selle sont ménagées des poches contenant des gâteaux de maïs, de la caña et des munitions.

On est là-dessus comme sur un divan. On peut à loisir y galoper, ou y dormir. Les étriers, taillés d'ordinaire dans un morceau de bois, sont plus longs que partout ailleurs, et bien qu'ils soient désignés sous le nom d' « *Africa* », ils n'ont rien de commun avec ceux des Arabes.

Le jeune homme avait avec juste raison remplacé ces boîtes incommodes par des étriers d'acier.

Friquet, de plus en plus tenaillé par la faim, commençait à trouver le temps long. Son examen terminé, nul ne saurait en douter, à l'avantage de son compagnon, notre gamin se demandait avec anxiété quand sonnerait l'heure du dîner. Le galop des chevaux s'étant un peu ralenti, il prit le parti de rompre le silence.

— Je vous avais dit comme ça dans cette espèce d'abattoir, que je faisais le tour du monde. C'est juste, dans le fond, mais le vrai motif de mon entrée était le besoin de manger un bifteck.

« Y a tout près de trente heures que pareille chose ne m'est arrivée, et, dame! j'ai beau avoir l'estomac complaisant et la tête solide... il me semble que tout tourne.

— Eh! que diable ne le disiez-vous plus tôt? Je n'ai à votre service qu'une galette de maïs et une bonne lampée de caña, mais c'est de bon cœur... avec ça on ne meurt pas de faim.

— Pétard! à bon cœur, bon estomac alors, dit-il en écrasant sous ses molaires les briquettes comestibles mais coriaces, cuites depuis des temps immémoriaux.

— Tenez, pendant que vous vous restaurez, je vais faire souffler nos bêtes, nous causerons un peu.

« Vous me plaisez tout plein!

— Et vous donc, répondit l'affamé, la bouche pleine... Vous êtes un rude gaillard, ni plus ni moins que m'sieu André et le docteur.

— M. André, le docteur, quels sont ces hommes?

— Mes amis. Deux bons lurons, allez. Ah! si nous étions

tous les quatre, comme nous aurions tôt fait de prendre le bateau et de délivrer le petit.

— Mon cher camarade, vous parlez par énigmes. Il y a un bateau à prendre, bien ; et un « petit » à délivrer, très bien. Cela veut dire en somme crocher des forbans et délivrer un captif. J'en suis ; mais puisque le temps passe et que les minutes valent des heures, vous pourriez, tout en mangeant, m'expliquer ce dont il s'agit.

— Bien volontiers.
— Mais soyez bref.
— Oui.

Et Friquet, sans perdre un coup de dent, raconta son histoire à son nouvel ami, qui l'écouta sans l'interrompre.

Quand il eut fini, le jeune homme lui tendit la main, et lui dit :

— Bien. Vos deux amis sont de vaillants cœurs. Nous les retrouverons. Votre petit frère noir vous sera rendu. J'en suis sûr. Vous étiez jadis quatre, n'est-ce pas ? Eh bien, maintenant nous sommes cinq !

« Ça vous va. Topez là.

« A propos, vous vous appelez ?...

— Friquet... Je suis Parisien, comme vous savez. J'ai été matelot. J'ai rôti tous les balais possibles. J'ai failli être noyé avec m'sieu André, mangé avec le docteur, pendu quand vous êtes arrivé, maintenant, me voilà... cavalier de... dernière classe... et bien votre obligé.

— Ne parlons pas de ça. Moi aussi, je suis Parisien...

— Ah ! m'sieu ; on prétend que les Français sont casaniers, et en voici quatre, dont trois de Paris et un de Marseille, qui courent presque à l'aventure, dans le seul but de faire le tour du monde, et se trouvent...

— Mais oui, la terre est si petite, qu'on se rencontre fatalement en se promenant dessus.

« ... Moi, je m'appelle Alphonse Boileau. Je suis journaliste, parce que cela m'amuse ; peintre, parce que j'aime la nature ; musicien, parce que la mélodie me charme ; voyageur, parce que je suis Parisien, et que j'ai assez des têtes ridicules et des ventres obèses qu'on trouve entre Tortoni et le faubourg Montmartre...

« ... Enfin, je suis tout cela, parce que je suis un peu millionnaire... que l'argent me brûle la poche, et que je ne veux pas le dépenser d'une façon bête...

— Ça, c'est bien. Je vous comprends. Le proverbe « les extrêmes se touchent » est vrai. Nous voici réunis par les hasards de la vie, un pané et un richard.

« Bon Dieu, que c'est donc drôle.

« Ah ! si m'sieu André était là, avec le docteur ; et Majesté ! comme il ouvrirait un bec, comme il écorcherait votre nom !

« Figurez-vous, le cher petit, qu'il m'appelle toujours Fliki ; le docteur, Doti ; m'sieu André, Adli. Pauvre enfant ! c'est bon, dévoué, honnête.

« Ah ! non, ça me chavire, en pensant qu'il est sur ce damné bateau.

— Mais, sacrebleu, fit Boileau tout ému, nous ne pouvons pourtant pas à nous deux prendre à l'abordage ce satané négrier !

« Si vos deux amis étaient là... je ne dis pas.

— Ça, c'est vrai, reprit le gamin qui ne doutait de rien.

Un nuage de poussière s'élevait à l'horizon.

— Vous sentez-vous remis ? demanda Boileau.

— Ça va.

— Bon. Il est temps. Nous sommes poursuivis. Les coquins de saladeristes veulent vous ramener à votre Flaxhant, mais nous allons voir.

« Inutile de vous dire que je partage votre sort. Je voyage pour mon plaisir, je suis là par hasard. Je vous trouve, vous me plaisez. Allons-y. »

Le nuage grossissait à vue d'œil. Les deux hommes se

jetèrent dans un bouquet de lentisques, de vingt-cinq mètres carrés, où les chevaux de réserve les suivirent.

Boileau, toujours imperturbable, décrocha de sa selle une légère valise, longue de quatre-vingts centimètres environ, large de vingt-cinq, couverte de grosse toile, aux coins de cuivre.

Il l'ouvrit posément, et en tira un canon de fusil, puis la crosse, qu'il articula l'un à l'autre en une seconde.

— Tiens, dit Friquet, un flingot à deux coups.

— Et un rude flingot, mon camarade. Vous allez voir ça, si la poudre parle.

— M'sieu André avait une carabine...

— Moi, je préfère le *chokebore*.

— Qué que c'est que ça ?

— Un fusil lisse, qui possède à petite portée, je veux dire jusqu'à cent mètres, les avantages de la carabine, sans en avoir les inconvénients.

— Ah ! bah !

— Tenez, dans cinq minutes, vous aurez la preuve de ce que j'avance.

« Avec une carabine rayée, vous avez un seul projectile. Un écart d'un dixième de millimètre au départ fait dévier votre balle d'un mètre sur cent. Vous manquez le but.

— J'en sais quelque chose.

— C'est un coup de perdu, et votre vie en dépend.

— Sans doute.

— Dans ce fusil bien soigné, comme vous le voyez, à percussion centrale, calibre 12, avec une cartouche portant six grammes de poudre anglaise et vingt grains de plomb moulé, pesant ensemble trente-cinq grammes, je me fais fort de démolir, mieux qu'à balle franche, à quatre-vingt-dix mètres, un des braillards qui en veulent à votre peau.

— Je ne dis pas non.

— Vous direz oui tout à l'heure, quand j'aurai, à cent pas, puis à quatre-vingts, fait coup double sur les drôles qui s'avancent ventre à terre.

« Tranquillisez-vous. Il avaleront chacun au moins la moitié des grains de plomb... et ils les garderont.

« Tout ce que je vous demande, pendant ce temps, c'est de recharger au fur et à mesure.

« Nos revolvers Smith et Wesson ont, vous le voyez, le canon très long. Leur calibre est de 11 millimètres. Leur portée est de 250 mètres. De bonnes armes, mon cher.

« J'adapte à chacun d'eux une crosse d'épaulement, cette espèce de triangle de fer que je visse à la crosse.

« Cela me procure deux carabines. Douze coups à tirer ; avec deux dans le chakebore, cela fait quatorze, plus la réserve.

— Bravo! Bravo! fit le gamin enthousiasmé.

— Et maintenant, du sang-froid.

Au moment où ces explications indispensables, données avec un calme inouï, étaient terminées, l'ennemi apparaissait distinctement.

Le peloton des gauchos, une douzaine d'hommes environ, le capataz en tête, arrivait comme une trombe.

Son fusil à la main, Boileau se dressa derrière le tronc d'un lentisque, visa une seconde et fit feu.

Le capataz roula. Un second coup retentit, son voisin perdit la selle et fut traîné par un étrier.

Des cris terribles s'élevèrent, poussés par les assaillants qui hésitèrent un instant.

L'intrépide tireur tendit au gamin son fusil vide que celui-ci rechargea, saisit en même temps un de ses revolvers, épaula vivement et ouvrit sur le groupe menaçant un superbe feu de file.

Les peones, furieux d'être tenus en échec par deux hommes, voyant le tiers des leurs hors de combat, firent cabrer leurs chevaux, afin d'éviter les balles cylindro-ogivales qui leur trouaient la peau et faisaient éclater leurs os.

Boileau se mit à rire.

Friquet lui donna son fusil tout armé.

Le peloton n'était plus qu'à quarante pas. Les deux coups résonnèrent presque en même temps.

Deux chevaux, frappés, l'un en plein front, l'autre, au beau milieu du poitrail, culbutèrent comme des lapins, et restèrent allongés sur leurs cavaliers.

— Quand je vous disais que je préfère mon fusil à une carabine !

— Mâtin, c'est de bel ouvrage tout de même. Les pauv'bêtes n'ont seulement pas fait ouf !

Les peones s'enfuyaient à toute bride, laissant deux cadavres d'hommes sur le sol, et les deux vivants, qui se tortillaient désespérément pour s'arracher de dessous leurs montures.

La bataille était gagnée.

— Et maintenant, une sortie pour achever la défaite.

— Oh ! dit le gamin, ne les tuons pas, il sont par terre !

— Ah çà ! pour qui diable me prenez-vous ? Nous allons tout bonnement leur enlever leurs armes, vous procurer une bonne selle, puis nous les enverrons se faire pendre ailleurs.

Ce qui fut dit, fut exécuté séance tenante. Les gauchos, honteux et tremblants, se rendirent à merci, et s'en allèrent clopin-clopant, accompagnés d'un ironique « buenos dias caballeros », que le généreux vainqueur leur envoya comme adieu.

Les deux compagnons examinèrent à loisir les cadavres des chevaux. Les ravages produits par le chokebore étaient terribles.

Le premier avait le crâne fracassé, la cervelle était littéralement en bouillie, un œil avait disparu. Quant au second, son poitrail blanc était percé d'une ouverture ronde presque régulière, à y loger le poing. Le coup avait porté un peu en biais. Les grains de plomb avaient broyé un poumon, quelques-uns étaient sortis entre les côtes, entraînant des fragments rosés de substance pulmonaire.

— Eh bien! fit Boileau triomphant, que dites-vous de mon coup de plomb? Cela vaut-il la balle franche, qui peut dévier sur un os, ou rebondir sur un repli de la peau ?

— Je dis que c'est effrayant. Mais, enfin comment diable votre fusil serre-t-il ainsi son coup, à quarante mètres.

— Ah! ah! la balistique vous plaît, vous prenez goût aux armes, à la bonne heure, rien n'est plus amusant. Je vais vous expliquer ça en nettoyant mon fusil, besogne que je ne remets pas au lendemain, et dont je ne me décharge jamais sur personne.

Le mot *chokebore*, composé de deux verbes anglais, *to choke* étrangler, et *to bore*, forer, signifie forage à étranglement.

Chaque canon de mon fusil, au lieu d'être un cylindre parfaitement rectiligne à l'intérieur, se rétrécit très légèrement de la culasse jusque vers le milieu de sa longueur, puis se prolonge cylindriquement jusqu'aux environs de la bouche, où il s'étrangle tout à coup.

Cette disposition, a pour objet non seulement de concentrer la charge, de grouper les projectiles, au point qu'ils écartent moitié moins que ceux projetés par les fusils ordinaires, mais encore de répartir les plombs sans grappes, sans vides adjacents, et avec une régularité pour ainsi dire mathématique.

— C'est tout simplement merveilleux. Je comprends parfaitement l'avantage du système. Le gibier ne peut passer au milieu des plombs gros ou petits que le canon concentre jusqu'aux dernières limites de leur course.

— Bravo! vous comprenez à merveille! Guinard sera enchanté de savoir que son fusil s'est si bien comporté au Rio-Grande-do-Sul

— Qu'est-ce que M. Guinard?

— Un excellent ami à moi, un des plus fins tireurs que je connaisse. Il a gagné en sa vie je ne sais plus combien de prix dans tous les concours européens.

— Mâtin, il va bien, votre ami. Il devrait bien me donner quelques leçons. Où est-il?

— A notre retour à Paris je vous emmènerai chez lui à son magasin, 8, avenue de l'Opéra... vous serez le bienvenu.

— Quel magasin?

— C'est vrai, je ne vous avais pas dit que les chokebores les plus renommés sont de Greener, de Londres; le seul représentant de Greener est, à Paris, M. Guinard.

« C'est lui qui, au moment de mon départ pour l'Amérique, m'a confié cette belle arme, en m'en promettant des merveilles.

« Vous voyez qu'elles se sont réalisées.

« Mon fusil est de nouveau en état, je vais le remiser dans sa boîte en attendant une nouvelle occasion...

« Et maintenant, en route! Les gauchos ne renonceront pas comme cela à leur poursuite. Il est de toute nécessité de mettre le plus d'intervalle possible entre eux et nous.

« Qui sait ce que l'avenir nous réserve?

— M'sieu Boileau, un mot encore.

« Vous venez de parler de l'avenue de l'Opéra. Elle est donc enfin percée?

— Ah! çà! d'où sortez-vous donc? Je le crois parbleu bien qu'elle est percée, depuis le Théâtre-Français, jusqu'à la place de l'Opéra.

« C'est superbe.

« Il y a même un système d'éclairage électrique qui produit le soir un effet admirable.

— C'est qu'il y a longtemps déjà que je suis parti... reprit mélancoliquement le gamin. Je retrouverai en arrivant mon Paris bien changé !

— En selle et au trot !

La *tropilla* s'ébranla comme un tonnerre, et les bêtes, les crins au vent, les naseaux grands ouverts, s'élancèrent à corps perdu dans les hautes herbes de la pampa.

Friquet était désespéré.

— Il faut donc abandonner mon pauvre petit... là-bas, avec les négriers... Comme il doit souffrir, le cher enfant !

— Il le faut, répondit Boileau, nos existences dépendent de la rapidité de notre course. J'enrage comme vous, croyez-le, mon ami... je n'y peux rien.

« Les hommes du saladero que nous avons si rudement étrillés, vont revenir à la charge. Ils voudront se venger, car ils sont implacables.

« De plus, mes armes les tentent. Ils feront tout au monde pour les avoir. Nous allons être signalés à tous leurs amis, et avant douze heures nous aurons à nos trousses tous les démons de la pampa.

— Comment ! douze heures ?

— Certainement. Ils nous poursuivront jour et nuit, sans une minute de fatigue, sans jamais perdre notre trace, car ce sont d'incomparables chercheurs de piste.

— Vous dites qu'ils retrouveront notre passage, ici, au milieu de ces herbes, de ces terrains défoncés, de ces fondrières.

— N'en doutez pas.

— Alors, où allons-nous ?

— Vers le nord-ouest. Remontons au plus vite. Il faut, comme je le disais tout à l'heure, nous réfugier dans une ville ; après, nous aviserons.

— Et quelle est à votre avis la plus rapprochée.

— Je ne vois guère que Santa-Fé-de-Borja.
— C'est-il bien loin?
— Cent vingt-cinq lieues environ, à vol d'oiseau.
— Pétard! cent vingt-cinq lieues à dada, pour un matelot... oh! là là, j'vais y laisser le fond de ma culotte...

« C'est l'instant ou jamais de passer cavalier de première classe.
— Eh! vous ne vous en tirez déjà pas si mal.
— Vous trouvez?
— Sans exagération. Je ne vous dirai pas que vous êtes très élégant en selle, mais vous êtes solide. C'est l'essentiel.
— Allons, tant mieux! On deviendra élégant quand on aura le temps.

« Mais enfin, m'sieu Boileau, nos chevaux auront beau filer comme des avisos, nous n'en finirons jamais de leur faire avaler leurs cent vingt-cinq lieues.
— Il nous faudra sept jours. Moins, si c'est possible.
— Puisque vous me le dites, je le crois. C'est égal, c'est raide.
— Tiens, à propos, j'oubliais qu'il y a, presque sur notre route, la petite ville de Caxoveira, sur le Rio-Pardo : si la route ne nous est pas coupée sur la droite par nos hommes qui doivent certainement se douter de notre projet, nous pourrons nous diriger vers ce point. Il faut voir.

Boileau arrêta sa monture, Friquet fit de même. Les bêtes de la tropilla s'empressèrent de suivre cet exemple, et se mirent incontinent à brouter pour ne pas perdre de temps.

Le jeune homme tira d'une de ses nombreuses poches un petit carnet à couverture de toile, renfermant une admirable carte de l'Amérique du Sud.

Il la déplia soigneusement, l'étala sur le devant de sa

selle, et se mit à relever la position avec l'habileté d'un chef d'état-major.

Aidé de sa boussole, il traça ensuite sa route, puis, après avoir pris en un clin d'œil toutes ses dispositions, il renferma méthodiquement dans leur enveloppe ces deux objets de première nécessité, fit claquer sa langue d'un air satisfait, et dit de sa voix calme.

— En avant!

— Tiens, dit Friquet, on fait aussi le « point » à terre?

— Parbleu, pourquoi pas?

— Dame! c'est que vous n'avez ni les outils du commandant d'un navire, ni sa méthode.

— Aussi mon procédé est-il nécessairement bien imparfait. Je connais à peu près le chemin parcouru, par la vitesse approximative de mes chevaux. Quant à préciser le point exact où nous sommes, je ne le puis pas. La boussole me donne seulement la direction. La carte m'indiquera, sauf erreur, n'en doutez pas, les accidents de terrain que nous devons rencontrer.

— C'est égal, l'instruction est une belle chose, continua le gamin rêveur. Je serais rudement empêtré, tout seul ici.

« Quand je serai en France, je vous réponds que je bûcherai ferme, pour apprendre tout ce que je pourrai.

— Et vous ferez bien, mon cher camarade. Je vous y aiderai de tout mon pouvoir.

Les heures succédaient aux heures. Les chevaux dévoraient l'espace, sans que rien dans l'allure des nobles animaux indiquât la moindre fatigue. L'interminable pampa se déroulait continuellement devant eux, coupée çà et là de végétaux qui en rompaient, de temps à autre, l'énervante monotonie.

— Nous voici en plein « camp », fit, après un long silence, Boileau qui avait fumé en dilettante une demi-douzaine de cigarettes.

« Qu'en pensez-vous, matelot ?

— Vous appelez ça un camp ? Drôle de camp, où il n'y a que des herbes, mais ni tentes, ni soldats.

— Halte-là ! mon fils. Pas de calembours, s'il vous plaît : par 29° de latitude c'est dangereux.

« Je vais vous expliquer ce que c'est, afin que vous n'y reveniez plus.

« Cette dénomination est donnée par les Anglais, et en général les Européens qui habitent l'Amérique du Sud, à tout le terrain situé en dehors des villes.

« C'est l'abréviation du mot espagnol « campo ».

— Je n'y vois pas d'inconvénient, mais je n'ai pas voulu vous faire la mauvaise farce d'un calembour.

— Je m'en rapporte à vous. C'était une simple plaisanterie. Et d'ailleurs, appelons cela pampa, le nom est plus connu. Sapristi, les voyageurs en chambre sont, comme vous pouvez le voir, de jolis farceurs.

« Imaginez-vous qu'avant de voyager je m'étais meublé le cerveau d'une série de bouquins dus à la plume trop féconde, mais passablement fantaisiste, de messieurs qui n'avaient même pas vu le clocher de Saint-Cloud.

« J'avais pris tout cela pour argent comptant ; eh bien, mon cher, ils ont menti, mais menti comme de simples arracheurs de dents !

— Vraiment ? moi, j'aurais avalé comme du petit-lait toutes les choses imprimées.

« Voyez-vous, une histoire qu'on voit dans les livres, ça paraît toujours vrai.

— Parbleu, j'ai donné comme un conscrit dans toutes ces bourdes... aussi, je leur garde un chien de ma chienne, à mes confrères les écrivains parisiens.

« Ainsi, ne s'est-on pas avisé de dire que la pampa était aussi plate qu'un lac immense, que l'œil n'apercevait que des herbes... encore des herbes... toujours des herbes... Ils ont même dit qu'il n'y en avait qu'une espèce : le *gynerium argenteum*. Vous savez, ces sortes de grand roseaux qui portent, au bout d'une mince tige flexible, une sorte de bouquet soyeux, en forme de balai.

— Ah! oui, je vois ça d'ici sur les pelouses... devant les maisons de campagne des environs de Paris.

— Eh bien! on n'en aperçoit que de loin en loin.

— Je n'en ai pas encore remarqué.

— Je sais bien que de distance en distance on en rencontre d'énormes quantités; mais enfin, il ne faut pas nous raconter que la *cortadera*, c'est ainsi qu'on appelle cela ici, est l'unique végétal de la pampa. Et ce gazon court, dru, luisant, sur lequel s'imprime à peine la corne de nos chevaux, et ces grosses masses ébouriffées de *paja*. Et ces touffes d'artichauts sauvages, ces orties, ces yuccas, ces aloès, ces cactus, et,... que sais-je encore?... Et ces brillants tapis pourprés ou cramoisis formés par les millions de tiges des verveines odorantes?

— Ça, c'est vrai dit Friquet vivement intéressé.

— Enfin, continua Boileau complètement emballé, et continuant sa charge à fond de train contre les voyageurs en chambre, il y a ici des arbres.

— Mais oui, il y a des arbres. Comment! dit Friquet indigné à son tour, ils ont eu le toupet de dire qu'il n'y en avait pas?

— Parbleu! Ils ne se sont jamais doutés que souvent, comme en ce moment, la vue de leur « océan de verdure » était interrompue par des arbres magnifiques. Ainsi, voyez ce bouquet d'*ombus* qui, avec leurs troncs hardis et leurs têtes feuillues rappellent nos chênes européens.

« Nous trouverons plus tard, au bord des rivières, des saules, des frênes et même des peupliers.

« Enfin, la pampa n'est pas aussi plate qu'on aurait voulu nous le faire croire.

— En effet, depuis près d'une heure nous ne cessons de monter et de descendre.

— Vous avez raison. Ces petites ondulations, trop faibles pour mériter le nom de collines, n'en sont pas moins susceptibles de cacher complètement l'horizon. Tenez, voyez, nous venons encore de monter, nous sommes sur le sommet aplati de l'ondulation ; en voici une autre au pied de laquelle nous nous trouvons.

« Si seulement nous rencontrions tout à l'heure entre ces *canadas* quelque *estancia*, ou même un simple *rancho* habité par un *peon!*

— Oh! je ne vous comprends plus... Voilà que vous parlez patois.

— C'est pour vous apprendre les mots usuels. Vous faites le *Tour du monde* pour vous instruire, n'est-ce pas?

— Je ne demande pas mieux, m'sieu Boileau.

Les *canadas* sont des ravines situées entre les monticules, et dans lesquelles les moutons et les bêtes à cornes prennent, de préférence, leur nourriture.

« Une *estancia*, c'est une ferme; un *rancho*, une simple cabane bâtie la plupart du temps en *pajareque*, c'est-à-dire que les intervalles laissés entre la charpente sont remplis avec de la paille hachée mêlée à de la boue.

« Quant aux *peones*, ce sont les travailleurs employés chez des maîtres.

— Bon! Je vais me construire un dictionnaire. *Canada, estancia, rancho, pajareque, peones*... Ravine, ferme, cabane, torchis, etc.

« Ça va bien... Oh! que je suis content! J'apprendrai tout ça à Majesté et je parlerai espagnol avec M. André et le docteur...

« Quand nous serons à Paris et que je m'établirai, je mettrai sur la vitrine, en grosses lettres : *Se habla español*... c'est comme ça qu'on dit je crois?

— Oui, mon cher Friquet, dit Boileau en souriant; vous êtes le plus gai et le plus charmant compagnon de voyage.

— Ma foi, vous pourriez dire aussi le plus affamé et le plus altéré.

« L'estomac « me tire », que j'en crierais si ce n'était pas ma destinée d'avoir toujours faim.

— Le fait est, mon pauvre ami, que votre galette doit être bien loin.

« Tenez, nous avons véritablement de la chance; voyez-vous sur notre droite, au fond d'une *canada*, cette cabane que vous savez s'appelle un rancho?

— Oh! oui, quel bonheur!

— Nous trouverons là un morceau de bœuf séché, du *tasajo*, vous vous souvenez, ces biftecks fabriquées là-bas...

— Ah! ça s'appelle du tasa... rrro... comment diable dites-vous, c'est moitié avec un *g* et moitié avec un *r*... drôle de langage, quand on le parle, on a toujours l'air d'être en colère.

« J'aurai du mal à prononcer ça.

— Nous aurons ensuite une bonne tasse de lait, et puis, si vous ne craignez pas le mélange, une excellente lampée de *caña*, du tord-boyau de première qualité, que je vous recommande.

— Mon estomac n'a peur de rien. Du pain, du lait, du schnick... et la faculté de m'asseoir un moment, ailleurs que sur l'échine du dada, et votre compagnon sera plus heureux qu'un amiral.

— Allons-y donc.

Et piquant droit devant eux, ils arrivèrent en dix minutes à l'humble réduit du solitaire habitant de la pampa.

CHAPITRE VII

Intérieur du rancho. — L'hospitalité dans la pampa. L'industrie du gaucho. — Quand on a travaillé, il faut bien un peu s'amuser. — Hospitalier, mais voleur. — Voleur et assassin. — Le boulevardier chercheur de pistes. — Casse-cou. — Le petit Parisien sous un cheval abattu. — Le grand Parisien au bout d'un lasso. — Traîné dans les herbes. — Voltige et chasse à l'homme. — Un steeple-chase dans les herbes géantes. — Tous les fusils ne ratent pas. — Les ravages d'une balle explosible. — Générosité. — Le campement dans la pampa. — Un cours d'anthropologie dans un hamac. — L'éducation du gaucho. — Le pays des centaures.

Les deux compagnons mirent pied à terre et tirèrent l'épais rideau de cuir fermant l'entrée principale du « puesto » ou rancho d'avant-poste, où ils comptaient demander l'hospitalité.

Une rapide inspection leur fit voir que le modeste logis était vide, et le mobilier des plus élémentaires. Trois tas d'herbes sèches et odorantes, recouvertes de plusieurs peaux de mouton, composaient la literie. Pour sièges, trois billots de bois debout sur le sol battu. Dans un coin, une sorte de renfoncement formant une cheminée, où fumaient encore quelques brindilles, communiquant à grand'peine un peu de calorique à une marmite de fer, dans laquelle boursouflait une épaisse bouillie.

Le « propriétaire » ne devait pas être loin. Un bruit de voix sonores, entremêlé de ces syllabes gutturales qui faisaient le désespoir de Friquet, se fit entendre derrière l'habitation. Nos deux amis opérèrent un rapide mouvement tournant, et trouvèrent le ranchero occupé à la tonte de ses moutons.

Enfoncé jusqu'aux coudes dans une laine grasse qu'il

attachait en paquets à mesure que la lui passaient les deux tondeurs, ses peones, il se leva à l'aspect des deux voyageurs, et leurs souhaita une cordiale bienvenue.

— *Tengo el honor de saludar, caballeros*, leur dit-il avec une politesse qui ne manquait pas de dignité. (Messieurs, j'ai l'honneur de vous saluer.)

— *Buenos dias, caballero*, répondit Boileau avec l'exquise élégance d'un talon rouge.

Puis on se serra courtoisement la main. La connaissance était faite. Les deux Français étaient les hôtes du ranchero.

Celui-ci quitta incontinent son travail, et se mit, avec toutes sortes de prévenances, en devoir de leur offrir la restauration dont ils avaient un pressant besoin.

Le menu fut simple, mais abondant.

Le ranchero saisit un des moutons qui venait d'être en un tour de main dépouillé de sa toison, lui trancha le col, lui ouvrit le ventre, retira les intestins, et le débarrassa de sa peau comme un simple lapin.

Avant que nos deux amis fussent revenus de leur surprise, le mouton était fendu dans toute sa longueur, chaque moitié était percée d'une longue broche de fer, l'« asador », qui fut fixée au-dessus d'un brasier d'herbes sèches, mélangé de fiente de mouton.

Une demi-heure suffit pour transformer en « asado » (rôti), l'animal, qui, tout à l'heure bêlait plaintivement entre les mains du tondeur.

Les moutons de la pampa sont, il est vrai, de très petite taille.

Friquet ouvrait des narines énormes. Le pauvre gamin se taisait, pendant que Boileau tenait une conversation suivie avec leur hôte improvisé.

Son supplice fut enfin terminé.

Les assiettes et les fourchettes étant absolument inconnues, chacun tira son couteau, coupa le morceau à sa convenance, et se mit à le déchirer à belles dents.

— Mâtin! la bonne viande... cria le gamin la bouche pleine... voilà qui me change des « fayots » et des salaisons du bord.

« Vrai! y a longtemps que je n'ai fait un pareil Balthasar.

« Par exemple, ça manque un peu de pain.

— Plaignez-vous donc, reprit Boileau presque scandalisé. Ne faudrait-il pas à monsieur de la vaisselle plate?...

— Jamais d'la vie. Cette bonne viande est plus chaude, plus juteuse et de bien meilleur goût que celle qu'on sert dans les assiettes...

« Si je pense au pain, c'est une vieille habitude...

— Dont il faudra vous défaire, mon camarade. A de rares exceptions près, le gaucho vit de cette nourriture pendant des semaines ou même des mois, ne l'accompagnant que rarement d'un morceau de pain ou de biscuit, et faisant couler le tout à grands coups d'eau et quelquefois de caña.

— Pas à plaindre du tout, le gaucho... Je ferais volontiers mon ordinaire du sien...

— Et vous n'êtes pas dégoûté...

« Ah çà! c'est la fête, aujourd'hui, bombance complète, à ce que je vois.

« Notre hôte nous offre un dessert. Du fromage, du véritable « *queso de manos* ». J'en ai mangé quelquefois, c'est exquis.

— Comment, du fromage? mais ça ressemble à des crêpes...

— Taisez-vous, jeune présomptueux. Goûtez et savourez!

— Oh! que c'est donc bon! Qui aurait jamais dit cela?

— Il ne faut pas juger les choses sur l'apparence, mon cher. Et d'ailleurs, si, comme cela est généralement vrai,

17.

la valeur d'un objet est en raison des difficultés que comporte sa possession, le fromage que vous mangez en ce moment est d'un prix inestimable.

— Oh! oui, dit le gourmand la bouche pleine.

« C'est moi, l'avaleur... et convaincu, vous pouvez m'en croire!...

— Encore!

— Pardon, m'sieu Boileau. Eh! bien, sans vous commander, vous qui savez tout, comme le docteur et M. André, dites-moi donc comment on fabrique ce nanan.

— Voici, incorrigible farceur. Si vous n'étiez pas un bon petit homme désireux de vous instruire, je vous enverrais joliment promener.

« Pour apprêter le *queso de manos*, on fait cailler le lait à la manière ordinaire, puis on le fait bouillir dans son petit-lait. On le réduit lentement, très lentement. Lorsqu'il a atteint la consistance de la mélasse, on en étend les morceaux avec la main, jusqu'à ce qu'ils soient froids.

— Tiens, comme la pâte de guimauve à la foire au pain d'épice.

— On y ajoute ensuite un peu de sel, on le roule en gâteaux plats, et on les faits sécher comme vous le voyez, dans les filet suspendus au plafond.

« Chose curieuse, cette préparation conserve toute la saveur du lait, bien qu'elle acquière la consistance de feuilles de parchemin. »

Le repas se termina sur cette intéressante digression gastronomique; puis la gourde du jeune homme fit le tour de l'assemblée, à la grande joie de convives, qui donnèrent à son goulot chacun une accolade pleine de tendresse.

Avec un condescendance pleine de cordialité, le ranchero leur donna, c'est-à-dire donna à Boileau, qui seul connaissait la langue de Cervantes, quelques détails concernant son industrie et son existence.

Il n'a, quant à lui, qu'un seul troupeau de moutons. Aussi, sa tonte ne dure-t-elle que quatre ou cinq jours. Sa laine est en si petite quantité, qu'il devra l'envoyer à une « estancia » voisine, où elle sera emballée avec d'autre laine, celle d'une contrée entière Les ballots empaquetés avec soin, seront transportés dans les énormes wagons, à deux roues, à toit circulaire, semblables aux « drays » du Cap, tirés par un attelage de ces bœufs paresseux qu'un charretier indolent conduit à Buenos-Ayres, où il finit par arriver, Dieu sait quand.

A Buenos-Ayres, elle restera dans le wagon, à l'extrémité occidentale de la ville, sur la large « plaza » où se tient le marché à la laine.

Cette place sera bientôt, à la même époque, remplie de wagons venus des points les plus reculés de la province et des provinces voisines.

La laine qu'ils contiennent sera vendue à des prix variant entre 40 et 60 dollars papier, l'« arroba », c'est-à-dire de 3 deniers à 4 et demi la livre.

Les bénéfices, on le voit, ne sont pas énormes pour les petits éleveurs qui n'ont que cent à cent cinquante têtes de bétail, sachant que le produit de chaque toison ne dépasse pas cinq ou six livres.

Mais qu'importe au gaucho? La chair savoureuse de ses moutons l'a nourri. Il a vécu en liberté. La surveillance et l'entretien de son troupeau n'ont été pour lui qu'un prétexte à vagabonder dans sa chère pampa qu'il aime, comme le marin, l'Océan.

La pampa, le cheval, sont les seules amours de ce Bédouin sud-américain. La famille, quand il en a une, est placée bien au-dessous.

A lui le grand air qui le grise, le soleil qui le bronze, le cheval qui l'emporte, l'herbe qui lui fouette la face!

A lui les enivrements de la lutte contre le taureau, la course échevelée dans la plaine sans fin, quand hurle à ses oreilles le terrible pampero, à lui enfin les âcres émanations des végétaux saturés de rosée, auxquelles se mêlent les effluves des corolles embaumées.

Tel est le gaucho, quand il n'a pas d'argent. Malheureusement la possession de quelque dollars l'abrutit complètement.

A peine a-t-il touché le prix de sa laine, que son premier soin est de courir à la « pulperia » la plus proche. Oh! c'est avec la ferme intention d'y faire toute sortes de provisions indispensables à son existence solitaire.

Les pulperias de l'Est (Banda orientale) sont aux gauchos de la Plata, du Rio-Grande, de l'Uruguay, etc., ce qu'un magasin général est aux mineurs et aux agriculteurs californiens.

C'est là qu'ils peuvent acheter le peu d'épicerie dont ils ont besoin, limité presque exclusivement au sucre, et à la *yerba*, thé paraguayen.

C'est là qu'ils se procurent les bottes, les ponchos, les chapeaux, la caña, quelques charges de poudre pour leurs tromblons monstrueux, des ceintures, des foulards, des couteaux, etc.

C'est animé de ces sages intentions que le gaucho accomplit un voyage, souvent assez long, pour se rendre à la pulperia. Mais il trouve à son arrivée toute une série de braves garçons, aimant bien à boire et aussi à jouer.

Avec une blague pleine de tabac dans sa poche, un flacon de caña devant lui, et quelques joyeux compagnons qui se délectent à entendre les ronrons plaintifs d'une guitare, sa béatitude est complète

Il fume, il boit. Puis, peu à peu, il s'emballe. Il danse, il boit encore... Alors, commencent ces interminables parties de jeu, dont l'inévitable résultat est de faire passer de sa poche dans celle de son voisin, et de là dans la caisse du propriétaire, tout le sac aux dollars. Les couteaux se mettent quelquefois, souvent même, de la partie

Entre temps, on fait « une peau ». Puis, le gousset absolument vide, hébété par une semaine d'orgie, quelquefois affreusement balafré, le gaucho retourne à son rancho avec l'espoir de recommencer à la prochaine tonte.

Tel fut, en substance, le récit que fit pendant la sieste, dans son langage imagé, le ranchero, qui semblait se complaire aux souvenirs de ses propres équipées.

Quel feu dans ses phrases ! quelle exubérance de gestes. Cet homme basané, moitié Espagnol, moitié Indien, aux membres souples, aux sourcils hérissés, aux yeux de velours, à la barbe et aux cheveux en désordre, possédait une sorte d'éloquence naturelle qui étonnait positivement Boileau, l'homme imperturbable.

L'heure de la séparation était arrivée. Friquet, encore tout engourdi après son étape au galop, aurait bien voulu « lézarder » sur l'herbe ; mais les hommes du saladero pouvaient arriver d'un moment à l'autre, et c'était un voisinage malsain qu'il fallait éviter à tout prix.

On se quitta avec force poignées de main et dans un enchantement mutuel.

— Le brave homme tout de même, dit Friquet, quand, après quelques grimaces, il eut repris son assiette sur le dos de sa monture.

— Lui, reprit Boileau, c'est le plus abominable coquin qui ait jamais respiré l'air de la pampa.

— Oh ! ça, c'est un peu fort, riposta le gamin scandalisé.

— Mon brave ami, votre candeur égale celle de la plus vertueuse des rosières. N'avez-vous donc pas vu les regards de folle convoitise que le drôle lançait sur nos armes et nos chevaux. Je suis certain qu'il va se jeter dans la pampa, faire un crochet, et venir se poster au bord du chemin sinueux que nous sommes, bon gré, mal gré, forcés de suivre.

« Il se sera probablement adjoint un de ses peones, car

nous sommes deux, à moins, toutefois, qu'il n'ait préféré opérer lui-même, afin d'avoir la plus grosse part. Dans tous les cas, c'est sur moi qu'il tirera le premier. Il est à peu près certain qu'il me manquera. Je vous recommande formellement de bien prendre garde au lasso.

Boileau disait vrai. Depuis six mois à peine il parcourait au gré de sa fantaisie l'Amérique du Sud, et son tempérament parisien s'était si bien accommodé à la vie d'aventures, que, tout en acquérant une parfaite connaissance des hommes et des choses, il était devenu un incomparable batteur d'estrade.

Une demi-heure s'était à peine écoulée.

— Tenez, matelot, voyez-vous ces tiges foulées? dit-il en montrant du bout de sa cravache quelques herbes imperceptiblement aplaties par un pied.

— Où donc? m'sieu Boileau.

— Mais là. Tenez, encore. Ah çà! vous avez donc la berlue?

— Je ne vois rien du tout, mais rien!

— Diable! le malandrin est bien pressé de nous faire payer son hospitalité. Sacrebleu! quelles enjambées! Il paraît que mes armes lui font envie... Monsieur n'est pas dégoûté. Un fusil de quarante louis, des revolvers nickelés Smith et Wesson.

— Vous croyez véritablement que nous allons être attaqués, et que ce bon garçon va essayer de nous envoyer « ad patres », à seule fin de nous dévaliser?

— Parfaitement, mon fils. Si vous connaissiez le gaucho, vous sauriez qu'il est l'homme de tous les dévouements, tant qu'on est sous son toit ou même en sa compagnie, mais aussitôt que le voyageur a franchi son seuil, ou quand leurs rapports ont cessé, ne fût-ce que pendant quelques minutes, il redevient un étranger, presque toujours un ennemi.

« Ses instincts avides, un instant réprimés par cette

noble et touchante vertu qui s'appelle l'hospitalité, reprennent le dessus ; il redevient alors le sauvage avide et rapace, pour qui tout ce qui brille possède un irrésistible attrait.

— Allons, bon ! la piste est interrompue. Vieux jeu, mon garçon ! procédé usé comme les ficelles de mélodrame. Le gaillard a fait quelques bonds énormes, puis il est revenu sur ses pas, a fait quelques randonnées comme un lièvre, enfin il se sera tapi derrière quelque touffe d'herbe.

« Nous connaissons cela.

« Quand je vous le disais. Là, voyez-vous cette feuille de nopal, de laquelle suinte une gouttelette de sève, qui brille au soleil comme un diamant.

— Ah ! pour ça, oui, je la vois.

— Ouvrez l'œil et de tous côtés. Je vais descendre de cheval une demi-minute.

« J'avais absolument raison. Ce triple sot n'a même pas pris le temps d'enlever ses éperons. C'est une des molettes qui a accroché le bord de la feuille et produit cette légère écorchure d'où découle la sève.

« Je tiens ma piste.

— Pétard ! exclama Friquet avec admiration.

— Tiens ! tiens ! mais il n'est pas si bête, le gaucho. Il a supposé que je pourrais retrouver ses traces et n'a peut-être pas pris, tant était grande sa précipitation, les précautions usitées en pareil cas ; mais il est allé retrouver sans bruit son cheval, qui s'ébattait en liberté de ce côté. Cela m'étonnait, aussi, un gaucho à pied !

« Je comprends pourquoi il a gardé ses éperons. Puis, mon gaillard a essayé de perdre la piste de sa monture au milieu de celles qu'ont laissées les autres chevaux qui fréquentent le chemin. Mais ce n'est pas à moi qu'on la fait.

« Voici le pied de sa bête ; le bord intérieur du pied

gauche de devant est légèrement écorné... Je le suivrais maintenant jusqu'à la Cordillière.

— Mais comment avez-vous pu deviner que c'était lui ? demanda Friquet, sérieusement interloqué.

— Regardez les empreintes. Comparez-les.

— J'y suis. Le cheval de notre hôte appuie plus fort que les autres, puisqu'il est chargé. L'empreinte est plus profonde.

— A la bonne heure ! J'espère d'ici peu faire votre éducation. Vous avez de la sagacité, du coup d'œil. Il s'agit de bien employer tout cela.

« Allons, c'est parfait pour une fois. Je pense que nous échapperons à toutes les embûches de ces hommes hospitaliers, mais rapaces. Je vous conduirai ensuite chez mon ami Tehuota-Paë, le chef indien...

« Son territoire est sur le chemin que nous devons suivre pour gagner Santiago.

— Mais ça va vous écarter horriblement de votre route.

— Je n'ai pas de route tracée. Je ne suis d'autre chemin que celui de la fantaisie ; aller ici ou là, peu m'importe ! termina le jeune homme d'une voix basse, presque triste, et avec une intonation qui contrastait en quelque sorte douloureusement avec son entrain habituel.

— Stop ! nous y sommes !

— Où donc, s'il vous plaît, m'sieu Boileau ?

— Halte ! encore une fois, vous dis-je ! vous allez me faire recevoir en pleine figure le contenu du tromblon de ce coquin !

Friquet obéit, serra la bride, se dressa sur les étriers, regarda d'abord sans rien voir, de droite et de gauche, en fronçant le nez comme un chat en colère.

— Je le vois. Là-bas, à deux cents mètres à peine : le soleil brille sur le canon de son arme.

— Qu'allons-nous donc faire ? Ça devient répugnant de toujours tuer. Si nous piquions un temps de galop...

un vrai ? Comme il est seul et que nous sommes deux, et des lurons, sans nous vanter, il n'y aurait pas de lâcheté à prendre la fuite.

« Puis, pour épargner la vie d'un homme, quand bien même sa peau ne vaudrait pas quatre sous...

— Vous êtes vraiment un brave cœur, Friquet, interrompit Boileau ému. C'était mon intention.

Il dit, enlève son cheval d'un vigoureux coup d'éperon, pendant que de sa voix de stentor il pousse le commandement de : *Chargez!*

Les chevaux de la *tropilla*, dressés comme un peloton de cavalerie, bondissent, les naseaux ouverts, les crins au vent...

La troupe arrive ainsi qu'un ouragan à vingt pas du gaucho, immobile comme une statue équestre, l'arme en joue, et dissimulé derrière un mince rideau d'herbes des prairies.

Un imperceptible nuage de fumée bleuâtre jaillit de la culasse de son arme, accompagné d'un clapement métallique... Le coup ne partit pas... Le mauvais tromblon à pierre avait raté. La fumée provenait de la poudre du bassinet, qui seule avait pris feu.

Un énorme éclat de rire, aussitôt réprimé, sortit des lèvres de Boileau.

— Enlevez votre cheval! cria-t-il à Friquet.

Il n'était plus temps. Un lasso, tendu à un mètre à peine de terre, traversait le chemin. La solide lanière de cuir, fixée à deux arbres, formait une barrière basse dans laquelle s'empêtra la monture du gamin.

L'homme et le cheval, culbutés, roulèrent lourdement sur le sol. L'animal ne put pas se relever, il avait une jambe cassée. Pour comble de malheur, Friquet resta engagé sous son corps.

Ce drame s'accomplit en une seconde, au moment même où Boileau franchissait l'obstacle sans encombre ;

il eut à peine le temps d'apercevoir un second lasso que l'infaillible main du gaucho lui lançait. Il fut saisi au vol, emprisonné dans le nœud coulant qui lui serra douloureusement les bras, l'arracha de sa selle et le jeta à son tour sur le chemin.

En même temps, le gaucho piqua des deux, entraînant au bout de la terrible lanière le jeune homme ligoté comme un condamné à mort.

Le bandit de la pampa avait admirablement pris ses mesures. Ne comptant pas plus que de raison sur sa mauvaise raquette de tromblon, il avait eu l'idée diabolique de tendre le lasso en travers de la route, pensant bien arriver à démonter ainsi au moins un des deux cavaliers, et à neutraliser sans danger l'effort de l'un ou de l'autre de ces terribles adversaires.

Nous avons déjà vu Boileau à l'œuvre. Il joignait à une vigueur d'athlète un sang-froid merveilleux. Son incomparable sérénité ne l'abandonna pas un moment. Essayer de résister à la traction opérée par le cheval du gaucho eût été folie, il n'y pensa pas. Tout en se laissant traîner à travers les herbes, il raidit convulsivement ses muscles puissants, desserra un peu l'étreinte qui meurtrissait sa chair, et parvint à saisir son couteau passé dans la tige d'une de ses bottes, au-dessous du genou.

Trancher d'un coup sec le lasso fut l'affaire d'un moment. Il était libre. Mais cela n'était pas assez. Son cheval, se sentant sans cavalier, au lieu de s'enfuir comme une bête affolée, les étriers battant les flancs, ce que n'eût pas manqué de faire un grand dadais de cheval anglais, s'arrêta net, hennit deux ou trois fois et suivit son maître.

Ce dernier, bien qu'encore étourdi de sa chute et de son « traînage », s'affermit en une seconde sur ses jambes, passa la main sur le col de l'animal, qui avançait sa tête intelligente comme pour demander une caresse.

D'un bond, Boileau fut en selle. Le gaucho, cent mètres plus loin, éperonnait furieusement sa monture. Le brave garçon, voyant l'insuccès de sa tentative, s'enfuyait avec la bravoure qui caractérise les métis de l'Amérique du Sud, quand leur coup n'a pas réussi.

Mais, comme dit le proverbe, il comptait sans son hôte. Celui-ci n'était pas homme à laisser impuni un fait de ce genre. Un claquement de langue, un imperceptible serrement des genoux, et le grand diable de cheval pie, la bride sur le cou, bondit comme un hippogriffe.

Pendant ce temps, le cavalier, les deux mains libres, aussi à l'aise que dans un fauteuil, reprenait sa fameuse valise, retirait comme précédemment la crosse de son fusil, et l'articulait à un autre canon double, qui se trouvait dans un compartiment à part, côte à côte avec le *chokebore*.

En homme soucieux du confort, et qui pourtant veut économiser la place, Boileau avait fait fabriquer deux canons s'adaptant sur la même crosse. Le second était rayé des deux côtés et pourvu d'une hausse, permettant d'envoyer à huit cents mètres une balle cylindro-ogivale du calibre 12.

Il avait de la sorte deux fusils qui ne l'embarrassaient pas plus qu'un seul. Après avoir bien posément glissé les deux cartouches dans le tonnerre de l'arme, et s'être assuré que la clef était parfaitement à sa place sur le pontet de sous-garde, — il ne faut rien négliger, — il mit la hausse à quatre cents mètres.

Le gaucho, dont le cheval était moins grand, ne maintenait sa distance qu'à grand renfort de coups d'éperon. De temps en temps, sa veste de cuir fauve disparaissait derrière une touffe de gynérium et reparaissait aussitôt.

Il déboucha tout à coup dans la plaine. Le gazon remplaçait les herbes géantes de la pampa. Ce fut un bonheur pour lui, car le Français, qu'une jolie colère blanche commençait à envahir, allait faire feu.

Telle n'était pas l'intention du généreux voyageur.

— Halte ! cria-t-il de sa voix tonnante. Halte ! ruffian, sinon je te casse la tête comme à une poupée de plâtre.

Cette menace doubla la peur du fugitif, dont le cheval sembla s'affoler, tant sa vitesse devint vertigineuse.

— Ah ! c'est comme cela ; eh bien, nous allons rire !

« Nous allons rire », on sait ce que voulait dire ce vocable, familier au jeune homme quand une grave circonstance en nécessitait l'emploi.

Arrêter sa monture d'un mouvement brusque, brutal même, sauter à terre, grâce à un temps de voltige de l'exécution duquel un clown eût été jaloux, fut l'affaire de deux secondes.

Puis il s'agenouilla, appuya solidement son coude sur son genou gauche, s'assit commodément sur le talon droit, allongea son arme sur la paume de sa main, et visa longuement la croupe du cheval du gaucho.

La distance augmentait. Le fugitif était à trois cents mètres !... trois cent cinquante !... quatre cents... supputa de l'œil le tireur, dont le fusil était immobile comme sur un chevalet.

Il serra lentement la détente. Le coup partit. La fumée n'était pas encore dissipée, que Boileau était en selle.

Il arriva ventre à terre devant un groupe composé du gaucho, debout, le couteau à la main, et grinçant des dents, près de son cheval qui, la croupe broyée, béante, en lambeaux, rênâclait son agonie.

— Ah ! ah ! mon garçon, lui dit-il en goguenardant, nous avons voulu faire payer un peu cher la carte aux voyageurs, n'est-ce pas ? mais les voyageurs ne sont pas des imbéciles...

« Allons, jetez ce couteau. Vous êtes ridicule. Est-ce que j'ai l'air d'un homme qu'on saigne comme un mouton ?

« Oh ! je ne veux pas vous tuer, mais simplement vous désarmer. On ne sait pas ce qui peut arriver. Donnez le couteau... vite. Et le tromblon, cette vieille patraque qui a tant de peine à se décider à partir.

« Vous ne voulez pas... Nous allons bien voir. »

L'autre écumait. Il se jeta à corps perdu sur le jeune homme, armé pourtant du fusil qui venait d'opérer de si terribles ravages.

— Ah ! vous êtes brave ! Très bien, ça me va. Et avec la folle témérité d'un Gaulois, il déposa son arme à terre en reculant de deux pas.

« Un duel au couteau, c'est bête. J'aurais pourtant voulu vous épargner. »

Tout en causant, il parait avec son poncho qu'il avait rapidement enlevé, et qu'il tenait enroulé autour du bras gauche.

L'homme de la pampa frappait comme un sourd et hurlait comme un héron-butor. Cela ne dura pas longtemps.

— Assez donc ! braillard, fit le Français impatienté. Tiens donc !

Et profitant du moment où la lame de son adversaire était enchevêtrée dans les plis du lourd tissu, il lui administrait en pleine figure un effroyable coup de poing, dont la force fut doublée par le manche du couteau qu'il tenait entre ses doigts crispés.

Le gaucho fit : han ! et tomba sur le dos.

— Mâtin, le beau coup, dit une voix moqueuse !

— N'est-ce pas ? dit Boileau reconnaissant Friquet, qui arrivait à son tour au galop, avec un œil horriblement poché.

« C'est tout ce que je voulais. Mettons-le à présent hors d'état de nous nuire ; le pauvre diable nous a hébergés, après tout.

— Ah ! oui, m'sieu ; c'est très bien, ce que vous faites là.

« Il a été si mal élevé ! Comment pourrait-il savoir qu'il vient de faire une atroce canaillerie ?

« Votre pardon le rendra peut-être meilleur.

— Je l'espère sans y compter beaucoup.

« Allons, dit-il rudement au gaucho tout décontenancé, ton couteau ! Bon. Ton escopette ! Très bien. Je vais me contenter de casser la pointe du premier, et d'enlever la pierre du second. Tiens, reprends-moi ça ! »

Puis, fouillant dans sa poche, il tira une pincée de louis, qu'il lui tendit avec son geste de gentleman...

— C'est pour remplacer le cheval que j'ai tué à regret. Et maintenant, rappelle-toi que le vol est infâme, et que la vie humaine est sacrée.

« J'ai été ton hôte, je n'ai pas oublié ton hospitalité. Je reste ton obligé. Merci ! Voilà comment les Français se vengent !

« Adieu ! »

L'homme, stupéfait de tant de générosité, regardait les deux jeunes gens d'un œil dont l'éclair farouche s'éteignit peu à peu. Puis, il baissa la tête, et une grosse larme coula sur sa joue couleur de brique.

La bête était domptée. Il s'en alla lentement sans se retourner, et disparut derrière un bosquet de nopals.

Boileau et le gamin se remirent en selle et, toujours escortés du peloton qui avait suivi ce dernier, reprirent leur marche vers le nord-ouest.

— A propos, mon cher Friquet, comment diable vous êtes-vous tiré d'affaire, là-bas, au moment où je partais pour ma course au gaucho ?

— D'une façon toute simple. J'ai fini par m'arracher de dessous mon pauvre cheval, et j'en ai enfourché un autre, qui m'a amené ici au moment où vous faisiez de la boxe...

« C'est en piquant une tête au moment où ma bête s'abattait. Bah ! ça se passera. Ah ! encore un mot, qu'aviez vous donc mis dans votre cartouche, pour broyer ainsi la croupe de ce cheval, sur lequel vous avez tiré à une pareille distance.

— Une balle. Une simple balle explosible inventée par l'ami Pertuiset.

— Mais votre fusil ne porte pourtant pas la balle.

— J'ai deux canons. L'un est *chokebore*, l'autre rayé. Les inventions de Greener et de Pertuiset sont, vous le voyez, assez utiles au voyageur.

. . . .

Le soleil avait bientôt accompli sa course. Cette journée si féconde en dramatiques événements allait prendre fin. Les deux compagnons que les hasards de l'existence avaient si bizarrement réunis, sentaient, en dépit de leur énergie, un énorme besoin de repos.

La vigueur humaine a des limites, en somme.

Un dernier temps de galop leur permit d'atteindre en quelques minutes une légère éminence qui dominait la plaine sans fin. La nuit venait, le disque rouge semblait toucher de son bord inférieur les vagues vertes formées par les herbes géantes, qu'une brise, insaisissable pourtant, roulait comme les lames de la marée montante.

La pampa semblait en effet un océan sur lequel auraient flotté des plantes marines. Puis s'élevèrent lentement de légères vapeurs au milieu desquelles les palmiers apparaissaient comme des navires dans la brume.

Les deux Parisiens étaient en extase devant l'incomparable splendeur de ce coucher du soleil. L'admiration ne les empêcha pourtant pas de prendre les précautions indispensables en tout temps, et que la proximité presque certaine des gauchos rendait plus urgentes que jamais. Un rapide coup d'œil circulaire leur montra la pampa tranquille et déserte.

Déserte, entendons-nous ! Il s'agit en ce moment de la présence de l'homme, que rien ne révélait. En revanche, l'air s'emplissait de mille bruits confus, formant un murmure immense, comme étouffé, ne manquant pas d'analogie avec celui de la mer calme.

Le gamin écoutait, ému, cette symphonie de la nature dans laquelle chaque être organisé donnait sa note, pendant que Boileau, familiarisé depuis longtemps avec tous les détails de l'orchestre, cherchait, avec son oreille de Peau-Rouge boulevardier, à reconnaître tous les virtuoses.

— Allons, dit-il gaiement, un peu de courage. Déchargeons nos pauvres bêtes qui ont aujourd'hui fourni une vaillante carrière, et bâtissons une redoute avec les bagages.

« Là, c'est très bien. Maintenant, dressons nos hamacs.
— Comment, reprit Friquet, il y a un hamac?
— J'ai dit nos hamacs.
— Décidément, la vie est bien bizarre pour moi. Jamais une journée ne s'écoule sans qu'il m'arrive quelque chose d'impossible. J'ai été au trois quarts noyé, au deux tiers pendu. Je me trouve au beau milieu du désert, j'y rencontre un Parisien, et je vais dormir dans un lit.
— Parfaitement, repartit Boileau, que les boutades du gamin amusaient énormément. Mais dépêchons-nous, car, vous savez le proverbe, comme on fait son lit...
— On se couche. Soyez tranquille, je suis marin... je sais tendre un hamac. Comment diable se fait-il que vous ayez positivement deux de ces ustensiles si commodes.
— Parce que j'ai l'habitude de prendre autant que possible tout en double. Vous voyez que ça sert.
— Oh! que c'est joli! reprit le gamin en déroulant un

des deux hamacs, dont il put encore, aux dernières lueurs du crépuscule, apercevoir les riches dessins et les franges compliquées.

— Allons, bavard, allons, encore une fois dépêchons.

« Ce bouquet d'arbres a été mis là exprès pour nous. Là!... ça va très bien. Maintenant placez au-dessus cette corde dans le sens de la longueur à un mètre environ, étendez-y ce poncho, comme un rideau de lit.

« Nous avons de cette façon chacun une tente suspendue, sous laquelle nous pourrons braver la pluie, la rosée, l'orage lui-même. Le vent peut souffler en tempête ; plus il fait rage, plus les dormeurs sont balancés, et mieux ils sont bercés.

— Sans danger de se cogner, ainsi que dans la batterie d'un bateau, où les mathurins ronflent comme des toupies d'Allemagne et dégringolent souvent sans s'éveiller.

« Mais qui va s'occuper des chevaux? comment les bonnes bêtes vont-elles ainsi passer la nuit à l'aventure ?

— Parbleu. Vous croyez peut-être qu'il leur faut à chacun deux domestiques, comme à ces grands nigauds, qui galopent cinq minutes portant sur le dos un pantin habillé de jaune et de vert, et qu'on appelle des pur sang ?

« Il faut bouchonner ça deux heures, leur entourer les jambes de flanelles imbibées d'alcool camphrée, les emmitoufler dans un tas de couvertures !...

« Et ça tousse !...

« Parlez-moi de nos bêtes ! Il n'en est pas une, sauf mon cheval de selle, que j'ai payée plus deux cents francs. Et pourtant, faire au galop cinq ou six lieues sans reprendre haleine n'est qu'un jeu pour eux. Ils ont brûlé aujourd'hui quatre-vingts kilomètres... Ils recommenceront demain.

— Maintenant... au lit.

Le gamin ne se le fit pas dire deux fois. Il escalada lestement, à la force des poignets, son hamac situé à un mètre cinquante du sol, pendant que Boileau, en véritable sybarite, retirait ses longues bottes avant de se glisser sous la toiture épaisse formée par son poncho.

— M'sieu Boileau, demanda-t-il au bout de cinq minutes, dormez-vous?

— Non, pas encore. Je fume une dernière cigarette; que voulez-vous?

— Je pense à notre homme de tantôt. Ce n'est pas un blanc, un vrai blanc de race pure.

— Allons, bon... de l'anthropologie, maintenant, au lieu de dormir! Après tout, il a raison.

« Vous voulez savoir ce que c'est que le gaucho, n'est-ce pas?

— Dame! oui, si ça ne vous ne dérange pas trop.

— Bien au contraire, mon cher camarade. Votre désir de vous instruire me cause un véritable plaisir. Je suis, vous le savez, tout à fait à votre disposition.

« Le gaucho est issu du mélange des blancs, la plupart Espagnols, des Indiens, et aussi des noirs. Chose assez curieuse, et à peu près unique dans les annales anthropologiques, ce mélange a produit une race à part, dans laquelle un des types ne domine pas au détriment de l'autre, de façon à l'absorber complètement.

« Vous disiez tantôt que notre homme avait été mal élevé, dites plutôt qu'il ne l'a pas été du tout. Né dans une chétive cabane, — vous en ayez vu aujourd'hui un spécimen, — le gaucho grandit comme un jeune animal.

« On le laisse se balancer dans une grande peau de bœuf suspendue au toit par quatre lanières de cuir; puis, quand il peut se traîner à quatre pattes, il cabriole tout nu dans les herbes de la pampa. Ses premiers joujous épouvanteraient les mamans des pays civilisés. J'ai vu, entre autres, la mère de l'un d'eux lui donner, pour s'amuser, un énorme couteau à dépouiller les bœufs!

« Ces premiers amusements le prédisposent à ses occupations futures. Dès qu'il marche, il essaye d'attraper au lasso les chiens et les moutons. Il monte à cheval dès l'âge de quatre ans, et commence à se rendre utile en chassant les bêtes dans l'intérieur du corral.

— Ça vaut toujours mieux que de faire le petit voyou dans la rue, de fumer des bouts de cigarettes, de voler des pommes aux fruitiers, ou de jeter des ordures dans la poêle des marchands de pommes de terre frites.

Cette réminiscence fit pouffer de rire Boileau, qui, l'accès terminé, continua à la grande joie du gamin, vivement intéressé par cette monographie.

— Quand le petit gaucho atteint l'âge de huit ans, on le conduit à la *mayada*, grand parc à bestiaux, et on le hisse sur le dos d'un jeune taureau.

« Ses petites jambes étreignent le cou de l'animal. Il a la tête tournée du côté de la queue qu'il tient en guise de bride. Dans cette situation à laquelle l'équitation est complètement étrangère, il est emporté comme par un tourbillon.

« Mais craignant de recevoir un coup de corne, il se tient ferme jusqu'à ce que l'occasion soit venue de tordre adroitement la queue du taureau, de sauter à terre et de renverser l'animal. »

Friquet, à son tour, riait à plein gosier.

— Qu'est-ce qui vous prend? fit le narrateur.

— Ah! m'sieu, je pense à ces beaux petits enfants qui ont des grands cheveux de chérubin, l'air un peu panade, entre nous, et qui jusqu'à huit ou dix ans sont cousus aux jupons de leur maman; qui ne traversent pas la rue tout seuls, et pour lesquels on craint jusqu'au vent de l'aile d'un serin en cage!

— Il y a évidemment bien loin de ces jeunes et intrépides dompteurs de taureaux à ces pauvres petits mangeurs d'iodure de fer et de quiquina, mais, aussi, tout le monde n'a pas la possibilité de donner une semblable éducation, dont certaines conséquences sont déplorables par la suite.

« Quand enfin le gaucho est un jeune homme, on lui fait dompter un poulain sauvage. Solidement assis sur le dos de sa monture, ayant en main un court bâton, le jeune centaure ne doit descendre que victorieux. Si les ruades, les soubresauts et les écarts du cheval lui causaient la moindre hésitation, il sentirait aussitôt s'enrouler rudement autour de son corps le lasso de son impitoyable instructeur.

« Il est alors considéré comme un citoyen. C'est son brevet de virilité. Son éducation est terminée. Sa seule ambition est désormais de rivaliser avec ses compagnons.

« Sa vie se passe à cheval. Il ne voit pas de tâche plus noble que celle de bondir à travers les plaines sans limites, courbé sur son ardente monture, pour dompter les taureaux sauvages ou braver ses ennemis.

« On croirait qu'il a servi de modèle à notre immortel Victor Hugo, qui dit d'un de ses héros : « Il ne veut com-
« battre qu'à cheval; son cheval et lui ne font qu'un; il vit
« à cheval; commerce, achète et vend à cheval; mange,
« boit, dort et rêve à cheval! »

— Tonnerre à la vapeur, la belle vie! s'écria Friquet. Il n'y a que la mer qui puisse en donner une idée. Franchir les vagues sur le boute-hors du beaupré! Se sentir trempé d'écume, entendre hurler la brise dans les agrès, rouler, tanguer avec le navire, respirer la poudre quand le canon salue le pavillon!...

— Bravo, mon vieux marsouin! Bravo! votre enthousiasme me ravit. Et on dit que les Parisiens sont sceptiques, tenez, voyez-vous, entre nous, ce que vous me dites là me remue jusqu'au fond de l'âme... car je le sens comme vous.

« Où en étais-je donc? Ah! oui, mon gaucho et son cheval. Je vous disais que tous ses efforts tendent à éclipser ses compagnons, et à donner des puissantes preuves d'une adresse et d'une vigueur supérieures. Lorsqu'il poursuit avec son lasso les bœufs ou les taureaux et que l'un d'eux essaye de s'échapper, le cavalier déroule le nœud qu'il tient sans cesse à son côté, et a bientôt ramené le fugitif au corral.

« Dans le cas où la course impétueuse de l'animal briserait les entraves qui le retiennent, son implacable adversaire s'élancerait vers lui, le saisirait par la queue qu'il tournerait précipitamment, et le renverserait comme une masse.

« La pratique incessante de ces exercices violents a donné au gaucho cette patience, cette vigueur et cette énergie qui l'ont rendu célèbre.

« Malheureusement, cette perpétuelle fréquentation des animaux qu'il dompte invariablement, n'est pas faite pour lui adoucir le caractère. Il devient d'une brutalité révoltante. Puis, comme on n'a jamais développé en lui les idées généreuses, qu'il n'a, pour ainsi dire, aucune notion du bien, il ne connaît aucun frein quand il s'agit de satisfaire un désir; la vie humaine ne compte pas plus pour lui que l'existence d'un bétail; quant au respect qu'il professe pour la propriété, vous en avez vu un échantillon...

—... Un échan...tillon ! marmota Friquet de cette voix monotone des gens que le sommeil envahit.

— Ah ! bon, vous dormez !

Un ronflement sonore répondit.

— Parfait! je vais en faire autant.

CHAPITRE VIII

Un souvenir aux absents. — A travers l'Amérique du Sud. — Trop de moustiques. — Les chardons-mitrailleuses. — Alerte! voici l'ennemi! — En tirailleurs. — Friquet passe général... Il devient corps d'armée. — La veillée d'armes. — Terrible panique. — Seront-ils pendus, fusillés, noyés ou dévorés vifs? — Au milieu d'une armée de caraïbes. — Supplice atroce. — Les mangeurs d'entrailles. — Phénomènes électriques. — Traversée difficile. — A cheval sur des cadavres. — De corps d'armée, le gamin redevient simple fantassin. — Le poisson-torpille. — Plus de tabac!

Quatre jours se sont écoulés depuis le moment où nous avons laissé nos deux Parisiens endormis chacun dans un hamac, sur une petite éminence dominant la pampa.

Ils ont beaucoup marché, et, malgré les calculs de Boileau, ils n'ont parcouru, nonobstant la rapidité de leur course, qu'une distance relativement médiocre. Ils ne sont guère qu'à quarante-cinq lieues du point où ils ont infligé aux gauchos une si rude et si belle leçon.

Cela se comprend. Faute d'instruments de précision pour calculer le lieu géographique où ils se trouvent, pour faire le point, en un mot, ils ont suivi une direction qu'il a fallu modifier de temps en temps.

Leur intention étant d'aller au plus vite et par le plus court à Santiago, — c'était l'idée fixe de Friquet, — ils avaient dû renoncer à gagner Santa-Fé-de-Borja où Boileau avait tout d'abord voulu se rendre.

Devant l'insistance de Friquet, il avait renoncé à ce projet, subissant en quelque sorte l'influence de cet invincible pressentiment qui était pour le gamin un article de foi.

— Voyez-vous, m'sieu Boileau, disait notre ami, j'ai idée que nous rencontrerons là-bas M. André et le docteur... Je les ai reconnus quand j'ai crié du haut de ma vergue : Santiago ! Ils m'ont certainement entendu.

« Bien sûr qu'ils se sont dirigés vers cette ville. Pour des débrouillards comme eux, ça n'a été qu'un jeu ; ils ont compris que je leur donnais rendez-vous. Ils s'y trouveront.

« C'est mon idée. A nous quatre, nous nous mettrons en route, puis nous chercherons Majesté, et quand il faudrait descendre en enfer ou grimper à la lune, je jure bien que nous en viendrons à bout.

— Oh ! à nous quatre, disait avec son incomparable confiance Boileau, qui ne doutait jamais de rien, à nous quatre, l'affaire ne fait pas pour moi l'ombre d'un doute.

« Ah ! diable !...

— Quoi donc ?

— C'est qu'il y a, comme je crois vous l'avoir déjà dit, trois Santiago... Santiago de Cuba, où l'on vend encore des esclaves... puis, Santiago, la capitale du Chili, puis enfin, Santiago del Estero, dans la république Argentine.

— Ces trois villes sont-elles bien éloignées l'une de l'autre ?

— Les deux dernières, non ; mais Santiago de Cuba est dans les Antilles. Cela se trouve au diable.

— Eh bien ! allons d'abord à Santiago du Chili ; il est impossible que nos amis n'y soient pas. Si par hasard nous ne les y rencontrons pas, nous irons à Cuba.

— Comme vous voudrez, répliqua Boileau, qui était toujours d'excellente composition quand il s'agissait de faire une bonne action ou de rendre un service.

Et voici comment, après maints tâtonnements opérés pour rectifier leur direction, ils avaient obliqué vers l'ouest, laissant Coxoveira sur leur droite, et étaient arrivés au bord de l'Ybicuy, un affluent de l'Uruguay, à une vingtaine de lieues d'Yaguaray, tête de ligne du chemin de fer en construction qui descend à Montevideo.

Pour la première fois depuis longtemps, l'existence de Friquet n'avait pas été bourrée de ces événements inattendus dont la réunion constituait le plus invraisemblable et parfois le plus cruel des romans.

Le voyage avait été calme comme la pampa qui déroulait ses interminables vagues herbeuses, sous un soleil brûlant, dont aucune brise ne venait tempérer l'intolérable rayonnement.

Les deux voyageurs avaient vécu de leur chasse, ou plutôt de la chasse de Boileau dont le fusil tonnait trois ou quatre fois par jour, et jamais en vain.

Si Friquet ne devenait pas un tireur émérite, il faisait un cavalier passable.

Leur projet était de suivre le cours de l'Ybicuy jusqu'à l'Uruguay, et de traverser la province d'Entre-Rios, ainsi nommée parce qu'elle forme une sorte de presqu'île enserrée entre l'Uruguay et le Parana.

Ils descendraient alors ce dernier fleuve jusqu'à la ville de Parana, gagneraient Rosario et prendraient le chemin de fer qui se dirige vers la Cordillère, et aboutit à Santiago.

Voilà quel était le plan élaboré par Boileau. Cette partie du tour du monde du gamin de Paris devait, on le voit, s'opérer d'une façon absolument prosaïque, mais rapide.

Il était dit que le perpétuel guignon accroché à la personne de Friquet en déciderait autrement. La série des aventures les plus fantastiques allait bientôt recommencer.

On était sans nouvelles des saladéristes. Cela taquinait Boileau et l'inquiétait tout à la fois. Notre brave Parisien connaissait assez le tempérament haineux des métis de l'Amérique du Sud, pour savoir qu'ils ne renonceraient pas aussi facilement à leur vengeance. Aussi, multipliait-il les précautions, en vue d'une attaque possible des gauchos, qui, à un moment donné, pourraient très bien émerger, comme une horde de démons, des grandes herbes de la pampa.

Dans l'hypothèse d'une agression, il avait entravé ses chevaux, dressé selon son habitude, les bagages en forme de redoute, et campait adossé à la rivière.

Le boulevardier cosmopolite avait sagement agi. On verra tout à l'heure comme quoi il est bon d'avoir étudié en chambre la stratégie, avant d'aller l'appliquer un beau matin, au gré de ses fantaisies ou des besoins du moment.

Friquet enrageait. Après avoir donné une pensée à ses amis absents, au docteur, son père adoptif, à André, son grand frère sérieux, et à Majesté, son enfant noir, il essayait vainement de s'endormir.

Il se tournait, se retournait, parlait, jurait. Le sommeil ne venait pas, et pour cause. Une innombrable légion de moustiques, acharnés contre lui, piquait sa peau, trouait sa chair, sangsurait son sang.

C'est en vain que le gamin s'arrachait l'épiderme, en se grattant jusqu'au vif. Les insatiables maringouins occupés à souper ne lâchaient pas prise et puisaient à trompe que veux-tu dans le sang vermeil du petit Parisien.

Boileau fumait son éternelle cigarette avec l'impassibilité d'un bonze. Non pas que sa chair européenne fût plus à l'épreuve des dards cuisants de ce clan d'insectes, mais parce qu'il savait bien que toute tentative pour s'en débarrasser était absolument inutile.

— M'sieu Boileau !
— Quoi?
— Ça m'arrache, ça me dépèce le cuir. Oh ! les damnées bêtes !
— Que diable voulez-vous que j'y fasse ?

— Pétard ! j'ai plus de trois cent mille cancrelas dans ma chemise.

— Envoyez-la à votre blanchisseuse et laissez-moi dormir.

— Oh ! tonnerre ! si j'avais seulement un peu de poudre Vicat ! Si on pouvait au moins faire de la boxe française avec tout ce tas de punaises !...

— Assez ! assez ! fit Boileau qui se tordait de rire.

— Mais elles ne vous « disent » donc rien ?

— Oh ! si, la preuve, c'est que je serai demain gonflé comme une outre. Mais encore une fois je n'y puis rien.

— Punaises, va ! termina Friquet en exhalant tout son fiel dans ce mot qu'il accentua avec une indéfinissable nuance de dédain rageur.

— Vous calomniez les punaises, mon fils. Ces moustiques, qui n'ont rien de commun avec les incommodes compagnes recélées par les bois de lit des Parisiens, s'appellent des *pullones*, ainsi nommés à cause de la longueur et de la force de leur aiguillon.

« Nous devons la présence de ces petits vampires au voisinage de la rivière.

— Tiens ! une idée.

— Dites.

— Si j'allais, à l'exemple de mes bons amis les Pahounis, les Gallois et les Osyébas, me rouler un peu dans la vase, cela me collerait au torse un enduit épais qui pourrait protéger mon épiderme.

— Halte-là ! pas de plaisanteries !

— Pourquoi ?

— Vous n'entendez donc pas ces plongeons répétés, ces ébats d'animaux aquatiques, ces plouf ! plouf ! indiquant que les eaux, à l'instar de votre chemise, sont habitées, et qu'il ne fait pas bon d'aller faire le cavalier seul au milieu du « jacarés » en goguettes.

— Ah ! diable ! Les jacarés, ce sont les nommés caïmans.

— Vous l'avez dit.

— Mais comment donc faire? pétard! comment donc faire?

— Attendre minuit.

— Attendre minuit! Mais il n'est donc pas encore minuit? Il me semble qu'il y a vingt-quatre heures que je suis harcelé. Pourquoi minuit, s'il vous plaît?

— Parce que la visite des *pullones* ne se prolonge pas ordinairement au delà de cette heure. Ils se retirent alors bien repus, comme des consommateurs raisonnables, qui s'en vont quand le patron de l'établissement tourne le compteur du gaz.

— Ah ! tant mieux! Je pourrai donc piquer mon somme au deuxième quart.

— A votre aise. Je vous le souhaite, et à moi aussi. Ah! n'oubliez pas pourtant que quand les pullones s'en vont, on voit, ou plutôt en entend arriver leurs proches parents, leurs cousins, si vous l'aimez mieux, les *zaracudos*. Leur piqûre est moins aiguë, c'est une consolation. Mais leur musique est intolérable. Vous aurez d'ailleurs avant peu un échantillon de leur savoir-faire.

« Ces virtuoses ailés vont exécuter dans un moment leur morceau d'ouverture. Après cela, il vous mettront en morceaux.

— Ma foi, tant pis ! Je vais essayer de les enfumer.

— A votre aise ! moi, j'attends philosophiquement l'arrivée du jour.

Friquet, plus en fureur que jamais, se leva d'un bond, prit le *facon* (couteau) de son compagnon, et se précipita vers un énorme champ de *gamelotes* (chardons des prairies) dont il se mit à sabrer les tiges.

— Mais, encore une fois, que diable faites-vous là? lui demanda Boileau.

— Je coupe un tas de ces grands chardons qui ont des feuilles en hallebarde, et qui sont serrées comme des tiges de blé.

— Mais vous allez vous mettre en lambeaux.

— Aïe! aïe! aïe!

— Quand je vous le disais.

— C'est égal, je n'en aurai pas le démenti. Je flanquerai plutôt le feu à cette forêt de dards et de piquants.

Et notre gamin, têtu comme une vieille mule andalouse, s'apercevant que les morsures des chardons étaient plus douloureuses encore que les piqûres des petits monstres ailés, battit le briquet, enflamma un morceau d'amadou, qu'il déposa au milieu d'un paquet d'herbes bien sèches.

La flamme jaillit bientôt et se communiqua comme une traînée de poudre aux *gamelotes*.

Une pétarade tumultueuse retentit soudain. Pan! pan! pan! patatras! paf! pif! pouf! pif!

— Qu'est-ce encore? s'écria Boileau en sursautant.

— Bon! voyez ce qu'ils ont dans le corps, ceux-là, fit le gamin interloqué. C'est pas des chardons!... c'est du salpêtre. En v'là une comédie!

Et les détonations de continuer comme un feu roulant rappelant assez bien l'endiablée musique produite par une ligne de tirailleurs éparpillés dans la plaine.

Le champ de chardon flambait comme un feu de paille. La flamme se tordait, s'échevelait, à la grande joie du petit homme qui croyait en avoir fini avec les moustiques.

Hélas! vains efforts, tentative inutile. Pendant que les gamelotes crépitaient avec autant de fureur que lorsqu'ils s'en prennent aux pieds et aux jambes des voyageurs, les *mouches à feu* reprenaient leur œuvre, et continuaient à verser du poivre de Cayenne sous l'épiderme des deux Parisiens.

L'incendie des chardons, inutile en principe, les sauva pourtant d'un horrible péril !

Au moment où, vaincus par la fatigue, ils allaient céder au sommeil, un galop effréné retentit.

— Alerte ! nos chevaux s'emportent.

— Mais non ! le bruit vient de la plaine.

Les deux Français, debout en un moment, le revolver à la main, l'œil et l'oreille au guet, attendaient, prêts à faire feu, si c'était l'ennemi, prêts aussi à donner une fraternelle accolade à des voyageurs inoffensifs.

Leur hésitation ne fut pas de longue durée. Une série de détonations retentit, et une grêle de projectiles s'éparpilla en ronflant autour d'eux.

Ce n'était ni le bruit aigu de la carabine américaine, accompagnée du sifflement strident de la balle ogivale qui piaule à travers les couches d'air, ni la détonation sonore des armes de guerre.

Nos deux coureurs de la pampa ne purent s'empêcher de rire en entendant ce tapage ridicule qu'on eût dit produit par les pétarades d'un tir de fête de banlieue.

— Allons, bon ! fit Boileau. Ce sont les gauchos. Ils vident leurs tromblons à pierre. Peut-on gaspiller ainsi la poudre et le plomb.

— Moi, renchérit Friquet, je croyais que c'étaient les chardons qui avaient été chargés à mitraille par des farceurs.

— Non, ce sont nos bouchers en quête de chair fraîche. Ils ont envie de nous transformer en Liebig, paraît-il. Drôle d'idée qui pourra leur coûter cher.

— Alors, c'est avec leurs escopettes au canon en forme de cornet acoustique qu'ils prétendent nous éborgner ! M'sieu Boileau, je ne suis qu'un fichu maladroit ; ça c'est pas pour dire, mais je l'ai prouvé à l'abattoir.

« Eh ben arrangez-moi un de ces revolvers... vous savez bien... vissez-moi la petite machine en triangle qui forme une crosse. Je vais me développer tout seul en tirailleur...

« Ça va être d'un drôle !...

— Entendu. Visez attentivement, et ménagez les munitions, car la soute aux poudres est terriblement basse.

Boileau, pendant ce temps, avait transformé en carabines ses deux revolvers nickelés du système Smith et Wesson.

Il en tendit un à Friquet, avec des cartouches.

Une seconde bordée éclata au large, couvrant le tapage produit par les gamelottes. Elle fut non moins inoffensive que la première. Les ennemis, invisibles encore, tiraient par-dessus le rideau de flammes. Leurs coups mal assurés partaient d'un demi-cercle, et les projectiles, qui semblaient dirigés sur le point où se tenaient les Français, s'éparpillaient dans des directions tellement en dehors de la ligne, que le plus « mazette » des tireurs en eût rougi.

Boileau et Friquet, allongés sur le sol, le coude gauche fiché en terre, le droit horizontal, l'arme assujettie sur la paume entr'ouverte, comme sur un affût, attendaient en s'amusant comme des bienheureux.

Ils riaient. Que voulez-vous ? A chacun sa manière. Des Peaux-Rouges eussent poussé une charge, des Anglais eussent pris des notes, des Américains eussent pensé au cours des cuirs ou des cotons...

Nos deux Parisiens s'en donnaient comme des collégiens en vacances. Ces détonations poussives, semblables au couac d'un tuyau d'orgue asthmatique, étaient si burlesques !

Deux cavaliers apparurent bientôt, se détachant comme deux statues équestres au milieu des lueurs rougeâtres projetées par les charbons épars sur le sol.

Les chevaux renâclèrent et refusèrent d'avancer sur ce champ incandescent. Quelques coups d'éperon mirent bientôt fin à ces velléités de révolte.

— A vous l'homme de gauche. A moi celui de droite, dit Boileau à voix basse... Feu!

— Envoyez!... fit le gamin, se servant du terme usité en marine.

— Pif!... pif!... Les deux carabines-revolvers se firent entendre.

Un cheval broncha, culbuta, se releva à moitié, retomba, et resta finalement étendu à terre. Friquet venait de faire un coup de maître. Ce cheval était noir...

L'homme que venait de viser Boileau vidait en même temps les arçons. Sa monture, au pelage d'un blanc de neige, hennit plaintivement, se cabra, et partit comme une flèche.

— La blanche et la noire, cria la voix aiguë du gamin... à qui le tour?... qui est-ce qui en veut? A tous les coups l'on gagne.

Mais les bénéfices de la partie étaient d'une part trop aléatoires, et de l'autre trop certains, pour que les partenaires mystérieux continuassent longtemps. C'est ce qui arriva.

Une trêve succéda bientôt à l'attaque.

Boileau songeait. Friquet, ravi d'avoir fait mouche, ne demandait que plaies et bosses.

— Patience, matelot, patience! Vous aurez au lever du soleil l'occasion d'utiliser vos talents.

« Ce sont les gauchos, j'en suis certain. Ne chantons pas trop tôt victoire. Je vous l'avais bien dit, hein!... Rancuniers comme ils le sont, furieux de la leçon que nous leur avons donnée, ils ont pris notre piste, se sont collés comme des limiers à notre trace... et... les voici.

— Parfaitement... que les voici. Eh bien! nous les recevrons demain comme tantôt.

— A qui le dites-vous? C'est bien mon intention.

« Mais la bataille sera rude. Il faudra nécessairement franchir la rivière. Opération militaire de premier ordre;

surtout quand le corps expéditionnaire se compose de deux hommes et dix chevaux.

— Ça, je ne dis pas non. Mais vous passerez le premier, vous, m'sieu Boileau. Moi, j'appuierai le gros de l'armée. Je me mettrai en réserve et je lutterai jusqu'à la dernière cartouche.

— Friquet, vous êtes né stratégiste.

— Je ne m'en étais jamais douté; mais puisque vous le pensez, c'est que ça doit être. Pétard! je monte en grade. Quelle belle chose que le tour du monde!

« J'ai débuté dans les honneurs par le grade de soutier, puis je suis passé chauffeur; je suis ensuite devenu matelot, puis cavalier, puis un peu général; maintenant, me voilà corps d'armée!...

« Ah! malheur! si m'sieu André et le docteur étaient là, c'est eux, qu'en feraient chacun un solide corps d'armée.

— Oh! oui, répondit Boileau d'un air convaincu, et sans l'ombre d'un doute.

« Écoutez-moi, deux mots encore. Je connais nos ennemis. Ils ne nous attaqueront plus avant le jour. Mais à la première heure, nous les aurons sur le dos. Je vais resserrer les entraves de nos chevaux. Les braves bêtes n'ont pas bronché; mais il ne faut rien négliger.

« Cela fait, vous dormirez une heure. Je veillerai. Puis, vous me relèverez pendant que je me reposerai à mon tour.

« Nous serons de cette façon frais comme l'œil, et dispos comme pour un bal.

— Ça va bien. Dans cinq minutes, je vous promets qu'en dépit des cancrelas je piquerai mon somme comme dans la batterie d'un cuirassé.

La nuit se passa effectivement sans encombre. Mais, ainsi que l'avait prévu Boileau, l'attaque recommença au moment où les premiers rayons du soleil ensanglantaient l'océan de verdure.

Elle fut circonspecte. L'ennemi avait appris que ceux qu'il poursuivait de sa vengeance aveugle étaient de terribles jouteurs.

Friquet, après avoir été deux fois de quart, dormait à poings fermés. Il s'éveilla en bâillant, et vit avec étonnement que son compagnon, après avoir sellé et bridé les chevaux de selle, avait encore réinstallé les bagages sur l'échine des bêtes de somme.

Ces dernières, attachées à la queue l'une de l'autre par une corde assez longue, devaient marcher en file indienne.

Boileau, son fusil en bandoulière, les poches bourrées de cartouches imperméables, la carabine-revolver à la main, examinait attentivement l'horizon.

Le gamin s'équipa en un clin d'œil. On apercevait dans le lointain les ponchos éclatants des gauchos qui voltigeaient dans l'air. Les vindicatifs habitants de la prairie étaient au nombre de douze. Ils avançaient rapidement en demi-cercle.

— Dites-moi, Friquet, vous nagez bien?

— Comme un poisson.

— C'est parfait! Vous allez prendre la tête de la colonne. Saisissez le premier cheval à la bride. Faites-le avancer dans la rivière. Guidez-le. S'il refuse d'avancer, piquez-le à la croupe avec votre couteau.

— Bon... mais... et vous.

— C'est moi qui forme l'arrière-garde. Je reste avec mon cheval jusqu'à ce que vous soyez arrivé à peu près au milieu.

« Si l'on nous serre de trop près, je démonterai bien une demi-douzaine de cavaliers. Les balles de l'ami Pertuiset sont de première qualité.

« Inutile de démolir les hommes. Un gaucho à pied n'est plus un combattant.

« C'est compris?

— A merveille !

Boileau enfourcha son cheval, sur lequel il resta immobile comme un homme de bronze, l'arme à l'épaule.

Friquet descendit lentement dans l'eau peu profonde au bord, en tirant par la bride l'animal qui tenait la tête.

Les gauchos arrivaient alors ventre à terre.

Le pauvre gamin n'avait pas parcouru dix mètres qu'il poussa un terrible cri d'angoisse et de douleur.

Une épouvantable panique se mit soudain parmi les chevaux qui se mirent à ruer, à reculer, et à hennir avec cette intonation inoubliable, bien connue de ceux qui ont parcouru les champs de bataille.

Ce cri, semblable à un sanglot arraché du pavillon de cuivre d'un clairon, se termine par un râle métallique d'un effet poignant.

L'eau devint rouge. Il semblait que la troupe prît un bain de sang !

Boileau, mordu au cœur par l'angoisse, ne sourcilla pas. Il ne tourna même pas la tête. Par trois fois son arme retentit. Par trois fois aussi sa balle infaillible renversa un de ces admirables mustangs à demi sauvages comme leurs maîtres, dont ils sont l'orgueil et la joie. Puis, enlevant sur place sa monture à laquelle il fit faire tête en queue, il s'élança d'un bond au milieu des flots qui s'éparpillèrent en pluie rougeâtre.

Le même cri qu'avait poussé son compagnon lui échappa presque aussitôt.

— Mille tonnerres ! rugit-il, nous allons être dévorés vifs, ce sont les caraïbes !...

Boileau n'était certes pas un poltron. On l'a vu à l'œuvre. Il avait toute sa vie ignoré la peur. Eh bien ! il l'a avoué depuis à l'auteur de ce véridique récit, il sentit une sueur glacée perler à la racine de ses cheveux.

Mourir percé d'une balle ou d'un coup de sabre, qu'importe ? quand on mène la vie d'aventures. On a fait préalablement le sacrifice de son existence ; et tout en faisant de son mieux pour reculer autant que possible cette terrible et dernière échéance, on l'envisage avec calme, quand le moment est venu d'y faire honneur.

Mais périr déchiré, dévoré, happé, dépecé, par une légion de petits êtres féroces qui, en dépit de leur taille, possèdent une vigueur et une voracité inouïe, c'est un supplice effroyable.

Sentir sa propre chair quitter peu à peu les os, sous les coups de dent de ces poissons cannibales, assister à sa propre agonie, se sentir devenir squelette en moins de dix minutes, c'est atroce !

La lutte est impossible d'ailleurs.

Qu'est-ce donc que le caraïbe ?

Prenez les deux mâchoires d'une paire de tenailles, en acier le mieux trempé, de ces tenailles employées pour couper les clous ; aiguisez-les bien ; enchâssez sur chacune d'elles une petite opale entourée d'un cercle de rubis ; cela formera des yeux. Enveloppez les deux poignées dans une peau bleuâtre à la partie supérieure, marbrée inférieurement de larges taches orangées, glacez tout cela de quelques points rouges, donnez à cet appareil, avec l'existence, la forme d'un poisson de dix centimètres de longueur, vous aurez le caraïbe.

Ce sanguinaire habitant de certains fleuves de l'Amérique du Sud semble avoir été créé pour remplir une seule fonction : mordre.

Et il s'en acquitte, Dieu sait comme. Les muscles mettant en mouvement ses maxillaires sont d'une puissance incalculable. Par une merveilleuse entente des procédés de destruction, la nature les a pourvus de crochets pareils à ceux des serpents à sonnettes. Leurs dents triangulaires sont assez fortes pour entamer le cuivre, et même l'acier !

La vue du sang, ou simplement de tout objet rouge,

éveille leur appétit destructeur, et comme ils vont habituellement en bande, ni homme ni bête ne peuvent entrer dans l'eau sans s'exposer à leurs implacables morsures.

Ils attaquent volontiers les chevaux et procèdent avec une si incroyable rapidité, qu'à moins de secours immédiats ils ont bientôt pénétré dans l'abdomen de l'animal qu'ils dévorent en un clin d'œil.

De là leur appellation de *mondongueros*, — mangeurs d'entrailles.

Sur certains points leur nombre est tel, que les riverains ont coutume de dire proverbialement qu'il y a plus de caraïbes que d'eau. Souvent forcés de traverser des rivières à la nage, ils les redoutent plus encore que les crocodiles.

La chute d'un morceau de viande en attire bientôt une troupe. En quelques secondes, il n'en reste plus rien. Cela les met en appétit, ils s'entre-dévorent jusqu'à ce qu'il n'en reste plus qu'un petit nombre.

Humboldt remarque dans ses voyages, que comme l'on n'ose pas se baigner dans les rivières où pullule ce poisson, on peut le considérer comme un des plus grands fléaux de ces climats, où la piqûre des moustiques et l'irritation de la peau rendent l'usage des bains si nécessaire.

Heureusement pour l'humanité que les caraïbes sont frappés d'une mortalité considérable à l'époque des grandes chaleurs.

On a alors la joie de les voir flotter par bancs énormes, le ventre en l'air, et bien morts. Mais leurs cadavres eux-mêmes jouissent du triste privilège d'être encore dangereux. Les berges sont jonchées d'os et de mâchoires acérées, véritables chausse-trapes animales qui rendent très dangereuse la marche sur les bords des lagunes.

Un mot encore pour terminer cette courte monographie.

Les Indiens *Warraun* ont été contraints, il y a des centaines d'années, par les Caraïbes, — des cannibales qui ont donné leur nom aux poissons, — de chercher un refuge au milieu des îles flottantes du grand delta de l'Orénoque. Ils habitent depuis cette époque des huttes élevées sur pilotis au-dessus de l'eau, sans avoir seulement un coin de sol pour enterrer leurs morts.

Comme ils ont un culte tout particulier pour la dépouille de leurs proches, ils ont adopté l'étrange coutume de conserver les os des morts accrochés aux toitures de leurs demeures lacustres.

Mais comme aussi on ne trouve pas parmi eux d'habiles anatomistes capables de détacher les chairs de sa charpente, ils exploitent la voracité des caraïbes, pour cette opération chirurgicale.

Ils attachent dans ce but une forte corde autour du cadavre, le plongent dans l'eau, et amarrent l'autre extrémité de la corde à l'un des pilotis de la maison. Au bout de quelques heures, le squelette est nettoyé. La peau, les muscles, les tendons, ont été enlevés par les dents des petits monstres.

Il ne reste plus alors aux parents en deuil qu'à détacher les uns des autres les os, qu'ils disposent avec beaucoup de soin et de régularité dans des paniers tressés « ad hoc » et que le bon goût d'habiles artisans a ornés de perles, de verroteries, de clinquants aux nuances multicolores.

Ils calculent la place qu'occupent ces reliques dans le panier transformé en urne funéraire, de manière que le crâne, solidement assujetti sur les bords supérieurs, en forme le couvercle.

De cette façon, la dépouille d'un être aimé n'est guère plus embarrassante qu'après l'incinération pratiquée par les Italiens et les Allemands dans l'appareil Siemens.

Tels étaient les êtres féroces au beau milieu desquels Friquet et Boileau, échappant aux gauchos, étaient tombés avec leurs montures.

20.

La situation semblait désespérée. Non seulement chaque minute, mais chaque seconde valait un siècle d'intolérable souffrance.

Un indescriptible désordre se mit en un clin d'œil parmi les chevaux. Les pauvres bêtes, rongées et tenaillées vives, sortaient à moitié du cours d'eau. Leurs corps auquels adhéraient les petits vampires étaient tordus par d'épouvantables convulsions.

Ils battaient désespérément l'air de leurs pieds de devant, et retombaient lourdement dans les flots.

— Tenez bon! Friquet, cria Boileau, les dents serrées à éclater. Courage! Remuez-vous! Ferme!

— Mille tonnerres! Ils me dévorent les jambes! je ne peux plus... résister! Je vais me trouver... mal... A moi!...

Terrassé par la douleur, il lâchait prise. Les bêtes affolées rompaient en même temps la corde qui les attachait les unes aux autres. La moitié au moins disparaissait; le reste, se débandait et devenait le jouet du courant.

Les gauchos étaient arrivés sur le bord de la rivière, pendant que s'accomplissait ce drame qui ne dura pas une minute.

Ils répondirent par une bordée de rires et de quolibets aux cris d'angoisse poussés par les Européens.

Grâce à leur vieille expérience de tous les phénomènes de la pampa, ils connurent bientôt la cause de cette catastrophe dont le résultat n'était que trop facile à prévoir.

Ils n'avaient pas compté sur une vengeance aussi terrible et aussi facile. Aussi s'en donnaient-ils à cœur joie. Quel bonheur pour eux de voir ces deux hommes intrépides, dont le courage était si bien secondé par les excellentes armes qui avaient réduit au silence leurs inoffensifs tromblons, devenir la proie des monstres qui se rassasiaient de leur sang!

Boileau n'avait pas quitté sa monture, en dépit de ses

ruades et de ses soubresauts. Heureusement pour le hardi cavalier, ses bottes avaient efficacement protégé ses jambes contre les dents des caraïbes. Une demi-douzaine à peine de ces hideuses bêtes s'étaient accrochées à ses cuisses, et s'il saignait abondamment, ses blessures, bien qu'horriblement douloureuses, étaient sans danger.

Sans se préoccuper des chevaux qui coulaient ou s'en allaient à la dérive, il dénoua en un tour de main son lasso, le fit tournoyer rapidement, puis le lança, avec la dextérité du plus habile coureur des prairies, à Friquet qui allait disparaître.

Celui-ci entendit siffler la solide lanière, plutôt qu'il ne la vit, et s'y accrocha avec la convulsive et inconsciente énergie d'un noyé.

Tous ces dramatiques événements avaient à peine, je le répète, duré une minute. Voici en deux mots quelle était la situation dans laquelle se trouvaient nos deux braves et sympathiques Parisiens.

Devant eux quatre cents mètres à franchir à la nage avant d'atteindre la rive opposée. Derrière, à cent mètres à peine, les gauchos qui s'opposaient à toute tentative de retour. De tous côtés, une légion de cannibales dont on peut apprécier maintenant la voracité. Puis le gamin presque évanoui, au bout du lasso de son compagnon, dont le cheval à demi dévoré s'enfonçait emprisonné entre les jambes de fer de son cavalier.

Quelques secondes encore... et c'en était fait du *Tour du monde du gamin de Paris*.

Le salut des deux hommes dépendait d'un miracle. Il s'accomplit brutalement et dans des circonstances absolument inouïes. Au moment où Boileau allait disparaître, il se sentit secoué de la plante des pieds à la racine des cheveux par une commotion violente qui n'eût pas manqué de le renverser s'il eût été à terre.

Cette commotion eut un résultat diamétralement opposé.

Le cheval agonisant, qui la ressentit en même temps que son maître, remonta à la surface de l'eau, comme s'il eût tout à coup repris de nouvelles forces.

Friquet lui-même, toujours accroché à son amarre, reprit instantanément connaissance, éternua vigoureusement et se mit à gigotter comme un épileptique.

Après cette première secousse, une seconde aussi violente, puis une troisième.

— Mais, pétard! s'écria le gamin, par quels diables sont donc habitées les rivières, dans ce satané pays?

« Aïe! vlan! vlan encore! on se croirait dans la baraque de la femme-torpille... à la foire au pain d'épice!...

— Courage! nous sommes sauvés!

— Tant mieux, mais ça me démolit!... oh! là là!... oh! là... là!...

— Ça vous démolit, mais ça tue les caraïbes...

— C'est vrai pourtant... Vive la joie!... Je saigne encore, ça cuit toujours, mais les vermines ne me mordent plus.

— Nagez! nagez ferme!

— Oh! mais, dites donc, m'sieu Boileau... voici plus d'un millier de caraïbes qui flottent sans mouvement et complètement assommés.

— Mais nagez donc, éternel bavard, ou il va nous en arriver autant!

Cependant, du fond du fleuve, émergeaient lentement tous les spécimens imaginables des habitants de l'eau : d'énormes loups-rayés, — *bagrerayado*, — aux flancs striés comme ceux du tigre; des *caribitos*, des *payaros*, sortes de poissons volants; des jacarés ou caïmans; immobiles comme des troncs d'arbres, des raies épineuses, au dard vénéneux; des *perros de agua* ou chiens d'eau (myopotamus coypos), des *nutrias*, espèces de loutres à queue d'opossum, et par-dessus tout des myriades de caraïbes.

Le courant emportait lentement tous les animaux paraissant, grands et petits, avoir succombé sous les effets de la commotion qui avait dû avoir un peu plus loin son maximum d'intensité.

Nul doute en effet que si les deux fugitifs se fussent trouvés cent ou cent cinquante mètres plus haut, ils eussent infailliblement été foudroyés.

Les gauchos, les voyant débarrassés des caraïbes, et nager vigoureusement sur l'autre bord, se précipitèrent à leur tour dans les flots tourmentés.

Mal leur en prit. La fée du fleuve était probablement de fort méchante humeur ce jour-là, car les métis n'avaient pas parcouru cinquante mètres, que leur peloton se trouva bouleversé de fond en comble, comme s'ils avaient nagé dans du plomb fondu.

Dire les hurlements qu'ils poussèrent serait impossible non moins que superflu. Toutes ces syllabes gutturales dont abonde la langue espagnole, sortaient étranglées des lèvres blêmies par l'épouvante et la douleur. Ces incomparables cavaliers n'étaient plus maîtres de leurs montures. Bref, bêtes et gens semblaient dans une situation plus critique, s'il est possible, que celle dans laquelle ils avaient mis tout à l'heure les deux jeunes gens.

Ceux-ci nageaient toujours. Ils avaient pu prendre une avance considérable. Malheureusement leurs forces s'épuisaient. Ils ne voulaient pas abandonner leur armes et leurs munitions dont le poids commençait à les paralyser, quelque vigoureux qu'ils fussent.

Le pauvre Friquet soufflait comme un phoque.

— Nous ne pouvons pourtant pas lâcher nos carabines... Crédié!... que c'est donc lourd! Ah! si je n'avais pas les jambes dépecées par ces damnées bêtes... je flotterais un peu mieux.

Boileau tirait toujours méthodiquement sa coupe, mais il était visiblement fatigué.

— Voyons, dit-il; après tout, mieux vaut encore sacrifier une partie de nos munitions... plutôt que de compromettre nos existences.

Il dit et se déleste, non sans un cruel crève-cœur, d'un paquet de cartouches : manœuvre prudente et éminemment conservatrice que Friquet s'empressa d'imiter.

— Ah! si nous pouvions au moins trouver un tronc d'arbre arraché... une botte de foin, un rien... cela nous aiderait à flotter...

Il allait jeter un second paquet. Une exclamation de joie lui échappait :

— Un radeau!... deux radeaux!... Une flottille de radeaux!

— Où donc voyez-vous des radeaux! Moi, je ne vois qu'une demi-douzaine de chevaux raidis, qui dansent comme des bouchons sur le fleuve et qui doivent être morts depuis longtemps, les pauvres bêtes!

— Mais, triple niais, vous ne comprenez donc pas que ces chevaux, morts comme vous dites depuis longtemps, sont gonflés de gaz... que ces gaz les maintiennent à la surface de l'eau... qu'en nous accrochant à eux comme à des bouée de sauvetage, nous pouvons, en les poussant devant nous, franchir sans fatigue, et surtout en conservant nos armes, les cent mètres qui nous restent à parcourir.

— Pouah!... monter à califourchon sur des cadavres!

— Allons, ne faites pas le dégoûté. Voyez plutôt!

Et, sans s'attarder plus longtemps à de vaines discussions, Boileau qui se sentait couler, étreignit convulsivement le flotteur répugnant que le hasard lui faisait si bizarrement rencontrer.

Il poussa un profond soupir de satisfaction.

Friquet ne fit plus la petite bouche. Voyant son compagnon mettre si heureusement à profit les conséquences du principe dont Archimède découvrit, en prenant un bain, la cause essentielle, il s'accrocha bientôt à la sinistre épave.

Pour deux nageurs de leur force, atteindre la rive n'était plus qu'un jeu.

Les gauchos, heureux de leur côté d'en être quittes à si bon compte, avaient définitivement abandonné leurs projets de vengeance.

Les Parisiens prirent bientôt pied et laissèrent couler au fil de l'eau les appareils de flottaison dont un impérieux besoin avait nécessité l'emploi. Mais ils abordaien seuls. La superbe *tropilla* de Boileau était anéantie. Friquet n'était pas content. Depuis qu'il était devenu un cavalier passable, la chevauchée à travers la pampa avait pour lui d'indicibles attraits.

De cavalier il passait fantassin. Cette amère plaisanterie de la destinée l'agaçait prodigieusement. Après s'être consciencieusement secoué comme un caniche, il exhala sa mauvaise humeur en des termes qui amenèrent sur les lèvres de Boileau un rire que la situation rendait pour le moins intempestif.

Mais le boulevardier était un philosophe comme on n'en trouve qu'à Paris.

— Plus de chevaux.... disait Friquet. Plus de hamac!... Plus de poncho!... Il va falloir trimer à pied, coucher à la belle étoile et se traîner comme des pioupious à travers les nopals, les gamelotes, les gynériums et autres herbages désagréables!

— C'est dur, mais que voulez-vous que j'y fasse?

— Oh! rien. Je sais bien que c'est bête de ma part de regretter tout notre confort; mais, voyez-vous.... on s'habitue si facilement à bien vivre... J'ai été toute ma vie si malheureux. Puis, ces pauvres bêtes, je les aimais tant!

— Encore une fois, qu'y puis-je? Dans la vie d'aventures, il faut, mon bon ami, s'attendre à toutes les éventualités.

« Nous sommes, par ce fait, bien moins à plaindre qu'en sortant du saladero. Voyez, d'ailleurs comme les événements s'enchaînent bizarrement. Croyez-moi, ce qui vous désole si fort en ce moment, c'est-à-dire la perte de notre matériel, a été la cause de notre salut.

« Sans les caraïbes, les gauchos nous rattrapaient probablement, dans le cas douteux où nous eussions échappé à la dent de ces petits monstres.

« Être « lacés » par les brigands de la prairie est déplorable, mais être dévorés vifs, c'est atroce.

— J'crois bien. Je saigne partout. Les mauvaises bêtes ont dévoré ma culotte en même temps que la doublure.

— Puis, les gymnotes, nous ont débarrassés tout à la fois des caraïbes et des gauchos.

— Les… gibelotes…

— Vous mériteriez quinze jours d'arrêt, Friquet.

— Mais non. Je ne ris pas. C'est encore un mot de savant que vous venez de prononcer. Vous savez bien que j'ai été au collège chez un savetier, et que la science de mon professeur ne s'étendait pas au delà des usages du tire-pied et du fil poissé.

« Qu'est-ce que c'est donc que votre…

— Gymnote…

— Bon! gymnote…

— C'est l'animal auquel vous devez ces commotions qui vous semblaient autant de coups de bâton. Une anguille… une simple anguille électrique.

— Comme un télégraphe.

— Mon Dieu, si vous voulez… Tiens, après tout, ce serait drôle de relier deux gymnotes par des fils enduits de gutta-percha, et de faire servir ces aimables poissons à la transmission de dépêches.

« J'y penserai. Mais parlons sérieusement. Le gymnote

est, comme je viens de vous le dire, un poisson pourvu d'un appareil particulier, produisant le fluide électrique, absolument comme ces instruments de physique dont vous n'êtes pas sans avoir entendu parler.

— Oui, m'sieu Boileau. Bon Dieu, que c'est bizarre !

« Le fait est que j'ai ressenti une impression complètement analogue à celle que donnent les outils dont vous parlez. Cela n'est pas toujours agréable.

— Mais c'est souvent mortel. Vous venez d'en avoir la preuve, en voyant ces cadavres flotter tout à l'heure à la surface de l'eau.

— C'étaient les anguilles électriques qui avaient pu tuer ces animaux.... même les caïmans ?

— Sans aucun doute. Les caraïbes, mis en goût par la chair de nos chevaux et aussi par la nôtre, se sont attaqués aux gymnotes.

« Ceux-ci se sont incontinent servis de leur arme naturelle. Vous avez vu quel terrible engin de destruction.

« Les premières décharges ont été foudroyantes. Heureusement que nous n'étions pas au point exact d'où elles partaient, sans quoi nous courions un danger réel.

« De plus, le régiment des torpilleurs ayant peu à peu épuisé ses minutions, c'est-à-dire que le fluide ne se reproduisant pas instantanément, les anguilles n'ont pu nous envoyer que des décharges douloureuses, mais non mortelles.

— Eh bien ! voyez-vous, m'sieu Boileau, si le bonheur de constater un phénomène aussi extraordinaire, et de lui devoir notre salut, ne répare pas notre désastre, je vous avouerai qu'il en atténue grandement l'amertume.

— A la bonne heure ! Faites comme moi, mon cher. Soyez philosophe ! Ah ! sacrebleu !

— Quoi donc ?

— Ma provision de tabac !...

— Eh bien ?

— Elle est à vau-l'eau !... Pas une cigarette.

« Je ne m'en consolerai jamais !

— Les caraïbes vont s'en régaler.

— J'aimerais mieux avoir été dévoré vif ! Allons ! c'est le commencement de la misère. Friquet, mon fils, les beaux jours sont finis ; le pampero souffle, les nuages montent, le ciel devient noir. Nous allons avoir une tempête terrible. Tout va mal.

« J'aurais nargué le destin avec quelques paquets de cigarettes... La vie sera dure... sans tabac.

— Pas d'tabac, murmura Friquet qui pourtant ne fumait pas.

CHAPITRE IX

Toujours des œufs crus !... — Les fleuves sont des chemins qui marchent. — Bienfaits de l'inondation. — Encore une île flottante. — Traversée de l'Uruguay. — Après l'Uruguay, l'Entrerios. — Le Parana. — En bateau à vapeur. — Les habitants du fleuve. — Forêt vierge en miniature. — Le bois de Boulogne de Santa-Fé. — Floraison de baïonnettes. — Les colorados. — Un ancien officier de zouaves. — Mésaventures d'un gouverneur civil et militaire qui boit trop de bière. — L'émeute va-t-elle devenir une révolution ? — La guerre dans la rue. — Héroïsme d'une jeune fille. — Aux barricades ! — Comme quoi, surtout en politique, il ne faut jamais se mêler des affaires des autres. — Un capitaine qui ferme les yeux.

— Et vous appelez ça le pays du soleil, vous, m'sieu Boileau?

— Dans tous les pays du monde il pleut, que diable !

— Mais ça n'est pas de la pluie !... c'est un ouragan, une trombe, une tempête, une cyclone. Tout ce tas de nuages, plus noirs que la poix du défunt père Schnikmann, mon professeur, est une éponge de cent lieues carrées. Cet animal, — l'éponge est un animal, le docteur me l'a dit, — est gonflé jusqu'à plus soif!...

— Et alors?...

— Vous me le demandez... alors, je répondrai que : y a quéqu'un de malintentionné qui pétrit cette éponge, dont le contenu nous inonde depuis tantôt vingt-quatre heures; que la rivière monte à vue d'œil; que nos bottes prennent l'eau par le col de nos chemises; que nous avons le ventre vide et que nous voilà immobilisés sur cette langue de terre, une presqu'île, comme disent les géographes, où la vie n'est pas drôle.

— Plaignez-vous donc. Ne faudra-t-il pas un parapluie à monsieur?...

— Un pépin! oh! là là!... ce serait le premier. Non, m'sieu Boileau. Cet objet de luxe m'est inconnu. Mais je ne voudrais pas perdre mon temps et m'en aller à Santiago. Je voudrais retrouver mes amis.

— C'est différent. Mon cher camarade, cette pluie diluvienne que vous maudissez hâtera bientôt notre délivrance.

— Vous croyez?

— J'en suis sûr. Est-ce que jusqu'à présent les événements qui, en principe, vous paraissaient les plus désastreux, n'ont pas eu pour vous un dénouement aussi heureux qu'inattendu?

— C'est possible. Mais pourtant, cela ne me semble pas la vraie logique de la vie. Le malheur ne saurait, à mon humble avis, engendrer perpétuellement le bonheur.

— Tout ce que je puis dire, c'est : que à quelque chose malheur est bon. Notre *Tour du monde* s'accomplira en dépit et surtout à cause des péripéties qui l'agrémentent.

« Vous retrouverez vos amis. Nous rentrerons à Paris; nous irons raconter nos aventures à la Société de géographie commerciale. Notre bon ami Jules Gros nous fera une réception superbe. Nous irons dans les journaux raconter de bonnes histoires. Aurélien Scholl fera des mots, Castelli des dessins, Carjat des photographies, et Lemay dira que tout est arrivé...

« Nous serons les héros du jour, et... vous aurez la médaille d'or, comme Stanley et Savorgnan de Brazza. Voilà...

— Oh ! je n'en demande pas tant : retrouver M. André, le docteur et Majesté, puis, rester avec vous et nous donner un peu de bon temps... voilà tout ce qu'il me faut.

— Puisque je vous dis que c'est une affaire conclue.

— Que le ciel vous entende et ne nous inonde plus !

— Bien. Résumons la situation. La pluie fait rage depuis trente heures, ainsi que me le dit ma montre, heureusement étanche comme un bateau de caoutchouc.

« Nos chevaux sont morts et nos bagages submergés. Nous avons nos armes et environ chacun cent cinquante cartouches. Les gauchos sont au diable, et nous sommes en sûreté.

« Nous ne mourrons pas de faim, puisque notre presqu'île est remplie d'œufs de tortue.

— Oui, m'sieu Boileau. Mais rien que des œufs crus, encore des œufs crus et toujours des œufs crus. Ça devient fatigant à la longue. J'en ai assez, de ces « laits de poule » sans lait et sans sucre.

— J'aimerais mieux des œufs brouillés aux truffes, des œufs sur le plat ou à la coque. Je préférerais des œufs à la neige ou des œufs durs. Une simple omelette au lard ne me déplairait pas.

« Mais, puisque nous avons seulement des œufs de tortue que l'état de l'atmosphère nous empêche de faire cuire, contentons-nous-en et déjeunons.

— Oh ! tout ce que j'en dis, c'est pour la forme. Dans le fond, ça m'est bien égal et j'attends les événements avec patience, puisque je ne peux pas faire autrement.

— Parfait. D'autant plus que, comme je vous le disais tout à l'heure, cette pluie qui vous agace va être pour nous un bienfait.

— Je vous écoute, tout en gobant mes œufs comme un renard en maraude.

— Je vous imite, sans pour cela m'interrompre.

« Nous sommes ici sur une vaste dépression qui s'étend en pente douce depuis ce massif de collines, dont je ne sais ma foi pas le nom, les géographes non plus d'ailleurs, jusqu'au Paraguay.

« La pente ininterrompue jusqu'à ce grand fleuve se continue jusqu'au Parana. Le pays situé entre ces deux cours d'eau, et complètement en contre-bas, s'appelle la province d'Entrerios.

« Il nous faut absolument trouver ce territoire.

« Une fois au Parana, nous sommes sauvés. Il est aussi facile d'aller de là à Santiago que de Paris à Chatou.

— Mais comment diable ferons-nous ?

— C'est tout simple. Un monsieur, — je ne sais plus au juste comment il s'appelle — a dit : les rivières sont des chemins qui marchent.

— Oui, quand on a un bateau. Et nous n'avons pas la moindre embarcation.

— Nous en aurons une tout à l'heure ; que la pluie tombe encore pendant une demi-journée, et je vous assure que notre traversée s'opérera non seulement sans encombre, mais encore avec toutes sortes d'agréments.

— A la bonne heure ! Laissons donc pleuvoir. Ne croyez pas, pourtant, que je sois un clampin qui boude à la fatigue et geigne à propos de bottes. J'en ai vu de dures en ma vie, allez !

« Ce qui me taquine, c'est le temps perdu. Enfin, vous me dites que dans six heures le temps changera, j'en accepte le présage et j'attends. »

Pendant que nos deux Parisiens dialoguaient, la pluie faisait rage. Rien ne saurait donner une idée de l'intensité avec laquelle roulaient les cataractes du ciel. C'était un écroulement de liquide, une immersion de haut en bas. Les gouttes semblaient des jets de pompe, d'une abondance et d'une intensité irrésistibles.

Ainsi que l'avait judicieusement fait observer Boileau, la rivière montait à vue d'œil en grondant. Les flots jaunâtres et tourmentés commençaient à charrier des épaves; des tourbillons se formaient; des débris de toute sorte s'en allaient à la dérive, emportant de blancs paquets d'écume.

La langue de terre sur laquelle avaient pris pied nos deux amis, après avoir échappé aux gauchos, aux gymnotes et aux caraïbes, oscillait violemment.

L'isthme qui la reliait à la rive se rétrécissait. La presqu'île devenait île. Friquet voulait l'évacuer au plus vite. Boileau s'y opposa.

— Mais, nous allons être inondés, dit le gamin, qui, d'ailleurs, était sans inquiétude.

— J'y compte bien, répondit son compagnon; mais, veuillez, je vous prie, constater que cette presqu'île n'est pas une presqu'île comme les autres.

« Elle ne se compose pas de terre, mais bien d'herbes, de glaises et de lianes agglomérées, reliées à la rive par des végétaux sans consistance.

« Le courant va rompre cette amarre, et nous naviguerons là-dessus comme sur un bateau-mouche; on donne à ces îlots flottants le nom de *camarotes*, si cela peut vous faire plaisir.

— Connu... m'sieu Boileau... connu. J'ai flotté sur une embarcation de ce gabarit. C'était là-bas... avec le petit... en Afrique. Je vous ai raconté cela, d'ailleurs.

— Oui, mon cher ami... Et, certes, le danger était terrible. Ici, c'est une simple partie de canotage. Pas l'ombre d'inconvénients, ça surnage comme un bouchon.

« Tiens, après tout, le niveau est assez élevé, on peut parfaitement appareiller. Quelques coups de couteau sur notre amarre et puis... *Go ahead !*...

Aussitôt dit, aussitôt fait, Boileau tira son « façon » et se mit à hacher les tiges maintenant l'îlot.

Quelques coups adroitement et vigoureusement appliqués le détachèrent complètement, et le petit continent, après avoir oscillé, et tournoyé pendant trois ou quatre minutes, descendit le courant.

Les vagues commençaient à s'enfler. Le vent s'éleva bientôt. La pluie fit rage.

Au loin, le flot mugissait. Puis, un murmure immense, une sorte de plainte de rivière, en mal d'inondation, se fit entendre. Ce bruit rappelait quelque peu le frémissement d'un nuage chargé de grêle, et mieux encore l'espèce de ronflement produit par l'approche d'une invasion de sauterelles.

Mais à quoi bon chercher des points de comparaison ? Chacun connaît ce vaste chuchotement des flots qui désagrègent en clapotant les berges trop étroites, et qui imbibent peu à peu les couches de terre sur lesquelles ils vont tout à l'heure rouler en cascades irrésistibles.

Ce brouhaha de foule inquiète dura plusieurs heures. La vitesse de l'îlot s'accéléra. Par un hasard merveilleux, sa forme se prêtait admirablement aux hasards de la navigation fluviale. Il traversait victorieusement les tourbillons, et se maintenait invariablement au milieu du cours d'eau.

Voici pourquoi. Assez large à l'avant, il se terminait en une longue pointe effilée, cela l'empêchait de rouler. On conçoit sans peine que, s'il eut été à peu près circulaire, il eût infailliblement été pris par une de ses faces latérales.

Le lit de la rivière monta démesurément.

Une sorte de mur liquide se forma en avant du radeau, à deux cents mètres à peine. Ce mur, semblable au mascaret que l'on observe à Caudebec, lors des grandes marées, ou à l'embouchure de la Gironde, avait près de trois mètres de hauteur.

Il s'avançait avec la vitesse d'un cheval au galop. Le murmure devint fracas. L'îlot fila comme une flèche.

— Tonnerre à la toile, fit le gamin, nous marchons comme un steamer.

— Hein, ne vous l'avais-je pas dit? reprit son compagnon. L'inondation va nous sauver.

« Notre embarcation nous conduira en peu de temps dans un pays à peu près civilisé, où l'on trouve encore quelques gauchos, mais où l'on s'éclaire au gaz. On reçoit des coups de couteau, mais on boit des bocks. Il y a du tabac, des voitures de place, des agents de police grincheux, ainsi que des messieurs en chapeau de soie.

« Enfin, il y a des bateaux à vapeur, et des chemins de fer!...

— Des... chemins... de fer!... vous dites des chemins de fer!...

— Qui conduisent à Santiago, mon fils. J'espère bien vous faire prendre un billet à destination de cet aimable séjour, et vous tenir compagnie jusque-là.

— Que je suis donc content! Eh bien, je ne me sens presque plus mouillé, depuis l'annonce de cette bonne nouvelle.

— Le fait est que le jour où vous avez dit adieu aux pays civilisés, commence à être passablement éloigné; je comprends que le voisinage d'une ville vous soit agréable.

— Oh! le bonheur éprouvé par moi dans ces grands amas de pierres appelés des cités est d'un si faible tonnage, que leur approche me laisse froid. Ce qui me transporte, c'est la possibilité de retrouver mes amis. Le reste m'importe aussi peu qu'une place de conseiller municipal chez les Iroquois.

Le *camarote* servant d'embarcation roulait sur le fleuve, précédé de la cascade mouvante qui ronflait à à quelques encâblures en avant.

Sa vitesse devenait vertigineuse. Le bruit était assourdissant.

Les rives s'enfuyaient avec cette vélocité qui fatigue l'œil des voyageurs emportés par un train express, quand ils contemplent l'horizon par la portière de leur compartiment.

La pluie tombait toujours à torrents. Les simples rigoles devenaient des rivières, celles-ci des fleuves, l'affluent sur lequel flottaient nos amis semblait un bras de mer.

Les minuscules tributaires de ce cours d'eau débordaient depuis quelques heures, et telle était l'intensité de leur courant, que le volume de la « *barre* » paraissait augmenter de moment en moment.

— Ce chemin d'eau marche aussi vite qu'un chemin de fer, fit judicieusement observer Friquet. Tonnerre! heureusement que la voie est libre. Si l'on rencontrait un train, les freins seraient durs à serrer.

« Mais, nous sommes seuls! »

Un rugissement sonore lui fit tourner la tête.

— Pas si seuls que cela, mon camarade, dit Boileau. D'autres voyageurs ont pris le même convoi. Tenez, voyez donc cette flottille...

— Ouvre l'œil au bossoir bâbord !...

— Ouvrez tout ce que vous voudrez. Il n'y a aucun danger. Si le *puma* (lion sans crinière de la pampa) qui flotte sur un camarote analogue au nôtre a faim, il a encore plus peur.

« Oh! il y en a d'autres; et nous allons en rencontrer toute une série pendant notre voyage.

« Quand je vous le disais... ce tigre, qui sort en rampant des *pajonales*...

— Des...

— Pajonales... ces bouquets d'arbres, si touffus, enchevêtrés de lianes, sont envahis par les eaux. Les tigres qui les habitent ont une sainte horreur de l'élément liquide, en véritables chats...

— Hop!... quel joli coup de jarret! Bravo! il tombe juste sur le dos du puma, qui ne s'y attend pas. Bon. Le radeau chavire, et voilà nos deux grandes bêtes à l'eau.

Friquet s'amusait comme un bienheureux.

De temps en temps un autre camarote se détachait de la rive. Un passager à quatre pattes frissonnant sous la pluie et tremblant de peur s'y tenait cramponné. L'embarcation prenait la file, et l'étrange flottille, suivait le radeau monté par nos deux amis, comme les bateaux qui remontent la Seine à la suite d'un remorqueur.

. . . .

Combien de temps dura cette navigation folle? Il est impossible de l'apprécier. De longues heures d'angoisses et de faim s'étaient écoulées. Boileau et Friquet, après avoir suivi le cours de l'affluent de l'Ibicuy, après avoir été le jouet des eaux de la rivière elle-même, se trouvèrent, sans savoir pourquoi ni comment, sur une énorme étendue d'eau que nulle berge ne semblait border.

— Mais, sacrebleu! c'est l'Uruguay! Allons, bon! Nous comptions traverser l'Entrerios, puis gagner le Parana, et le courant va nous emporter du côté de Buenos-Ayres!

— C'est-il loin de Santiago? demanda anxieusement Friquet qui, avec une touchante insistance, ne pensait qu'au but unique de son voyage.

Son compagnon n'eut pas le temps de répondre.

Un remous formidable, formé par l'irrésistible poussée des eaux de l'Ibicuy, saisit le radeau, le roula comme un fétu, et pénétrant, ainsi qu'un projectile, à travers les eaux de l'Uruguay, le lança de l'autre côté du fleuve, large en ce point de plus d'un kilomètre.

— Friquet, mon bon, nous irons au Parana. Vous avez compris la manœuvre, n'est-ce pas?

— Dame! à peu près.

— C'est tout simple. La barre qui nous précédait a coupé en biais les flots de l'Uruguay; nous sommes maintenant dans l'Entrerios.

« Nous devons nous trouver à vingt-cinq lieues à peine de la ville de Mercedès, tête de ligne du chemin de fer qui descend à Buenos-Ayres. Allons à Mercedès. Les *salinas* situées dans les bas-fonds seront bientôt recouvertes par l'inondation. Il y aura avant peu un mètre d'eau partout.

« Un courant nous prend; profitons-en. De Mercedès il nous sera facile de gagner le Parana. Il n'y a guère que quatre-vingts et quelques kilomètres.

« Que dites-vous de l'idée?

— Je dis, m'sieu Boileau, je dis... que tout ça va comme sur des roulettes, et que pour une fois le guignon semble nous lâcher.

Pour une fois, en effet, la malechance ne s'acharna plus après les deux Parisiens. Ils firent tant, et si bien les débrouillards, qu'après avoir flotté sur leur camarote qu'ils n'abandonnèrent qu'à la dernière extrémité, ils cheminèrent à pied, à cheval et en bateau, et arrivèrent au bord du Parana.

La traversée avait duré un peu plus de trois jours. Ils étaient exténués et trempés jusqu'aux os. Boileau avait dû se débarrasser de son fusil, son cher « Greener », qu'il avait troqué à Mercedès contre deux chevaux, puis d'un de ses revolvers, échangé contre un mauvais bateau pouvant bien valoir trente sous, puis de son poncho...

Mais, qu'importe? Un bateau à vapeur était en vue.

Le sifflet annonçait l'appareillage, et Boileau, l'homme qui n'était jamais pris au dépourvu, avait, dans un portefeuille bien imperméable, une lettre de crédit d'une quinzaine de mille francs.

Tout était donc pour le mieux dans le meilleur des mondes.

La descente du fleuve fut monotone. Nous devons d'ailleurs confesser, en historien véridique, que nos deux amis pensèrent seulement à mettre largement à profit le temps perdu, pendant les quarante-huit heures que dura la traversée. On les vit surtout à la salle à manger, où ils absorbaient avec un merveilleux appétit les victuailles du bord.

Entre les repas, ils dormaient à poings fermés.

Les voici enfin à Parana.

Le lit du fleuve est littéralement obstrué par une foule de petites îles, qui, quand les eaux sont basses, semblent autant de parterres.

C'est à peine si les packets anglais qui font le service peuvent évoluer dans le chenal capricieux serpentant à travers ces bouquets de verdure, au milieu desquels s'épanouissent toutes les richesses de la flore aquatique.

Deux catégories d'habitants ont élu domicile sur ces minuscules continents. D'abord, ces vilains *yacarés*, petits caïmans, de trois mètres à trois mètres cinquante de long, qui sont bien les hôtes les plus incommodes et les plus dangereux, tant leur nombre est considérable. Puis, les *macas*, sorte de plongeons dont la peau imite admirablement le cygne, mieux encore le grèbe, et sert à fabriquer des manchons et des bordures de manteaux pour dames.

De hardis et robustes pêcheurs déclarent aux palmipèdes et aux sauriens une guerre acharnée. La chasse aux yacarés et aux macas est leur unique occupation; ils en retirent à la fois plaisir, honneur et profit.

Nos deux voyageurs firent une courte escale à Parana, ville située sur le bord d'une falaise à pic d'au moins 300 pieds d'élévation, et d'où l'on aperçoit Santa-Fé, placée juste en face, à vingt kilomètres à vol d'oiseau.

Ils débarquèrent bientôt à Santa-Fé, par le *paso Santo Tome*, sorte de promontoire, où s'échevèle une forêt vierge en miniature, dans laquelle les chasseurs de la ville trouvent toutes les variétés de gibier.

Fauves et volatiles étaient absents en ce moment, et pour cause. De temps en temps une lueur d'acier trouait le feuillage, un éclair de baïonnette miroitait à travers les branches; un bruit confus de voix étouffées se faisait entendre parfois, et s'arrêtait soudain après un coup de sifflet modulé d'une façon particulière.

Des hommes campaient dans cette petite forêt, sauvage promenade qui est à Santa-Fé, la ville argentine à peine civilisée, ce qu'est le bois de Boulogne à notre Paris.

Ces hommes étaient des *colorados*, révolutionnaires rouges, qui se tenaient embusqués jusqu'à une levée de terrain que le commandant du génie Laprade, un Français, a exécutée pour le passage du chemin de fer devant relier Santa-Fé à Rosario par les colonies.

La réunion des partisans offrait un coup d'œil original. Des gauchos au teint bronzé sommeillaient fraternellement à côté de gentlemen irréprochables coiffés de panamas et de chapeaux de soie; des noirs ou des métis montaient la garde avec des miliciens déserteurs; des vieillards, à la barbe grise, aux cheveux blancs, barricadiers de l'avant-veille, enseignaient à des jeunes gens, des enfants plutôt, le maniement de lourdes carabines que ceux-ci pouvaient à peine soulever.

L'arrivée de nos deux amis fut saluée d'un « qui-vive! » sonore, auquel Boileau répondit par un « Amigos! » qui, bien que prononcé en castillan de Paris, fit abaisser aussitôt la pointe de la baïonnette qu'un de ces soldats improvisés croisait assez maladroitement, en somme.

Les partisans n'inquiétaient d'ailleurs en aucune façon les étrangers, et leurs demandes n'eurent rien que d'amical et de courtois.

Pour comble de bonheur, notre boulevardier, dont l'œil toujours grand ouvert ne laissait rien d'inaperçu, fit un geste de surprise aussitôt réprimé.

— Tiens! Flageollet! dit-il de sa voix tranquille; comment vas-tu, mon vieux camarade?

L'homme ainsi interpellé en bon français, et avec cette cordialité, sortait d'un *galpon*, sorte de hangar servant à remiser les marchandises, et qui bordait le bois. Il leva brusquement la tête, ouvrit les bras, pâlit légèrement d'émotion joyeuse, et s'écria :

— Boileau! c'est Boileau! mon bon ami! Sacrebleu!... la surprise est agréable, mais j'en ai les jambes et les bras cassés...

— N'est-ce pas qu'elle est un peu forte et que tu ne t'attendais guère à me voir?

« Eh! oui, c'est comme cela. Nous venons te demander à déjeuner, mon compagnon et moi. Je te présente mon ami Friquet, un rude matelot, un gaillard comme tu les aimes, et qui fait crânement honneur au pays.

« Mon cher Friquet, M. Flageollet, un Bourguignon de Montbard, ancien officier de zouaves, aujourd'hui notable commerçant de Santa-Fé.

« Et maintenant, une bonne poignée de main. Vous voilà amis! »

Les colorados, voyant à qui ils avaient affaire, rentrèrent sous bois, sans plus s'occuper des deux étrangers. Flageollet les connaissait, cela leur suffisait, grâce à la juste considération, et, qui plus est, à la popularité dont il jouissait dans la ville.

— Mes enfants, dit-il sans autre préambule, vous

n'êtes pas des poltrons; mais il va y avoir tout à l'heure un coup de tabac : il est inutile de vous trouver mêlés à une échauffourée qui ne vous regarde nullement.

« Venez à la maison.

— Tu crois?

— J'en suis sûr, tu peux t'en rappporter à mon flair de vieux troupier. Il y a de la poudre dans l'air, Iriondo a encore fait des siennes. On veut le déposer et nommer Iturrasse à sa place. Je te le répète, filons, si nous ne voulons pas être pris entre deux feux.

« Je crois, entre nous, que les colorados auront le dessous. Le gouvernement doit être prévenu, car, depuis hier, tous les voyageurs amenés de Buenos-Ayres par le *Provedor* sont en panne dans le port, à bord du *San-Juan* qui va remonter à l'Assomption.

« Ceux qui ont voulu passer outre et ont débarqué de force, ont été enfermés au cabildo (prison de ville).

« Je te le répète, filons !

— Allons-y, d'autant plus que nous avons à donner un solide coup de fourchette.

Un drame se prépare. Un de ces drames si fréquents, hélas! dans les républiques de l'Amérique du Sud. La poudre va parler, le sang va couler.

Pendant que les préliminaires s'achèvent, et que tous les acteurs, depuis les grands premiers rôles jusqu'aux simples figurants, se tiennent prêts à entrer en scène, expliquons brièvement la situation politique de cette ville, où les hasards de la vie ont poussé nos deux Parisiens.

Santa-Fé, chef-lieu de la province de ce nom, fait partie de la république Argentine. C'est une jolie ville, qui compte environ 25,000 habitants. Elle est très commerçante, et son port sert d'entrepôt aux céréales venant des colonies placées en demi-cercle jusqu'à Rosario.

Les provinces qui l'avoisinent au nord et à l'est, jusqu'au grand désert, *gran chaco*, habité par les Indiens, et qui s'étend jusqu'à la Bolivie et le Rio-Vermejo, sont : Esperanza, San-Carlo, Las Tunas, San Hieronimo et El Sauce.

La république Argentine comprend sept autres provinces : en tout, treize. Chacune d'elles a une automonie relative, sa « Camera de los Disputados » et son Sénat. Elle gère elle-même, comme bon lui semble, ses propres affaires ; elle nomme son gouverneur.

Enfin, la réunion des délégués de chacune des treize chambres constitue le « Congreso nacional » à Buenos-Ayres, qui connaît des affaires diplomatiques et extétérieures.

La justice est complètement indépendante d'une province à l'autre, et l'extradition, chose totalement inconnue. Aussi un criminel n'a qu'à quitter son district pour vivre en paix, quelquefois à vingt pas du territoire où il a été condamné à mort.

Les sentences des juges ne sont pas, d'ailleurs, généralement bien rigoureuses. Les condamnations n'excèdent pas, — sauf pourtant dans les cas de justice sommaire, — deux ans de service dans un bataillon, qui garde la frontière contre les incursions des Indiens.

Cette frontière est un simple fossé de six mètres de large sur deux de profondeur. Il est assez facile à franchir, sauf pour les Indiens dont les chevaux, habitués aux pays plats, sont de déplorables sauteurs.

De dix en dix lieues se trouve un petit blockhaus, et, aux points centraux, des camps retranchés où vivent pêle-mêle les soldats et les Indiens *Mansos* qui viennent faire leur soumission, et qui, une belle nuit, s'enfuient avec les chevaux dès qu'ils sont bien repus.

Avant de revenir à Santa-Fé, un mot sur Esperanza, située à 48 kilomètres de Santa-Fé ; elle ne lui est inférieure ni en population, ni en prospérité.

On ne compte pas moins de 25,000 colons européens

à Esperanza ; chiffre énorme, si l'on tient compte de la faiblesse de la population des villes sud-américaines, qui n'ont pas un accroissement fantastique comme leurs rivales du Nord, humbles bourgades hier, aujourd'hui cités opulentes.

Le gouvernement local a, d'ailleurs, un excellent système pour attirer les colons. Il leur concède, lors de leur arrivée, une maison, des instruments aratoires, deux chevaux, une paire de bœufs et vingt *cuadras* carrés (la cuadra est de 98 mètres) à exploiter.

La colonie est sous la haute et absolue direction d'un chef politique, qui rend compte pour la forme de ses actes au gouverneur de la province, mais qui, en réalité, est absolument libre de tailler et de rogner à son omnipotente fantaisie.

Cette indépendance constitue une autonomie réelle, depuis la dernière échauffourée, pendant laquelle les colons ont, le plus élégamment du monde, mis à la porte le « *juscados de paz* », et battu à plate couture le bataillon qui voulait le défendre.

Le potentat qui assume tous ces pouvoirs est Lehman, un docteur suisse, assez riche à millions, propriétaire de distilleries de caña. C'est un charmant et excellent homme de trente-cinq ans, d'une bravoure et d'une énergie peu communes, en même temps que d'une bonté et d'une affabilité sans égales, bonté et affabilité qui ne sont pas de la faiblesse. Lehman est juste et intègre en bon républicain, et sa poigne de fer en impose aux braillards.

Un mot encore : il est propriétaire et fondateur de la feuille locale qui s'appelle *Coloneo del Œste*.

. . . .

La maison où notre nouvel ami, l'ancien officier de zouaves, devenu colon à Santa-Fé, le Bourguignon Flageollet, avait amené Boileau et Friquet, est située sur ce port magnifique, construit par l'ingénieur suisse Rolas, le même qui a amené les gauchos au Jardin d'acclimatation à Paris

Cette demeure est confortable, comme peut l'être celle d'un homme de goût, riche et ami du confort français. Son hospitalité fut plantureuse autant que cordiale. Vous dire si l'on parla de Paris et si l'on but à la France serait chose fort superflue.

La nuit était venue. De la ville silencieuse sortait ce vague bruissement perçu quelques heures avant par nos amis, au moment où ils allaient pénétrer dans le petit bois.

On percevait des pas étouffés, des chuchotements de voix, des grincements de fer entre les pavés, des cliquetis d'éperons et de baïonnettes, bruits familiers à l'oreille de Flageollet, qui en avait entendu bien d'autres.

Boileau se tortillait sur sa chaise en homme préoccupé.

— Si nous allions voir... un peu, dit-il, n'y tenant plus.

— Oui, appuya Friquet... rien qu'un peu.

— Ah çà ! est-ce que vous avez envie de vous faire casser la... la figure ? Laissez donc ces bonnes gens se débrouiller chez eux et mêlez-vous de ce qui vous regarde.

— Mais voyons, Flageollet, tu sais bien qu'il n'y a pas de danger.

— Mon vieux camarade, les balles sont généralement pour les badauds. Ce serait plus que de la niaiserie de risquer d'en attraper une.

« Je ne suis pas plus manchot qu'un autre, j'en ai vu de dures, n'est-ce pas ? eh bien, là, entre nous, cela ne me tente en aucune façon ! Ah ! s'il s'agissait de toute autre chose, d'un de ces soulèvements spontanés, sublimes, qui font d'un peuple esclave un peuple libre !...

« S'il fallait payer de ma peau un milligramme d'indépendance, je décrocherais ma carabine, et je crierais : Aux barricades ! Mais que diable veux-tu que me fassent ces querelles de ménage s'élevant à propos de bottes entre braves garçons libres comme l'air et qui ne peuvent s'entendre qu'à coups de fusil sur de toutes petites questions de détail.

— Mais nous ne faisons pas le tour du monde pour rester entre quatre murs. Il faut bien voir un peu ce qui se passe.

— Voyons, m'sieu Flageolet, après tout, on ne nous mangera pas... Rien qu'un petit peu.

— Mais, diable d'entêté, savez-vous seulement ce donc il s'agit? Avez-vous la moindre idée de ce qui va se passer?

« Le gouverneur Iriondo est assez impopulaire ici. C'est un grand diable de trente-cinq ans, passablement inoffensif d'ailleurs, et qui n'a qu'une seule passion : la bière. Ce qu'il absorbe de bocks épouvanterait la première éponge d'une université allemande.

« Il était criblé de dettes à Buenos-Ayres, et c'est un peu le motif pour lequel il a été appelé au poste qu'il occupe ici. Je dois avouer que les jésuites n'ont pas été étrangers à sa nomination. Mais, en somme, qu'est-ce que cela nous fait ?

— Cela nous fait que je n'aime pas les jésuites, moi... articula nettement Friquet, et que l'homme des jésuites ne saurait être le mien !.... Voilà !

Flageollet et Boileau partirent d'un formidable éclat de rire à cette proposition si inattendue et si carrément formulée.

Ce Friquet était vraiment unique au monde.

— Et qui veut-on mettre à sa place, sans vous commander, m'sieu Flageollet?

— Un brave garçon nommé Iturrasse, que j'aime beaucoup d'ailleurs et auquel je souhaite toutes sortes de propérités.

— Bravo ! c'est mon homme, s'écria Friquet électrisé, et un peu grisé par l'excellent bourgogne de son hôte.

« A bas Iriondo ! et vive Iturrasse !...

— Muere el traidor !... muere el traidor ! hurlèrent tout à coup dans la rue des centaines de voix furieuses.

— Qu'est-ce qu'ils disent ? En voilà une drôle de façon de crier : Des lampions !

— Allons, il n'y a plus à s'en dédire, reprit Flageollet tristement. Le sang va couler. Le complot éclate. C'en est fait. Tous les chefs sont chez Echerrague, le cafetier de la Place-Centrale ; ils n'attendent plus que le signal qui doit faire accourir les colorados campés au dehors.

L'ancien zouave prononçait à peine ce dernier mot, que la fusillade pétilla soudain.

Les trois hommes tressaillirent et se trouvèrent debout. En trois bonds ils étaient dehors.

Boileau ne put s'empêcher de rire.

— Eh bien ! et tes résolutions, mon vieux troupier ?

— Que diable veux-tu ? La poudre !... Puis, en somme, s'il y avait moyen, sinon d'amener la conciliation, d'atténuer au moins les horreurs de la guerre civile.

« De plus, il y aura des blessés... ceux-là auront besoin de soins.

— A la bonne heure ! répliqua Boileau en lui serrant énergiquement la main. Ce que tu proposes là est mieux et plus difficile que la lutte. Tu es toujours le bon et brave cœur de jadis.

— Des lampions ! des lampions !... criait Friquet.

— Veux-tu te taire, crapaud ! s'écria Flageollet ; tais ton bec, et en avant !

— Suffit, capitaine ; on rengaine son enthousiasme et on se transforme en brancardier.

Une troupe en débandade sortait de chez Echerrague et passait au pas gymnastique. Ceux qui la composaient criaient à tue-tête, agitaient leurs armes.

— Muere el traidor !...

— Ils vont chez Iriondo... Le pauvre diable va être massacré.

Un jeune homme élégammeut vêtu à l'européenne marchait à leur tête. Il pouvait avoir vingt-trois ou vingt-quatre ans.

— C'est Candiotti, dit à voix basse Flageollet, un ami. Il est un des chefs de l'émeute. Pourvu qu'il n'y 'laisse pas ses os... ce serait dommage. Il est charmant, brave comme un Parisien, et plusieurs fois millionnaire.

Candiotti aperçut les trois Français et fit à Flageollet un signe affectueux de la main.

La troupe grossit en route, et arriva à la *casa* d'Iriondo, qu'elle voulut envahir séance tenante.

La porte était solide. Quelques conjurés l'ébranlaient à coups de hache et de crosse de fusil, pendant que les autres exécutaient un feu roulant sur la façade, aux fenêtres hermétiquement closes.

Au moment où elle allait céder, elle s'ouvrit à deux battants. Un flot de lumière projetée par des torches que tenaient une dizaine de peones immobiles et silencieux inondait l'entrée.

Tous étaient sans armes. Les colorados furieux allaient se précipiter dans le large couloir. Ils s'arrêtèrent devant une apparition aussi soudaine qu'imprévue.

Pâle, frémissante, échevelée, les yeux pleins d'éclairs, une jeune fille, une enfant de quinze ans, admirablement belle, faisait face, les bras croisés, à la troupe des conjurés.

Le bruit cessa, les clameurs s'apaisèrent; il n'y eut plus un mouvement. Il se fit un silence de mort.

— Que voulez-vous? dit-elle en les fixant intrépidement.

— Iriondo! s'écria une voix animée. Meure le traître!

— Qui ose dire qu'Iriondo est un traître? s'écria-t-elle, superbe d'orgueil et d'indignation.

— Moi! dit l'homme qui venait de parler; je veux qu'il meure!...

— Toi, Pedro, que mon père a sauvé des presidios !...

— Meurs donc aussi, serpent, s'écria l'homme, un métis colossal, en faisant feu à bout portant sur la jeune fille.

Un cri d'horreur et de réprobation retentit. Prompt comme l'éclair, Candiotti releva l'arme au moment où la détonation éclatait ; puis, souffletant le misérable en pleine figure, du plat de son sabre, il s'écria d'une voix retentissante :

— Amis ! qu'on le désarme !...

Quatre hommes terrassèrent le métis et lui arrachèrent son couteau et son revolver.

Alors, avec un geste plein d'orgueilleux mépris :

— Va-t'en !... Nous faisons la guerre aux hommes !... Un coquin qui ose attenter à la vie d'une femme ne doit pas souiller de sa présence les rangs des patriotes.

« Va-t'en, lâche !... »

L'homme, écumant de rage, crachant rouge, les lèvres écrasées par l'acier, s'éloigna en chancelant.

— Et maintenant, enfant, continua le jeune partisan, s'opposer plus longtemps à la volonté du peuple serait folie. Place ! señorita. Les colorados de Santa-Fé réclament le gouverneur Iriondo.

— Non, vous n'aurez pas mon père ! Non ! señor Candiotti, c'est impossible !... Je ne veux pas !... Grâce ! pour lui... Pitié !... au nom de votre mère...

Le jeune homme remit son sabre au fourreau, se découvrit respectueusement, et écarta doucement la jeune fille dont les jambes vacillaient.

Cette scène avait duré près de dix minutes. Les révolutionnaires entrèrent sans un cri, avec l'ordre le plus parfait, dans l'habitation qui fut fouillée de fond en comble.

Inutiles recherches, Iriondo fut introuvable. Il avait pu, pendant que sa fille parlementait, s'enfuir par le jardin, en compagnie du capitaine d'armes Barrias, et se réfugier au collège des jésuites.

Les recherches opérées, plus tard, dans cet établissement religieux, ne furent d'ailleurs pas plus fructueuses. Iriondo resta quarante-huit heures sans manger sous le maître-autel, et attendit dans de mortelles angoisses la fin de l'émeute.

Les conjurés, ne le rencontrant pas, pensèrent qu'il pouvait s'être retiré au cabildo. Une troupe d'hommes à cheval débouchait à ce moment sur la place. Elle venait du dehors, du côté du paso Santo-Tome, et passait devant la prison.

Une autre troupe de combattants à pied, ceux que Boileau et Friquet avaient rencontrés en arrivant, pénétrait également sur la plaza, mais par l'angle opposé, celui où se trouve la casa del gobernador.

Toutes trois opérèrent leur jonction.

Les cris de : Muere el traidor !... retentirent de nouveau.

Puis tous ces hommes, plus affolés que jamais de rage et de caña, se précipitèrent sur le cabildo, situé de l'autre côté, entre le café d'Echerrague et la prison, presque en face la demeure du gouverneur...

La grande porte du milieu est fermée. Candiotti s'avance intrépidement le premier, applique son revolver sur la serrure, fait feu quatre fois coup sur coup, à bout pourtant, pour la faire sauter.

Il n'a pas le temps de tirer une cinquième fois. Comme tout à l'heure chez Iriondo, la porte s'ouvre toute grande.

Le commandement de : Feu ! retentit. Le sombre couloir, large et profond comme un antre, s'éclaire d'aveuglantes lueurs de poudre ; un terrible feu de peloton éclate. Un ouragan de plomb s'abat sur les assaillants, que déciment les balles des remingtons.

Candiotti, Iturrasse et une centaine de leurs compagnons tombent foudroyés. La place est emplie de fumée. Des râles d'agonie se mêlent à des cris de douleur et de rage. La scène est atroce.

Surpris, mais non abattus, les colorados ripostent au hasard, et se précipitent, le couteau à la main, sur les deux pelotons de la *guardia provinciale* embusqués dans le cabildo.

Vains efforts : leur élan vient se briser sur les baïonnettes du premier peloton, pendant que le second commence un feu à volonté d'une telle intensité que la place n'est plus tenable.

Flageollet, Boileau et Friquet, sans armes, bien entendu, se tenaient, par une insolente bravade, au point le plus dangereux. Il semblait qu'un génie les protégeât.

Les colorados massacrés à bout portant allaient tenter un retour offensif.

L'ancien officier de zouaves vit le mouvement et pressentit un désastre.

— Ces enragés-là vont se faire tuer jusqu'au dernier... Quel malheur ! bon Dieu...

« Allons, ça ne me regarde pas, mais je n'y puis plus tenir.

« En retraite ! cria-t-il de sa plus belle voix de commandement.

« En retraite !... »

Les partisans, au bruit de cette voix qui dominait le fracas de la bataille, s'éparpillèrent aussitôt en tirailleurs, s'embusquèrent, les uns derrière les arbres de la place, pendant que les autres se couchèrent à plat ventre, pour offrir moins de prise aux projectiles.

Ils dirigèrent leur feu sur l'entrée béante du cabildo, d'où s'échappaient les jets de flamme des remingtons manœuvrés par la guardia provinciale.

Ces soldats, composant la troupe régulière, furent

bientôt forcés de cesser leur feu et de fermer la porte. Les assaillants reprenaient le dessus.

Pendant qu'un des pelotons crénelait la façade, le second montait sur l'*assotea* (terrasse), et tiraillait sans discontinuer, mais presque sans succès.

On escarmoucha pendant près d'un quart d'heure sans autre résultat qu'un tapage infernal.

Tout à coup, le clairon sonna, le tambour battit dans la direction de l'ouest, où est située le cuartel d'infanteria (caserne d'infanterie).

— Mais vous allez être cernés, s'écria Flageollet. La troupe vient au secours de la guardia. Dans quelques minutes vous serez pris entre deux feux.

— On ne peut pourtant pas laisser fusiller tous ces braves comme des lapins, cria de sa voix aiguë Friquet.

« Il faudrait arrêter les autres...
— Mais comment ? fit Boileau.
— Eh, parbleu ! en élevant une barricade.

Ce mot était à peine prononcé que les conjurés, sentant l'imminence du péril, s'escrimaient contre les pavés de la rue conduisant de la plaza au *cuartel d'infanteria*.

Une double barricade, défendue en avant et en arrière par un talus, s'éleva comme par enchantement. Cinq minutes suffirent. Il était temps. Une trentaine d'hommes s'y jetèrent, pendant que les autres réussissaient à s'échapper par les rues latérales.

Il s'apprêtèrent à une résistance désespérée. Tous étaient résolus de combattre jusqu'à la mort. Ils savaient que s'ils étaient pris, c'était la fusillade sans jugement ; mieux valait tomber en brûlant la dernière cartouche.

Trente hommes résolus, bien pourvus de munitions, peuvent, derrière un retranchement comme celui que venaient d'élever les colorados, arrêter une division.

C'est ce qui arriva. Par un inconcevable guignon, nos

deux Parisiens, séparés de Flageollet, se trouvaient au nombre des défenseurs de la barricade.

— Mais, c'est idiot, disait le gamin. Nous voilà fourrés dans une aventure dont la fin me paraît passablement scabreuse. La politique m'assomme, moi. Je me soucie, en somme, autant d'Iriondo que de feu Iturrasse. Je n'ai pas la moindre venette, mais je serais particulièrement heureux de m'en aller.

— Ah, bah! répliqua Boileau, votre belle ardeur est déjà éteinte... comme les lampions que vous demandiez tout à l'heure.

« Et la profession de foi que vous faisiez si audacieusement!... qu'en reste-t-il?

« Vive Iturrasse!... A bas Iriondo!...

« Ce n'est pas une raison, pourtant, parce que ce pauvre Iturrasse vient de faire la culbute devant le cabildo, pour renier ainsi vos préférences premières.

— M'sieu Boileau, vous êtes un peu dur pour moi. Si je n'avais pas une envie folle de retrouver mes amis, vous verriez que je ne suis pas manchot.

« Si je me suis emballé tout à l'heure, c'était bien sans le vouloir, allez. Aussi maintenant que je suis plus calme, je m'en veux diablement de m'être fourré avec vous dans un pareil pétrin.

— Mais je n'en doute pas, satané gamin. J'aime à vous taquiner, entre nous cela ne tire pas à conséquence, et cela jette un peu de gaieté sur la situation qui ne me semble pas folâtre.

« Attention... on bat la charge, ça va chauffer. »

Ça chauffa dur, en effet. Les assaillants et les défenseurs de la barricade étaient dignes les uns des autres. Quatre fois les premiers se précipitèrent en avant avec une irrésistible furie. Quatre fois leur élan vint se briser contre la barricade que les révoltés défendaient avec une terrible opiniâtreté.

Il fallait en finir. Cette poignée de lutteurs intrépides ne pouvait tenir indéfiniment en échec les meilleures troupes de la république Argentine.

Deux pièces de canon furent braquées sur ses pavés d'où jaillissait, à chaque seconde, enveloppé d'une flamme de salpêtre, un infaillible messager de mort.

Grâce à l'intervention de l'artillerie, les affaires changèrent de face. La barricade, broyée par les obus, présenta bientôt une brèche énorme, à l'assaut de laquelle se précipitèrent une cinquième fois les troupes du cuartel.

L'instant était solennel... la situation presque désespérée.

— Je crois, dit Boileau, que nous allons être fusillés.

— Cela me paraît probable, ajouta Friquet.

— Silence! fit une voix derrière eux, celle de Flageollet. Mes enfants, décampez au plus vite. Vous êtes cernés; mais pendant que vous vous escrimez en vrais toqués que vous êtes, je me suis débrouillé.

« Votre affaire est arrangée. La garde provinciale arrive par derrière; mais je me suis consulté avec cet excellent capitaine Esteban. Je lui ai mis dans la main une jolie liasse de billets. Le brave caballero aime l'argent, il va nous laisser fuir.

« Il n'y avait pas d'autre moyen de sauver votre peau.

« Allons, à quatre pattes!... comme chez les Kabyles. Tâchons de ne pas attraper un atout, ce serait bête. Je me charge du reste.

« Au trot, et rondement! »

La prudente manœuvre de l'ancien officier de zouaves fut exécutée; le capitaine Esteban fut muet comme un poisson et plus myope qu'une taupe.

Deux chevaux tout harnachés attendaient à la porte de Flageollet.

— Sur ce, mes chers amis, enfourchez-moi ces deux

bêtes, suivez le chemin de fer et galopez ferme. Le premier convoi se dirigeant sur Cordova vous rattrapera. Montez-y sans tarder et éloignez-vous. Il ne fait pas bon ici pour vous.

« Je regrette d'être aussi vite privé de votre présence, mais votre peau avant tout.

— Allons, mon vieux Flageollet, tu nous sauves la mise; je ne te remercie pas, c'est un service à ajouter aux autres; nous ne comptons plus.

« Ta main. Adieu! mon brave ami, ou plutôt au revoir.

— M'sieu Flogeollet, termina Friquet dont la monture piaffaient d'impatience, permettez-moi de vous témoigner toute ma reconnaissance.

— Allez! allez donc, bavards!

« Mes enfants, je vous en prie, partez... ça me chavire le cœur de vous quitter.

« Encore une fois, partez... »

Les deux chevaux bondirent à travers les ténèbres, et disparurent aussitôt.

Les deux Parisiens étaient sauvés.

— Ouf! il était temps, murmura en rentrant chez lui Flageollet, qui se frottait les mains à s'arracher l'épiderme.

CHAPITRE X

Conséquences d'un déraillement. — Pourquoi Friquet eut la plante des pieds coupée. — Dirigeable et plus lourd que l'air. — Une muraille de six mille mètres de hauteur. — Utilité de la mort d'un bœuf. — Ce qu'on peut faire de deux oiseaux ayant chacun six mètres d'envergure. — Aux grands maux les grands remèdes. — Déplorables débuts dans la carrière aéronautique. — Un inventeur sérieux. — *Gladiateur* et *Fille-de-l'Air*. — La Cordillère à vol d'oiseau. — Tiens !... une ville !... — Stupéfaction et enthousiasme. — *La Tortue et les Deux Canards.* — Santiago !... — Valparaiso !... — Les Bandits de la mer. — Encore le VAISSEAU DE PROIE.

Le lecteur qui a bien voulu accompagner le gamin de Paris Friquet dans ses pérégrinations à travers deux parties du monde, sans compter celles à travers l'océan Atlantique, espère peut-être que notre héros, après tant de vicissitudes et de péripéties, va pouvoir se reposer un moment, ou plutôt faire un bout de *Tour du monde* sans trop d'encombres.

C'est une erreur. Il a pu sortir sain et sauf de la terrible échauffourée de Santa-Fé, en compagnie de Boileau, et cela grâce à l'intervention du Bourguignon Flageollet. C'est parfait, mais c'était trop beau. L'inéluctable déveine n'avait pas dit son dernier mot.

Les deux fugitifs avaient atteint le *ferro-carril* (chemin de fer) conduisant à Rosario. Ils avaient renvoyé à Flageollet les chevaux conduits par deux peones.

Afin de gagner au plus vite Santiago, but où tendaient tous les efforts de Friquet, ils avaient pris le train conduisant de Rosario à Santa-Maria. Ils étaient ensuite partis pour San-Luis, sur la voie en construction, en obtenant, à prix d'or, la faveur de monter sur des wagons servant à transporter le matériel.

Tout allait admirablement jusqu'alors, quand, un beau matin, une troupe d'Indiens se mit en tête de s'opposer au passage de cette machine bizarre qui soufflait du feu et de la fumée et s'avançait à travers la pampa comme un épouvantail de cuivre et de fer.

Les ouvriers se défendirent vaillamment, on échangea force coups de fusil, on se battit avec un acharnement sans égal, et l'affaire allait probablement se terminer à l'avantage des pionniers de la civilisation, quand les assaillants, en gens bien avisés, s'imaginèrent d'enlever quelques rails.

C'était élémentaire. Malheureusement, le mécanicien ne s'aperçut pas en temps et lieu de cette dangereuse soustraction, la machine dérailla, s'enfonça dans le sol jusqu'au cendrier et resta immobile, comme un colosse de métal, frappé d'une soudaine paralysie.

Le choc fut tellement rude, que les travailleurs roulèrent pêle-mêle violemment contusionnés, et que la plupart d'entre eux restèrent évanouis sur le coup.

Le pauvre Friquet était au nombre des éclopés, ainsi que Boileau qu'un éclat de bois avait frappé à la tempe.

La pâmoison de ce dernier dura quelques minutes. Il revenait lentement à lui, quand il aperçut Friquet évanoui, couché comme un sac de coton sur le devant de la selle d'un Indien, dont le cheval pie filait ventre à terre.

Une demi-douzaine des ouvriers de la ligne, également prisonniers des Peaux-Rouges, se trouvaient dans une situation analogue.

Les malheureux, emportés par leurs ravisseurs à travers la pampa argentine, allaient subir bientôt la dure captivité que ces hommes primitifs, mais sans préjugés, imposent volontiers aux blancs.

Ils avaient atteint leur but en somme. La locomotive

était pour longtemps hors d'usage, et ils entraînaient, comme trophée de leur victoire, les hommes aux armes terribles, devenus maintenant aussi inoffensifs que des enfants.

Quel crève-cœur pour Boileau, impuissant, aux trois quarts inanimé, de ne pouvoir s'opposer au rapt audacieux du brave et affectueux compagnon qu'il aimait comme un frère, et pour lequel il appréhendait sinon un danger mortel, du moins un irréparable contretemps.

Il savait que si les Indiens de l'Amérique du Sud, infiniment moins féroces que leur congénères du Nord, ne mettent pas à mort leurs prisonniers, ils les emploient aux plus durs travaux, les surveillent étroitement, et usent d'une infinité d'artifices diaboliques pour empêcher toute évasion. Le moyen qui leur est le plus familier, consiste à faire sous la plante des pieds des captifs une incision en croix qui comprend toute la longueur et toute la largeur de l'organe.

Cette incision n'intéresse que le derme et s'arrête juste à la couche musculaire. Elle est assez peu douloureuse, en somme, et permet un exercice modéré. Mais que celui qui a subi cette opération veuille courir ou simplement marcher longtemps, les plaies s'enflamment, les pieds gonflent, le sang coule, la suppuration arrive rapidement. Le malheureux ne peut plus avancer ; il est bientôt rattrapé par ses maîtres, qui ne lui ménagent pas les coups de fouet.

Telle fut la mutilation à laquelle fut soumis Friquet dès la première halte. Les étapes se firent à cheval, mais, pour enlever au gamin toute velléité de fuite, on l'attacha sur la selle, et, pour comble de précaution, un guerrier à figure rébarbative fut constitué son garde du corps, et ne le quitta pas pendant les six jours que dura le voyage.

C'est dans cet équipage que notre ami traversa cette partie de la république Argentine s'étendant entre San-

Luis et le territoire longeant la Cordillère, non loin de Mendoza.

Il ne se désolait pourtant pas outre mesure, sachant que cette marche en avant l'avait rapproché de Santiago. Il comptait de plus sur l'ingéniosité de Boileau, qu'il savait libre, et qui ne manquerait pas de venir à sa recherche.

Soutenu par cette pensée encourageante, et jusqu'à un certain point consolante, il arriva au pays de ses nouveaux patrons.

Le pauvre garçon comptait sans ses hôtes, ainsi qu'on le verra par la suite.

. . . .

Sa captivité durait depuis deux mois. Deux éternels mois, plus longs que deux années sans pain.

Non pas que les Indiens fussent cruels pour lui, non pas qu'il manquât de l'indispensable, même du superflu. Mais le petit Parisien était dévoré d'une inextinguible soif de liberté.

Les guerriers partaient à cheval pour une expédition plus ou moins lointaine. Ils enfourchaient leurs mustangs, dont une peau de tigre, servant de selle, couvrait l'échine; et le pauvre Friquet, qui avaient pris goût aux exercices de l'équitation, rageait comme un simple cavalier à pied en voyant ces centaures de la pampa caracoler à travers les hautes herbes, et disparaître en exécutant une indescriptible fantasia.

Friquet, pendant ce temps, pilait le riz et le millet, destinés à fabriquer le pain ou plutôt les galettes réservées à la subsistance des sauvages colons à l'épiderme café au lait.

Un spleen formidable gonflait sa rate et donnait à son foie d'alarmantes dimensions. C'est en vain qu'il avait, en quelques jours, totalement révolutionné la tribu. C'est en vain qu'il avait initié les virtuoses aux gaies ritournelles de la mère Angot, aux anacréontiques fantaisies de la Belle Hélène, ou aux insenséismes de Chilpéric ; c'est en vain aussi qu'il avait enseigné aux cordons bleus du cru les formules du bœuf en daube, des tripes à la mode de Caen ou de la langue de veau sauce piquante ; c'est en vain, enfin, qu'il avait montré aux élégantes de la pampa qu'il existe à Paris des tailleurs pour dames, et qu'on peut avec des aiguilles en os assembler des tissus, draper des étoffes, broder des chiffons, qui, collés à des torses de Vénus sud-américaines, peuvent encore faire honnête figure, bien qu'il soit susceptibles de faire hurler les dessinateurs des gazettes de modes.

Friquet en avait assez. La plaie qui reproduisait à la plante de chacun de ses pieds le signe de la rédemption ne pouvait pas guérir, et pour cause. Chaque matin, un vieux drôle, qui s'intitulait le médecin de la tribu, — docteur Lamperrière, où êtes-vous? — se levait avant l'aube et enduisait les solutions de continuité d'une pommade irritante qui entretenait la suppuration et empêchait le gamin de s'enfuir vers les régions éclairées par le soleil de la liberté.

Le pauvre Friquet en était arrivé à croire qu'il n'y avait pas, dans les deux hémisphères, de matelot aussi malheureux que lui.

Docteur Lamperrière, bon ami, excellent père d'adoption, au secours! André! grand frère sérieux, à l'âme aimante; Boileau! poigne de fer, cœur d'or, que devenez-vous? Majesté! pauvre enfant abandonné, qui as si grand besoin d'aide et d'affection, quand te reverra-t-on?

Ah! si vous étiez là tous les quatre! si vous saviez dans quel état trois ou quatre douzaines de sauvages ont réduit votre cher gamin! Si vous pouviez un beau matin tomber au milieu de la horde, et dire à tous ces va-nu-pieds, votre façon d'être, ponctuée de quelques bons horions!

Mais, non ! Friquet est prisonnier. Il ne peut parler ni du pont des Arts ni du Palais-Royal. On ignore ici ce que c'est qu'un bateau à vapeur. On ne sait même pas « épisser une écoute ». Le gaz hydrogène, le macadam, et les canons rayés, sont absolument inconnus.

Aussi, l'ennui morne, compliqué d'impuissance, tenaille le gamin et lui communique la fièvre d'évasion.

L'idée troue la difficulté, comme l'eau la pierre la plus dure. L'esprit du gamin, toujours en éveil, finit par trouver un moyen.

Ce moyen était insensé, irréalisable, dangereux, mortel peut-être. Tant pis. Il fallait en finir.

L'occasion vint. Elle n'avait qu'un cheveu. Friquet la saisit par là, et tint bon. Il eut raison. On verra pourquoi.

En dépit de la douleur que lui causaient les plaies de ses pieds, il exécuta une gigue échevelée, un jour qu'il vit un condor enlever un mouton.

— Tra !... la !... la !... la !... Tra !... la !... la !... la !... Grand branle-bas !... Tra !... la !... la !... la !... Vivent toutes les républiques !

« Ça y est !... Moi aussi, j'ai trouvé. Enfoncé. m'sieu Nadar et le géant !... Oui !... ça y est !... oui !... j'ai trouvé !...

« Dirigeable !... et plus lourd que l'air.

« Je suis aéronaute. »

Friquet était-il fou ?...

. . . .

Deux jours se passèrent. Un bœuf était mort. Quel rapport y avait-il entre le trépas de ce magnifique ruminant, la captivité de Friquet et l'art aéronautique ? C'est ce que le lecteur impatient, et à juste titre, apprendra dans quelques moments.

Le gamin dépouilla le bœuf avec une dextérité qu'eût enviée un saladériste. Comme il dormait sur la dure, et sans la moindre couverture, il manifesta le désir de posséder la peau pour meubler sa chambre à coucher. Nul ne fit d'opposition.

— Très bien. Vous êtes tous bons comme chacun un père, dit-il, mais bêtes comme plusieurs douzaines de pots.

Il jouissait d'une certaine liberté relative, dont il ne pouvait, hélas! abuser, et pour cause. Il lui était impossible de marcher longtemps. Quand il avait, selon son expression, « tricoté des jambes » pendant plus d'une heure, ses plaies s'envenimaient, ses pieds gonflaient, force lui était de s'arrêter.

Le clan d'Indiens campait, ainsi que nous l'avons dit, au pied de la Cordillère des Andes. Friquet savait que, de l'autre côté, se trouvait le Chili. Le Chili! Santiago!... Santiago où devaient être le docteur et André.

Mais, allez donc franchir une muraille de 6,000 mètres de hauteur, avec des pieds dépecés, sur lesquels il était impossible de faire plus de deux kilomètres en boitant atrocement!

Avec des moyens ordinaires peut-être.

Mais six mille mètres, qu'est-ce que cela quand on a une idée et une peau de bœuf fraîchement écorchée?

Friquet put faire comprendre à ses concitoyens d'adoption... forcée, qu'il désirait, par respect pour leurs organes d'olfaction, faire sécher son futur sommier sur la montagne.

Mâles et femelles manifestèrent, par des grimaces de macaque, le contentement que leur causait cette attention délicate.

Le gamin, la peau sur le dos, s'achemina vers les contreforts escarpés qui s'arc-boutaient le long de la chaîne des Andes proprement dite.

La montée fut longue et pénible. Il pliait sous sa charge, s'arrêtait de dix en dix mètres, s'épongeait la face, et repartait en chantant la charge :

Paroles banales, idiotes même. Mais quelle musique enragée !

> Y a la goutte à boire,
> là-haut...
> Y a la goutte... y a la goutte.
> à boire...

Ainsi de suite indéfiniment. Il franchit de la sorte un escarpement élevé de près de mille mètres, puis s'arrêta sur une plate-forme de cent pieds carrés, dont un des côtés était taillé à pic et formait une muraille descendant jusqu'au sol de la pampa. Il n'y avait d'autres « gouttes » que celles de sa sueur, mais il était arrivé.

— Je serai très bien ici. Un affût superbe, la peau est rouge comme un bifteck saignant. Les oiseaux vont tomber là-dessus comme la misère sur le pauvre monde...

« Enlevez !... Crédié que les pieds me font donc mal !

Le sang filtrait en effet à travers la tresse de paille dont il avait enveloppé les incisions pratiquées par les Indiens à la face externe de chacun de ses organes de locomotion.

Il avait fallu au gamin une incroyable énergie pour arriver jusque-là.

— Ah !... Et, maintenant, installons notre piège. On dit que pour faire un civet il faut un lièvre. Je prétends, moi, n'en déplaise à monsieur Dupuy de Lôme, que pour faire un aérostat dirigeable il faut un condor... deux condors, même.

« Je les aurai. »

Il dit, et déroula une longue et solide lanière de cuir qui n'était autre qu'un lasso entourant ses reins. Il enfonça dans le sol durci un pieu dont il s'était muni à l'avance, attacha solidement à ce pieu une des deux extrémités du lasso, et fit un nœud coulant à l'autre.

Il prit ensuite sa peau de bœuf, la déplia, pratiqua au centre une ouverture de trente-cinq à quarante centimètres de longueur, étala la dépouille du ruminant sur le sol, le côté rouge exposé à l'air, se glissa dessous, et attendit, l'œil collé à l'étroite solution de continuité.

Les condors, attirés par l'aspect de cette tache rouge, arrivaient de tous les points de l'horizon, et planaient à perte de vue à une hauteur incommensurable.

Les géants de l'air, qui semblaient à peine gros comme des hirondelles, traçaient des cercles dont la rectitude eût fait l'admiration d'un géomètre, se laissaient glisser avec des poses indolentes de baigneurs se vautrant sur les vagues, puis remontaient au grand chagrin du gamin qui trouvait que « ça ne mordait pas assez vite ».

Leur manège recommençait bientôt avec des alternatives d'éloignement et de rapprochement, indiquant que bientôt la gourmandise l'emporterait sur la prudence.

Ce point rouge, qui leur semblait un monceau de victuailles, les fascinait.

Friquet, étouffant sous la peau, ne perdait pas un seul de leurs mouvements.

— Aïe donc, tas de clampins, descendez donc ! Je ne vous veux pas de mal, au contraire... si vous saviez comme il est drôle... ce bout de *Tour du monde* que nous allons faire ensemble.

« Silence... ça va mordre.

Enhardis par l'immobilité de l'appât, les condors descendaient à tire-d'aile. Toute hésitation avait cessé. C'était maintenant comme un steeple-chase aérien. Tous voulaient arriver bon premier. Tous voulaient au plus vite incruster leurs ongles dans cette chair saignante, et s'arc-bouter de toute la force de leurs serres pour arracher avec leur bec les plus gros morceaux.

Ils planaient à cinq cents mètres environ. L'un d'eux se laissa tomber, ainsi qu'un aérolithe. C'est à peine si ses ailes, presque entièrement retournées comme un parapluie tordu par la bourrasque, arrêtèrent sa chûte.

Il était monstrueux, et mesurait au moins six mètres d'envergure.

Le gamin ne perdit pas une seconde. Empoigner par la patte le colossal volatile, en allongeant sa main droite par l'ouverture pratiquée à la peau; passer autour de cette patte le nœud coulant de son lasso, et serrer vigoureusement, fut pour lui l'affaire d'un moment.

Le condor était prisonnier.

— Pincé, mon canard, s'écria Friquet radieux... Et d'un. Tout à l'heure mon attelage sera complet, j'espère.

Tout en monologuant, le gamin ne restait pas inactif. Le condor se débattait désespérément pendant que ses compagnons regagnaient, effarés, ces hauteurs prodigieuses, où le vertige règne en souverain maître.

Friquet, debout, sous la peau qui lui formait une sorte de poncho, se cramponnait au lasso, comme à la corde de l'ancre d'un ballon près d'atterrir.

— Que je suis bête de m'échiner ainsi. Et mon pieu ! J'oubliais le pieu. L'oiseau ne l'arrachera pas... Il va rester planté au bout de sa ficelle comme un hanneton amarré à un fil... Quand il en aura assez, je verrai.

Après ce raisonnement judicieux, Friquet fila son amarre, laissant le condor remonter d'une dizaine de mètres. Puis, il attendit patiemment que la fatigue vînt.

— Quand t'auras fini de faire ton ballon captif, faudra le dire.

Ce ne fut pas long, l'oiseau, bientôt brisé, courbaturé, terrassé par les efforts terribles tentés en vain pour s'arracher à l'étreinte, tomba lourdement sur le sol.

En dépit de ses coups d'aile, et de ses coups de griffe, le gamin l'empoigna, le ficela fort proprement, le mit, suivant son expression, aux fers, et l'emporta à la fosse aux lions, c'est-à-dire dans une caverne peu profonde, creusée dans le flanc de la montagne.

— S'agit maintenant de crocher un compagnon. Ce

sera peut-être difficile. Ils paraissent un peu effarouchés. Mais, bah ! on prétend que ces oiseaux sont si bêtes.

Il replaça ses engins dans l'ordre préétabli, reprit sa place sous la peau, et attendit, plein d'espoir.

Décidément, tout allait pour le mieux, et la stupidité des condors dépassait les extrêmes limites de l'invraisemblable. Un quart d'heure ne s'était pas écoulé, que la moitié de la troupe s'abattait avec un grand fracas d'ailes sur la plate-forme et se précipitait sur la peau que Friquet eut grand'peine à soustraire à sa voracité.

Un seul resta prisonnier, c'était assez : sa capture ne fut ni plus longue ni plus difficile que celle de son congénère qu'il alla rejoindre dans la caverne.

— Sur ce, mes chérubins, dit, à ceux qui étaient libres, Friquet en forme d'adieu, allez-vous-en de l'autre côté de la Cordillère voir si j'y suis.

« Je ne tarderai pas à vous y rejoindre. »

Notre ami descendit assez allègrement retrouver les Indiens qui lui firent piler sa dose quotidienne de riz, de maïs et de millet.

Il leur expliqua que son sommier élastique séchait là-haut, fut muet comme une tanche sur les événements de la journée, mangea comme quatre et s'endormit comme un bienheureux.

Le lendemain devait être un grand jour. Friquet s'éveilla et se mit à siffler les notes joyeuses du branle-bas, ce qui indiquait chez lui une réelle jubilation.

Il tailla dans la culotte du défunt bœuf deux solides morceaux pouvant peser chacun trois livres, les attacha l'un à l'autre par une ficelle d'aloès et de phormium, qu'il passa sur son épaule.

Puis il s'en alla couper trois longues tiges de bambou, minces et solides, pouvant avoir l'une sept mètres de long, les autres trois mètres environ.

Il reprit le chemin de la montagne après avoir répondu

aux Indiens lui demandant par signes ce qu'il comptait faire de ces trois gaules :

— C'est pour pêcher à la ligne !

« Maintenant, mes bons amis, tas de chenapans, au plaisir de ne pas vous revoir... Je vais jouer la fille de l'air, en douceur, mais lestement. »

Il arriva rapidement à sa plate-forme, pénétra dans la caverne, constata que les deux oiseaux n'avaient pas bougé, et pour cause, et retira la peau du bœuf, qu'il avait bien empaquetée pour lui conserver toute sa flexibilité.

— A présent, matelot, à l'œuvre, et ne traînons pas ! La journée sera rude.

Il tira son couteau et se mit incontinent à découper le cuir en lanières de longueur et de largeur différentes.

Il commença par fabriquer, pour chacun des condors, une sorte de harnais d'une solidité à toute épreuve, parfaitement ajusté, sans que pour cela leurs mouvements fussent gênés par l'entre-croisement des courroies.

Il tailla ensuite une sorte de poche profonde, pourvue à droite et à gauche d'une espèce de petit appareil également en cuir, analogue à celui que les lanciers portent à leur étrier, et dans lequel ils emboîtent la hampe de leur lance.

Cela fait, il attacha solidement cette poche au milieu de la plus longue des tiges de bambou, celle dont les dimensions, avons-nous dit, atteignaient sept mètres, et qui, malgré sa légèreté, était susceptible de supporter le poids de deux hommes.

— Allons, ça va... ça va très bien. Je vais atteler les dada, puis... au petit bonheur, mieux vaut se casser le cou que de rester pendant l'éternité chez ces crétins qui me transforment en moulin à bras.

Il s'en alla chercher dans sa grotte le dada numéro 1, et, pliant presque sous son poids, le déposa à l'une des extrémités de la perche.

L'oiseau, encore tout engourdi par les entraves, et passablement abruti par claustration, se laissa « atteler » sans protestation.

De même pour le second, qui montra la même passivité.

Pour bien suivre la manœuvre que le gamin va exécuter tout à l'heure, manœuvre terrible qui demande une audace et une énergie incroyables, il faut bien comprendre les dispositions de son appareil : une perche, au milieu, une poche, une nacelle plutôt ; et enfin chaque extrémité de la perche solidement fixée au harnachement, des oiseaux, qu'elle maintient éloignés, comme le joug qui relie deux bœufs, sans pour cela les gêner, dans leur vol, vu ses dimensions.

Il s'agit maintenant, pour Friquet, de monter dans la nacelle, de s'enlever avec les oiseaux, et de les faire non seulement naviguer de conserve, mais encore de les diriger, de les faire monter ou descendre.

Voici ce qu'il imagina. Spéculant, avec juste raison, sur la faim et la voracité des grands rapaces, il attacha, au bout de chacune des deux petites gaules de bambou, un des morceaux de chair, enlevés à la culotte du bœuf, mit l'extrémité inférieure dans le petit appareil des lanciers, traîna son aérostat jusqu'au bord extrême de la plate-forme taillée à pic comme une falaise, trancha en un clin d'œil les entraves des deux condors, grimpa dans la nacelle, saisit de chaque main une des gaules, et présenta simultanément, à droite et à gauche, les appâts aux deux affamés !

Puis, il attendit anxieux.

Ceux-ci sortaient lentement de leur état léthargique. Ils agitèrent faiblement les ailes ; la vue de la chair aux tons violâtres les excita. Ils allongeaient le cou, mais ne semblaient aucunement décidés à prendre leur vol ; cela dura près d'un quart d'heure.

— Tas de clampins, murmura le gamin dépité, en v'là, qui ne prennent pas le mors aux dents.

« Mais, voyons, pétard de pétard ! s'agit pas de moisir ici. Allons, aux grands maux les grands remèdes.

« Une !... Deux !... Trois !...

« Envoyez !... »

Il dit et, se cramponnant des jambes à la perche portant la nacelle, pendant que des deux mains il étreignait les bâtons portant l'appât, il précipita d'un violent effort l'appareil tout entier dans l'abîme !

Les débuts du petit Parisien dans la carrière aéronautique furent déplorables. L'appareil « dirigeable et plus lourd que l'air » obéit aussitôt aux lois de la pesanteur, comme un simple lingot de plomb précipité non seulement dans l'air libre, mais encore dans le vide.

Tout cela se mit à dégringoler pêle-mêle, en tourbillonnant, avec des allures de cerf-volant affolé, des battements d'aile présageant une catastrophe imminente.

Un aéronaute de profession n'eût pas fait pis. J'entends, par aéronaute de profession, un de ces théoriciens farcis de formules, bourrés d'idées préconçues, qui noircissent des hectares de papier, fabriquent des engins absurdes, prétendent écraser de leur suffisance aussi vaine qu'odieuse les modestes chercheurs, auxquels ils font volontiers casser la figure, quand ils les admettent à l'honneur d'essayer leurs systèmes.

Une digression, si vous le voulez bien, pendant que notre ami dégringole ; cette digression sera brève, bien qu'un peu plus longue que sa chute.

J'ai vu, de mes propres yeux vu, à la dernière Exposition des arts appliqués à l'Industrie, un aérostat de petites dimensions, créé de toutes pièces par un de ces inventeurs de génie comme notre civilisation contemporaine sait parfois en faire éclore.

C'est un modeste artisan, fils de ses œuvres : un mécanicien. Il se nomme Debayeux. C'est un de ces Parisiens grêles, énergiques, blonds, à l'œil d'acier, sobres, infatigables, de la race des mangeurs de fer.

Debayeux, ouvrier mécanicien, a étudié la mécanique théorique. Il a fait des mathématiques, tout seul, puis de la chimie, de la physique. Il a pris sur ses nuits, alors que brisé par le labeur du jour qui donne le pain, son corps courbaturé avait besoin de sommeil.

Il est devenu quelqu'un. Une intelligence. C'est un homme. Un vrai. Je ne puis indiquer ici ce qu'il a inventé. La simple nomenclature fournirait un volume.

Si Debayeux était Américain, son nom serait écrit en lettres d'or à côté de celui d'Eddison au Panthéon des arts et de l'industrie.

Il a trouvé, je ne dirai pas la solution, mais une des solutions de la direction des aérostats. Je ne suis pas un naïf. Les sciences ne me sont pas étrangères. J'ai vu. Je suis convaincu. Mille personnes ont vu comme moi.

Je me retrancherai derrière l'incontestable autorité d'un homme dont nul ne suspectera la compétence en mécanique. Je veux parler de l'honorable député de la Loire-Inférieure, M. Laisant, ancien élève de l'École polytechnique, ancien officier du génie, docteur ès sciences, une des gloires de notre parlement républicain, dont j'ai eu l'honneur d'être longtemps le collaborateur, et dont je suis toujours l'ami.

Nous avons vu *évoluer en tous sens* Laisant et moi, l'aérostat Debayeux, mis en mouvement par un système d'hélices fort ingénieux, et surtout extrêmement simple. Une petite machine à vapeur, dont les dimensions étaient calculées avec la force ascensionnelle du ballon, faisait mouvoir ces hélices, et la petite merveille de l'inventeur parisien était à ce point parfaite, telle était la précision de ses évolutions, que tous les spectateurs éclatèrent en bravos.

Pourquoi la presse parisienne a-t-elle fait le silence

autour de cette série d'expériences publiques dont la durée a été de deux mois !

Que les messieurs à formule répondent !...

Dans tous les cas l'énergique poignée de main du du député Laisant a bien vengé l'inventeur Debayeux des dédains de ses détracteurs.

... Friquet ne commandait pas à ses oiseaux comme l'aéronaute parisien à ses hélices.

— Je vais me briser les os, murmura-t-il en fermant les yeux. Ma foi tant pis !

« Tiens ! je ne descends plus. Ah !...

Comme, après tout, les habitants de l'air, petits et grands, n'ont pas été créés exclusivement pour tomber ; comme la chute est dans leur existence un fait absolument anormal ; comme enfin, ils réagissent inconsciemment contre les lois de la pesanteur, qui les sollicitent de haut en bas, les condors étalèrent leurs ailes immenses, qui formaient parachute.

Puis, bien que tiraillés par le joug formé par la perche de bambou, bien qu'alourdis aussi par le poids du corps du gamin, ils essayèrent de se relever.

Telle est la vigueur incroyable de ces grands rapaces, qu'il y parvinrent presque aussitôt. Puis, ils avaient faim. La vue des deux morceaux de viande que Friquet leur mettait devant les yeux excita en eux d'ardentes convoitises.

Ce paquet de chair constituait un déjeuner succulent, placé à vingt centimètres à peine de leur bec crochu. Encore un effort, ils allaient l'atteindre, croyaient-ils ; vaines tentatives ! Ils allongeaient la tête, tendaient le cou, battaient des ailes, s'emballaient après cette proie qui, à leur profond étonnement, se trouvait toujours à égale distance.

Ne comprenant pas le motif pour lequel ils ne pouvaient la happer, ils redoublaient d'efforts, et poursuivaient de plus belle, nouveaux Tantale, cette proie toujours fugitive.

La montée s'opérait avec une rapidité vertigineuse !

Friquet commençait à s'amuser comme tout un clan de demi-dieux.

— Non ! on n'a pas idée de ça en province, disait-il, accroupi dans sa nacelle immobile entre les deux oiseaux monstres.

« Mais, c'est qu'ils volent comme père et mère. Les voilà maintenant aussi bien disciplinés que les pur sang des gens calés qui vont en huit-ressorts au bois de Boulogne.

« Très bien, mes canards. A toi, Fille-de-l'Air. A toi Gladiateur ! Hardi, les enfants ! »

Et l'attelage, prenant une allure enragée, montait à donner le vertige, au grand ahurissement des Indiens qui n'en pouvaient croire leurs yeux.

L'intrépide navigateur aérien était depuis longtemps hors de la portée de leurs carabines.

La traversée de la chaîne des Andes, en tenant compte des sinuosités, des montées et descentes partielles, des rochers qu'il faut contourner, en un mot, de tous les « impedimenta » imaginables, est de quatre-vingt-cinq lieues.

Il est impossible d'eccomplir ce trajet en moins de six jours, avec un bon équipage de mules.

La première journée de marche, de la Chimba à Villa-Vicencia, offre au voyageur les agréments d'une étape de quinze lieues.

On foule les bruyères de la sierra de Mendoza et de los Paramillos, on traverse le *Cerro de cal*, le blanc désert de sulfate de chaux, on traverse une gorge immense, où s'engouffre un vent violent, chargé de poussières alcalines qui tourbillonnent en cyclones.

On atteint l'altitude de 1,718 mètres.

Deuxième journée : de Villa-Vicencia à Uspallata, seconde étape de quinze lieues. On patine sur des laves refroidies, on tousse dans un brouillard opaque, on grimpe dans des nuages humides. Un rayon de soleil troue par moments les brumes et fait voir le joli bassin de Cuyo.

Les richesses métallurgiques du terrain sont inouïes : plomb argentifère, manganèse, fer oligiste, sans compter l'or ; il y a là des fortunes à fleur de terre. Mais allez donc exploiter ces mines à pareille hauteur !

On arrive courbaturé à la ferme d'Uspallata, où se trouve la douane argentine.

Oui, la douane !...

Troisième journée : d'Uspallata à punta de las Vacas ; vingt lieues... seulement vingt lieues !

Il s'agit simplement de traverser le bassin du Guyo, puis de remonter la vallée d'Uspallata, sur la rive gauche du rio de Mendoza, torrent qui prend sa source au volcan de Tupungato, élevé de 6,710 mètres au-dessus du niveau de la mer.

On traverse deux coulées d'une éruption boueuse encore récente ; puis les yeux, le nez, la bouche, les poumons, remplis jusqu'à saturation de poussières alcalines, on atteint la triple bifurcation de la punta de las Vacas (pointe des Vaches), où se trouve un faux semblant d'auberge.

Le voyageur s'éveille le lendemain glacé jusqu'aux os. Il n'aura que dix lieues à parcourir de la punta au pied de la Cordillère proprement dite.

Il quitte définitivement la république Argentine pour pénétrer dans le Chili. Le spectacle est splendide, mais, la montée horrible : décombres, crevasses, ravines, ruisseaux, cailloux coupants, terres détrempées, un vrai chemin d'enfer.

Il arrive à la Cumbre ; 5,000 mètres d'altitude ! Il faut

bivouaquer dans une *basucha*, sorte d'abri rudimentaire, en brique, semblable à un four. Il y a de la neige partout.

Du nord de la Cordillère à los Hornos, passage du col de la Cumbre : quinze lieues. Le froid est atroce. Le vent souffle avec furie. L'air se raréfie, on souffre de la *puna;* il semble que les poumons sont enserrés dans un étau. On arrive suffoqué au haut de la Cumbre, qui n'a pas de plateau, mais qui forme comme une toiture, de sorte que l'on se trouve un moment à cheval sur les deux républiques.

La descente commence. Elle est pénible toujours, souvent dangereuse. Elle s'opère en escaliers, et l'on dégringole pour ainsi dire ses cinq plateaux.

De place en place, on trouve des carcasses d'hommes et de mules, sinistres épaves de chutes mortelles.

Moitié roulant, moitié glissant, on arrive à la *laguna del Inca*, lac immense aux eaux vert émeraude, situé à 4,000 mètres, dû sans doute à une débâcle de neige qui, au temps des dernières convulsions de la terre en formation, a comblé le cratère d'un volcan. La végétation, bien rudimentaire, reparaît ; on est à los Hornos.

Le sixième jour enfin, l'explorateur se dit, non sans un vif contentement que dix lieues seulement séparent los Hornos de la ville de Santa-Rosa de los Andos. C'est fini. Une simple promenade au milieu d'eucalyptus, d'acacias, et surtout de *quillay* (quilloria saponaria), l'arbre à savon, duquel on extrait le savon dit de Panama.

Puis, la route s'aplanit, les montagnes s'abaissent, les maisons apparaissent ; il entre à Santa-Rosa de los Andos, jolie ville de 25,000 habitants, où commence le chemin de fer qui va jusqu'à Santiago, et de là au Pacifique.

La vue de ce spectacle étrange et terrible fut complètement perdue pour Friquet.

Exclusivement préoccupé de la direction de son aérostat, il n'eut ni le temps ni même la pensée de contempler ces incomparables merveilles.

Il n'avait qu'un but, qu'une idée : monter encore, monter presque toujours verticalement; puis, quand son altitude serait parallèle à celle de la chaîne de montagnes, s'avancer horizontalement, franchir l'arête et descendre au plus vite de l'autre côté.

La manœuvre, qui était d'une conception aussi simple qu'ingénieuse, était heureusement d'exécution assez facile, étant données, s'entend, la vigueur et l'énergie du petit Parisien.

Friquet, tant qu'il voulut monter, maintint au-dessus du bec de Fille-de-l'Air et de Gladiateur, les deux morceaux de chair. Les condors, de plus en plus affamés, poursuivirent toujours cette proie non moins inaccessible que fascinatrice; les efforts tentés en pure perte pour l'atteindre formaient tout le principe de la navigation aérienne de notre ami.

La montée dura près de trois heures, sans secousse, sans tangage, sans roulis. Mais aussi le gamin était furieusement éventé par les plumes gigantesques des oiseaux, dont les énormes battements produisaient une vraie brise carabinée. Il commençait à ressentir les effets de la *puna*; de plus, il était glacé.

Il atteignit enfin la hauteur des pitons les plus élevés, dont les neiges éternelles blanchissent la tête.

— Nous y sommes. Pare à virer!... la barre à bâbord!... toute!... commanda-t-il.

Il fit aussitôt opérer à ses deux perches un mouvement de conversion très lent, puis, il abaissa simultanément les deux appâts; de façon, qu'en raison du principe précédemment énoncé, les coursiers de l'air, sollicités horizontalement, avançaient sans monter.

La manœuvre eut un plein succès, et les géants obéirent

comme des chevaux admirablement dressés à une simple pression des rênes.

— Ça vire sur la place comme un bateau à deux hélices !... Bravo ! les enfants... Bravo !... Souque ferme !... y aura double ration en arrivant...

« Pétard ! on étouffe ici... c'est pire que dans une chambre de chauffe, avec cette différence qu'il règne une température à faire éclore des ours blancs. »

La Cordillère était franchie. Restait à opérer la descente... un simple jeu, en somme.

Les deux biftecks s'abaissèrent progressivement, et restèrent immobiles à vingt-cinq centimètres au-dessous du bec des rapaces.

Le gamin descendait à perdre haleine.

— Doucement, mes chéris, doucement. Vous me coupez la respiration !

« Là !... Un peu de calme... que diable ! nous faisons d'excellente besogne... Ne nous cassons pas les reins... Doucement donc. Je suis éreinté, je saigne du nez qu'on dirait une borne fontaine.

« Ah !... nous arrivons... c'est pas dommage.

« Tiens ! une ville. Tonnerre ! que c'est petit. Les maisons semblent des grains de millet.

« Il y a un chemin de fer. Je vois la fumée... »

On était vivement intrigué dans la ville de Santa-Rosa de los Andos, à la vue de cet appareil inusité qui, abandonnant les hauteurs vertigineuses de la principale chaîne, descendait en grossissant à vue d'œil.

Un grand nombre de lorgnettes furent tirées de leurs étuis, et une certaine quantité de ces instruments d'optique échappèrent aux mains de leurs propriétaires ahuris.

Le phénomène était en effet, légèrement renversant. Non ! de mémoire d'*arriero* on n'avait jamais rien vu de pareil.

Les lettrés, — il y en avait quelques-uns dans la ville, — évoquèrent le souvenir de cette fable du bonhomme la Fontaine intitulée : *La Tortue et les Deux Canards*. Ce n'était pas sans raison, d'ailleurs : Friquet, accroché entre ses deux oiseaux, rappelait assez l'aimable chélonien véhiculé par les deux palmipèdes complaisants.

Deux mille personnes se poussaient, se bousculaient, s'écrasaient près de la gare, au moment où notre gamin atterrissait dans la cour de la station du chemin de fer.

A quoi bon essayer de dépeindre l'enthousiasme qui accueillit son arrivée. Certaines scènes défient toute description. Les Chiliens s'égosillaient, frappaient des pieds, battaient des mains ; les dames, les jeunes filles jetaient des fleurs.

Une brave femme apporta au voyageur un bon bouillon, et le chef de gare, lui fit ingurgiter une large rasade d'un vieux vin de France, qui lui remit, séance tenante, le cœur à l'épaule.

Ce fonctionnaire parlait assez purement le français. Friquet lui raconta en deux mots son aventure. A mesure qu'il traduisait en espagnol, aux spectateurs, le dramatique récit de cette invraisemblable évasion, l'enthousiasme grandissait encore, s'il est possible.

— Merci, monsieur, merci mille fois de votre cordialité ! reprit le gamin tout ému. Une minute seulement, et je suis à vous.

« Le temps de couper les entraves de mes deux braves compagnons, qui sont là, allongés tous deux comme des phoques sur le sable, et me font l'effet de s'ennuyer prodigieusement. »

Il dit, tira son couteau, trancha les courroies formant le harnachement des deux condors, qui, rendus à la liberté, se prirent à courir en battant des ailes ; puis, ayant pris enfin le vent comme des voiles s'enflant sous la brise, ils s'enlevèrent lentement en tournoyant, montèrent à perte de vue, et disparurent.

— Les pauvres bêtes n'ont même pas pris le temps de déjeuner. Après tout, la vue de tout ce monde leur aura coupé l'appétit...

« C'est égal, je leur dois une fière chandelle. »

Friquet reçut à Santa-Rosa une hospitalité plantureuse. On l'habilla du haut en bas. Ses pauvres pieds en lambeaux connurent enfin les douceurs des chaussures commodes et moelleuses. Il fut dorloté, choyé pendant vingt-quatre heures, mangea comme un orgre, et coucha dans un vrai lit.

Enfin, quand, le lendemain, il prit le train de Santiago, la poche bien garnie d'une jolie somme produite par une collecte faite par les notables, on n'aurait jamais reconnu, dans l'élégant gentleman qui se carrait comme un ministre plénipotentiaire dans un compartiment de première classe, le famélique de jadis.

Il débarqua au bout de cinq heures, à Santiago. Une surprise l'attendait.

Le chef de gare de Santa-Rosa avait télégraphié au consul français, et l'avait mis au courant de la situation. Notre représentant se trouvait à l'arrivée du train. Il était accompagné de deux hommes qui, fiévreux, ne tenant plus en place, piétinant, allant, venant, bondirent sur le quai au moment où retentissait le sifflet.

Le gamin descendit. Il pâlit tout à coup, ses jambes plièrent, un cri étranglé, moitié rugissement, moitié sanglot, s'arrêta dans sa gorge.

Quatre bras vigoureux l'enlaçaient dans une furieuse étreinte...

— Monsieur André!... mon bon docteur!...

— Friquet!... Mon enfant!... Mon frère! Tu nous est donc enfin rendu!...

Les trois hommes, — de rudes matelots, n'est-ce pas? — pleuraient comme des enfants..

— Et Majesté? s'écrièrent-ils avec angoisse...

— Au pouvoir des brigands. Oh! nous le retrouverons, allez, mes amis. N'est-ce pas, nous fouillerons plutôt la terre entière, il nous le faut.

« Comme j'avais bien fait de crier Santiago!...

« Voyez-vous, j'ai trouvé des partisans, pendant ma traversée d'Amérique. Il y a mon ami Boileau qui est au courant de tout; il va tenter l'impossible de son côté. Je vous raconterai tout l'heure ce qu'il a fait pour moi; vous saurez quel homme est notre nouveau camarade. Je suis certain qu'il s'est débrouillé là-bas, qu'il a pu retrouver les Indiens, et qu'enfin il est à ma recherche. »

Le temps passait. On convint de prévenir dès le lendemain Boileau, de la réunion des trois amis. On lui expédia à tout hasard chez les Indiens deux lettres portées chacune par un *arriero*. En outre, le premier courrier, en partance pour Buenos-Ayres, lui emportait le récit suffisamment détaillé des derniers événements avec des instructions en conséquence, et on lui assigna un rendez-vous auquel il devait se trouver à trois mois d'intervalle.

Les trois amis dressèrent ensuite un plan de campagne, et partirent pour Valparaiso, après avoir chaleureusement remercié le consul de ses délicates et cordiales attentions.

De Santiago à Valparaiso, cinq heures de chemin de fer.

Il était dit que les trois Français passeraient, coup sur coup, par toute la série des émotions les plus vives et les plus inattendues.

A peine étaient-ils à Valparaiso, que, tout naturellement, ils s'en allèrent visiter la rade.

L'*Eclair*, le vaillant croiseur du commandant de Valpreux, qui avait amené le docteur Lamperrière et André à la côte ouest de l'Amérique, était à l'ancre, prêt à partir, à la poursuite des naufrageurs.

Le brave officier n'avait rien négligé, si faible que fût son espoir, si vague qu'eût été le renseignement fourni par le cri que poussa le gamin, après la perte de la *Ville-de-Saint-Nazaire*. Il était venu à Valparaiso, le port le plus rapproché de Santiago.

On va voir, dans un instant, combien l'événement lui donna doublement raison. Au moment où nos trois amis accostaient une chaloupe devant les conduire à bord du cuirassé, Friquet s'arrêta sur le quai. Il semblait cloué au sol.

Un bâtiment appareillait. Un fier navire, gréé en goëlette, aux mâts élancés et cambrés en arrière comme des reins de lutteur, à la coque effilée, d'une belle couleur de bronze foncé...

— Mille tonnerres !... hurla-t-il, c'est lui !
— Mais qui ?
— Mes amis !... Au croiseur ! Vite à l'*Eclair !* ou le bandit nous échappe.
— Tu es fou !
— Mais vous ne voyez donc pas que ce trois-mâts goëlette, c'est lui !... Il a encore changé de nom et de figure. C'est le négrier... le navire damné des *Bandits de la mer!*

« C'est le VAISSEAU DE PROIE ! »

FIN DE LA DEUXIÈME PARTIE

TROISIÈME PARTIE

LE VAISSEAU DE PROIE

CHAPITRE PREMIER

Combat naval. — Navire de bois et vaisseau cuirassé. — Un duel au canon. — Le pot de terre aura-t-il raison du pot de fer ? — Coquetterie de bandit. — Les étonnements de Marius Cazavan. — Belle manœuvre, mais intentions déplorables. — Voyage d'un obus qui parcourt 427 mètres par seconde. — Comment se bouchent les trous pratiqués à la coque d'un navire en bois. — A l'abordage !... — Avantages des compartiments étanches. — Blessés tous deux. — Nouvel exploit du gamin de Paris. — Sauvetage d'un gredin. — Un matelot grand seigneur. — La cour martiale. — Assaut de courtoisie. — Joie d'un homme qui ne sera pas pendu, mais fusillé.

— Envoyez !... fit le commandant, debout sur la passerelle.

Le chef de pièce, un maître canonnier nommé Pierre le Gall, — en position derrière la pièce de tourelle, le bras droit tendu horizontalement, le cordon tire-feu à la main, la jambe droite allongée et raidie en arrière, la gauche ployée, supportant le poids du corps, — fit un brusque mouvement.

Il plia rapidement le bras droit et ramena le coude en arrière.

Ce geste, sembla déchaîner un ouragan. La gueule de l'énorme canon de vingt-sept centimètres s'embrasa. Du cratère de fer sortit un nuage blanc, troué par un jet de flamme.

Une formidable détonation retentit en même temps, disloquant les couches d'air, et se répercutant à l'infini sur les collines mouvantes formées par les vagues.

— Envoyez!... reprit une voix grêle, semblable à celle d'un criquet, mis en éveil par un coup de tonnerre.

« Envoyé!... Dans le droit fil de la flottaison, mon vieux Pierre. »

L'obus s'éloignait en râlant, avec ce bruit caractéristique, bien connu de ceux qui, pendant l'*année terrible*, ont payé leur dette à la patrie. Le messager de mort s'en allait à son adresse, car l'œil infaillible de Pierre le Gall, lui avait imprimé une invariable direction.

Les matelots, le front plissé, le sourcil circonflexe, la main en abat-jour sur les yeux, suivaient l'invisible sillage du bloc de métal.

Son ronflement n'était pas encore éteint, que, du large, surgit un bruit analogue, mais plus aigu. Il y eut un rapide « crescendo », puis un coup sourd. La baume de la brigandine du navire portant la tourelle éclatait, fracassée par un obus; un homme qui était à cheval dessus, roulait broyé sur le pont.

On venait de répondre coup pour coup de la haute mer.

— Dis donc, Pierre, reprit la voix, est-ce que tu vas nous laisser écheniller comme ça?

— As pas peur, gamin, grogna le maître canonnier, j'voudrais pas avoir dans ma soute à biscuit, ce que ce cachalot de malheur doit recevoir à présent dans la coque.

Pierre se trompait pourtant, ainsi qu'on le verra tout à l'heure. Il n'y avait pas de sa faute. C'était un des plus fins canonniers de la flotte, mais ses adversaires étaient de véritables démons.

Le commandement d'exécution ayant été précédé de : « A volonté, commencez le feu!... » le vieux maître se mit aussitôt en devoir de continuer sa terrible manœuvre.

Les tambours battirent la charge. Le canon fut chargé en un clin d'œil. Ce duel entre deux navires, avec de pareils engins, allait devenir formidable.

Pierre le Gall, en homme rompu à toutes les délicatesses de la difficile profession de canonnier de marine, fit amener rapidement sa pièce sur le but à peine visible qui filait à l'horizon.

Son pointage en hauteur et en direction fut exécuté avec une merveilleuse prestesse par les incomparables servants qu'il commandait.

Le roulis était violent. Peu lui importait! Il avait appris depuis longtemps à s'en servir. Le pointage en hauteur terminé à longueur de cordon, il saisit le cordon tire-feu de la main droite, se rendit compte du déplacement du but, fit porter sa pièce en avant et attendit que ce but fût dans sa ligne de mire.

Le maître canonnier n'ignorait pas combien il est nécessaire que le pointage soit prompt. Les canonniers qui tirent le plus vite sont généralement ceux qui tirent le mieux parce que leur œil n'a pas le temps de se fatiguer. De plus, il est à craindre qu'un canonnier tirant lentement perde la plupart des occasions rapides de faire feu, occasions qui peuvent se présenter rarement pendant un combat.

L'énorme pièce-culasse, modèle 1870, tirait à dix mille mètres; presque à toute volée. Son monstrueux obus de deux cent seize kilogrammes, poussé par quarante et un kilos de poudre Wetteren, dont chaque grain ne pèse pas moins de vingt-cinq grammes, décrivit pour la seconde fois sa terrible parabole.

Le but apparaissait distinctement. C'était un grand trois-mâts goëlette, qui, toutes voiles dehors, faisait face par l'avant au croiseur français l'*Éclair*.

Pierre fit feu. Le canon tonna. La vitesse initiale étant de quatre cent soixante-dix mètres par seconde, le projectile, en tenant compte du ralentissement proportionnel à la longueur de sa course, ne devait pas arriver au but avant quarante secondes environ.

L'ennemi opéra une curieuse manœuvre. On eût dit que, par une vaine et insolente bravade, il voulait se donner le plaisir de narguer le navire de guerre, qui, alourdi par son blindage, ne semblait pas évoluer avec autant de facilité que lui.

L'audace de ce bâtiment en bois semblait du délire. Non seulement il répondait au feu du cuirassé, mais encore, il se dirigeait vers lui, de façon à l'aborder par l'avant, s'il continuait sa marche.

— Coquin! gronda Pierre le Gall, je te casserai bien une aile! Je vais jouer aux quilles tout à l'heure avec ta mâture...

— Crâne bateau, tout de même, murmuraient les matelots.

Crâne bateau, en effet, qui obéissait à la manœuvre, comme eût pu le faire le cheval le mieux dressé, entre les jambes du meilleur écuyer du monde.

A peine la fumée du coup, partant de la pièce-tourelle s'épanouissait-elle, que le trois-mâts, qui venait avec le vent de bâbord, pivotait en un clin d'œil, s'abattait en grand sur tribord, et prenait le large, en moins de temps qu'il n'en fallait à l'obus pour arriver à lui.

La manœuvre fut féerique. Le projectile de l'*Éclair* s'enfonça juste à la place qu'il venait de quitter, à quelques mètres à peine de son arrière.

Il y eut parmi les matelots français un cri de rage et de désappointement.

— Patience, les enfants, tu auras ton tour, dit le commandant impassible.

— Ben voyons ! reprit la voix grêle que nous avons entendue tout à l'heure (celle de notre ami Friquet, on n'en saurait douter), est-ce qu'il va nous échapper encore ?

— Non, mon fils, répondit une autre voix qu'un intraduisible accent marseillais faisait reconnaître pour celle du docteur Lamperrière, non, sois-en sûr. La preuve, c'est que, pour la première fois, depuis longtemps, il a arboré son lugubre pavillon noir.

— N'ayez crainte, mon cher Friquet, continua un organe chaud et bien timbré, celui d'André, debout près du docteur, vous connaissez sa manière de faire, n'est-ce pas ? Son emblème et sa riposte à notre feu indiquent qu'il accepte le duel.

« Tant mieux !

« Il est fort comme un bandit, brave comme un damné, soit ! Nous sommes, nous, intrépides et vaillants comme l'honneur lui-même.

« Nous triompherons ! c'en est fait dorénavant du navire sans nom : MORT AU VAISSEAU DE PROIE !...

Un hourra retentissant accueillit ces paroles, ponctuées d'un nouveau coup.

— Ah ! mon pauvre petit frère ! soupira Friquet les larmes aux yeux, te reverrai-je un jour ?

Le dernier obus lancé par l'*Éclair* ne porta pas plus que les précédents.

Pierre le Gall n'avait jamais manqué deux fois une bouée à longue distance. Et il tirait sur un navire !

Le maître canonnier pâlit.

Que se passe-t-il donc pendant ce temps sur le vaisseau de proie ?

Le capitaine Flaxhant, commandant de ce mystérieux bâtiment, que nous avons vu sur la côte africaine embarquer les noirs d'Ibrahim, couler ensuite dans l'Atlantique la *Ville-de-Saint-Nazaire*, et s'enfuir de la rade de Valparaiso, le capitaine Flaxhant, dis-je, vêtu d'une petite veste de flanelle bleu foncé, se promenait flegmatiquement sur le pont, en fumant un excellent cigare.

L'Américain, tout en répondant par monosyllabes à notre ancienne connaissance, Marius Cazavan, le Marseillais facétieux, avait l'œil à tout et à tous.

L'équipage, à son poste de manœuvre et de combat, attendait un signal, un geste. Cette merveilleuse et peut-être unique collection de gredins, était disciplinée comme l'équipage sans tache de l'*Éclair*.

— Alors, capitaine, dit Cazavan, votre intention est d'éviter son feu sans vous servir de la machine, de l'aborder à la voile...

— Et de le couler, articula simplement Flaxhant.

— Té !... Vous allez bien, vous, capitaine.

— Oh ! simple coquetterie de manœuvrier ; — vous allez voir.

Le pirate tira sa montre. Un moment après, le nuage de poudre du premier coup apparaissait au flanc de l'*Éclair*. Le vent, avons-nous dit, venait de bâbord.

— A bâbord la barre ! Toute !...

— Aux bras de bâbord devant !...

— Brassez carré derrière !...

La voix du bandit sonnait comme un clairon. Son commandement dura six secondes. Il en fallut vingt-cinq pour l'exécuter. Le vent qui frappait les voiles dedans, frappa aussitôt dessus ; le navire obéissant à l'action simultanée de la brise et de la barre, se tordit en quelque sorte sur lui-même, il s'abattit en grand sur tribord, tout en avançant dans cette nouvelle direction.

L'obus de l'*Éclair*, tombait à ce moment à une demi-longueur à peine de l'arrière, juste à la place qu'il venait de quitter.

— En retard de deux secondes, dit Flaxhant qui reprit tout son flegme.

Cazavan, qui pourtant en avait vu bien d'autres, était pétrifié.

— C'est égal, commandant, dit-il enfin, c'est ce qui s'appelle torcher proprement de la toile, mais avouez que c'est dangereux.

— Oh! je n'ai pas la prétention d'éviter tous ses projectiles. Il est certain qu'il nous enverra du fer dans la coque. Et après?... Nous boucherons les trous.

« Je tiens seulement à prouver qu'il est inutile de transformer les bâtiments de guerre en espèces de coffres-forts submersibles, et nullement invulnérables. Je veux montrer qu'il est aussi absurde d'alourdir au détriment de sa vitesse, un navire qu'un fantassin qu'on enverrait au feu chargé de cinquante kilos d'acier.

« Voilà tout. Mon artillerie est à peu près égale à la sienne, comme portée. Mais il est moins rapide que moi. S'il m'aborde, il me coule. C'est certain, parbleu! Mais il en est de même pour moi.

« J'ai plus de chance, de lui envoyer un coup mortel, puisque je marche plus vite.

— Capitaine, vous m'avez souvent témoigné de la sympathie. Vous m'avez fait maintes fois l'honneur de me demander avis. D'autre part, vous savez que je ne discute jamais une ordre, et que je suis tout acquis à l'association.

— C'est vrai! où voulez-vous en venir? mon cher Marius.

— A vous demander la faveur de m'écouter, et celle de me répondre, si vous le jugez à propos.

— Dites.

— Eh bien, c'est que le moment me semble singulièrement choisi, pour faire l'application d'une théorie nautique. Ne serait-il pas, en somme, plus rationnel de nous dérober franchement, en usant de notre machine, ou d'attaquer en mettant en œuvre tous nos moyens.

« C'est plus simple, et je crois moins scabreux.

— D'accord, mon cher Cazavan, d'accord. Mais vous le savez, je suis un fantaisiste. Je suis contraint d'exercer pour le compte de nos patrons la profession peu honorable et largement rétribuée de bourreau; je m'en acquitte en conscience. Mais, opérer toujours par le même procédé me semble banal, presque répugnant.

« Un bourreau qui pend, décapite, garrotte ou empale, peut, s'il est curieux de scruter les mystères de la vie et de la mort, se livrer à d'intéressantes expériences physiologiques.

« Moi, bourreau-naufrageur, marin hors la loi, il me plaît, pour mon édification personnelle, de tenter en manœuvre la réalisation d'un tour et de me démontrer à moi-même l'excellence d'une théorie que je professe.

« Voilà tout.

« Enfin, j'attaque un ennemi redoutable disposant de moyens formidables. Je veux le battre avec « chic » comme disent vos compatriotes. »

Le naufrageur prononçait ces paroles au moment précis où André, sur le pont de l'*Eclair*, s'exprimait en termes si généreux et si indignés.

Le duel continuait à distance entre les deux bâtiments. Les coups de feu étaient naturellement très espacés, puisque la nouvelle tactique navale prescrit l'emploi d'un nombre très restreint de bouches à feu.

L'*Eclair* tirait avec la seule pièce de sa tourelle blindée. Le pirate ripostait avec un canon Withworth, de petit calibre, mais de dimensions extérieures énormes, lui permettant de doubler sa charge de poudre.

Son obus, extraordinairement allongé, gros tout au plus comme la jambe, avait une portée pouvant dépasser douze mille mètres.

Le vaisseau de proie continuait son mouvement sur tribord. Il avançait avec la vélocité d'un squale ; puis son avant obliqua légèrement sur bâbord. Le motif de sa manœuvre fut aussitôt expliqué. Il voulait décrire un demi-cercle, prendre du champ, en un mot, et arriver à se jetter sur l'*Eclair* quand l'axe de ce dernier serait perpendiculaire au sien.

Mais le commandant de Valpreux n'était pas un novice, et vraiment l'outrecuidance de Flaxhant, dont les intentions devenaient évidentes, méritait une leçon.

Il ralentit considérablement sa marche, se contentant seulement de présenter son avant à l'ennemi, dont il menaçait toujours le flanc, à mesure qu'il opérait sa conversion. L'autre continuait imperturbablement sa manœuvre. Il avait parcouru à peu près un quart de cercle. Dans un moment il allait être de trois quarts, Pierre le Gall, plus pâle encore que tout à l'heure, les dents serrées, la respiration sifflante, allongée derrière la hausse, attendait.

Il semblait que son âme fût passée dans ses yeux, qui luisaient comme des charbons.

Le moment était venu. Il arracha pour ainsi dire le cordon tire-feu de la culasse.

Le coup partit. L'obus écrêta deux lames, en troua une troisième et disparut, éclatant sourdement dans l'intérieur du navire.

— Il était temps ! murmura Pierre le Gall en essuyant la sueur qui ruisselait sur son front.

— Parfait ! répliqua Friquet, c'est bien le diable si le petit frère a attrapé quelque chose. Et maintenant, si le satané bateau coule, on verra à tirer sa coupe et à repêcher le moutard.

D'épais flocons de fumée blanchâtre s'échappaient des panneaux du pont. Le pirate devait avoir une avarie grave. Sa marche ne se ralentit pourtant en aucune façon. Il continua son mouvement circulaire ; puis sa vitesse s'accrut singulièrement.

— Oh! le gredin, s'il conserve ses voiles, c'est pour la frime. Je suis sur qu'il fait tourner ses hélices avec sa machine sans feu.

« On ne pourra donc pas démolir ce tournebroche de malheur !

« Aïe!... v'là le canon qui crache ! brutal, va ! termina le gamin en saluant de son béret le projectile qui éclatait.

L'obus Withworth frappait à ce moment de trois quarts le rebord interne de la tourelle. Un des éclats était projeté sur la culasse mobile de la pièce de vingt-sept et la faussait de façon à en empêcher, pour le moment le fonctionnement.

L'énorme canon était hors de service.

Il eût été impossible de constater le moindre désordre à bord du *vaisseau de proie*. Flaxhant avait dit : « On bouchera les trous. » La manœuvre fut exécutée séance tenante, l'ancienne manœuvre, bien connue des gabiers et des calfats d'autrefois.

L'obus était entré à environ trente centimètres au-dessous de la flottaison. L'eau pénétrait dans le vaisseau par une ouverture ayant naturellement le diamètre du projectile, soit vingt-sept centimètres. Bien que son bâtiment fût pourvu de compartiments étanches, l'Américain, en homme soucieux de conserver toute sa vitesse, ne voulait pas qu'il fût alourdi par l'invasion de l'eau. Et d'ailleurs les cloisons étaient totalement éventrées. Aussi avait-il mis, dans chacun de ces compartiments, un gabier pourvu d'un instrument nommé *tape*, que nous allons décrire brièvement.

La *tape* est un bouchon de bois tronconique de tous calibres. Elle est pourvue, à son sommet, d'un solide anneau dans lequel est passée une forte amarre ; à cet anneau est fixé un bouchon de la grosseur du poing.

Comme le pirate connaissait parfaitement l'armement de l'*Eclair*, chaque calfat était pourvu de tapes appropriées au calibre des projectiles de ce dernier.

Par un hasard inouï, le calfat de garde dans le compartiment troué n'avait pas été atteint par les éclats du bois de la muraille. L'eau pénétra comme une cataracte. L'homme, sans perdre une seconde, saisit le bouchon, passa son bras par l'ouverture béante, laissa filer ce bouchon qui remonta à la surface de l'eau en entraînant l'amarre. Puis, réunissant tous ses efforts, il essaya d'introduire la tape dans le trou. Telle était l'intensité de la force de la colonne d'eau, qu'il fut renversé. Mais il y avait extérieurement des gabiers qui veillaient. L'un d'eux voyait au même moment le bouchon flotter. Accroché à une manœuvre analogue à l'appareil dont se servent les badigeonneurs, il empoigna le liège et le tira fortement.

Ses camarades lui prêtèrent aussitôt leur aide; on fit au milieu de l'amarre un œil dans lequel fut passé un palan. Tous, alors, réunissant leurs efforts, opérèrent sur l'obturateur une telle traction, que la voie d'eau fut instantanément arrêtée.

— Et voilà! mon cher Cazavan, c'est tout simple, dit Flaxhant. La vieille tactique a du bon, comme vous pouvez le voir.

— Capitaine, vous avez raison.

— D'autant plus que la pièce de tourelle ne tire plus, preuve que notre pointeur a mis dans le mille.

« Maintenant, à l'abordage!

« A trente-cinq atmosphères!... cria-t-il dans le conduit acoustique correspondant à la machine.

— Décidément, reprit le second, vous abandonnez votre idée de l'aborder à la voile?

— Oui, ce serait tenter l'impossible. Mais vous ne perdez rien pour attendre.

Trente-cinq atmosphères!... que signifiait ce chiffre

absolument inusité? Il n'est pas de machine fixe ou locomobile, susceptible de supporter une semblable pression.

Le fait, quelque inusité, quelque fou, quelque irréalisable qu'il fût en mécanique, était vrai pourtant.

Aussi, au moment où le vaisseau de proie, avait aux trois quarts accompli son mouvement demi-circulaire, sa vitesse fut instantanément triplée.

L'*Eclair* qui évoluait lentement sur lui-même, en présentant son avant, fut dépassé. Il voulut virer sur place : le temps lui manqua.

Le naufrageur s'avançait avec la vitesse d'un projectile. Flaxhant ne s'était pas trompé dans ses calculs. L'abordage était inévitable. Tout ce que put le vaillant croiseur fut d'éviter qu'il eût lieu perpendiculairement à son axe. Cette manœuvre s'opéra en embrayant une hélice et en portant la barre du côté opposé.

L'éperon du vaisseau de bois frappa de trois quarts le cuirassé.

Le choc fut effroyable. Les deux navires s'arrêtèrent aussitôt, comme deux boxeurs, dont l'un est assommé par le coup qu'il reçoit, et l'autre, ébranlé par celui qu'il porte.

Le vaisseau de proie se dégagea lentement, sa mystérieuse machine ne marchait plus.

L'*Eclair* s'enfonça peu à peu.

Le navire de guerre français était heureusement pourvu, lui aussi, de cloisons étanches. Son avarie était énorme. Une brèche longue et large comme la moitié d'une porte cochère! L'eau envahit en un moment le compartiment tout entier. L'*Eclair* alourdi outre mesure s'enfonça, son axe se déplaça. Il donna de la bande par bâbord et embarqua des lames qui pouvaient à peine s'écouler par les dallots.

Sa vitesse fut considérablement ralentie. Il n'était pas

frappé mortellement, mais le mot de Friquet peignit énergiquement la situation.

— Pétard! nous sommes bien malades! Et avec ça, je n'ai même pas aperçu l'ombre du petit frère. Quand le voltigeur de malheur a croché la *Ville-de-Saint-Nazaire*, j'avais pu me faufiler dans la mâture et crier : « Santiago!

« Mais, lui, le pauvre petit, où diable peut-il bien être? Il est moins débrouillard que moi, ça, c'est vrai, mais enfin, il aurait bien pu donner signe de vie.

« Mon Dieu, pourvu qu'il ne lui soit rien arrivé! Ah! qu'on ne touche pas à sa peau, car je le jure, je mange le cœur de ceux qui lui auraient flanqué même une pichenette.

Le choc, avons-nous dit, fut terrible. Il faillit être fatal aux deux bâtiments.

D'une part, le cuirassé, en dépit de l'excellence de sa machine avait peine à se tenir droit à la lame. Il s'avançait avec l'allure d'un homme ayant une entorse.

Son avarie était pour le moment irréparable. Il lui fallait passer dans un arsenal, être mis en cale sèche, et être l'objet de travaux considérables qui ne pouvaient être opérés que dans un port de guerre.

Sa sécurité n'était pas autrement compromise pour l'instant; mais on pouvait appréhender de le voir couler s'il survenait du gros temps.

D'autre part, le pirate n'était pas dans une situation beaucoup plus satisfaisante. Flaxhant avait peut-être trop présumé de ses forces. Son avant, bien que pourvu d'un solide éperon, avait été enfoncé.

On ne s'attaque pas impunément à une aussi formidable carapace d'acier. Enfin, telle avait été l'intensité de son élan, que sa machine, avons-nous dit, ne fonctionnait plus.

Ce mystérieux engin de propulsion était vraisemblablement faussé.

Il avait serré ses voiles, un peu avant d'opérer sa téméraire tentative d'abordage, afin de ne pas contrarier l'effet de la machine dont la vitesse était de beaucoup supérieure à celle du vent.

Il n'avait plus dorénavant que sa toile pour se dégager et gagner le large.

Il lui fallait partir par bâbord.

— A tribord la barre ! commanda Flaxhant.

— A border les voiles !...

— Aux bras de bâbord partout.

Le vaisseau de proie possédait une immense surface de toile. Les mâts plièrent, l'avant plongea, la coque frémit. Il se releva soudain comme un sauteur qui prend du champ, et s'enfuit, en bondissant sur les lames, en laissant un blanc sillage d'écume.

Des torrents de fumée noire sortirent en même temps de la cheminée de l'*Éclair* qui prit bientôt la chasse.

La poursuite commençait.

Un incident futile en apparence, la ralentit un moment. Friquet, André et le docteur, encore émus des péripéties de cette lutte dramatique, se faisaient part de leurs impressions.

Le docteur répétait sans cesse qu'il ne pouvait concevoir tant d'audace. Quant au gamin, il exhalait sa bile en imprécations de rage, tout en scrutant minutieusement la surface de la mer.

— Si le petit, murmura-t-il, n'est pas à l'attache quelque part, il aura tenté de s'échapper. Peut-être nous a-t-il reconnus.

— Tiens !... Y a quéqu'un qui patauge, là-bas. Mais oui, c'est bien un homme. Tonnerre ! s'il est possible de tirer aussi mal sa coupe. Mais, il va boire un coup.

« Ça, c'est bien sûr un des particuliers au Flaxhant. L'animal sera tombé à l'eau au moment de l'abordage. Crédié, on a beau être un ignoble marchand de manches de pioche (c'est ainsi que les négriers désignent dans leur argot infâme les malheureux noirs dont ils trafiquent), je ne peux pourtant pas le laisser se noyer.

— Friquet! dit presque impérativement André, Friquet! restez ici. Je vous en prie! Je le veux. Pas de folie.

— Mais, m'sieu André, ce coquin pourra peut-être me donner des nouvelles de Majesté.

« Puis, tenez, il m'est impossible de voir tranquillement périr un homme. C'est plus fort que moi. »

Et sans en dire plus long, l'héroïque Parisien s'élance du bordage, en piquant une de ces têtes qui faisaient l'admiration de ceux qui le connaissaient.

Le commandant n'avait pas quitté la passerelle. Il avait pour le gamin une réelle affection. Il aimait indistinctement tous ses matelots, qui se fussent jetés pour lui à l'eau comme au feu, mais Friquet était son favori.

D'ailleurs, M. de Valpreux était un être généreux, qu'un acte de dévouement, quelque inopportun qu'il pût être, émouvait toujours.

Un moment de retard pouvait peut-être sinon compromettre du moins entraver la chasse qu'il donnait au pirate ; n'importe ! Il fit aussitôt stopper et mettre à la mer une embarcation qui se dirigea vers le point où se débattait le naufragé.

Le petit Parisien empoigna celui-ci par un coin de son tricot blanc rayé de bleu, au moment où il disparaissait.

— Eh voyons! on boit comme ça à la grande tasse sans crier gare ? Allons, mon garçon, ouvrez un peu le bec, et avalez-moi une gorgée d'air.

L'homme éternuait, renâclait, suffoquait.

— Est-il bête, il ouvre le bec, mais quand il est sous l'eau. Drôle de façon de respirer.

« Dites donc, l'ami, pas de bêtises. A bas les pattes où je cogne. »

L'autre n'entendait plus. Il se cramponnait au gamin avec l'énergie inconsciente et désespérée du noyé.

Friquet sentit ses mouvements paralysés.

— Assez ! assez !... Lâche-moi donc, bédouin. Tu serres encore... Tiens donc.

Un solide coup de poing, appliqué en plein visage fit lâcher prise au matelot dont les mouvement s'arrêtèrent.

Il était temps. Le canot arrivait au même moment. Le gamin, toujours gouailleur, soutenait hors de l'eau la tête pâle du pauvre diable qui fut hissé à bord dans un état complet d'inertie.

— Y a pas de prime à toucher, dit notre ami qui prenait place près de lui en se secouant comme un barbet, mais, bah ! ce gibier de potence payera en nature.

« Tiens ! mais j'connais ce physique-là. C'est ça même. Le particulier qui en est agrémenté se trouvait près de moi sur le pont, quand j'ai eu ma petite affaire avec l'Allemand.

« Il semblait même passablement heureux du joli coup que j'ai administré à la « Tête de Boche ». Il fait un triste métier, mais c'est un assez bon garçon.

Au moment où l'incorrigible bavard prononçait ces derniers mots, l'embarcation soulevée par les palans atteignait le bastingage, et son équipage prenait pied sur le pont. Le noyé, confié aux soins du docteur Lamperrière, était transporté à l'infirmerie.

La syncope provoquée par l'immersion, et complétée par le coup de poing de Friquet, lequel possédait, on s'en souvient, une incomparable vigueur, fut courte.

L'homme, frictionné à tour de bras, par deux « mathurins » habitués à passer le pont à la brique et au faubert, ouvrit bientôt les yeux, éternua violemment, et se dressa sur son séant comme secoué par une pile électrique.

Il ne sourcilla pas en voyant devant lui des visages inconnus. En homme habitué à une vie de périls, et qui a traversé les situations les plus invraisemblables, il se rappela sa chute et sa noyade.

Puisqu'il n'était pas à bord du vaisseau de proie, il était au pouvoir de ses ennemis. Cette perspective ne sembla pas l'alarmer outre mesure. C'était un maudit, mais, pas un lâche. Il devait avoir fait depuis longtemps le sacrifice d'une existence trop lourde peut-être à supporter. Il savait le sort réservé aux irréguliers de la mer. Une cravate de chanvre, un palan au bout d'une vergue, puis, le commandement : « Oh !... hisse !... »

On sait ce que cela veut dire. Tout pirate est pendu. Il n'a même pas les honneurs du peloton d'exécution. C'est la mort infâme.

L'homme se sentit perdu. Chose étrange ! les traits énergiques de son visage reflétèrent tout à coup comme un sentiment de quiétude, presque de bonheur.

— Ah ! semblait dire le damné, je vais donc pouvoir goûter en paix l'éternel sommeil. Ma conscience bourrelée a besoin d'une suprême expiation. Je suis las de cette vie à outrance, je vais dormir.

« Dormons vite, et mourons bien. »

C'était un homme de haute taille, à la carrure puissante, aux fines attaches, aux mains nerveuses. Cambré comme celui d'un lutteur, son torse se portait en avant, comme pour braver perpétuellement le coup qui le menaçait toujours.

Une tête superbe de viveur déclassé, aux yeux de velours, un nez légèrement recourbé dont les ailes mobiles se dilataient à chaque instant, une bouche aux lèvres sanglantes, meublée de dents éblouissantes, des cheveux coupés ras, noirs sur le crâne, un peu gris aux tempes, une fine barbe brune légèrement frisée, formaient un ensemble sympathique et presque fatal.

Chose étonnante, cet homme qui pouvait avoir quarante ans, en paraissait à peine trente. Certes, il avait dû trouver la vie ou trop bonne ou trop mauvaise, peut-être l'un et l'autre, et pourtant ses traits fouillés, hâlés, tannés, son regard franc, avaient ce je ne sais quoi d'attractif qui plaît et séduit à première vue.

Il portait le costume de simple marin, mais ce n'était pas un matelot ordinaire.

Il ne dit pas un mot au docteur, qui, satisfait, au point de vue professionnel du succès de sa cure, le regardait avec sa bonne face réjouie, reflétant l'expression heureuse du médecin qui vient d'être victorieux dans le duel contre la mort.

— Eh! mon garçon, vous voilà guéri, vous serez sur vos pieds dans un moment, si vous le voulez. Quelle diable d'idée avez-vous eue de vous laisser ainsi choir à l'eau, et surtout de vous faire repêcher par nous?

L'inconnu ne sourcilla pas.

— Vous savez, mon pitchoun, il ne faut pas m'en vouloir si je vous ai rappelé à la vie. Moi, je suis médecin, c'est-à-dire une espèce de terre-neuve dont l'unique préoccupation est de remettre les gens en état, — quoique en disent les blagueurs qui trouvent de bon goût de nous plaisanter avec plus ou moins d'esprit sur nos soi-disant accointances avec la Compagnie des pompes funèbres.

Pas un mot de réponse.

— Vous n'êtes guère bavard, matelot. A votre fantaisie!...

Un bruit de crosses de fusil retombant sur le plancher, devant la porte entre-bâillée, arrêta net le flux de paroles du docteur.

Le capitaine d'armes entra, laissant à la porte quatre matelots fusiliers en armes.

— Monsieur le docteur, dit le sous-officier, est-ce que le prisonnier peut nous suivre?

L'excellent homme vit tout à coup, comme dans une

vision, l'état-major du bâtiment constitué en cour martiale. Après un interrogatoire sommaire, l'homme était condamné, puis exécuté séance tenante; il avait pour tombeau la mer, et pour épitaphe une simple mention au livre de bord.

C'était le droit absolu; c'était surtout la justice.

Il voulut ménager quelques heures encore au criminel dans l'espoir d'apprendre quelque chose sur le sort du pauvre petit négrillon, le frère d'adoption de Friquet.

— Mais, capitaine d'armes, répondit-il évasivement, il est encore bien faible, je ne sais pas si je puis le faire sortir.

— Ordre du commandant de vous demander votre avis, monsieur le docteur, et de s'y conformer.

— Eh bien! non.

L'inconnu se leva d'un bond, et vint se placer, sans dire un mot, entre les quatre hommes. Il comprit la pensée du docteur et l'en remercia d'un regard.

— Allez, capitaine d'armes, termina le prisonnier.

Le pirate, la tête droite, s'avança intrépidement, mais sans forfanterie, entre ses gardiens, dont la curiosité n'était pas exempte d'une certaine admiration.

Les gens de mer, braves entre tous, estiment et apprécient le courage. Un ennemi même a droit à leur déférence; ils ne la lui ménagent pas quand il sait se tenir!

Le groupe pénétra dans la salle à manger du capitaine. Cinq officiers et un sous-officier, sergent d'armes, étaient assis autour de la table.

Les matelots se retirèrent et laissèrent l'accusé en face des juges.

La culpabilité était flagrante, il ne pouvait y avoir de circonstances atténuantes. La condamnation à mort n'était qu'une simple affaire de formalité.

Dans le cas présent, et, eu égard au but qu'il poursuivait, le commandant de Valpreux, crut devoir déroger

25

aux coutumes admises et procéder à un interrogatoire en dehors du cérémonial habituel. Peut-être l'accusé pouvait-il laisser échapper un aveu précieux.

Vaines tentatives! l'inconnu conserva un mutisme obstiné et ne voulut donner aucun renseignement ni sur ses complices, ni sur lui-même.

Il gardait toujours la même impassibilité, mêlée à un je ne sais quoi d'aisé, de digne en quelque sorte. Comme dit Alphonse Daudet dans son admirable ouvrage intitulé le *Nabab*, il avait de la *tenue*. Cet homme après avoir mal vécu, saurait bien mourir.

Une seule chose parut le gêner tout d'abord; ce fut l'exquise courtoisie du commandant. Puis, peu à peu, il se rasséréna. Son attitude devint celle d'un homme du monde, et du meilleur, qui sait se tenir et évoluer dans une réunion dont l'étiquette a réglé tous les incidents, et ordonnancé toutes les formules.

Il semblait être avec ses égaux.

Cette nuance n'échappa pas au baron de Valpreux, ni à son état-major. Tous sentirent que cet homme vêtu d'un tricot et d'un pantalon de matelot, était une nature d'élite, absolument dévoyée, mais non entièrement gangrenée. Il était impossible d'agir avec lui comme avec un criminel ordinaire. Et, qui sait?... en faisant vibrer certaines cordes, en faisant appel à certains sentiments, peut-être pourrait-on obtenir des aveux précieux.

L'entreprise était scabreuse, difficile, presque impossible. Un criminel vulgaire eût pu, avec l'espoir de la vie sauve, révéler le secret de l'association dont l'extinction était le but de la vie du commandant de l'*Éclair*.

Mais, celui-là semblait, tout au contraire, demander la mort. Il fallait donc agir autrement.

Le commandant de Valpreux, bien que très jeune encore, savait parler aux hommes. Il possédait cette éloquence chaleureuse, entraînante, qui n'a rien de commun avec la dialectique des avocats, mais qui s'inspire des sentiments humains se résumant en un seul mot : l'honneur.

L'accusé, faible encore, faisait d'énergiques efforts pour conserver son immobilité, mais la nature, plus forte que la volonté, reprenait ses droits. Il pâlissait.

— Asseyez-vous, lui dit doucement le commandant. Mais, répondez de grâce aux questions que je vais vous adresser, relativement à ceux que nous combattons. Nous savons ce que vous êtes ; hélas ! mais nous ignorons qui vous êtes, ceci nous importe plus que tout le reste.

— Jugez-moi !... Exécutez la sentence !... Je ne dirai rien... articula-t-il d'une voix un peu voilée, et avec cette intonation spéciale que possède seul le Parisien.

Les officiers se regardèrent douloureusement étonnés. Le pirate était un Français. Ils eussent voulu pour l'honneur du pavillon, qu'il appartînt à une nationalité étrangère.

— Non, je ne dirai rien... J'ai juré... sur l'honneur !...

— Sur l'honneur !... dites-vous ! C'est au nom de l'honneur que vous et les vôtres accomplissez ces horribles scènes de carnage dont nous avons été les témoins impuissants et désespérés.

« C'est enfin l'honneur que vous invoquez, lorsque, au nom de l'humanité, je vous adjure de me dire la vérité.

— Cette humanité... m'a rejeté... Que lui avais-je fait ?... Elle a été implacable... pour une peccadille... J'ai roulé au plus profond... J'expie !...

« Je ne demande rien... Je suis en votre pouvoir, soyez généreux, messieurs, débarrassez-moi de cette vie dont je suis las !

— Vous voulez mourir. Je n'ai pas à préjuger de la sentence qui vous sera appliquée plus tard ; mais, puisque vous parlez d'expiation, tâchez donc que cette mort que vous réclamez soit utile à ceux que vous avez combattus, et réparez au moins en partie les désastres que vous avez causés.

« Nous ne cherchons pas la vengeance. Mais nous sommes les champions des faibles. Nous ne voulons pas faire expier, mais nous voulons empêcher de nuire.

— Vous ne comprenez donc pas qu'il existe, pour nous autres damnés, une solidarité plus puissante encore, s'il est possible, que celle de la vertu ; c'est celle du crime. Ah! rien ne lie comme la complicité du crime.

— Eh ! qu'importe, est-ce que tout retour à l'honneur est impossible ? Est-ce qu'une existence consacrée désormais au bien ne rachète pas les fautes d'autrefois ?

— Oh ! répliqua l'homme en souriant tristement, j'ai si peu de temps à vivre.

— Qu'en savez-vous ?

— Comme je ne suis pas susceptible de lâcheté, et que racheter ma vie par une dénonciation serait une infamie, je connais parfaitement le sort qui m'est réservé.

— Telle n'a pas été ma pensée. Vous n'êtes pas un homme ordinaire, n'est-il pas vrai ? Il ne m'appartient pas de savoir par quel courant de circonstances mystérieuses et terribles vous êtes devenu un des complices de ceux que je poursuis.

« Mais je faisais, en désespoir de cause, un appel aux sentiments généreux qu'un homme, pensant comme vous, peut et doit encore ressentir. Je vous priais de comprendre l'honneur comme autrefois. Je n'ai pas de colère contre vous, encore moins de haine. Je suis juge, et juge impartial.

« Je suis incapable de vous demander l'accomplissement d'un acte déloyal. J'affirme qu'une réponse formelle vous concilierait mon estime, sans pour cela empêcher l'exécution de l'arrêt que j'aurais prononcé en mon âme et conscience...

— Et qui serait exécutoire au bout d'une corde !

« Vous voyez bien, commandant, qu'il n'est pas de réhabilitation possible pour moi, même dans la mort. Je dois mourir du supplice infâme réservé aux pirates.

« C'est le digne couronnement d'une vie également infâme.

« Je serai pendu.

— J'ai dit qu'un aveu courageux vous concilierait mon estime. Vous êtes brave : je m'y connais. Quoi qu'il arrive, que vous vous taisiez ou que vous parliez, je veux vous montrer quel cas je fais du courage.

« Si le conseil prononce contre vous la peine capitale, je vous promets que vous mourrez de la mort du soldat !

« Non ! vous ne serez pas pendu.

L'inconnu pâlit et se leva brusquement.

— Je mourrai debout... la poitrine au vent ?... Je verrai la mort en face ?... Je commanderai le feu ?

— Je vous en donne ma parole !

— Commandant, messieurs, merci ! Vous m'avez vaincu à force de générosité !

« Je parlerai... Moi aussi, je vous donne une parole... puisque vous voulez bien l'accepter.

« Et maintenant, que votre justice suive son cours. »

Le verdict de la court martiale ne pouvait faire l'ombre d'un doute.

L'accusé fut emmené dans le couloir formant antichambre. Il attendit cinq minutes environ. Quand il rentra les juges étaient debout et couverts.

— Vous n'avez rien à dire pour votre défense ? demanda le commandant.

— Rien.

La peine de mort fut prononcée.

L'homme salua et se tint dans une attitude pleine de déférence et de fermeté.

— Maintenant, commandant, deux mots.

« La sentence d'une cour martiale est exécutoire séance tenante. Je vous prie d'y faire surseoir pendant quelques heures, si vous le jugez à propos.

« Je vais vous rédiger un mémoire détaillé qui vous permettra d'agir en connaissance de cause, et d'exterminer ceux qui ont déclaré une si terrible guerre à l'humanité.

— Il sera fait comme vous le désirez.

CHAPITRE II

Le testament d'un bandit. — Un fait-divers. — Aventures d'un officier de marine en soirée chez un financier parisien. — Assassinat d'un navire. — Bien mal acquis profite quelquefois. — Le banquier des voleurs. — Conseil de guerre des Bandits de la mer. — Complice sans le savoir. — Effroyable comptabilité. — Ce que c'est que le *Vaisseau de proie*. — Une âme dans quatre corps. — Un bâtiment qui se grime, s'habille et se transforme comme un comédien. — La science appliquée au banditisme. — Résultat non moins étrange qu'inattendu de la liquéfaction de l'hydrogène. — Moyen pratique de faire une goëlette d'un trois-mâts. — Une machine sans engrenages. — Escamotage d'un canon. — Le repaire des naufrageurs.

L'homme fut exécuté le lendemain, au point du jour.

Il mourut bravement, sans forfanterie, avec simplicité. Il n'est pas toujours facile de finir ainsi, surtout quand la vie n'a pas été pure, et quand, au lieu de mourir pour une idée généreuse on succombe en ennemi de l'humanité.

Sa mort avait été meilleure que sa vie. Les matelots présentèrent les armes à son cadavre qui disparut, enveloppé dans un hamac, par un sabord.

Le flot se referma sur lui.

Il avait scrupuleusement tenu sa promesse. La rédaction de son mémoire avait été longue. Quand le capitaine d'armes vint lui annoncer que l'instant fatal était arrivé, il se leva, tendit au sous-officier un pli volumineux et lui dit :

—Remettez ceci au commandant... quand tout sera fini.

« Maintenant, je suis à vous. »

Quelques moments après l'exécution, M. de Valpreux, en possession du précieux document que les hasards de l'existence maritime avaient si bizarrement fait tomber entre ses mains, s'enfermait dans sa chambre et prenait connaissance du testament du supplicié.

L'enveloppe contenait une quinzaine de feuillets couverts, d'une écriture ferme et élégante tout à la fois.

L'auteur le déclare une fois de plus : il écrit une histoire véridique, avec laquelle n'a rien de commun la fiction du romancier. Il a eu les pièces entre les mains. Il transcrit mot pour mot.

Il est inutile d'amplifier ce qui déjà pourrait paraître invraisemblable, et d'essayer de dramatiser ce qui est terrible.

Tel était le chapitre de la vie infernale racontée par un homme mort :

Ce qui vous intéresse, commandant, commence par un fait divers, et finit par un drame.

Voici le fait divers, raconté par les journaux, un certain soir dont vous vous souvenez sans doute :

« La ville de Brême vient d'être le théâtre d'une épouvantable catastrophe. Un trois-mâts de commerce, la *Moselle*, vient de sauter par l'explosion d'une caisse renfermant une torpille, dont on ne soupçonnait pas l'existence. Le chargement du navire, qui devait prendre la mer le surlendemain, était complet. Plus de cent personnes ont été tuées ou blessées.

« Le propriétaire du colis était un Allemand du nom de Thomas, originaire de Dresde. A la nouvelle de la catastrophe, il a tenté de se suicider.

« Quelques aveux, échappés à son délire, ont ouvert aux conjectures le champ le plus inattendu.

« Propriétaire d'une partie de la cargaison, Thomas l'avait fait assurer pour une somme vingt fois supérieure à sa valeur réelle. Il réalisait, de la sorte, un bénéfice net d'environ trois cent mille francs, si le navire sombrait pendant la traversée.

« Pour obtenir ce double résultat, il avait imaginé d'enfermer dans une sorte de machine infernale un mécanisme d'horlogerie tout monté, qui devait, au bout de quelques jours, produire un choc sur du fulminate. L'explosion d'une étoupille communiquait le feu à plusieurs kilogrammes de dynamite.

« Le trois-mâts était perdu, si les ouvriers du port n'eussent, en heurtant la caisse, déterminé l'explosion. »

Ce fait divers, rédigé en style de reporter, c'est-à-dire en français pitoyable, était terrible dans sa banale concision.

Il me semble entendre le petit journaliste Savinien Arpax le nasiller avec sa voix chafouine de juif qui fait l'aimable.

C'était à un grand bal donné par le comte de Javercy, l'opulent financier que vous connaissez bien. J'étais là. Arpax eut un succès. Une fois n'est pas coutume.

Il y eut comme une explosion de colère et de terreur dans l'immense salon, où se tenait le « tout Paris ».

Chacun flétrissait, naturellement, la criminelle tentative de Thomas. Les uns prétendaient de plus qu'il faisait partie d'une vaste association de naufrageurs dont il n'était que l'instrument aveugle ; d'autres, au contraire, que c'était un habile coquin opérant pour son propre compte ; d'autres, enfin, émettaient toutes sortes d'hypothèses plus ou moins vraisemblables ; bref, les commentaires allaient grand train.

Chacun espérait pourtant que le coupable ferait des aveux avant de mourir, quand un des assistants prononça, avec une indifférence peut-être affectée, les paroles suivantes :

— Non, messieurs, Thomas ne parlera pas. J'ai reçu, il y a quelques minutes, une dépêche de Brême, m'annonçant qu'il vient de mourir en emportant son secret...

« Je crains bien que la justice ne connaisse jamais le dernier mot de cette mystérieuse et criminelle tentative. »

L'homme qui venait de prononcer ces paroles, c'était moi !...

Un brillant officier de marine, qui me touchait du coude, tressaillit.

— Si les juges doivent ignorer les détails du crime, dit-il d'une voix vibrante, je saurai les connaître, et bien d'autres encore.

« Vous croyez, messieurs, n'avoir à enregistrer ici qu'un « fait divers » comme les journaux en racontent chaque jour, n'est-ce pas ?

« Détrompez-vous ; ceux qui prétendent que Thomas n'était qu'un infime comparse, dans le drame qui vient de s'accomplir, ont raison. Il obéissait aveuglément à des gens haut placés, dont il était l'instrument passif ; la preuve, c'est qu'il est mort !

« Il n'a pas tardé à subir la peine de sa maladresse. On dit qu'il s'est suicidé. Moi, j'affirme qu'il a été assassiné. »

Le cercle se resserra. On abandonna les tables de jeu. Le souper lui-même fut retardé ; on se pressa autour de l'officier. Il allait y avoir « *great attraction* ».

— Si j'avance, au péril de ma vie, des faits inconnus de tous, continua-t-il, c'est que, d'induction en induction, j'ai été amené à soupçonner la vérité que, plus tard, des faits indéniables sont venus corroborer.

« Messieurs ! Le monde entier, vous entendez bien, le monde entier, est, en ce moment, exploité par une association de bandits qui mettent, par tous les moyens possibles, les deux hémisphères en coupe réglée.

« Ces hommes, qui se sont affranchis de toutes les lois humaines, reconnaissent la seule autorité d'un « Grand-Maître », espèce de *Vieux de la montagne*, dont ils exécutent fanatiquement les ordres.

« Où est-il ? Quel est-il ? Je l'ignore encore. Sa police est merveilleusement faite, et ses moyens d'exécution sont infaillibles. Et d'ailleurs, comme ses complices opèrent généralement sur mer, il est facile de mettre sur le compte des éléments, les crimes de l'association.

« Un de leurs procédés habituels consiste à faire assurer un navire pour une somme supérieure à sa valeur et à celle de son chargement. Je prends la *Moselle* pour exemple. L'équipage et le vaisseau sont sacrifiés. Une fois en pleine mer, la torpille automatique éclate, le bâtiment saute et disparaît sans laisser de traces.

« Ils ont d'autres moyens à leur disposition. Ainsi, il ne se passe pas quinze jours sans que les journaux annoncent un abordage. Un navire en rencontre un autre et le heurte en plein flanc ; l'autre coule à pic, et le naufrageur s'enfuit.

« D'autres flambent comme des barils de goudron ; d'autres, enfin, se perdent corps et biens, sans cause apparente.

« Abordages, disparitions, explosions, incendies, se renouvellent plus fréquemment que jamais. Les intérêts commerciaux sont gravement compromis ; les Compagnies d'assurances payent, chaque année, des indemnités atteignant un chiffre énorme. La majeure partie de ces indemnités est empochée par les naufrageurs, dont l'association se ramifie à l'infini, dans tous les pays civilisés ou non.

« Pendant deux ans, je les ai poursuivis pied à pied, sans trêve ni merci. J'ai vu de bien terribles événements, et j'ai été effrayé de la force de ces bandits, de leur nombre, de leur puissance, de leur énergie.

— Capitaine, dit le petit reporter Arpax, ce que vous racontez est incroyable ! Est-il possible qu'en plein dix-neuvième siècle, malgré tous les progrès de notre civilisation moderne, de pareilles infamies puissent être impunément commises ?

— Vous avez raison, monsieur, et pourtant, je suis bien au-dessous de la vérité. Tenez, écoutez, en passant, un fait qui me donne malheureusement raison :

« Lord Granville, indigné, ne vient-il pas de donner, en plein parlement anglais, des détails encore plus circonstanciés, qui ont positivement stupéfié, non seulement le public, mais encore le conseil d'amirauté britannique !

« Ce n'est pas tout. Les trafics les plus honteux, les commerces les plus interlopes, les entreprises les plus illicites, sont leur unique et lucrative occupation. Aussi, contrebandiers, marchands de chair noire, pirates malais, déclassés des mondes civilisés, fumeurs d'opium ou mâcheurs de bétel, cannibales des tropiques ou buveurs d'huile des pôles, — ces gredins de tous pays sont réunis dans la main puissante du chef suprême.

« Son autorité se manifeste à tous, en tout et partout, sans qu'on puisse en saisir la trace. Seul, il met en mouvement les rouages les plus infimes de cette association. Il dispose pour cela de sommes incalculables. Il a d'innombrables vaisseaux à son service, des complices haut placés dans les marines étrangères, et, je ne crains pas de l'affirmer, dans le corps diplomatique.

« Ce ne sont donc pas d'obscurs comparses qu'il faut chercher. Ceux-là, comme Thomas, payeraient de leur existence la moindre faute.

« Il est indispensable de trouver ce chef. Alors l'association, décapitée, sera morte sans espoir de résurrection.

— Capitaine, interrompit un des assistants, quel sera l'homme assez fort pour tenter une pareille entreprise ? Qui donc possédera tous les éléments qui doivent en assurer la réussite ?

— Moi !... répondit intrépidement l'officier.

— Vous ?...

— Et qui donc voulez-vous que ce soit ? J'ai apprêté mes armes dans une précédente campagne. Je viens, en outre, d'avoir une longue conférence avec le ministre de la marine. Fort de son appui, et confiant dans la légitimité de ma cause, je puis entreprendre ma croisade...

Les conversations avaient repris leur cours. Les opinions émises par l'officier étaient diversement commentées par les assistants. Les uns étaient convaincus par ses arguments ; les autres, qu'on eût dit intéressés, tant ils mettaient de feu dans leur controverse, les combattaient énergiquement.

— C'est impossible, autant qu'invraisemblable, disait de cette voix basse, qui pourtant force l'attention, un invité étranger. Ma vie tout entière s'est passée en mer, et je n'ai jamais entendu ou vu rien de semblable.

— Eh ! oui, renchérissait un personnage exotique fortement chamarré, le capitaine a été dupe d'histoires invraisemblables. C'est en raison du merveilleux que le public est tenté d'y ajouter foi.

— Le capitaine est un romancier fécond, dont la verve intarissable ferait la fortune d'un éditeur et la joie du public parisien.

— Romancier, dites-vous, messieurs ? Oui, certes, si vous appelez roman le récit véridique des crimes de gens sans aveu et les luttes de cœurs loyaux ; l'antagonisme, enfin, du bien et du mal.

« Vous pouvez m'en croire, vous tous qui m'écoutez.

Depuis six mois, j'ai été sommé sous peine de mort de renoncer à mon entreprise. Je n'ai pas tenu compte des menaces de ces vils coquins. Aussi, ai-je été en butte à leurs attaques. Ici, en plein Paris, je n'ai échappé que par miracle à trois tentatives d'assassinat...

« Croyez-moi, messieurs ; mes paroles, quelque étranges qu'elles paraissent, sont bien fades et bien incolores, comparées à la réalité.

« Je suis ardemment convaincu ; je le répète, ma fortune, ma vie et mon honneur, sont désormais consacrés au triomphe de cette idée. Ce jour luira pour moi, messieurs, quand le dernier pirate sera pendu à la vergue de mon grand mât, et quand les spectateurs habituels de la sinistre besogne de Monsieur de Paris verront tomber la tête du chef!...

— Allons donc! il n'y a plus de pirates, disait un outrancier du scepticisme. Où donc en serions-nous? grand Dieu!...

« Il faudrait alors armer en guerre les steamers et les vaisseaux marchands.

— Messieurs, j'ai dit. L'argent est précieux au ministère de la marine. Les rêvasseries des songe-creux, à la recherche du merveilleux, y sont passées à l'étamine de la raison. Si l'amiral M... n'eût pas été convaincu de la vérité de mes assertions, il ne m'eût pas donné depuis six semaines le commandement d'un croiseur de quatrième rang, armé de quatre canons de dix-huit et d'un de vingt-sept... celui-là dans une tourelle en plaques d'acier du Creuzot.

« J'ai une mission dans l'accomplissement de laquelle nul ne peut me contrecarrer, car j'ai carte blanche.

« J'ai composé mon équipage de canonniers et de fusiliers brevetés. Ma machine est parfaite, et mon navire blindé.

« Je crois qu'avec un engin ainsi *paré*, vous entendrez

parler de l'aviso l'*Éclair* et du commandant de Valpreux!... »

Commandant, si je me suis ainsi étendu sur ces faits que je vous rapporte textuellement, et dont vous avez été le héros, c'est, d'une part, pour vous prouver que mon implacable mémoire ne m'a jamais fait défaut, et, d'autre part, pour vous montrer par la suite de mon récit, que vos prévisions ne vous ont pas trompé ; que vous saviez tout !... vous lisez bien : tout! sauf les noms du maître, des principaux chefs, de ce que j'appellerai la « raison sociale », ainsi que le siège et les succursales.

Je reprends ma confession. Elle sera complète.

Vous connaissez bien le comte de Javercy, ce beau vieillard archimillionnaire, dont la probité, la générosité et la haute intelligence, sont universellement appréciées.

Vous étiez son invité. Vous avez depuis serré souvent sa main « loyale ».

Au moment où vous cessâtes de parler, il disparut après avoir fait un signe imperceptible à quelques-uns de ses correspondants.

Deux mots sur ce personnage. Vous l'avez seulement connu opulent. Moi, je l'ai vu placé dans l'impossibilité de payer une différence de cinq louis perdus à l'écarté.

Il n'y a pas bien longtemps. C'était déjà un vieillard, bien que sa taille athlétique semblât défier les années.

Sa fortune devint tout à coup colossale. Des opérations commerciales, toutes menées à bonne fin, grâce à une merveilleuse entente des affaires, lui donnèrent l'estime et la notoriété.

Il fut bientôt possesseur à Trouville, d'une villa ravissante. Puis, il éleva à Saint-Germain une maison de campagne qu'un prince eût enviée et qu'une fantaisie de financier pouvait seule réaliser. Enfin, l'hôtel qu'il se fit construire au parc Monceau est une des merveilles de Paris.

Une commanderie de Saint-Étienne, payée sans marchander, lui conféra le titre de comte. Ce fils de ses œuvres était au comble de ses vœux. Grâce à sa haute situation financière, il avait pu grouper autour de lui toutes les sommités intellectuelles et aristocratiques.

Ce jour, enfin, devait servir de complément à sa vie tout entière, et de sanction à ses plus chers désirs. Lui, le prolétaire d'autrefois, le parvenu d'aujourd'hui, qui portait le nom bête de Gaillardin, allait avoir pour gendre le dernier descendant d'une des plus anciennes familles de Bretagne. Sa fille unique n'allait-elle pas vous épouser prochainement?...

Vous ne connaissiez pas les antécédents du comte de Javercy; n'est-ce pas, commandant?

Veuillez me suivre au second étage de sa demeure princière. Vous serez complètement édifié sur son compte.

Nous y sommes. Une vaste pièce pourvue de doubles portes. Au milieu, une immense table, sur laquelle sont éparses des cartes marines, pointées de rouge et de bleu, et mêlées à des livres de commerce ouverts et superposés.

Puis, des piles de dossiers, attachés par de petites ficelles rouges, comme les actes des notaires, mais recouverts de signes bizarres, inintelligibles pour qui n'en possède pas la clef.

Il me semble encore voir la scène. Un colossal Pensylvanien, nommé l'honorable Holliday, qui avait acheté des cuirs et vendu du pétrole pendant que les Parisiens faisaient des mots, était accoudé à cette table.

Près de lui se tenait sir Flinders, un riche squatter australien, ancien capitaine de l'armée des Indes.

De l'autre côté se tenait le señor don Petro Yunco, votre contradicteur, de tout à l'heure, un riche Brésilien, qui s'entretenait avec le prince Douraskoï, un beau vieillard, sujet du czar, et qui avait commandé une subdivision navale pendant la guerre de Crimée. Au bout, et tournant le dos à la porte, votre serviteur qui fumait son cigare. Enfin, un homme d'une trentaine d'années, nommé Vincent, secrétaire du comte.

Le comte de Javercy semblait présider cette réunion d'intimes. Son front était soucieux. Il parut se recueillir quelques instants. Puis, en homme qui prend son parti, il se leva lentement et prononça ces seuls mots :

— Messieurs, le Conseil de l'Ordre entre en séance.

Ces simples paroles firent tressaillir les cinq hommes qui attachèrent sur le comte des regards presque inquiets.

— Il a fallu, messieurs, de graves circonstances, pour que, usant de mon pouvoir discrétionnaire, je juge à propos de réunir le Conseil de l'Ordre dont je suis le grand maître.

— En effet, comte, répondit le prince Douraskoï ; nous ne sommes que cinq ; le conseil se compose de huit membres, et comme nos statuts sont formels...

— Pour aujourd'hui, nous passerons outre. Je prends tout sur moi. Ne suis-je pas le président, le maître ? D'ailleurs, nous n'avons pas le temps de nous arrêter à de vaines formalités. Nos mystères sont bons pour en imposer aux subalternes, qui croient accomplir une œuvre politique, sociale ou même religieuse, en étant les rouages de notre *grand œuvre*.

— Bien dit. Nos esprits depuis longtemps affranchis des puérilités humaines, planent au-dessus de ces subtilités mesquines qui terrorisent les âmes faibles. Nous n'avons qu'un maître, l'Ordre et ses statuts, dont vous êtes la personnification, bien que vous y soyez soumis comme nous. Nous sommes les esclaves d'une abstraction, mais nous sommes les maîtres du monde.

— Il suffit, messieurs. Vous êtes bien toujours les mêmes hommes, actifs, énergiques, sans préjugés, réalisant à chaque moment la conception formidable qui nous donne, à tous, honneurs et richesses. Vous tenez, n'est-ce pas, à rester en possession de ce bien-être opulent, fruit de tant de sacrifices ?

— Oui !... Oui !...

— Eh bien, à l'œuvre ! De l'audace et de l'entente, car les moments sont précieux. Un ennemi implacable s'acharne après nous. Il est fort, car un gouvernement l'appuie. Il nous brave sans nous connaître. Vous l'avez entendu ce soir. Il en sait plus encore qu'il ne le dit. Y aurait-il un traître parmi nous, puisque nos secrets courent la rue ?

Un sourd grondement, accompagné de gestes d'énergique dénégation, fut la seule réponse des cinq hommes.

— Mais, cet ennemi, c'est votre futur gendre... dit l'honorable Holliday. Quel est votre projet ?

— Il faut que cet homme disparaisse !... murmura don Pedro Yunco, des yeux noirs duquel surgit un rapide élair.

— Doucement, señor, doucement, reprit le maître. Je sais que vous avez la main prompte et aussi habile que le meilleur opérateur, témoin le trépas providentiel de cet imbécile de Thomas, que vous avez bien un peu *suicidé* à Brême. Vous avez sagement agi, quoique sa mort ne répare pas les ennuis causés par sa maladresse.

— Mais, seigneur comte, insista le Brésilien, les moyens ne manquent pas pour nous débarrasser de cet ennemi. Une attaque nocturne, un accident, une maladie, que sais-je ? Notre arsenal est assez varié, vous n'avez qu'à choisir. Faites un signe, et dix mille bras se lèveront pour l'anéantir.

— Pour cette fois, je ne veux pas !

— Vous ne voulez pas ?

— Non !

— Raje de Dios ! voilà qui est violent.

— Mon cher don Pedro Yunco, vous n'êtes qu'un imbécile.

— Plaît-il ? Que le sang de mes nobles aïeux...

— Laissons, s'il vous plaît, vos aïeux qui ont monté dedans ou derrière les carrosses royaux, et écoutez-moi.

L'hidalgo se tut, fasciné par l'œil clair du terrible vieillard.

— Moi aussi, j'ai voulu le faire disparaître. Je lui ai suscité des embûches où tout autre eût perdu la vie. Il faut qu'un talisman le protège, car, chaque fois, il se relève plus fort, plus puissant, plus implacable que jamais. Il ne peut plus disparaître, en ce moment du moins ; il est trop en évidence. Ses paroles imprudentes l'ont sauvé. Sa mort ne servirait qu'à affirmer l'existence de l'Ordre. Enfin, les documents qu'il possède sont entre les mains de gens qu'on ne peut acheter, et dont les précautions sont prises. Il paraît qu'on trouve encore de ces dévouements.

— Que comptez-vous faire ? dit à son tour, de sa voix doucereuse, le cauteleux Douraskoï.

— Gagner du temps à tout prix ; nous l'attacher, si nous le pouvons ; le compromettre s'il résiste, et plus tard, s'il le faut, sa mort répondra de notre salut.

— Bien, dit sir Flinders, le seul qui écoutât patiemment, ainsi que moi.

— Il adore ma fille, celle-ci ne l'aime pas moins. Je veux bénéficier de cette affection pour annihiler sans violence notre ennemi. Les séductions de cet amour l'endormiront... momentanément du moins. Si, plus tard, la vérité lui apparaît, peut-être se taira-t-il.

— Ce peut-être a besoin de devenir une certitude.

— J'en fais mon affaire.

— D'accord, mais, nous devons savoir de quelle façon vous comptez agir !

— Vous comprenez bien qu'une fois ce jeune paladin parti pour sa croisade, il nous sera difficile de le suivre et de connaître ses plans. N'est-il pas naturel, au contraire, que, devenu mon gendre, il me confie ses espérances, me développe ses projets, m'indique enfin jusqu'au chemin qu'il doit suivre. Ne suis-je pas le père de celle qu'il aime, qui partage son généreux enthousiasme, et qui, au besoin, puis l'aider d'un crédit tout-puissant.

« Rien de plus facile, alors, que de déjouer ses efforts... Peut-être qu'un insuccès continuel le fatiguera d'une lutte impossible. Peut-être enfin que ses courses contre un ennemi insaisissable le feront douter de ce qu'il appelle la *piraterie*.

— Bravo ! firent ensemble les quatre hommes.

— Ce n'est pas tout, messieurs. S'il trompait nos prévisions, s'il découvrait, dans la suite, la vérité tout entière et que, préférant à son amour ce qu'il appelle le devoir, il lui prenait fantaisie de parler...

— Nous le ferions disparaître, interrompit don Pedro Yunco, en revenant à son idée première.

— C'est inutile. Je vais prendre, ici, devant vous, de telles précautions, qu'il suffira d'un mot pour le réduire à jamais au silence.

Le comte se leva. Il alla ouvrir un immense coffre-fort dissimulé dans l'épaisse muraille, et fit jouer, en homme familiarisé par une longue habitude, les ressorts et les serrures. Il ouvrit ensuite un compartiment à secret, et en tira un petit carnet relié de noir, à la tranche rouge, aux coins d'acier poli.

— Voici, dit-il, le livre où sont écrits et signés les engagements des chefs de l'*Ordre*. Le mien en tête, puis les vôtres, messieurs, et ceux de nos compagnons absents. A ces noms d'hommes liés ensemble par une implacable solidarité, je vais ajouter celui de notre immortel ennemi.

« Vincent, écrivez, dit-il au secrétaire en lui tendant le livre. »

Il dicta :

Je soussigné, Edme-Marie-Édouard baron de Valpreux, lieutenant de la marine française, commandant le navire cuirassé l'Éclair, après avoir pris connaissance des statuts de l'Ordre des Rapaces, m'engage à servir ledit ordre, en tout temps, en tout lieu. Je lui consacre ma vie tout entière et je jure de faire concourir à sa prospérité tous les actes de mon existence, même ceux qui paraîtraient devoir lui porter préjudice.

J'accepte avec reconnaissance le titre de chef de la section française, pour jouir des droits, bénéfices et prérogatives y afférents.

En foi de quoi, j'ai signé le présent engagement.

Ce vingt-quatre décembre mil huit cent soixante...

E. baron DE VALPREUX.

— C'est écrit ?
— Oui, maître.

Bien, passez-moi le livre. Parfait! admirable! Vous avez, mon cher Vincent, un talent tout particulier pour imiter les écritures. Mon futur gendre lui-même ne pourrait révoquer en doute l'authenticité de ce document. Rien n'y manque, pas même le hardi parafe qu'il va bientôt apposer sur le contrat...

« Eh bien, mes maîtres, avez-vous compris ? Le lion est-il muselé ? Pourra-t-il plus tard dénier sa complicité ?

— Maître, votre invention nous sauve. J'approuve hautement votre projet et vous en remercie, dit sir Flinders.

— Qu'il parte maintenant si bon lui semble ; je me charge de lui adjoindre quelques bons compagnons de mon choix qui me détailleront sa vie minute par minute. Grâce à nos précautions, il fera toujours buisson creux ; il deviendra peut-être suspect à l'autorité.

« Nous pourrons même, de temps à autre, par une nuit obscure, jeter sous l'éperon de son navire quelque vieille chaloupe qu'il coulera sans la voir. La mention de ces accidents, à son journal de bord, sera plus compromettante encore.

« Cette importante question me semble éclaircie, et le danger conjuré. Voulez-vous, maintenant voir où en sont les affaires courantes ?

— Bien volontiers.

— Je vais dépouiller mon courrier devant vous.

Les lettres et les dépêches, triées et annotées de la main du secrétaire, étaient sur un coin de la table, ouvertes et pressées par une figurine de bronze.

En quelques minutes il les parcourut.

— Allons, dit-il, il n'y a qu'une affaire pour aujourd'hui, et encore est-ce un maigre butin.

— Vincent, êtes-vous prêt ?

— Oui, maître.

— Bien, écrivez. Vous porterez vous-même les lettres et les dépêches demain à la première heure.

« Nous disons, l'*Armide* : qu'est-ce que cela ? Le répertoire, s'il vous plaît, à la lettre A. Bien ; folio 37 du grand-livre. C'est cela. L'*Armide* de Hambourg, trois-mâts de huit cents tonneaux, capitaine Schœffer, initié en 1869 ; a voulu vendre au prince de B... tout ce qu'il sait des secrets de l'Ordre. Le bâtiment chargé de campêche et d'indigo revient de Calcutta. Il porte deux millions en lingots. Armateur Bauër, rien à ménager. A bord, deux matelots initiés : les nommés Hermann et Laubeck. C'est parfait. Vincent, il faut envoyer demain, par le premier courrier, l'ordre au capitaine Flaxhant de quitter aussitôt le Havre et de partir croiser en vue de l'archipel de Bissagots. Il rencontrera l'*Armide* et la capturera par 20° de longitude nord et 10° de latitude ouest ; que personne ne s'échappe. Il tranportera les lingots dans les grottes de la crique d'Aden. L'équipage sera abandonné sur le navire dont la coque sera sabordée.

« Hermann et Laubeck seront sauvés.

« Passons à autre chose. Il me semble que notre ami, le gouverneur de Saint-Philippe de Benguala, a souvent besoin d'argent.

— Maître, répondit Vincent, c'est lui qui a expédié les quatre cents noirs d'Ibrahim-bey.

— Alors, cent mille francs au consul, en une traite sur la maison Aguero y Pinto.

« Faites venir sans tarder le dossier de Démétrius Latopoulos. Supprimez lui son commandement et ses subsides. Peut-être sera-t-il urgent de se débarrasser de ce gâte-métier.

« Cent mille francs à Lien-Cheng, pour l'indemniser de la perte de sa jonque. Le pauvre homme n'a pas de chance, c'est un bon serviteur. Expédiez-lui aussi cinquante pains d'opium de Smyrne, cette attention lui fera plaisir.

« Soixante fusils à tir rapide à Soumriboull-Koaro pour armer ses pirogues. Mille cartouches par fusil.

« Il faut envoyer par le petit vapeur « *Puerta* » deux canons Withworth de seize, avec mille gargousses pour défendre la crique du golfe d'Aden, entre Dourdoura et Berbera ; plus douze torpilles qui seront mouillées à l'entrée. Les croiseurs anglais deviennent d'une outrecuidance impardonnable.

« C'est tout pour aujourd'hui. Il faudra dorénavant suspendre l'emploi des torpilles automatiques. Nous allons laisser à l'opinion publique le temps d'oublier l'affaire de la *Moselle* et les primes d'assurances. Nous ferons travailler un peu plus Flaxhant et son navire.

« Il y aura de la sorte un peu plus de variété dans les *affaires*. »

. . . .

Ce mot ainsi souligné prenait une terrible signification.

Le commandant de l'*Eclair*, quelque effroyables que fussent ces révélations, n'avait pas sourcillé. Tout au plus si un léger frémissement avait agité les ailes mobiles de son nez aquilin.

C'était un homme pétri d'acier, que les situations les plus désespérées et les événements les plus inattendus laissaient absolument impassible.

Il fit régler la marche du navire, et continua sa lecture sans précipitation, posément, comme s'il eût voulu incruster dans son cerveau chacun des mots du précieux document.

. . . .

J'ai tenu, commandant, je vous le répète, à vous décrire mot à mot les deux scènes que vous venez de lire pour bien vous prouver que ma mémoire n'a rien omis, et pour vous édifier complètement sur tous ces personnages, en conservant à chacun sa physionomie particulière.

Maintenant que vous êtes prévenu, agissez en conséquence.

Je dois vous dire, tout d'abord, qu'il est inutile de donner la chasse au navire des damnés. Vous saurez pourquoi tout à l'heure. Je vous indiquerai le point précis où se trouve leur repaire. Il vous sera possible de vous y rendre les yeux fermés ; votre justice sera aussi prompte qu'implacable.

Vous avez tout compris. Le secret de l'association est entre vos mains. Les maîtres seuls de cet Ordre maudit le connaissent. Flaxhant, lui-même, n'en sait qu'une partie.

Vous avez vaillamment lutté ; mais que pouviez-vous

faire contre de pareils ennemis, qui ont des complices dans le monde entier, qui ont à leur solde tous les déclassés des cinq partie du monde, qui enveloppent enfin les deux hémisphères dans l'insaisissable réseau d'un invisible filet?

Je continue. Au moment où vous alliez tomber complètement à la merci de la bande, en épousant la fille du chef, — pauvre et charmante enfant bien innocente des crimes de son père, — une terrible nouvelle vous parvint mystérieusement.

Votre sœur et votre mère revenaient de l'île Bourbon, en passant par le Cap. Elles devaient prendre passage à bord de la *Ville-de-Saint-Nazaire*.

Le steamer, pour des motifs qu'il serait trop long non moins qu'inutile de vous énumérer ici, devait être abordé et coulé en pleine mer. Vous abandonnâtes aussitôt Paris. Vos fiançailles furent heureusement retardées. L'*Éclair* partit quelques heures avant le navire de Flaxhant.

Vous arrivâtes à Bourbon. Une indisposition de votre mère avait empêché son départ. Mais le navire n'en était pas moins condamné. Vous reprîtes incontinent votre croisière.

Ce fut une superbe chasse aux bandits. Mais hélas! les noirs d'Ibrahim n'en quittèrent pas moins le sol africain; la *Ville-de-Saint Nazaire* fut coulée, et vous assistâtes, impuissant et désarmé, à sa courte agonie.

Vous aviez des traîtres chez vous.

Deux mots encore avant d'arriver à un autre point capital. Voici pourquoi je me trouvais, comme simple matelot, sur le bâtiment que vos hommes ont énergiquement surnommé le *Vaisseau de proie*.

Pour une expédition de cette importance, il avait été décidé qu'un des membres du Conseil de notre Ordre surveillerait, confondu dans les derniers rangs de l'équipage, les faits et gestes du capitaine et de l'état-major.

Je fus désigné pour remplir cette mission de confiance. Je devenais en quelque sorte le « *socius* » de Flaxhant.

J'avais, en outre, plein pouvoir pour le destituer et nommer à sa place un autre commandant, si, par faiblesse ou incapacité, il compromettait les intérêts de l'association.

Je n'eus pas besoin d'intervenir. L'Américain ne fut ni incapable ni pusillanime. Vous savez comment je tombai entre vos mains, au moment de l'abordage.

C'était ma destinée !

Arrivons maintenant à la description du mystérieux et, j'oserai dire, du merveilleux engin à l'aide duquel opèrent les *Bandits de la mer*.

Vous avez certainement admiré cet organisme si parfaitement adapté à une œuvre de destruction. On peut admirer un fauve, tout en le combattant. Ce bâtiment n'est pas un bâtiment ordinaire.

Et d'abord, quel est son nom ? Pour ceux qui l'emploient, il s'appelle « le Vaisseau » ; cela ne veut rien dire et signifie tout. Pour vous et vos hommes, c'est le *Vaisseau de proie*.

Pour l'autorité maritime, c'est un navire de commerce, ou plutôt il représente quatre navires de commerce de nationalités différentes.

Il peut être, tour à tour, le *Franklin*, trois-mâts-goëlette de New-York, le *Georges-Washington*, navire à vapeur appartenant au port de la Nouvelle-Orléans, la *Queen-Victoria*, goëlette de Liverpool, et la *Sylphide*, goëlette du Havre.

Il faut à un malfaiteur des déguisements et des papiers en règle. Le vaisseau de proie se grime, se maquille, se transforme à volonté. Il devient, quand besoin en est méconnaissable même pour l'œil exercé d'un marin.

Il possède quatre états civils, c'est-à-dire quatre inscriptions sous les noms précités, dans les ports de commerce. Chaque jour le livre de bord et le livre de mer sont tenus en partie quadruple. Les événements qui surviennent pendant la traversée sont régulièrement attribués aux quatre individualités qu'il représente.

Le *Franklin* a la carène noire et les sabords blancs; c'est Flaxhant qui le commande en personne. Le *Georges-Washington* est pourvu d'une cheminée d'où sortent des torrents de fumée; c'est le troisième lieutenant nommé Brown, un Louisianais, qui prend officiellement le commandement, tout en demeurant soumis à l'autorité de Flaxhant : ce dernier reste dans la coulisse.

La *Sylphide* est gris-poussière, aux sabords noirs. Le mât de misaine a disparu. Le vaisseau de proie est devenu goëlette. C'est Marius Cazavan, le second, qui est à bord le maître après... le diable. Enfin, quand la *Queen-Victoria*, dont les flancs effilés sont recouverts d'une belle couleur vert-sombre, arbore le pavillon anglais, c'est sir Henry Huntley qui commande la manœuvre.

Ces trois capitaine d'occasion sont, je vous le répète, les hommes de paille de Flaxhant. L'équipage devient tour à tour français, anglais, ou américain. Les deux idiomes lui sont également familiers.

Vous pouvez, maintenant, vous rendre compte des avantages inouïs que des hommes sans préjugés peuvent tirer de cette situation unique, peut-être, dans les annales de la marine.

Le *Vaisseau de proie* est un bandit, mais un bandit de bonne compagnie, aimant le monde et le fréquentant volontiers. Il ne peut être condamné à errer perpétuellement sur les vagues comme le *Voltigeur* de la légende. Il transporte des noirs ou du coton, du cacao ou des épices, et semble un honnête commerçant, voyageant pour ses affaires. De là, l'utilité de ses quatre individualités bien distinctes, lui permettant d'aborder dans les ports, de se ravitailler, de débarquer ses marchandises après avoir sabordé en mer un bâtiment dont la prime d'assurance entre fatalement dans la caisse des *Bandits de la Mer.*

Ses allures deviennent-elles, à un moment donné, suspectes à un croiseur? Il paye d'audace et arbore carrément son numéro, répond aux signaux, et se comporte d'après le formulaire habituel aux gens de mer.

Cela lui réussit généralement. Est-il surpris ou serré de trop près, ou encore, craint-il d'avoir affaire à un officier trop méticuleux? il cargue sa toile, et s'enfuit à toute vitesse, grâce à la machine que je vous décrirai bientôt.

Le croiseur lui donne la chasse. La nuit vient. Le lendemain, ce dernier rencontre au lieu d'un trois-mâts noir, filant vers un point quelconque, une goëlette grise suivant une route diamétralement opposée.

Le tour est joué. Des bandes de toile, peintes en noir, en gris ou en blanc, recouvrant la coque, ont été enlevées pendant la nuit. Le filou qui porte plusieurs habits superposés, en retire un, et devient un autre homme. De même le navire est complètement transformé, quand l'enveloppe extérieure tombe, découvrant celle qui est au-dessous d'elle.

Quand une scène de *naufragement* va s'accomplir, il redevient le *Vaisseau de proie.* Son aspect est terrible. Il revêt pour ainsi dire son costume de cérémonie, sa livrée de bourreau. Les voiles sont carguées, sa coque est noire, ses sabords sont fermés. Il ne porte aucune lumière, l'équipage disparaît. Le timonier abandonne la barre du pont, et descend dans la batterie où se trouve une autre barre, avec tous les instruments destinés à indiquer la route.

Il est désert, et s'avance comme un fantôme.

Un large panneau s'ouvre, laissant apercevoir une ouverture circulaire, noire et profonde comme la bouche d'un puits.

De cette ouverture émerge, lentement, sur une plate-forme métallique, un canon d'acier, qui est mis en batterie d'une façon en quelque sorte automatique.

La pièce n'est pas entourée de ses servants. Ils ne sont pas loin pourtant. Un coup de sifflet les faits bondir comme une légion de démons, si la poudre doit précéder, ou achever l'œuvre de l'éperon.

Puis, il arbore son lugubre pavillon noir!...

L'œuvre de destruction s'accomplit!... Vous savez le reste.

Quelques moments après, il redevient le pacifique trois-mâts, ou l'inoffensif navire à vapeur. Il suffit d'adapter un tuyau de cheminée sous lequel brûle une substance quelconque produisant de la fumée. Comme il est mis en mouvement par des hélices, l'illusion est complète.

Par quel artifice diabolique, les bandits peuvent-ils ainsi donner au vaisseau de la mort, les moyens de démâter immédiatement le mât de misaine, d'avancer le grand mât, de faire monter ou descendre un canon pesant plusieurs milliers de kilogrammes, et enfin d'obtenir une vitesse bien supérieure à celle des meilleurs marcheurs des deux mondes?

Voici :

La science est familière aux *Bandits de la Mer*. Ils ont naturellement pensé à faire concourir aux bénéfices de leur entreprise, les découvertes dont la civilisation est redevable au génie d'infatigables chercheurs.

Ils ont perfectionné leur instrument de destruction, avec autant de patience et de talent qu'un manufacturier son usine.

Le charbon est encombrant quand les soutes sont pleines. D'autre part, il n'est pas toujours facile de les approvisionner quand le chargement est épuisé. Les fourneaux de chauffe et les générateurs de vapeur tiennent une place considérable. La machine elle-même est très compliquée. Il faut, de plus, un temps assez considérable, avant d'avoir de la pression. Enfin, la navigation à vapeur nécessite un personnel très nombreux.

L'emploi de la vapeur comme moteur était donc, eu égard à la destination du navire, sinon totalement impossible, au moins fort difficile.

Ils trouvèrent mieux.

L'hydrogène avait été considéré comme un gaz permanent, jusqu'au jour où un jeune chimiste plein de talent parvint à le liquifier, par des procédés bien connus et qu'il serait inutile de vous décrire; vous ne les ignorez pas plus que moi.

Ce gaz, liquifié, représente une somme de force colossale, emmagasinée dans le récipient qu'il contient. Son retour à l'état gazeux s'accomplissant spontanément au contact de l'air, il reprend aussitôt son volume primitif, qui, vous le savez, est de plusieurs millions de fois supérieur à celui qu'il occupait à l'état liquide.

Cette différence de volume, produisant pour ainsi dire une explosion de force, fut utilisée comme moteur. L'hydrogène liquifié devient l'âme du *Vaisseau de proie*.

Il s'agissait d'emmagasiner dans des récipients d'une solidité à toute épreuve, pouvant braver la pression formidable de 650 atmosphères, qu'ont supportée les appareils de Raoul Pictet, une quantité de gaz suffisante pour les besoins du navire pendant une année au moins.

L'opération fut pratiquée dans des vases de forme elliptique, en acier corroyé, garnis de frettes comme la culasse d'un canon, et possédant à chaque extrémité un anneau destiné à en faciliter l'arrimage.

Chacun de ses vases, pourvu d'un tube de dégagement muni d'un robinet, fut déposé dans la cale, et servit en même temps de lest.

Des millions d'hectolitres de gaz, c'est-à-dire de force, se trouvaient donc emprisonnés sous un volume incroyablement petit, et prêts à être utilisés au premier moment.

La manœuvre est toute simple. S'agit-il de mettre les hélices en mouvement? Il suffit d'adapter à la machine un des récipients, et d'ouvrir le robinet qui s'oppose à la sortie du contenu.

Au contact de l'air, le liquide devient gazeux, comme l'eau qui se transforme en vapeur; le résultat est identique. Les pistons s'agitent, l'arbre tourne, les hélices ronflent, le vaisseau s'ébranle.

J'ai déjà dit que l'hydrogène était l'âme du vaisseau. L'incalculable force qu'il développe sert à opérer avec la rapidité de la pensée les transformations du bâtiment.

Quand le *Franklin*, trois-mâts-goëlette, devient la *Queen-Victoria*, simple goëlette, il faut que le mât de misaine disparaisse. Ces mâts sont en fer creux et rigoureusement étanches. Ils se composent de plusieurs morceaux pouvant rentrer l'un dans l'autre, comme les tubes d'une lorgnette.

Au signal du commandant, le grand mât, débarrassé à la partie inférieure des haubans et des étais, glisse sur la quille, avance lentement, poussé à son emplanture par la machine, et tiré au sommet par des palans, il s'arrête bientôt à la place qu'il doit occuper sur une goëlette, au tiers antérieur. Le mât d'artimon suit la même voie et s'arrête au deuxième tiers.

Ce glissement a pu s'opérer dans un espace libre, ménagé à dessein depuis la quille jusqu'au pont, et qui est aussitôt refermé.

Les haubans et les étais sont remis en place, pendant que ceux du mât de misaine ainsi que la vergue sont amenés sur le pont. Le mât est alors complètement nu. Une pompe aspirante, également mue par l'hydrogène, aspire énergiquement l'air qu'il contient; ses tronçons, dans lesquels le vide s'opère rapidement, rentrent l'un dans l'autre, et restent enfermés dans la portion comprise entre la quille et le plancher du pont.

Le trois-mâts est devenu goëlette.

S'agit-il de remâter, la pompe aspirante est remplacée par une pompe foulante qui injecte de l'air à une pression suffisante pour opérer les manœuvres contraires.

La manœuvre du canon est produite par le même procédé. La pièce, enfermée dans un cylindre de tôle laminée, repose sur la quille. La plate-forme sur laquelle elle est placée n'est autre chose qu'un piston. Un jet d'hydrogène le fait monter quand on veut mettre le canon en batterie.

Lorsqu'on veut la faire disparaître, il suffit d'ouvrir un robinet latéral : le gaz s'échappe, le piston redescend en raison de son poids, le panneau est rabattu, et le pont reprend sa physionomie pacifique.

Deux mots sur la machine.

Une machine ordinaire n'eût pu produire cette vitesse fantastique, grâce à laquelle le *Vaisseau de proie* se dérobe à ses ennemis et semble posséder le don d'ubiquité.

Elle est admirable de simplicité. Certes, l'inventeur, un Français, un vrai Parisien, ne se doutait guère que ce fruit de ses veilles, que ce produit de sa haute intelligence aurait une semblable destination. C'est un brave ouvrier mécanicien, nommé Debayeux, qui a inventé par centaines les appareils les plus ingénieux, entre autres un moteur à hélices pour les ballons, une merveille.

Debayeux a tout d'abord supprimé tous les engrenages, et transformé le mouvement rectiligne des pistons en mouvement circulaire. Économie de mouvement et d'organes. La machine se compose de deux cylindres ayant douze mètres de circonférence, et un mètre seulement de côté. Ce sont les tiroirs. Une plaque circulaire d'acier trempé, épaisse de 25 centimètres, les sépare. Sur cette plaque son fixés deux pistons, placés l'un à droite, l'autre à gauche, et pouvant tourner à frottement dans une gorge également circulaire, pratiquée dans les cylindres latéraux.

Cette plaque n'est en quelque sorte qu'un renflement de l'arbre moteur qui traverse les deux cylindres perpendiculaires à l'axe du navire. Elle est à la fois piston, bielle, excentrique et arbre moteur, puisqu'elle fait corps avec ce dernier.

Cet arbre est pourvu à ses deux extrémités d'un cône en cuivre rouge de 3 mètres de diamètre et dont l'angle est de 45 degrés.

Devant chacun de ces cônes passe un arbre longitudinal allant à l'arrière du navire et sur lequel sont montées les hélices.

Ces arbres ont chacun deux cônes analogues qui sont solidaires et peuvent glisser à droite ou à gauche. Voici pourquoi : quand on veut mettre le navire en marche, il suffit d'approcher des cylindres-tiroirs les vases contenant l'hydrogène, ou plutôt, comme il y en a un en permanence de chaque côté, on ouvre le robinet qui les fait communiquer.

Le gaz pénètre dans ces cylindres, pousse les pistons, et, par cela même, fait tourner l'arbre moteur. Les cônes placés aux extrémités de celui-ci frottent ceux des arbres longitudinaux.

Chose curieuse, ce frottement des cônes de cuivre parfaitement lisses produit un engrenage analogue à celui des roues d'une locomotive sur les rails.

Aussitôt, les hélices tournent avec une rapidité vertigineuse. La force développée est formidable, ai-je dit. C'est que la pression est exercée sur les pistons pendant les cinq sixièmes de leur course. Il n'y a pas de point mort pour ainsi dire. Il en résulte que les deux pistons sont ensemble en pression pendant les quatre sixièmes de leur course, et pendant les deux autres sixièmes, il y en a toujours un des deux qui évolue.

Cette pression simultanée des deux pistons pendant les deux tiers de leur évolution circulaire développe une force vingt-cinq fois supérieure à celle des machines ordinaires pouvant monter à dix atmosphères.

Celle du *Vaisseau de proie* pouvant atteindre soixante atmosphères, en raison de sa construction particulière, nous obtenons une force deux cent cinquante fois plus considérable que celle des machines de même dimension. Nous avons de la sorte, sous un volume incroyablement petit, un moteur de *douze cents chevaux-vapeur!*...

Inutile de vous dire, n'est-ce pas, que les hélices sont indépendantes l'une de l'autre et qu'elles peuvent même évoluer en sens contraire ; vous l'avez constaté.

Enfin, pour compléter cette merveille, les constructeurs ont placé à l'avant du navire un large tube, en forme de télescope, et dépassant un peu le bordage. Dans ce tube existe un jeu de prismes reflétant l'horizon dans une chambre noire, où se trouve toujours un officier de quart.

De cette façon, il n'est pas besoin de vigie, tout ce qui se passe au large étant rigoureusement reproduit sur un écran. Dans cette chambre noire se trouve naturellement une barre de gourvenail, des commutateurs, permettant de faire marcher les hélices, de les embrayer ou de stopper, de faire monter ou descendre le canon, de mâter ou de démâter, etc.

Eh bien, commandant, est-ce assez complet? Est-ce bien machiné? Qu'en pensez-vous? Vous pourrez, d'ailleurs, admirer à votre aise votre adversaire quand vous l'aurez capturé, car je vais vous en fournir le moyen.

Oh! c'est bien simple. A tout bandit il faut un repaire. Celui du vaisseau de proie se trouve dans la mer de Corail, sur la côte est de l'Australie. Par 143° de longitude est et 12° 22′ de latitude sud, se trouve un *attoll* de corail d'environ 500 mètres de diamètre.

Rappelez-vous ce point. Il est rigoureusement exact. Sur cet attoll de corail sont plantés des cocotiers dont les racines trouvent un aliment substantiel dans les détritus amenés de la haute mer depuis des milliers d'années et que le temps a transformés en terreau.

Ce bassin de corail, dans lequel on pénètre par un chenal étroit, forme comme un port au milieu d'une mer toujours furieuse. L'eau y est calme et profonde.

Le bandit s'y repose à loisir et sans crainte, car la route est périlleuse, et l'accès difficile. Vous trouverez sur votre passage des milliers de pointes aiguës, des centaines de bancs madréporiques sur lesquels votre bâtiment talonnera. Avancez sans peur. Soyez prudent, tâtonnez, louvoyez. Le succès dépend de votre patience.

Vous aurez une superbe occasion d'utiliser vos talents de navigateur. Je ne puis, à mon grand regret, vous indiquer la route, mais aucune carte ne donne le relevé de tous les récifs qui hérissent les abord de cet enfer.

Somme toute, vous les franchirez, puisque les *Bandits de la Mer* y ont passé.

Il est probable que leur navire sera rasé comme un ponton et presque invisible. Peu importe. Défiez-vous de son canon et de son éperon.

Quant aux coquins que vous poursuivez, ils se gobergent à l'aise dans des grottes profondes pratiquées par la nature, et par les inconscients caprices des coraux entre les parois de l'attoll. Ils y mènent large et joyeuse existence. Tous les raffinements de la vie civilisée sont à leur disposition. Ils en usent en hommes dont la vie peut ne pas avoir de lendemain.

Le repaire a deux ouvertures. L'une intérieure, l'autre extérieure. Elles sont obstruées par des algues, des varechs, des goëmons, et autres plantes marines. Cherchez bien; fouillez attentivement les deux parois de corail, et vous trouverez.

Il y aura bataille. Elle sera rude. N'importe! Vous triompherez.

Et maintenant, commandant, si j'ai été quelque peu prolixe, c'était dans l'intérêt de votre cause.

Vous avez été généreux, j'ai été sincère, nous sommes quittes, ou plutôt je reste votre obligé, car vous m'accordez plus que je n'aurais osé espérer.

Adieu et merci !

CHAPITRE III

Qu'est-ce que c'est donc que l'hydrogène? — Le ballon de l'Exposition dans une bouteille. — En chasse. — Courses à travers le Pacifique. — Broyés par les récifs de corail. — Encore naufragés et près d'être mangés. — Le coup du Commandeur. — Gendarmerie et anthropophagie. — Un procès-verbal aux antipodes. — Un tabou. — Curieuses conséquences d'un calembour involontaire. — Marmite renversée. — Canonisation d'un gendarme. — Subtilités des tribunaux anglais. — A travers les récifs coralliens. — Une arrestation. — Deux héros du siège de Paris. — Encore un Parisien. — Stop.

— Docteur, qu'est-ce que c'est donc que l'hydrogène?
— Té, mon bon, après avoir étudié la « physique » chez un prestidigitateur, tu ne serais pas fâché de t'initier un peu à la chimie en compagnie d'un homme que tu soupçonnes, à tort ou à raison, d'être quelque peu compétent.
— Dame! oui.
— L'hydrogène, mon fils, je n'en sais pas bien long sur le compte à c'té couquinasse.

« J'ai été au collège comme tout le monde, on m'en a vaguement parlé.

« J'ai préparé, et même passé un premier examen de fin d'année de médecine ; on m'a interrogé sur l'hydrogène.

« Mon troisième examen de doctorat a failli être singulièrement compromis, grâce à la réponse un peu saugrenue que je fis à une question analogue à la tienne :

« Qu'est-ce que l'hydrogène?

« Je vais rappeler mes souvenirs.

— Oh! oui, docteur, répliqua Friquet les yeux ardents de convoitise... Ça me ferait tant plaisir.

— J'y suis... comme disait feu Lagardère, ton homonyme et compatriote, le *Petit-Parisien*.

« L'hydrogène, était, de mon temps, un gaz *permanent !*...

« Permanent!... oh! savants, mes contemporains, qu'en saviez-vous, téméraires?...

« Incolore, — soit! — insipide et inodore, — quand il est pur, mes pitchounes, — car il sent l'ail, comme un plat de bouillabaisse, s'il renferme un soupçon d'arsenic, ou encore, il exhale des senteurs dignes des marais de Bobigny et de Bondy, quand il contient un atome d'acide sulfhydrique.

« On m'a appris qu'il avait été découvert au dix-septième siècle. Par qui? Ma foi, je n'en sais fichtre rien. Il n'est bien connu que depuis 1777, époque mémorable où Cavendish a décrit ses principales qualités.

« Il a été d'abord surnommé air *inflammable*, puis *hydrogène* (générateur de l'eau), parce qu'il est un des éléments de l'eau.

Le docteur fit ici une pause... une très longue pause...

Friquet attendait, bouche béante.

— Après? interrogea-t-il, comme malgré lui...

— Après!... Diable!... Tu deviens exigeant comme un examinateur...

« Ah !... parfait. L'hydrogène, mon fils, est le plus

léger de tous les corps. Sa densité, l'eau étant prise pour unité, à la température de 0°, et sous la pression normale de 0,76, est de 0,06920. Un litre d'hydrogène pèse 0 gr. 08957.

« Il est donc quatorze fois et demie plus léger que l'air.

— Mais, docteur, je savais ça, qu'il était plus léger que l'air, puisque c'est sur cette différence que repose le principe de l'aérostation.

— Parfait!... Bravo, Friquet! fit André.

— Dame! m'sieu André, j'ai un peu lu... c'est bon de s'instruire.

— Mon cher enfant, reprit affectueusement le docteur, je suis ravi de constater chez toi ces heureuses tendances. Tu veux t'instruire, bien; je t'aiderai.

« Tu disais donc?...

— En quoi l'hydrogène, quatorze fois et demie plus léger que l'air, peut-il imprimer à cette machine, qui est l'âme du *Vaisseau de proie*, une pareille force?

— Je vais te satisfaire en deux mots. Tu as lu à Valparaiso des journaux récemment arrivés de France. Il y est question de l'Exposition universelle. Dans la cour des Tuileries se trouve un ballon captif, installé à cette occasion par l'ingénieur Pierre Giffard. Ce ballon monstre enlève, vingt-cinq ou trente fois par jour, une cinquantaine de curieux, qui, moyennant un louis, veulent s'offrir les joies d'une ascension.

— J'ai lu, docteur, et j'ai vu le croquis, c'est superbe... mais quel rapport y a-t-il?...

— Voici, interrompit le docteur. Le ballon renferme dans son enveloppe de taffetas vingt-cinq mille mètres cubes d'hydrogène...

« Suppose, que par un procédé quelconque, par exemple une compression très énergique, on emprisonne tout ce gaz dans un vase d'une solidité à toute épreuve, et de la contenance de huit ou dix litres. Qu'arrivera-t-il?

— Ça fera du gaz comprimé qui ne demandera qu'à s'en aller, et rondement, si on débouche le vase...

— Tu as raison en partie. Mais, la pression sera à ce point irrésistible, que le gaz se liquéfiera, et sera réduit à un volume incroyablement petit.

« Il n'en conserva pas moins toute sa force d'expansion, et reprendra son volume primitif, aussitôt qu'il sera, comme tu l'as parfaitement compris, en contact avec l'air libre.

« Je te disais tout à l'heure, et à tort, que ce gaz était permanent, c'est-à-dire qu'il ne pouvait changer d'état. C'est une erreur, je le répète, puisque deux chimistes distingués, MM. Cailletet et Raoul Pictet, l'ont non seulement liquéfié, mais encore solidifié.

« Ce changement d'état s'opère en amenant naturellement une colossale diminution de volume. C'est cette différence qui est le principe de la machine sans feu.

« Les gredins que nous poursuivons, possèdent, pour me servir d'une expression un peu triviale, du gaz ou plutôt de la force en bouteille.

« Leurs récipients sont construits de telle sorte qu'ils défient toute explosion. Quand ils ont besoin de faire mouvoir cette satanée machine, ils mettent en contact avec elle un de ces récipients ; l'hydrogène liquide qu'il contient, redevient gazeux au contact de l'air. Une poussée formidable se produit, cette poussée est analogue à celle de la vapeur qui sort des générateurs, mais, dix fois, vingt fois plus forte. Pense un peu, — le liquide contenu dans une bouteille, qui veut redevenir ballon captif!...

« Le gaz agit sur les pistons, et la machine se meut.

— Et, c'est tout, docteur?

— C'est fichtre bien assez. Réfléchis donc aux avantages du système. Ils sont toujours sous pression, et peuvent développer une force qu'aucune machine n'a pu donner jusqu'à présent.

« Décidément, ces gens-là sont très forts. Mais, faudra voir. Maintenant que leur artifice est connu, et qu'on sait où ils demeurent, je crois que nos affaires sont en bonne voie. »

C'est ainsi que dialoguaient, vingt-quatre heures après les dramatiques incidents relatés au chapitre précédent, nos amis, auxquels, le commandant de l'*Éclair*, le baron de Valpreux, n'avait nullement fait mystère des confidences du matelot fusillé.

Le croiseur avait mis le cap sur le repaire des bandits, que, grâce aux indications du supplicié, on était désormais certain de trouver. Le combat soutenu par le navire français contre le naufrageur avait été engagé, peu de temps après l'étonnante rencontre du gamin de Paris avec ses amis, à la gare de Santiago.

On se rappelle l'exclamation que Friquet, arrivé en rade de Valparaiso, en compagnie d'André et du docteur Lamperrière, poussa à la vue d'un bâtiment qui appareillait.

— Le *Vaisseau de proie!*... s'était-il écrié.

Et, séance tenante, nos amis, bondirent dans une embarcation qui les conduisit à bord de l'*Éclair*.

En deux mots, le commandant fut mis au courant de la situation par Friquet, qui, grâce à son séjour forcé chez les *Bandits de la mer*, avait été initié à certaines particularités de l'existence de ceux-ci.

Il connaissait surtout admirablement la configuration du vaisseau naufrageur. Ses transformations lui étaient familières. Il connaissait également la mystérieuse machine, marchant sans eau ni charbon, sans toutefois savoir par quel procédé.

L'*Éclair* avait pris la chasse. L'autre, au lieu de se dérober franchement, semblait avoir voulu attirer le croiseur à sa suite. Le commencement de ce récit indique clairement dans quel but. Il voulait l'emmener loin des routes habituellement fréquentées, engager contre lui une lutte mortelle qu'il comptait bien terminer à son avantage.

Il usa de tous les subterfuges imaginables, pour tromper sa vigilance, arriver jusque dans ses eaux, et se précipiter sur lui à l'improviste.

Friquet ouvrait l'œil, et, en dépit des transformations multiples et presque instantanées, qui faisaient du *Francklin* la *Victoria-Queen*, et du *Georges-Washington* la *Sylphide*, il n'eut pas un moment d'hésitation.

Le *trois-mâts*, devenu *goëlette*, ou la *goëlette* redevenue *trois-mâts*, étaient aussitôt signalés à qui de droit, et toute velléité d'attaque traîtresse, immédiatement déjouée.

C'est ainsi que fut atteint le point où s'engagea cette lutte, d'où les deux adversaires sortirent sérieusement endommagés.

L'*Éclair*, un compartiment étanche submergé, alourdi outre mesure par le poids énorme de l'eau qui déplaçait son axe, avait, avons-nous dit, mis le cap sur le point indiqué par le matelot naufrageur. Il marchait mal et donnait de la bande. Mais comme il fallait arriver à tout prix, et qu'après tout, le combat, en privant les deux adversaires d'une partie de leurs moyens, avait à peu près égalisé les forces, le commandant du croiseur n'hésita pas à se lancer intrépidement à travers le grand Pacifique.

Il voulait ménager sa provision de charbon, soit pour franchir les passes difficiles, entremêlées de récifs et d'îlots, dont ces mers inhospitalières sont hérissées, soit en prévision de calme ou de vent contraire. Il marchait avec toutes ses voiles, et ne chauffait qu'à bon escient.

Cette énorme étendue d'eau fut franchie sans incident. Il semblait que le Pacifique eût voulu, pour une fois au moins, légitimer ce nom, que les navigateurs lui ont donné par ironie.

Le voyage fut relativement court, eu égard aux difficultés résultant de la colossale avarie subie par le navire.

Le commandant de Valpreux suivit une route à peu près rectiligne. Combien eût été intéressante, cette navigation à travers des contrées presque inexplorées, et dont les habitants et les productions sont complètement inconnus.

De combien de découvertes ethnographiques, botaniques, zoologiques, ou géographiques la science n'eût-elle pas été redevable au brillant officier, si, au lieu de courir sus à des bandits, il eût pu se laisser aller à son goût pour l'étude, à sa passion pour la science.

Le *Vaisseau de proie*, en quittant Valparaiso, s'élança donc ainsi qu'un oiseau de mer, à tire d'aile, à travers le Pacifique. Il se trouvait à peu près sur le 33° de latitude sud.

L'*Eclair* le suivit. La distance qui les séparait était relativement courte. Le pirate ralentissait de temps à autre comme à dessein, avons-nous dit, sa course, pour l'attirer à lui.

La rencontre était inévitable, puisque les deux adversaires la désiraient également.

Elle eut lieu au point où le 32° parallèle coupe le 130° méridien. On en connaît le résultat.

Du 138° de longitude ouest, pour gagner le point où le 143° de latitude est traverse le 12° de latitude sud, le point où se trouvait perdu, dans les mers inexplorées, l'atoll servant de repaire aux bandits, la course était longue.

Près de 145 degrés, soit trois mille cent vingt-cinq lieues... plus du tiers du tour du monde.

L'officier français se lança intrépidement, avec son vaisseau désemparé, à travers cette immense plaine liquide, dont les flots tourmentés, plus terribles que les plaines sahariennes, ne baignent aucune île dans ces parages.

Le désert d'eau n'a pas d'oasis. Tout au plus, si par 30° de latitude sud, et 180° de longitude est, on aperçut, dans le lointain, le groupe Kermadec, trois îlots, deux récifs.

Au point d'intersection du 175°, et du 33°, il obliqua légèrement vers le nord et trouva les premiers récifs madréporiques. Il atteignit bientôt la mer de Corail.

Il allait longer l'immense barrière corallienne qui borde la côte est de l'Australie.

Il avait atteint déjà la base de la presqu'île d'York, le navire évoluait lentement entre les récifs qui se trouvent non loin de Cardwell, point où finit la ligne télégraphique partant du golfe de Carpentaria.

Cette énorme traversée s'était accomplie avec un rare bonheur.

Comme les cartes sont loin de mentionner tous les îlots, et de donner la configuration exacte du sol sousmarin, soumis d'ailleurs à de fréquentes et rapides variations, une embarcation précédait le navire.

Elle était montée par six matelots et deux timoniers qui jetaient alternativement la sonde, et indiquaient les profondeurs.

Tel un corps d'armée s'avance en pays ennemi, précédé par des éclaireurs.

Le docteur, André et Friquet avaient obtenu du commandant la faveur de faire partie de cet équipage d'élite.

Le premier, profitant d'une occasion peut-être unique, voulait contrôler par lui-même les théories de Darwin sur la formation des bancs, îlots et récifs coralliens, et ses deux compagnons qui formaient avec lui un trio absolument inséparable, l'avaient accompagné.

Tout marchait à souhait. L'heure du repas était arrivée. La chaloupe allait rallier le bord. L'*Éclair* venait de stopper.

Tout à coup, le flot soulevé par une cause mystérieuse

et irrésistible s'enfla dans un colossal bouillonnement.

La mer calme, unie comme une glace, la vraie mer d'huile des marins monta. On eût dit le premier bouillon d'une marmite immense, dont le fond aurait reposé sur un cratère sous-marin.

La chaloupe apparut un instant à la crête de la montagne d'eau, qui, après s'être élevée lentement, s'écroula.

Le remous la chassa d'un côté, et le navire de l'autre.

En moins d'une minute, un nuage de poix, ourlé d'une bande gris d'étain, apparut à l'horizon, s'étala du nord au sud, grandit, accourut, et s'arrêta immobile au-dessus des flots qui prirent une teinte plombée.

Un éclair blanchâtre fendit en zigzags cette lourde nuée.

Un coup de tonnerre éclata soudain : un coup sonore comme la détonation d'un canon de marine. Puis une série de bruits bizarres et terribles suivit. La voix de la foudre parcourut en une minute toute la gamme des tonnerres.

Ce concerto qu'on eût dit orchestré par une divinité infernale, et exécuté par des Titans, fut formidable.

Le vent se déchaîna en même temps avec une irrésistible intensité. Le vaisseau fut violemment repoussé vers la pleine mer, et la chaloupe, soulevée comme un liège, lancée à la côte.

Tous ceux qui la montaient étaient voués à un trépas certain. Pas un cri ne s'échappa des poitrines de ces condamnés à mort.

Avaient-ils été broyés du coup ?

Nul n'eût pu le dire, car la nuit s'était faite aussitôt.

Les flots hurlaient, le tonnerre mugissait, le vent faisait rage. D'immenses nappes d'écume blanchissaient aux crêtes des coraux.

Du milieu de ce fracas sortit un cri strident, bizarrement modulé. Ce n'était pas un appel désespéré, mais plutôt la protestation gouailleuse d'un infiniment petit, contre l'immensité en fureur.

— Piii-oû-oû-it-it!... Piii-oû-oû-it!...

Le cri de ralliement du petit Parisien.

L'enragé gamin vivait. Sans penser à lui-même il n'avait qu'une idée, appeler ses amis, mettre à profit sa vigueur herculéenne et sa merveilleuse habileté de nageur pour leur venir en aide.

L'occasion vint sous la forme du docteur, qui, soufflant comme un phoque, allait faire un colossal et mortel plongeon.

Friquet ne put saisir cette « occasion » aux cheveux... La tête du docteur, glabre comme une pastèque, avait été abandonnée par sa perruque.

— Ouf! ouf! piouf! à moi!

— On y va, papa!... on y va. Tiens bon.

« A moi!... m'sieu André. »

Le jeune homme, debout sur une vague qui roulait à la côte, comme une cascade, eut le temps d'allonger, au passage, un bras.

Il possédait aussi, l'on s'en souvient, une poigne formidable. Il happa le docteur par la main, pendant que Friquet, cramponné à un coin de la tunique du chirurgien, s'apprêtait à aborder sans être brisé.

La poussée du flot fut irrésistible. Tel était le volume de la montagne d'eau, qu'ils franchirent du coup la barre de corail.

Ils roulèrent tous trois de l'autre côté du récif, et restèrent sur la grève aux trois quarts assommés, sanglants, meurtris, jambes et tête delà, empaquetés dans les algues.

Le *Tour du monde du gamin de Paris* était agrémenté d'un nouvel incident.

Friquet et ses deux amis venaient d'aborder sur la côte nord-est de l'Australie.

. . . .

Il pouvait être deux heures du matin. Avant de s'évanouir, le petit Parisien avait cru apercevoir des feux éclairant au loin cette plage qu'ils accostaient d'une aussi brutale façon.

Pendant que les éléments, complices des *Bandits de la mer*, parachevaient l'œuvre du *Vaisseau de proie*, les indigènes guèttaient les épaves humaines.

Leur attente ne devait pas être déçue. L'embarcation avait été fracassée par les points rouges formant d'inextricables et inflexibles entrelacements.

Tous ceux qui la montaient, n'avaient pu, hélas ! échapper à la mort. Le hasard qui sauvegarda l'existence de nos amis fut fatal aux membres de l'équipage. Le flot, en se retirant, les avait brutalement projetés sur la paroi externe de la barre.

Ils furent tués du coup.

Leurs cadavres avaient été aussitôt recueillis par les anthropophages, accourus à la curée. Ces amateurs de chair humaine, pour lesquels un naufrage est toujours une bonne fortune, avaient, ainsi que nous l'avons dit, allumé des feux nombreux, pour faire part à leurs congénères de cette aubaine que leur envoyait le bon père Océan ; phares trompeurs qui devaient hâter la perte des hommes blancs, et procurer aux estomacs des bimanes couleur de suie, l'occasion d'une pantagruélique bombance.

Le jour arriva bientôt, avec cette rapidité particulière aux régions intertropicales. Les brasiers pâlirent instantanément, le soleil flamboya à son tour, et tordit sur les végétaux étranges de la flore australienne sa rutilante chevelure de rayons.

Le cri de ralliement des natifs, éclatait sans relâche :
— Cooo !... Mooo !... Hooo !... Éééé !...

Et, de toutes parts, arrivaient du fond des forêts tapissées de gazons sans fin, émaillées de fleurs splendides, d'innombrables personnages plus que sommairement vêtus, qui gambadaient comme des singes complotant le pillage d'un champ de cannes à sucre.

Ils étaient plus de deux cents.

L'arrivée d'un groupe, accompagnant, ou plutôt escortant quatre naufragés étroitement garrottés, porta à son comble la joie de ces hideux bonshommes de pain d'épice.

Friquet, l'oreille basse, les vêtements collés au torse, ouvrait la marche, puis André soutenant le docteur à peine remis des suites de son immersion, et tout contusionné par le ressac et, enfin, un matelot de l'*Éclair*, un robuste gaillard, aux yeux luisants, qui roulait avec béatitude un énorme paquet de tabac, dont les émouvantes péripéties du naufrage n'avaient pu le faire se dessaisir.

Les premiers venus n'avaient pas perdu de temps. Les cadavres avaient été dépouillés en un tour de main, puis découpés avec des haches et des couteaux en pierre, par les sauvages dont les mandibules craquaient de convoitise.

Des tiges d'eucalyptus, d'araucarias et de gommiers, devant lesquelles cuisaient déjà ces restes mutilés, crépitaient en lançant des gerbes d'étincelles.

Les quatre prisonniers furent invités par gestes à s'asseoir, pendant que le rôti humain était soumis à une savante coction sur ces braises adorantes. Ils allaient vraisemblablement être réservés pour un repas ultérieur, puisque, au lieu de les écharper séance tenante, leurs gardiens respectaient précieusement leurs existences, et leur épargnaient jusqu'à la fatigue.

Ils n'en étaient pas moins écœurés par les apprêts de ce monstrueux repas.

— Bon, dit enfin Friquet, assez piteusement d'ailleurs, il sera donc impossible de faire un bout de naufrage, sans risquer aussitôt d'être mangé.

« Mon Dieu, que c'est donc bête! »

André sourit malgré lui...

— Allons, mon vieux matelot, un peu de courage. Je ne puis croire que nous aurons pour tombeau l'estomac de ces braves sujets de Sa Majesté très gracieuse la reine Victoria.

« Les Australiens, pas plus que les Osyébas, ne goûteront notre chair... J'en ai le pressentiment.

« Qu'en pensez-vous, docteur ?

— Moi, je pense que je dormirais bien une heure.

— A votre aise, cher ami. Allongez-vous sur ce gazon et reposez en paix. Moi, je vais, quelle que soit ma répugnance, regarder ces brutes prendre leur ignoble pâture.

Le soleil qui avait un moment troué l'épais rideau de nuées, avait disparu de nouveau. Le vent faisait rage, le tonnerre roulait avec un fracas assourdissant, les flots hurlaient en se brisant sur les écueils.

Au loin, tonnait le canon d'alarme. Ce signal venait-il de l'*Éclair* ? Un autre navire poussé par l'ouragan était-il en perdition dans ces parages peu fréquentés ? Nos amis n'eurent pas le temps de se le demander, ni de se faire part de leurs impressions.

Les natifs, sans se préoccuper de ce déchaînement des éléments, ne pensaient qu'à leur festin.

Le rôti paraissait cuit à point. Sa garniture, composée d'un légume baptisé par les naturalistes du nom significatif de *Solanum anthropophagorum*, fumait dans de longues coquilles nacrées, disposées devant les feux en guise de lèchefrites par la prévoyance des convives.

Le couvert était dressé, le festin allait commencer.

Un des convives, vêtu d'une plume dans les cheveux, et d'un bracelet en dents de serpent, commença une sorte d'incantation, servant sans doute de bénédicité à ce fantastique repas.

Un cri formidable, poussé en bon français, et par une voix habituée au commandement, arrêta net le premier verset dans le gosier de l'élu de la caste sacerdotale.

— Halte-là!... au nom de la loi!...

L'effet est féerique. Les blancs sont ahuris. Il y a bien de quoi.

Les noirs étonnés se lèvent d'un bond et saisissent leurs armes.

— Halte-là!... reprend la voix. Que je réiterrre!... Obtemperrez!... Sauvages!... Sinon, je verbalise!

De plus en plus étonnés, stupéfiés même, ils abaissent leurs lances à pointes d'os, leurs massues en bois de fer, leurs dorwucks, leurs boommerangs, et se tiennent dans une attitude non moins respectueuse qu'effarée.

C'est que, jamais, les indigènes qui errent depuis la pointe d'York jusqu'à Melbourne, ou depuis Sydney jusqu'à la rivière des Cygnes, n'avaient contemplé un pareil spectacle.

Les perruches multicolores en jacassèrent à gosier que veux-tu, au haut des arbres, à feuilles de zinc, leur servant de pérchoir.

— Les gendarmes!... s'écria Friquet, rééditant le fameux coup du commandeur bien connu des duellistes pour rire, qui ne comprennent le combat singulier que complété par le trépas d'un inoffensif lapin.

Le phénomène était, en effet, non pas les gendarmes, mais bien un seul gendarme français, en grand uniforme.

Celui-là était un luron à trois poils. Long, haut, maigre, osseux et tourmenté comme un tronc d'orme, le nez violemment coloré, les moustaches en croc, la barbiche en virgule, la poitrine ornée de l'étoile des braves; son arrivée tenait du prodige.

En quelques coups de botte, il éparpilla vivement les broches, les charbons et les rôtis.

— Que c'est honteux, sauvages, continua-t-il de sa voix

dure et indignée, que c'est honteux de manger son semblable.

« M'entendez-vous bien !... »

Il dit, et se campa héroïquement dans une irréprochable attitude militaire : l'œil à dix pas, le petit doigt sur la couture, les pieds en équerre, la poitrine bombée, comme à l'inspection, et il fixa intrépidement les moricauds grimaçants.

Les pointes de son chapeau *en bataille* formaient une ligne rigoureusement horizontale, ses buffleteries reflétaient des fulgurations d'or en fusion, ses bottes encore mouillées luisaient comme de l'ébène verni, et le fourreau de son sabre étincelait comme l'arc d'argent de Phébus-Apollon.

Bientôt, revenus de leur stupeur première et furieux de voir les débris de leur festin joncher le sol, les natifs entourent le nouveau venu, lèvent derechef leurs armes sur lui, et, malgré la noble attitude de son maintien, se livrent à de fantastiques ébats inspirés par la Terpsichore australienne.

Ils ont tous figuré avec de la couleur blanche sur leurs torses, leurs membres et leurs faces, les os du squelette humain ; cette parure de haut goût étant la tenue de rigueur, l'habit de cérémonie des agapes anthropophagiques.

La plupart portent en outre des tatouages absolument renversants. Les uns ont dessiné sur leurs joues couleur réglisse, avec des couleurs minérales, les favoris blonds roux des matelots anglais qu'ils ont aperçus aux stations navales.

Les autres portent des moustaches ; sur les joues de quelques femmes sont dessinées de pipes dont le tuyau semble sortir de la commissure des lèvres, pendant que la fumée monte en spirales bleuâtres jusqu'à la tempe.

Rien n'y manque, pas même le point rouge formé par le tabac en ignition.

D'autres, enfin, ont figuré sur leur torse nu, la tunique rouge des soldats du Royal-Marine, sanglée à la taille par le ceinturon noir qui soutient le sabre et la baïonnette.

Les Européens, malgré la gravité de la situation, pouffaient de rire. Seul, le gendarme était plus majestueux que jamais.

La sarabande continue plus échevelée, plus macabre, s'il est possible.

Elle est accompagnée du cri mille fois répété de « Kik-Hété!... Kik-Hété!... » ce qui signifie en langage australien : Mangeons-les! Mangeons-les!...

Comme le gendarme ignore les subtilités des dialectes polynésiens, il s'imagine que ces paroles l'invitent à dire qui il est.

— Qui que t'es?... Qui que t'es?... Ils me tutoient, que je présuppose, ces hommes peu vêtus... Eh bien, donc, je vais vous le dire, nonobstant que vous soyez de simples sauvages.

« Vous avez celui de voir devant vous, le g'darrrrrme Onésime-Eusèbe-Philibert Barbanton, de la g'darrrrm'rie coloniale!... Médaillé depuis 65, décoré pour fait de guerre en 70!... dix-huit ans de service, cinq campagnes, trois blessures, et... présentement naufragé sur vos rives en revenant de la Nouvelle-Calédonie.

— Kik-Hété!... Kik-Hété!...

— Paraît, sauvages, que vous n'avez pas l'entendement plus subtil que les Canaques. C'est la faute à vot'gover-rn'ment.

« Tant pis, sauvages!... Que si vous n'étiez pas des êtres oblitérés, je vous montrerais mon livret. Mais, que vous ignorez les bienfaits de l'école primaire; c'est donc inutile, subséquemment. »

Malgré ces explications qui, en dépit de leur bienveillance, laissent percer un coin d'ironique dédain, les hurlements atteignent une intensité que ne peuvent concevoir des oreilles européennes. Quelques griffes crochues s'avancent pour saisir le brave militaire toujours impassible.

Il serait perdu, peut-être, sans un incident qui retarde le moment fatal.

Les anthropophages, voyant leur marmite renversée, pensèrent à festiner quand même, et en dépit de la véhémente prohibition de cet homme au langage baroque.

Ils se jettent comme des furieux sur les quatre Européens, et vont les égorger séance tenante.

Le brave Barbanton n'y tient plus! Il dégaîne son sabre, se couvre d'un moulinet rapide et expectore une série de commandements qui se fussent entendus sur le front d'une division.

— Garde à vôôôs!... Silence dans les rangs! au nom de la loi!... Je dresse procès-verbal à toute la compagnie, les dames comprises.

« Les rassemblements sont interdits! Prenez garde, délinquants!... Dispersez-vous, ou je charge!...

« Ma patience est à bout!... »

Il se précipite en avant, butte contre une racine et manque de tomber. Son chapeau à cornes suit l'impulsion et roule à ses pieds.

O prodige inouï! O merveille inénarrable! A peine cette phrase est-elle sortie de la bouche du représentant de ce qu'en France on appelle la force armée, que les anthropophages jettent précipitamment leurs armes, se prosternent humblement à terre et murmurent d'une voix respectueuse, ce mot : *Tabou!... Tabou!... Tabou!...*

C'est comme un coup de théâtre!

Le gendarme, stupéfié à son tour, ramasse prestement sa coiffure et l'assujettit en trois temps sur sa tête.

Alors, les salamalecs et les adorations s'adressent à lui-même.

C'est à peine si ses féroces ennemis osent le regarder.

Sans rien comprendre à ce revirement subit, le brave homme profite de cette puissance magique pour prendre sous sa haute protection ses compagnons qui ne peuvent en croire leurs yeux.

Barbanton ignorait que le mot : « *Tabou* » signifiant sacré, inviolable, confère à la personne ou à l'objet sur lequel on le prononce, un état d'inviolabilité que nul n'oserait jamais profaner sous peine des plus épouvantables malheurs.

Au moment où il disait : « *Ma patience est à bout* », son chapeau tomba, et les cannibales, faisant à leur tour un quiproquo analogue aux « qui que t'es » de tout à l'heure, crurent que le gendarme venait de « *tabouer* » cet objet bizarre qui faisait dorénavant révérer son propriétaire à l'égal d'un Manitou.

Enfin, les hauts dignitaires de la tribu s'enhardirent peu à peu, et vinrent respectueusement frotter leur nez contre celui de Barbanton. Ce dernier parut fort sensible à cette politesse exotique à laquelle il ne songea aucunement à se soustraire. Après lui, les simples citoyens, puis les femmes et jusqu'aux enfants se livrèrent avec non moins de vénération à l'accomplissement de ce pieux devoir. Ces contacts réitérés eurent pour résultat de faire passer du rouge vif au violet foncé l'organe d'olfaction du nouveau saint dont venait de s'enrichir le calendrier australien.

Sa figure martiale en reçut un lustre nouveau. Les natifs s'en réjouirent. Les Européens saluèrent cette rougeur, qui présageait l'aurore nouvelle de jours plus heureux.

Le gendarme lui-même en fut émerveillé.

— Paraît, dit-il, que je commence à devenir quelque

chose comme qui dirai un emperrreur, ou bien encore un bon Dieu.

« Je ne dis pas non, sauvages... que ça peut servir... térativement. »

Friquet, le premier, recouvra le plein usage de ses esprits pertubés par la bizarre succession de ces faits panachés d'extravagance.

— En vérité, je vous le dis, gendarme, vous êtes un père.

On sait qu'il affectait cette locution qui était chez lui le *summum* du contentement.

— Mais, vous aussi, jêne homme, je pourrais vous demander qui vous êtes, et ce que vous faites ici.

— Oh! moi, reprit gravement le gamin, j'étais hier quartier-maître mécanicien, il y a cinq minutes, j'étais presque rosbif, maintenant je suis votre obligé, et j'ai très faim.

La précision de cette réponse parut satisfaire, momentanément du moins, les susceptibilités du gendarme.

Les natifs étaient toujours prosternés comme devant une châsse.

Barbanton remit son sabre au fourreau et les fit relever d'un geste très noble.

Puis, apercevant le docteur, sur les manches duquel brillaient les trois galons de chirurgien de première classe, il fit le salut militaire et dit :

— Pardon, excuse, m'sieu le docteur, vous êtes mon chef hiérarchique, permettez-moi de me mettre à votre disposition.

— Merci, mon brave, reprit celui-ci, le service que vous venez de nous rendre vous dispense de toute formalités, d'autant plus que nous sommes dans une situation absolument déplorable, et que notre sort commun rapproche singulièrement les distances. Nous sommes tous naufragés et au moment de mourir de faim. Il s'agit de nous débrouiller, et d'unir fraternellement nos efforts afin de sortir au plus tôt de ce pétrin où la fatalité nous a enfoncés.

— Oh! moi, j'en fais mon affaire. Je vais commander à tous ces particuliers une corvée de vivres, et je vous f...iche mon billet qu'avant deux heures nous aurons un rata conditionné... foi de Barbanton.

— Qu'il soit donc fait comme vous le désirez.

Le gendarme n'avait rien avancé à la légère. Ce diable d'homme fit tant et si bien, il se démena avec une telle intensité, commanda d'une si belle voix, et sut avec tellement d'à-propos user de son « *Tabou* » que l'abondance régna bientôt dans le campement improvisé par le naufrage.

Comblés de présents, gorgés de chair de kanguroo et d'opossum que ses adorateurs allèrent aussitôt chasser, les quatre Européens purent se rendre à Cardwel, escortés de tout le clan d'Australiens qui gambadaient comme des sauterelles noires.

Ils arrivèrent bientôt en pays civilisés. On se sépara après nombre de poignées de main, d'embrassades et de frictions de nez. Les natifs ne pouvaient se résoudre à abandonner leur *tabou*.

Il fallut pourtant se quitter.

Le récit des aventures extraordinaires des naufragés défraya pendant vingt-quatre heures la conversation de la ville, dont Barbanton devint la coqueluche. Les journaux publièrent son portrait, et le directeur de l'un d'eux lui paya un autographe mille francs la ligne.

Il était dit que le gendarme épuiserait toute la série des événements les plus invraisemblables. Le tribunal colonial, jaloux des prérogatives de ses nationaux, fit comparaître Barbanton à sa barre, et le condamna à une livre d'amende pour usurpation de fonctions.

Il avait verbalisé, lui Français, sur le territoire de Sa

Majesté Britannique. Ces Anglais sont si formalistes !

Comme il sortait de l'audience un peu déconfit, — c'était la première fois qu'il comparaissait comme prévenu, — le président lui remit une superbe montre en or et une liasse de bank-notes. On récompensait sa belle conduite, et le principe de non-intervention était sauvé.

Le tribunal, d'ailleurs, avait cru devoir écarter le chef d'entrave au libre exercice d'un culte toléré par l'État.

Les naufragés, sans s'endormir, *à la moutarde*, comme le disait prosaïquement Friquet, n'eurent rien de plus pressé que de chercher à rejoindre leurs compagnons.

Leur foi était robuste. Ils ne pensèrent pas un seul instant que l'*Eclair*, en dépit de son avarie, et malgré la tempête, ne fût en marche vers le repaire des *Bandits de la mer*. Ils connaissaient le point exact où se trouvait l'attoll.

Barbanton, riche des libéralités anglaises, mit généreusement à leur disposition les fonds dont il disposait.

Ils frétèrent une embarcation légère, d'un faible tirant d'eau, montée par cinq hommes connaissant parfaitele les passes dangereuses qu'il fallait franchir, et se lancèrent intrépidement à travers les récifs de corail.

C'était folie de leur part. Ils n'hésitèrent pas.

Avant de les suivre dans cette voie périlleuse, deux mots sur le corail.

Je ne doute, en aucune façon, du savoir du lecteur. Loin de moi la pensée de lui apprendre ce qu'il sait parfaitement, que le corail, cette matière calcaire, rosée ou rouge vif, si fort estimée des peuples sauvages et civilisés, est sécrétée par des animaux microscopiques habitant le fond des mers.

Chacun connaît ces infiniments petits, les lieux où ils vivent de préférence, et les pêcheries qui alimentent une industrie considérable.

En revanche, bien peu se rendent compte des travaux inouïs qu'ils accomplissent, et dont le résultat dépasse tout ce que l'imagination peut concevoir.

C'est, en effet, un phénomène étrange que l'existence de ces animaux sans viscères, arbrisseaux sans feuilles, pierres et plantes tout à la fois, qui se reproduisent par bouton, se propagent par la ponte, s'agglomèrent en républiques, et finissent par encombrer les mers de leurs innombrables ramifications.

Sans parler des îles *Madréporiques*, dont le nom indique suffisamment l'origine, il existe autour de la Nouvelle-Calédonie un récif de coraux de 900 kilomètres. C'est l'œuvre de ces infatigables travailleurs. A l'est de l'Australie, ils ont formé un banc de 1,600 kilomètres d'étendue, et l'archipel dangereux ou mer Mauvaise, un nom bien significatif, mesure 2,500 kilomètres de long sur une largeur à peu près égale.

Total : 5,000 kilomètres de continent madréporique !

Ce travail colossal continue toujours, et il est facile de voir que ces *dendroïdes* aux branches pétrifiées quoique vivantes, servent d'assises à de futurs continents.

En effet, la navigation devient de plus en plus difficile dans l'espace compris au nord et à l'est de l'Australie, depuis le détroit de Torrès jusqu'au tropique du Capricorne, depuis la Nouvelle-Calédonie, jusqu'aux îles Salomon.

Ici, un chenal se resserre, là un canal se comble, des îlots émergent, jalons des terres à venir, et de nouveaux récifs apparaissent chaque année.

Ouvriers inconscients, travaillant sans relâche, ces milliards de microzoaires produisent d'intarissables sécrétions.

Au fond des insondables abîmes, les premiers ont formé des rocs solides, au travers desquels s'étendent des grottes et des galeries sous-marines dans lesquelles

les monstres aquatiques s'abattent comme dans des palais enchantés.

De nouveaux rameaux s'ajoutent aux anciens. Ils se croisent, s'enlacent, se soudent, s'enchevêtrent, forment les indissolubles assises de nouveaux piliers qui se superposent aux premiers, ouvrent de nouvelles cavernes de pourpre, qui s'étagent irrégulièrement selon le caprice du hasard, seul architecte de ces substructions fantastiques.

Enfin, pour quelques-uns des travailleurs, le *grand œuvre* est accompli. Ils voient le jour!...

Ce moment, hélas! marque le terme de leur existence. Le changement d'élément leur est fatal, ils meurent. Mais alors, l'Océan est encombré de leurs inextricables broussailles. Les pointes aiguës que l'on aperçoit à peine, arrêtent tous les objets venant des côtes ou de la haute mer; arbres déracinés par la tempête, épaves de vaisseaux naufragés, lianes, algues, varechs, goëmons, etc.

Ces débris se mélangent, s'amalgament, prennent de l'homogénéité, se ramollissent, se putréfient, forment à la longue un épais et solide plancher d'humus, jardins suspendus, que la Reine des flots élabore chaque jour, et auxquels elle apporte sans cesse de nouveaux matériaux.

De temps à autre, un gigantesque cétacé, battu par les vagues en furie, assommé par les trombes, broyé par les rocs, vient s'échouer sur un lit d'algues vertes. Son corps devient la proie des oiseaux de mer qui, trouvant pour longtemps une proie assurée, viennent établir une colonie près de cette montagne de chair.

Des graines portées sur l'aile légère des vents, ou roulées par les flots, accomplissent le mystérieux travail de la germination. Les végétaux sortent de ces terrains en formation.

Des sauriens arrivés on ne sait d'où, car on en trouve

partout, viennent se reposer sur ces rivages hospitaliers.

Les amphibies viennent s'y livrer aux ébats monstrueux de leurs amours étranges.

Bien des années s'écouleront encore avant que ce sol devienne habitable pour l'homme; mais le fait est acquis, et l'on peut hardiment annoncer, sans être accusé de paradoxe, que la configuration des terrains océaniques sera modifiée dans un temps relativement rapproché.

Les quatre Français appareillèrent au petit jour, et sans même penser un moment à se faire rapatrier, sans une minute d'hésitation, sans songer qu'ils allaient avoir à se heurter à des obstacles presque insurmontables, s'élancèrent, à corps perdu, Don Quichottes sublimes! dans l'inconnu.

La verve marseillaise du docteur débordait. Le gamin était plus endiablé que jamais. Le gendarme, rigide comme un fourreau de sabre, digne comme l'autorité, ne perdait pas un pouce de sa taille. Une seule chose le faisait sortir de temps à autre, de son incomparable sérénité.

Le brave homme avait le mal de mer. Quand le tangage désagréablement compliqué du roulis soulevait de tribord à bâbord, de l'étrave à l'étambot, la coque du léger navire, le diaphragme de Barbaton éprouvait de terribles soubresauts, et son estomac sortait toujours vaincu de cette lutte contre la nausée.

Il portait alors la main à son chapeau prudemment amarré par sa jugulaire, esquissait le salut militaire et, pâle, livide, exsangue, le nez jaunâtre, répétait invariablement :

— Pardon, excuse, m'sieu le docteur et la société, je me sens... fatigué. Heureusement que n'y a pas de dames...

« Entre z'hommes !...

— Faites comme chez vous, gendarme, répliquait en gouaillant Friquet ; ne vous gênez pas, nous connaissons ça.

Et le gendarme expectorait... à faire monter le niveau du Pacifique, calme pourtant comme un océan d'huile.

Le gamin et le gendarme étaient devenus les meilleurs amis du monde. Le premier abusait parfois de l'ascendant inexplicable qu'il avait rapidement pris sur le second ; mais, en somme, ses plaisanteries fort anodines étaient si burlesques, que le brave Pandore qui, sous son écorce un peu comique, cachait un cœur excellent et un caractère exceptionnellement bon, était le premier à en rire.

Friquet, comme on dit vulgairement, lui montait d'invraisemblables scies, émettait les paradoxes les plus audacieux, racontait les histoires les plus folles, et Barbanton qui se laissait toujours emballer, finissait par être ravi. Il s'amusait comme un vieil enfant de ces facéties un peu pimentées, mais toujours si drôles, qu'un caractère mal fait eût seul trouvé l'occasion d'en être froissé.

Somme toute, il y avait dans la condescendance affectueuse du gendarme, un peu de cette paternelle tolérance du gardien de la paix, à la vue des farces d'étudiants ou de titis, ces enfants gâtés de Paris.

Le matelot français, naufragé comme eux, était, lui aussi, un vrai type.

Il semblait vivement préoccupé depuis deux jours. Perpétuellement occupé à fouiller ses souvenirs, il contemplait à la dérobée André, qu'il inventoriait de la cime à la base, et semblait se demander où diable il pouvait bien l'avoir vu.

André, de son côté, se rappelait vaguement des traits connus, que l'oubli avait presque entièrement effacés, mais dont la trace ne pouvait être complètement perdue.

Un matin, que le pilote faisait évoluer lentement l'embarcation à travers un chenal dont les parois de corail émergeaient, brunies, roussies par le soleil et la lame, la mémoire revint subitement au brave « mathurin ».

Il retira méthodiquement sa chique, la déposa au fond de son béret, puis, en homme qui prend un parti héroïque, se leva et s'avança vers le jeune homme.

— ... Comme ça, dit-il un peu interloqué, sans vous commander... monsieur, est-ce qu'il serait possible de vous dire deux mots?

— Mais, mon brave, avec le plus grand plaisir; quatre, si voulez. Je suis tout à votre disposition... Dites...

— Dame! c'est que, moi, je dois vous dire que je m'entends mieux à épisser une écoute, ou bien à prendre un ris, qu'à faire l'avocat... Pourtant, y a une chose qui me chavire et que je veux vous demander, puisque vous voulez bien.

André le laissa aller. Il savait que c'était le meilleur moyen; le matelot s'enhardit et partit de l'avant.

— Si je ne me trompe pas, il y a huit ans que je vous connais.

— Vous m'avez vu il y a huit ans?

— Oui, monsieur, et dans des circonstances qu'on n'oublie pas.

André interrogeait laborieusement ses souvenirs rebelles.

— Vous êtes bien monsieur André B...

— Sans doute.

— Vous étiez au siège de Paris.

— Oui.

— A la tranchée avancée, devant les Hautes-Bruyères.

— En effet, j'ai été plusieurs fois de service à ce poste.

— Vous faisiez partie d'un bataillon de marche... Près de vous, était une compagnie de fusiliers marins de Lorient, commandée par le lieutenant de vaisseau Lucas et l'enseigne Edouard des Essarts, votre ami d'enfance.

— C'est vrai, de point .. point ; ce brave des Essarts, avons-nous assez « vécu de faim » ensemble, dans cette damnée tranchée !

— Sauf, quand il allait sur la neige tuer des alouettes à la barbe des Prussiens, qui lui envoyaient à six ou sept cents mètres des feux de peloton, qui, du reste, ne le troublaient guère.

— Le fait est que ce cher ami a été souvent la providence du garde-manger.

— Oh! reprit le marin d'un air convaincu, c'est un débrouillard !.. et un crâne matelot.

— Mais vous étiez donc-là ?

— Là et ailleurs, vous allez voir. Vous vous rappellerez tout à l'heure.

« Un soir, à neuf heures et demie, vous étiez de tranchée ; nous aussi. Il y avait bien un pied de neige. On battait la semelle et on soufflait dans ses doigts. Vous arrivez en vous courbant, engoncé dans votre grand caban blanc que je vois encore.

« Vous dites bonsoir à tout le monde, et vous êtes le bienvenu, comme d'habitude.

« — Dis donc, que vous dit comme ça M. des Essarts, tu sais, le factionnaire prussien est encore là-bas, près du grand peuplier.

« — Tiens, que vous répondez, si on allait le crocher.

« Le lieutenant qui en grillait d'envie, répond :

« — Ça va.

Les têtes carrées étaient à peine à six cents mètres de nous, y avait pas à plaisanter. Mais ce factionnaire vous tirait l'œil, à vous et surtout au lieutenant qui voulait vous faire cadeau d'un fusil Dreyse pour vos étrennes.

« — Deux hommes de bonne volonté, que dit tout bas M. des Essarts.

« Il en avait vingt.

28

« Il désigne au hasard un matelot alsacien, nommé Bick, un bon type, et son ordonnance, un gringalet de Parisien.

— De quoi, un gringalet, dit Friquet scandalisé !

— Faut pas vous fâcher, mon pays, le Parisien oublie souvent son ventre à la maison, et le mot de gringalet n'est pas un terme offensant, à preuve que je suis natif de Paris, et pas plus gras pour ça.

— Pétard ! Un Parisien ! Un frère, quoi !

— Tiens, faut que je t'embrasse, mon vieux frère !

— Fallait donc le dire, matelot, fit l'inconnu en se prêtant de fort bonne grâce à l'accolade de Friquet.

— Continuez, mon ami, dit affectueusement André, profondément ému par ces chers souvenirs.

— Ah ! voilà, reprit le narrateur, le capitaine Lucas, encore un luron celui-là, fit pour la forme quelques observations.

« Oh ! ben oui. Les quatre hommes avaient déjà escaladé le talus. Ils marchaient en file indienne, le fusil déchargé, mais les baïonnettes au bout, il y avait défense formelle de tirer. Le lieutenant le premier, puis Bick l'Alsacien, vous monsieur André, puis moi.

« La nuit était plus noire que le fond d'un pièce de 19.

« On avançait lentement sur la neige qui craquait. Cet animal d'Alsacien, était pieds nus dans ses godillots ; à chaque pas, son talon d'éléphant faisait crac ! crac ! comme un cheval qui broie l'avoine.

« — Animal, que lui dit le lieutenant, tu vas nous faire casser la... figure.

« — Bas tancher, ma liédenant, moi, ch'vas foir si leur vendre y l'être aussi dûr que leur gasque.

« — Chut !...

« Nous approchions ; on entendait le Prussien marcher, tousser, souffler. Il était à vingt-cinq pas à peine.

« Le moment était venu !

« Pas de veine ! A l'instant où il allait être pincé, un coup de feu éclate, venant de la tranchée française, la balle siffle dans les branches.

« — Wer-dhâ ! crie la sentinelle.

« J'ten fiche, du Wer-dhâ ; on ne remue ni pieds ni pattes.

« Mais, guignon de guignon, voilà le lieutenant qui se rappelle que tous les forts de la zone doivent commencer le feu à dix heures...

« On n'a que le temps de rentrer.

« Au même moment, d'Issy, de Vanves, de Montrouge, de Bicêtre, de la redoute d'Ivry, éclate un tonnerre que le diable en eût pris les armes.

« Boum ! boum ! et boum ! les obus rappliquent en ronflant. Bref, on revient un peu plus vite qu'on n'était venu.

« On retrouve, à cent pas en avant de la tranchée, le capitaine Lucas, qui était d'une inquiétude !...

« Bref, vous n'avez pas eu votre fusil Dreyse ce jour-là (1).

« Moi-même, je vous ai balayé une belle place dans la neige, j'ai étendu sur la terre une palissade arrachée à la clôture d'un jardin de pépiniériste, j'y ai mis une peau de mouton, vous vous êtes allongé là-dessus avec M. des Essards, et vous avez dormi, comme des bienheureux, jusqu'au réveil, malgré le charivari du canon. »

André écoutait avec une émotion visible et non contenue, cet épisode si fidèlement raconté.

— Mais, c'est toi, toi-même, Bernard, l'ordonnance de des Essards !...

« C'est toi qui nous accompagnais !... Toi qui pendant la nuit, nous couvris les épaules de ta capote.

« Mon brave Bernard ? dit-il en lui serrant les mains ; que je suis donc heureux de te revoir !

(1) Historique.

— Et moi, donc, monsieur ; ce que c'est que les hasards de la vie ?

— Te rappelles-tu, Bernard, quand tu revenais de l'Orphelinat de Vitry, à travers la pépinière Defresne, portant une marmite pleine de café ?

— Oh ! oui, bon Dieu ! que c'était drôle.

— Tu trouves cela drôle. Les Prussiens te voyant arriver, le fusil en bandoulière, t'ont envoyé plus de cinq cents coups de fusil. Une balle, traverse la marmite, voilà le café qui s'écoule des deux côtés, et toi, au lieu de penser au danger, te voilà éperdu en voyant le liquide se répandre dans la neige...

« Je te vois encore, essayant, mais en vain, de boucher les trous avec tes doigts, et arrivant au milieu d'une grêle, avec la marmite au trois quarts vide.

— Y a eu qu'un malheur, c'est que vous avez été privés de café (1).

Friquet était tout oreilles.

— Stop ! cria le pilote, coupant net la narration.

(1) Historique.

CHAPITRE IV

Trahison. — Cinq contre cinq. — Un gendarme qui a le mal de mer peut néanmoins faire d'excellente besogne. — Un prisonnier. — Ce que c'est qu'un *atoll*. — Les immenses travaux des infiniment petits. — Il faut en finir. — Le tombeau du *Vaisseau de proie*. — En avant ! — Éclairage sous-marin. — Une torpille. — La voie est libre. — En tirailleurs. — Ennemis invisibles, mais terribles. — L'explosion d'une mine et ses conséquences. — Celui qu'on n'attendait plus.

Au cri du pilote, les lames courtes et basses furent comme coupées en biais par un objet dont il était impossible de déterminer la nature.

Animal ou projectile, sa vitesse fut incalculable, son passage instantané. Cela fila à dix mètres à peine de l'avant de l'embarcation. Les passagers entendirent un bruit strident, râle de cétacé, ou sifflement d'obus qui s'éteignit presque aussitôt.

— Il était temps, fit le timonier.

Au même moment, un roc émergeant à trois ou quatre encâblures, éclata. Une détonation sourde retentit, un énorme fragment de matière jaillit dans les flots, un nuage blanc surgit, en forme de sphère, puis s'étala.

— Tiens, dit Friquet, paraît qu'il grêle de la fonte.

— Obus à fusée percutante, et d'un vrai calibre, reprit le matelot Bernard.

— Mais, continua le docteur, on dirait que ça nous est destiné.

— Oui, dit le pilote.

— Qui diable s'amuse à nous prendre pour une bouée servant de but dans un exercice à feu ?

— Nous ne sommes pas au polygone ici...

— Non, mais à moins de dix mille mètres des pirates.
— Pas possible.
— Si.
— Tant mieux.

Un second coup, mieux dirigé, enleva net le bout-dehors du beaupré, dont les sous-barbes pendirent, faute d'appui.

— Mais enfin, qui diable nous canarde comme ça? gronda le gamin furieux.

— Navire à tribord, fit le pilote, qui, comme feu Bas-de-Cuir, parlait peu, et riait silencieusement.

— Tiens!... sommes-nous bêtes.

— Friquet, mon garçon, parle pour toi, reprit le docteur. Notre modestie bien connue nous empêche de nous associer à ce compliment, plus.... bienveillant que mérité.

— Oui, mais avec tout ça, si nous n'arborons pas un pavillon quelconque, blanc, jaune ou vert, un morceau de chiffon... Enfin, nous allons recevoir, en plein ventre, quatre cents livres de métal.

— Ça, c'est une idée.

Le pavillon français fut hissé à la pomme du mât. Friquet, qui joignait à la langue d'un Parisien l'agilité d'un quadrumane, s'était hissé, à l'aide d'un étai, jusqu'au haut du grand mât... Son œil interrogeait anxieusement l'horizon.

Un grand vaisseau, aux formes effilées, mais qui paraissait gravement avarié, évoluait lentement à travers les récifs. Un large panache de fumée noire sortait, en s'étranglant, de sa cheminée trop étroite.

— L'*Éclair!* hurla le gamin. C'est l'*Éclair!* Il nous a vus... peut-être reconnus, puisque le feu a cessé.

Il n'avait pas encore achevé sa phrase qu'un coup de feu retentit. C'était la détonation aiguë d'une carabine américaine.

Le petit Parisien dégringola ou, plutôt, se laissa glisser le long de son étai, et arriva sur le pont, la face souillée de sang.

— Mille tonnerres de Paris ! on s'assassine donc ici ?

Comme si le coup de carabine eût été un signal, les cinq hommes de l'équipage, armés jusqu'aux dents, se ruèrent sur les passagers.

Le timonier resta seul à la barre.

— Cinq contre cinq, cria André, d'une voix de tonnerre. La partie est gagnée.

Le gendarme, en proie à toutes les horreurs du mal de mer, se leva d'un bond et dégaîna. Il était pâle comme un spectre, non de peur, le brave homme, mais quel héroïsme peut tenir contre la nausée ?

Son nez seul avait conservé ses tons violets : on eût dit une fraise piquée dans un fromage à la crème.

L'émotion et la colère qui la suivit arrêtèrent les soubresauts de son estomac.

— Paraît que ça va chauffer, dit-il en se mettant en garde, prêt à s'élancer.

Le docteur, en homme familiarisé avec l'armement d'un bâtiment, avait bondi à l'arrière et saisi la hache servant en cas de besoin à couper l'amarre de la bouée de sauvetage.

Avec une vigueur qu'on n'eût pas attendue de son grand corps maigre et tout dégingandé, il maniait le lourd instrument avec la dextérité d'un bâtonniste jonglant avec une canne.

André, mis en joue par un des gredins, se jeta à corps perdu sur lui. Le coup partit, la balle coupa un hauban. Les deux hommes roulèrent sur le pont.

Bernard, le matelot, qui seul était susceptible de faire évoluer la roue du gouvernail s'attaqua intrépidement au timonier.

Ce dernier, tout en maintenant la barre de la main

gauche, saisit un revolver et ouvrit un véritable feu de file sur le brave matelot que cette pétarade n'eut pas le privilège d'émouvoir.

Friquet avait déjà étalé sur le dos un grand diable d'Anglais qui, le sabre d'abordage d'une main et le revolver de l'autre, semblait dédaigner un si chétif adversaire. Ce fut un tort, car il heurta rudement du nez et du poitrail les planches du panneau.

— Un... et deusse ! ricana-t-il en se mettant en garde, non sans avoir préalablement mis la main sur le revolver, comme un chat la griffe sur une saucisse.

« Et comme ça... on voudrait faire de la peine à ces bons Français, qui ont, sans marchander, payé comptant l'affrètement de cette coquille de noix... Allons, mes petits agneaux, vous vous fourrez le doigt dans l'œil jusqu'à la cervelle.

« Pas de bobo ! ça va être drôle. »

Quoi qu'en eût dit André, la partie était loin d'être gagnée ; tout au plus si elle était égale. Il est vrai que nos amis, braves jusqu'à la témérité, s'étaient, en hommes rompus à la vie d'aventures, bientôt mis sur la défensive.

Les armes leur manquaient, ils en avaient conquis. La surprise était manquée, sans doute, mais ce n'était qu'une escarmouche : la bataille allait commencer.

Elle fut courte, mais terrible.

Nul n'était blessé. Friquet, barbouillé de sang, comme un « saladériste » en travail, n'avait qu'une simple égratignure. La balle Remington, effleurant le lobe inférieur de l'oreille gauche du petit homme, produisait cette hémorragie violente, mais sans danger.

Après quelques secondes de trêve, les dix hommes se ruèrent les uns sur les autres avec une irrésistible furie.

De rauques jurons, expectorés en allemand et en anglais, sortaient des poitrines des agresseurs qui croyaient d'abord avoir bon marché des Français, mais que la verte réplique de ceux-ci avait quelque peu déroutés.

C'étaient de vrais gredins, d'indomptables damnés, des complices des *Bandits de la Mer*.

Bernard commença l'attaque. Les coups du revolver du timonier, mal ajustés, avaient été sans effet. L'arme à feu est mauvaise sur un bâtiment de faible tonnage. Le tangage et le roulis font dévier les projectiles...

Le coquin, étreint comme dans un étau par les dix doigts de fer du matelot français, bleuit et tira la langue.

— Crève donc, mauvais cabillaud, gronda-t-il.

L'autre se raidit et lâcha la barre.

Le secours lui arrivait : un de ses complices, faisant tournoyer comme une massue sa lourde carabine qu'il tenait par le canon, l'abattit sur la tête de Bernard, qui, le dos tourné, n'avait, en aucune façon, conscience du danger qu'il courait.

Il était perdu! Mais Barbanton vit le péril. S'il n'avait pas le pied marin, il maniait le sabre comme un premier maître de contrepointe. Et il avait le bras long... mais long.

Sa lame étincela, et tomba avec un bruit de couperet sur un des bras qui fut fauché du coup. La crosse dévia et tomba sur l'épaule de Bernard qui fléchit, mais ne desserra pas son étreinte.

— Tapé!... gendarme, cria le gamin.

L'homme, ainsi mutilé, tomba. Deux jets de sang, rouges et écumeux, sortaient de son moignon sanglant, avec des intermittences correspondant aux battements du cœur.

— Et d'une!... criait-il de sa voix de commandement.

— Et de deux, continua le docteur, qui l'épaule entamée d'un coup de couteau, fendait jusqu'aux oreilles, d'un coup de sa hache, la tête d'un malandrin, qui croyait casser comme une allumette cet adversaire, dont les dimensions rappelaient celles d'un manche de contrebasse.

André et son ennemi, enlacés comme deux lutteurs, se tordaient en roulant sur le pont. De rauques rugissements s'échappaient de leurs gorges serrées. Leurs membres rigides contractés, comme par le tétanos, étaient inextricablement enlacés.

Le gendarme et le docteur, leur exploit accompli, envisagèrent d'un rapide coup d'œil la situation, qui, en somme, n'était aucunement compromise, au contraire.

— A moi! cria Friquet.

Le brave Parisien se défendait désespérément contre deux hommes auxquels il tenait tête avec sa vaillance accoutumée. Il avait déchargé, comme un étourdi, à l'aventure, son revolver, et, selon son habitude, il avait manqué, à bout portant, l'homme qu'il visait.

Le gamin désarmé, bondissait de droite et de gauche, mais chassé de recoin en recoin, comme un rat poursuivi par des bull-dogs, il avait fini par être acculé à l'avant.

Le docteur et le gendarme s'élancèrent.

— Rendez-vous!.... cria, de sa voix de tonnerre, Barbanton qui ponctua son ordre d'un léger coup de pointe, au bas des reins de l'un deux.

Le gendarme, très bon enfant, et un peu facétieux, ne voulait pas la mort du pêcheur. Sa mission était de trouver des délinquants et de les arrêter. Il n'avait garde d'y manquer, et ne faisait usage de ses armes qu'à la dernière extrémité, dans le cas enfin de légitime défense : c'est le règlement.

Le docteur ne dit pas un mot, mais sa hache s'abattit une seconde fois. Le bandit, frappé au côté droit de la tête, d'un terrible coup, chancela et roula, la joue pendante, l'oreille coupée, les dents à nu, et grimaçant hideusement au milieu de chairs rouges.

L'homme, lardé par le gendarme, se retourna comme un taureau piqué par un taon. Il était, ainsi que le docteur, armé d'une hache. Une désagréable surprise l'attendait au moment où il opérait sa volte-face : la pointe agile de Barbanton s'en vint délicatement, doucement même, s'appliquer sur sa gorge, à quelques centimètres au-dessous de là « pomme d'Adam » ; sa peau craqua, une goutte rouge perla.

— Bougez pas !... continua impérativement Barbanton.

« Vous êtes mon prisonnier ! »

L'autre voulut reculer. Il tomba dans les deux bras de Friquet, qui le « ceintura » lestement, l'enleva en deux temps de dessus les planches, et le jeta sur le dos, d'un vigoureux coup de reins.

André, pâle, à demi suffoqué, se soutenant à peine, se relevait en poussant un long cri de triomphe, pendant que son adversaire, un couteau planté jusqu'au manche entre la quatrième et la cinquième côte, restait immobile sur le dos, les yeux grands ouverts, et râlait une courte agonie.

Le jeune homme, auquel l'imminence du péril avait rendu tout son sang-froid, avait aperçu, près du panneau du pont, un couteau, tombé de la ceinture d'un des bandits, et avait réussi à s'en emparer.

Enfin, au moment où Barbanton, fidèle à la tradition, ficelait son prisonnier avec une dextérité attestant une longue habitude, Bernard assommait d'un solide coup de poing son antagoniste aux trois quarts étranglé, et l'envoyait, par-dessus le bordage, faire campagne parmi les requins, dont les ventres argentés luisaient dans le sillage de l'embarcation.

Celui que la hache du docteur avait d'abord abattu, et celui dont André venait de percer si galamment le torse, suivirent fraternellement le même chemin.

Quant à l'amputé du gendarme et à la seconde victime du docteur, leur état nécessitait des soins immédiats.

L'excellent homme, qui, de médecin, se transformait aussitôt en soldat, redevenait plus volontiers encore guérisseur.

Bernard avait tout d'abord saisi la barre, et l'embarcation évoluait entre ses mains avec toute la précision désirable.

André, complètement remis, après avoir absorbé une large lampée d'air, servit d'aide au docteur qui, sans perdre un moment, tira de sa poche son inséparable trousse et opéra la ligature des artères.

Il était temps : le patient, livide, exsangue, la sueur au front, la respiration éteinte, allait mourir d'épuisement. Il fut descendu dans l'entrepont, et allongé sur des couvertures.

Le tour de l'autre vint bientôt. Il était complètement évanoui. Sa blessure, avons-nous dit, était horrible. Le docteur, à sa vue, fit une grimace significative.

— Sacrebleu, un beau coup... murmura-t-il, oubliant tout d'abord qu'il en était l'auteur, et l'auteur bien volontaire.

André sourit malgré lui.

L'homme avait une contracture permanente de la face, du côté opposé au siège de la blessure. Cette particularité frappa tout d'abord le chirurgien qui continua son monologue.

— Diable !... diable !... fracture du rocher... épanchement séreux par l'oreille...

« C'est un homme perdu. Ma foi, tant pis. S'il n'y avait pas cette diable de fracture, on pourrait, avec une douzaine d'épingles, lui fabriquer un museau présentable. »

Une douzaine d'épingles !... Le docteur en parlait vraiment à son aise. On peut juger par là des dimensions de la plaie, sachant que dans la suture entortillée, les épingles sont enfoncées à deux centimètres l'une de l'autre, dans les solutions de continuité.

— Maudite fracture ! Rien à faire... sacrebleu ! Rien à faire !

« Allons, transportons ce gaillard-là à l'infirmerie. Advienne que pourra. Après tout, il y a bien un peu de sa faute.

Barbanton, majestueux comme l'autorité, procédait à l'interrogatoire du prisonnier. Il s'était constitué en conseil de guerre.

L'accusé, qui avait le type anglais, comprenait peut-être le français, mais il opposait un mutisme obstiné à toutes les questions.

Peu importait au « conseil de guerre », qui continuait imperturbablement, écrivait son interrogatoire sur un petit carré de papier, et se contentait de cette simple mention :

« L'accusé ne répond rien. »

Le gendarme, pour cette fois, était sûr de son fait. Il n'appréhendait en aucune manière cette ridicule accusation que le tribunal de Cardwel avait articulée contre lui, lorsqu'il avait verbalisé contre les « gensses » qui voulaient dévorer des humains.

Le pavillon français flottait au mât. Le délit avait été commis sur un bateau français, et Barbanton, président, conseil de guerre, greffier et force armée tout à la fois, usait d'un droit absolu.

— Vous ne voulez pas répondre ?... à votre aise... vous serez pendu.

Le prisonnier se mit à rire.

— Pendu !... vous prétendez que je serai pendu... dit-il en assez bon français. Vous ne savez donc pas qui je suis et où vous vous trouvez maintenant.

« Vous êtes les plus forts en ce moment, mais vous êtes perdus.

29

« Vous cherchez, n'est-ce pas, ceux que vous appelez les *Bandits de la mer*?... les mystérieux matelots du *Vaisseau de proie*!...

« Le vaisseau de proie est invisible!... Les *Bandits de la mer* ne meurent pas.

« Vous croyez donc bien naïfs, et le maître, et ceux qui lui obéissent.

« Cette embarcation que vous montez, leur appartient; nous sommes leurs complices. Vous avez triomphé. Simple hasard. Votre présence ici va être signalée à qui de droit, si elle ne l'est déjà. Votre croiseur découvrira l'attoll, soit! Mais jamais un seul homme n'y entrera vivant, car les abords en sont impénétrables à tout autre qu'à nous.

« Et maintenant, l'attoll n'est pas loin. Dans moins de deux heures vous apercevrez les cocotiers.

« Voici l'*Éclair* qui arrive à toute vapeur! »

C'était, en effet, l'*Éclair* qui, prenant tout d'abord l'embarcation pour ce qu'elle était, et aussi pour ce qu'elle n'était pas, avait ouvert sur elle un feu qui faillit lui être fatal.

Habilement dirigé par Bernard, le petit bâtiment accosta bientôt le cuirassé, où nos amis, que l'on croyait encore une fois perdus, reçurent l'accueil que vous pouvez penser.

Le commandant ne fut nullement étonné du dernier exploit des gredins qu'il poursuivait. Ne possédaient-ils pas des complices dans le monde entier!

N'était-il pas naturel, qu'étant donnée leur organisation, quelques-uns se tinssent à proximité des repaires, dans les lieux habités d'où une expédition serait susceptible de partir.

On a vu comment l'événement trompa leur attente. Ils comptaient avoir bon marché des naufragés qu'ils voulaient faire disparaître, puis, aller prévenir leurs complices de l'arrivée du croiseur français, dans le cas où, connaissant rigoureusement et la configuration et la destination de l'attoll, ils commenceraient l'attaque.

Le commandant de Valpreux touchait au but. Il ne voulait pas qu'un seul des bandits pût échapper ; il manœuvra en conséquence. Comme les coups de canon devaient leur avoir donné l'éveil, il était inutile de ruser.

L'attoll était en vue. La nuit venait. Le fanal électrique, hissé à la hune, darda ses rayons éclatants sur le récif qui apparut visible comme en plein jour, et sur lequel les lunettes marines furent braquées, de façon que pas un seul mouvement ne pût s'y produire sans être aussitôt signalé.

On devait opérer une reconnaissance le lendemain à la première heure.

Le mot d'*attoll* est souvent revenu dans la troisième partie de ce récit. Pour bien en comprendre la signification, pour bien se rendre compte aussi du drame qui va se dérouler, une courte digression est ici nécessaire.

On donne le nom d'*attoll* à des îles formées par les coraux. Elles affectent, généralement, une forme circulaire empruntée à celle des cratères de volcans sous-marins, sur lesquels les polypiers ont commencé leur travail.

C'est un spectacle vraiment surprenant, comme dit l'illustre Darwin (1), que celui de cette barrière contre laquelle vienne se briser les lames écumantes de l'océan toujours furieux.

Il recouvre presque constamment les récifs de ses eaux, et l'on comprend, sans peine, qu'il doive être un ennemi tout-puissant, presque invincible. Il est pourtant vaincu par des moyens qui nous paraissent tout d'abord singulièrement faibles et inefficaces.

Ce n'est pas que l'Océan épargne le rocher de corail. Les immenses fragments épars sur le récif, accumulés

(1) *Voyage d'un naturaliste*, Reinwald et Cie, 15, rue des Saints-Pères.

sur les côtes où s'élèvent les cocotiers, prouvent, au contraire, la puissance des eaux.

Cette puissance s'exerce incessamment.

La grande vague causée par l'action douce mais constante des vents alizés, soufflant toujours dans la même direction sur une surface considérable, engendre des vagues ayant presque toujours la violence de celles que nous voyons pendant une tempête dans les régions tempérées.

Ces lames viennent heurter le récif, sans jamais se reposer un instant. Il est impossible de les voir sans rester convaincu qu'une île, fût-elle composée de porphyre, de granit ou de quartz, finirait par succomber devant cette irrésistible pression.

Cependant ces insignifiants îlots de corail résistent et remportent la victoire : c'est qu'ici une autre puissance vient jouer son rôle dans le combat.

Les forces organiques empruntent, un par un, aux vagues écumantes, les atomes de carbonate de chaux pour les transformer en une construction symétrique.

Que la tempête les brise, si elle veut, en mille fragments, qu'importe ! Que sera, d'ailleurs, ce déchirement passager, relativement au travail de myriades d'architectes toujours à l'œuvre, nuit et jour, pendant des années, pendant des siècles !

N'est-ce pas, en effet, une étrange et merveilleuse chose, que de voir le corps mou et gélatineux d'un polype vaincre, à l'aide des lois de la vie, l'immense puissance mécanique des vagues d'un océan, puissance à laquelle l'industrie de l'homme et les œuvres inanimées de la nature n'ont pu résister avec succès !

Enfin ! chose plus extraordinaire encore ! que le lecteur aura peine à croire, c'est que cet indestructible récif s'accroît exclusivement par le bord extérieur toujours battu par les vagues.

Un mot encore sur ces infiniment petits.

Un des récifs les mieux étudiés jusqu'à présent est l'attoll Keeling, visité entre autres par le capitaine Ross et Darwin.

La partie enfermée dans la zone circulaire formée par la barrière corallienne, se nomme le *lagoon;* la tranquillité de cette belle mer vert émeraude, offre un singulier contraste avec la fureur de celle qui vient de la haute mer, et qui se rue perpétuellement sur l'anneau.

Le lagoon de l'attoll Keeling est presque rempli par de la boue de corail.

Le capitaine Ross a trouvé enfoui dans le conglomérat, sur la côte extérieure, un morceau de grès arrondi, un peu plus gros que la tête d'un homme.

Cette trouvaille lui causa tant de surprise qu'il emporta la pierre et la conserva comme une curiosité. Il est fort extraordinaire, en effet, qu'on ait trouvé cette unique pierre, à un endroit où tout ce qui est solide est composé de matières calcaires.

Darwin qui eut connaissance du fait, en conclut, faute de meilleure explication, qu'elle avait été transportée en cet endroit, par les racines de quelque gros arbre.

D'autre part, il n'osait donner une grande valeur à cette cause, en considérant l'immense distance à laquelle se trouve la terre la plus rapprochée, en pensant à toutes les chances qu'il y a pour qu'une pierre ne soit pas ainsi emprisonnée, pour que l'arbre tombe à la mer, pour qu'il aille flotter aussi loin, qu'il arrive heureusement, et que la pierre vienne se placer de façon à être découverte.

Darwin fut donc fort heureux de voir cette explication confirmée par Chamisso, le savant naturaliste qui a accompagné Kotzebue.

Il constata que les habitants de l'archipel Radack, groupe d'îles de corail, situées au milieu du Pacifique, se procurent les pierres nécessaires pour aiguiser leurs outils, en cherchant dans les racines d'arbres amenés par les vagues sur les côtes de leurs îles.

Il est évident qu'on a dû en trouver plusieurs fois, puisque la loi du pays déclare que ces pierres appartiennent aux chefs, et ordonne que quiconque s'en approprie une soit puni.

Quand on considère la situation isolée de ces petites îles au milieu d'un immense océan, la grande distance à laquelle elles se trouvent de tout autre que des îles de corail, ce qui est attesté par de hardis navigateurs, la valeur que les habitants attachent à la possession d'une pierre, la lenteur des courants, il semble réellement étonnant que des pierres puissent ainsi être transportées.

Il se peut que ces transports soient plus fréquents que nous le pensons; en effet, si le sol sur lequel elles viennent atterrir, n'était pas composé uniquement de corail, c'est à peine si elles attireraient l'attention, et, en outre, on ne s'imaginerait certainement pas leur origine.

C'était dans un îlot analogue que les *Bandits de la Mer* avaient établi leur quartier général.

Celui-ci était de très petites dimensions, et rigoureusement circulaire.

On sait qu'un étroit chenal coupait le récif corallien, et permettait au vaisseau l'entrée du lagoon qui devenait ainsi un port en pleine mer.

L'anneau, planté de cocotiers, avait à peine quarante mètres de largeur, et deux mètres environ de hauteur.

Des cavernes avaient, sans doute, été creusées et aménagées par les pirates, afin de répondre aux besoins de leur existence aventureuse.

Défendue par des torpilles, cette citadelle était inexpugnable. Et d'ailleurs, comment supposer que cet îlot perdu au milieu d'un océan sans bornes, hors de la route habituellement suivie par les navigateurs, et dont nulle carte marine ne faisait mention, pouvait servir de retraite à des êtres humains !

Si le commandant du croiseur n'avait pas été averti de son existence et de sa destination, ce n'est certes pas dans ce lieu désert qu'il fût venu opérer ses recherches.

Il n'y avait pas de temps à perdre. Son plan fut vite tracé : reconnaître l'attoll, s'en approcher le plus possible sans courir de risques, aborder, puis, le fouiller en tout sens, et découvrir l'entrée du mystérieux repaire.

Ce n'était point chose facile. Il était aisé de prévoir que les réprouvés avaient accumulé sur ce point toutes leurs ressources offensives et défensives.

Des difficultés de ce genre n'étaient pas susceptibles d'arrêter un moment l'officier de marine, qui avait couru bien d'autres périls, et traversé des passes non moins dangereuses.

Il fallait donc en finir.

L'attaque résolue, l'*Éclair* s'embossa à deux mille mètres à peine des récifs, ses deux pièces de tribord chargées, l'une à mitraille, l'autre à obus.

La chaloupe à vapeur se dirigea lentement, vers l'attoll, afin d'en explorer le bord extérieur. Au centre du bassin corallien, sommeillait, ainsi qu'un monstre marin le *Vaisseau de proie* démâté, recouvert d'une immense enveloppe noire, comme un cercueil sous le drap mortuaire.

La chaloupe était montée par un équipage de fusiliers brevetés, au nombre d'une trentaine. Le bordage, faisant face à la muraille de corail, avait été crénelé avec les hamacs roulés. Dans chaque embrasure se tenait un homme, le fusil Gras prêt à faire feu.

Ainsi abrités, les matelots, fouillaient d'un œil avide chaque fissure, chaque anfractuosité.

Le voyage circulaire dura près d'une heure. Rien n'avait bougé sur l'îlot, habité seulement par les crabes géants, qui déchiquetaient avec leurs pinces formidables les cocos tombés des branches.

N'eût été la présence du vaisseau, le commandant eût cru que le supplicié l'avait mystifié avant d'être fusillé.

— Allons, dit M. de Valpreux comme un homme qui prend tout à coup une résolution, aux grands maux les grands moyens.

« Avant de tenter la capture de ce bâtiment, je vais essayer de le faire sortir de ce sommeil vrai ou simulé. Puisque les abords de la crique sont défendus par des torpilles, je vais lui envoyer comme premier avertissement un obus à mitraille. »

Ordre fut aussitôt donné de pointer une des pièces sur la muraille noire qui émergeait de deux mètres à peine.

L'équipage fut alors témoin d'un phénomène étrange.

Comme si le navire eût eu conscience de la menace suspendue sur lui, il s'agita brusquement. Une trépidation rapide le secoua de l'avant à l'arrière. Il oscilla sur sa quille, puis, on le vit s'enfoncer en moins de dix secondes. L'eau bouillonna à la place où il venait de disparaître, une sorte d'entonnoir se forma, puis les flots reprirent peu à peu leur niveau.

Notre vieux camarade Pierre le Gall, ébahi, ne sachant s'il rêvait tout éveillé, resta un instant tout abasourdi derrière sa pièce, sa bonne face tannée reflétant l'expression que revêt celle d'un chasseur devant lequel le gibier s'envole au moment où son doigt allait serrer la détente du fusil.

— Tonnerre à la toile! gronda le maître canonnier. J'ai vu bien des choses extraordinaires dans ma vie, mais jamais de ce calibre-là.

Les matelots, intrépides en face d'un danger quel qu'il fût, semblaient atterrés devant cet escamotage en quelque sorte surnaturel.

Ils furent bientôt rendus au sentiment de la réalité.

La chaloupe, après avoir accompli son exploration, partit une seconde fois. Le commandant avait donné l'ordre d'abattre des arbres, de faire un retranchement, et de prendre position.

L'embarcation s'approcha au plus près, un homme se dressa, près à bondir sur la terre ferme.

A peine la tête et les épaules émergeaient-elles de l'abri protecteur formé par les hamacs, qu'un coup de carabine retentit.

Un léger flocon de fumée sembla sortir de terre; le matelot, le crâne fracassé, retomba lourdement dans la chaloupe. Un second se leva, puis un troisième, deux coups éclatèrent simultanément. Les projectiles portèrent avec une implacable précision.

Trois cadavres étaient couchés sur le pont rougi.

La consigne était de débarquer. Elle devait être exécutée en dépit du péril mortel qui menaçait l'équipage. L'officier qui commandait à ces braves tira son sabre. C'était un enseigne, un tout jeune homme, presque un enfant. Il se leva à son tour et dit :

— En avant !

Une main de fer se posa sur son épaule, ses jambes plièrent.

— Non, capitaine, pas vous.

— Silence, quand je commande !

Une balle passa en sifflant à la place qu'occupait une seconde avant la tête de l'officier, que venait de sauver le matelot.

— Merci, Yvon. Tu iras aux fers quand nous rallierons l'*Éclair*.

— Oui, capitaine, si je n'ai pas la g..... cassée.

Il allait commander une seconde fois : En avant ! et s'élancer le premier quand il aperçut le signal du ralliement arboré à bord du croiseur.

Il quitta la place à regret.

Le supplicié avait dit vrai. L'attoll était habité. Il servait réellement de repaire aux bandits.

Attaquer ces réprouvés avec des moyens ordinaires, il n'y fallait pas penser. Comment atteindre ces ennemis qui se tenaient cachés dans les entrailles de la terre et casematés dans une forteresse, à laquelle les flots immenses du Pacifique servaient de fossé?

Le commandant de l'*Éclair* était fort perplexe. Comme il leur était absolument impossible de s'évader, le *vaisseau-fantôme* étant échoué par plus de quarante brasses de fond, M. de Valpreux résolut d'attendre la nuit.

La chaloupe, qui par le plus grand hasard n'avait frôlé aucune torpille, pourrait peut-être à plus forte raison, opérer son débarquement à la faveur des ténèbres.

Il serait possible alors à une poignée d'hommes bien résolus de s'installer sur le banc, et de commencer les travaux d'attaque. Il fallait procéder comme pour le siège d'une ville, dans laquelle la sape et la mine jouent un rôle si important.

Le roc corallien était complètement inattaquable par les outils d'acier ; on emploierait des pétards de dynamite qui, habilement placés, pratiqueraient en peu de temps une brèche.

Le reste serait un jeu pour les matelots. Et d'ailleurs, s'il était impossible de pénétrer dans les cavernes, on aurait pour dernière ressource d'en enfumer comme des bêtes nuisibles les mystérieux habitants.

La chaloupe, qui était restée sous vapeur, près du croiseur, se mit en route. Chacun sentait que l'action allait être décisive.

Le docteur, André et Friquet, avaient obtenu de faire partie de l'expédition.

La nuit était profonde. L'*Éclair* avait éteint ses feux. L'embarcation glissait lentement, troublant à peine le silence par la toux saccadée de sa machine.

Mais, quelle surprise ménagent encore à leurs ennemis, ces invisibles bandits, qui, traqués de tous côtés, pourchassés, sans trêve ni merci, réussissent encore à tenir en échec un des vaillants équipages de la glorieuse marine française.

De tous côtés, les flots s'illuminent. Du fond de la mer, surgissent d'éclatants faisceaux de lumière. Une douzaine d'appareils disposés autour de l'attoll, projettent leurs fulgurations à d'incroyables distances, comme autant de soleils sous-marins.

Seule, la ligne sombre du récif, se dessine circulairement au milieu de ces feux, à travers lesquels évoluent, aveuglés, des millions de poissons.

La chaloupe semble un point noir, perdu au milieu de cette colossale incandescence.

— Oh ! les démons ! gronda le commandant.

L'embarcation avançait toujours. L'enseigne, penché à l'avant, insouciant du danger, indiquait la route, et scrutait attentivement les flots.

Une torpille pouvait se trouver sous l'étrave de la chaloupe. Il fallait à tout prix éviter cette dangereuse rencontre.

— A toute vapeur !... cria-t-il d'une voix de tonnerre en apercevant, à quatre mètres à peine de la muraille de bâbord, un objet noirâtre, semblable à un tronc d'arbre échoué entre deux eaux.

L'embarcation fila comme une flèche.

Il était temps. Une énorme colonne d'eau, s'éleva presque au même moment, monta en bouillonnant, éclata, en quelque sorte, puis s'écroula avec un sourd grondement.

L'objet qu'avait aperçu l'officier était bien une torpille. Elle venait de faire explosion. La déflagration avait évidemment été produite par un fil électrique, car le terrible engin n'avait été ni heurté ni même frôlé.

Toutes les lumières s'éteignirent aussitôt comme par enchantement, et les témoins de cette scène étrange cherchèrent en vain à percer de leurs yeux, douloureusement affectés par ce brusque changement, l'épais rideau de ténèbres.

La chaloupe avait pu passer. Refoulée par le remous, avec une irrésistible violence, elle tangua, roula, pivota, mais conserva son équilibre et continua intrépidement sa route.

M. de Valpreux, le cœur serré par une angoisse mortelle, appréhendait, non sans raisons, peut-être, la perte de l'équipage.

Il avait pu relever le point où la torpille venait d'éclater. Il résolut de s'avancer au plus près avec son navire, enfin de prêter main-forte à ses hommes, au cas où ils auraient réussi à aborder, pour les venger s'ils avaient péri.

La voie était libre. L'*Eclair* s'approcha. Un hourra retentissant vint enfin arracher le commandement à son inquiétude.

La chaloupe avait pris terre, les fusiliers, en hommes rompus à toutes les surprises, s'éparpillèrent aussitôt en tirailleurs, malgré l'obscurité profonde, et tâchèrent de reconnaître la position.

C'est cette première prise de possession qui venait d'être saluée du hourra entendu par le baron de Valpreux.

Ce cri de victoire n'avait certainement pas échappé aux oreilles de l'ennemi.

En effet, les fanaux sous-marins étincelèrent de nouveau, projetant, cette fois, leurs aveuglantes lueurs jusque sur le récif, où apparurent couchés, comme incrustés au roc, les tirailleurs français.

Une fusillade serrée éclata soudain, vive, implacable, mortelle. Les bandits tiraient sans relâche par leurs invisibles embrasures, et leur feu eût été fatal aux matelots, si, en hommes soucieux de leur épiderme, ils ne se fussent prudemment « défilés », soit derrière les arbres, soit derrière les moindres anfractuosités du récif.

Leur situation n'en était pas moins fort critique. Elle allait devenir désespérée. Le tir de l'ennemi qui d'abord était mal assuré, acquit bientôt une terrible précision. Les hommes tombaient sans pouvoir riposter.

— En avant! cria à son tour le baron de Valpreux, qui arrivait à la tête de deux compagnies de débarquement.

— En avant! répétèrent les matelots électrisés.

Au moment où ils prenaient pied sur l'îlot, il sentirent le sol trembler sous leurs pas.

Un énorme jet de flamme sortit des entrailles de la terre, une véritable pluie de décombres s'abattit sur eux. On eût dit qu'un cratère de volcan venait de s'ouvrir dans le récif, le nuage de poudre n'était pas encore dispersé, que de ce gouffre surgit une forme humaine, toute noire, à peine vêtue de lambeaux de vêtement.

André et le docteur s'élancèrent, Friquet se sentit défaillir.

Tous trois se trouvaient en pleine lumière, à dix pas à peine de l'ouverture béante pratiquée par l'explosion d'une mine.

— Adli!... mossié Doti?... moi c'é pas voi Fliki!...

« Fliki!... où c'é Fliki!... moussié bon Dieu!...

— Majesté!... s'écrièrent les deux hommes enlaçant le négrillon. C'est toi mon enfant.

Friquet, les jambes brisées par l'émotion, les yeux pleins de larmes, riait et sanglotait à pleine gorge.

Le brave enfant, si intrépide devant le danger, était incapable de faire un pas et de prononcer une parole.

— Mais viens donc, toi Fliki!... moi c'é mi feu à poude. Boum! vous entré par li trou.

« Moi c'é content. Tiens! embrasse.

— Ah! mon petit frère, articula péniblement le gamin, je n'espérais plus te revoir.

CHAPITRE V

Pourquoi le négrillon se trouvait dans la caverne. — Bataille sous-marine. — La citadelle des *Bandits de la mer*. — Coups mortels d'un invisible ennemi. — En retraite. — Une rencontre. — Deux anciens amis. — Comme quoi André aurait eu le plus grand tort de ne pas posséder une poigne solide. — Paradoxe de bandit. — Indignation de patriote. — Pourquoi André ne voulut pas que Flaxhant fût pendu. — Un joueur. — Le legs du pirate. — L'inondation. — Le tombeau des *Bandits de la mer*. — Épilogue.

L'entrée en scène du négrillon, quelque étrange et terrible qu'elle fût, n'avait, en somme, rien que de naturel. Le pauvre enfant, grièvement blessé, on se rappelle, lors de l'évasion de Friquet, près du Lagoa dos Patos, sur la côte sud-américaine, avait été réintégré à bord du bâtiment négrier.

Le commandant en apprenant la fuite du gamin de Paris sembla plutôt joyeux que courroucé. Singulier homme! Il fit donner ensuite au petit nègre les soins que nécessitait son état, puis procéda en personne au débarquement d'une partie des noirs composant le chargement de son navire.

Il était plein d'humanité, ce marchand de bois d'ébène. Flegmatique ainsi qu'il convient à un Yankee pur sang, il regardait chacun de ses « pensionnaires » avec cet air attentif et un peu empressé des éleveurs, dont chaque quadrupède représente une valeur tôt ou tard exploitable.

Les acquéreurs prirent livraison, puis, le *Vaisseau de proie*, partiellement délesté, mit le cap sur l'île de Cuba, où le señor Rafaël Calderon attendait son « matériel de raffinerie ».

Majesté allait mieux. Sa blessure était en voie de guérison. Les hommes du bord s'attendaient à le voir débarquer avec les autres. Il n'en fut rien. Flaxhant le maintint sur les cadres de l'équipage. Il était le maître à bord, son ordre fut exécuté sans commentaires.

Le *Franklin* revint ensuite à Santiago de Chili prendre des avis mystérieux, qu'un agent supérieur était chargé de transmettre au commandant. Le hasard servit à souhait et le petit Parisien et le commandant de l'*Eclair*.

Le premier sachant qu'on se dirigeait sur Santiago, donna, du haut de la vergue, lors de sa lutte avec le pirate, l'avis qu'on sait. L'officier crut qu'il s'agissait de Santiago de Chili, quand il était question de Santiago de Cuba.

On sait le reste.

Nous sommes présentement sur l'*attoll*, dont une partie vient de s'entr'ouvrir, sous l'irrésistible poussée d'une mine.

Depuis que son frère d'adoption avait pu s'enfuir, toutes les pensées du négrillon avaient été concentrées sur un seul objectif : l'évasion. Mais, le *Vaisseau de proie*, après avoir pu sans encombre débarquer sa cargaison, était venu se remiser dans son abri habituel.

Majesté, poursuivant opiniâtrement son but, cherchait une occasion qui, hélas! ne venait pas.

Après avoir bien involontairement, on le sait, participé à l'existence de ses nouveaux compagnons, il devint un des pensionnaires du palais de corail.

L'antre des *Bandits de la Mer* n'eut bientôt plus de secrets pour lui. Les galeries, les carrefours, et les appartements, si je puis m'exprimer ainsi, lui devinrent familiers. Il connut également le système de défense, composé de meurtrières habilement ménagées dans d'invisibles interstices, de talus qu'on eût dit élevés par les polypes, de chemins couverts donnant accès aux entrées, et des mines toujours chargées qui les défendaient.

Il reconnut l'*Eclair*, son navire. Il entendit les coups de feu, assista à la lutte, et vit le débarquement de son œil de nyctalope.

Quand il jugea la situation désespérée, il sacrifia héroïquement sa vie, descendit à un fourneau de mine et alluma froidement une mèche. Nul ne s'en aperçut. Le gamin de l'équateur savait être impassible. Il avait été à bonne école.

Quand il entendit la mèche pétiller, il se réfugia dans une galerie latérale et attendit.

L'explosion retentit. Il faillit être tout à la fois, grillé, assommé et asphyxié. Mais il avait l'âme chevillée au ventre, le pauvre petit. La mort l'épargna. La destinée lui devait bien cela, en somme.

Contusionné, crachant rouge, couvert d'ecchymoses, il s'arracha de dessous les décombres, se hissa péniblement sur le rebord de la brèche, et reconnut ses amis.

Son acte désespéré empêcha certainement une irréparable catastrophe. Il avait ouvert une brèche et évité ainsi un travail qui n'eût pu être accompli par les assiégeants qu'au prix de fatigues et de dangers inouïs.

Là ne se borna pas sa bienfaisante intervention.

Les matelots allaient se précipiter dans cette ouverture encore fumante, avec l'irrésistible mais souvent dangereuse « furia francese ». Il arrêta cet élan.

— Nô!... s'écria-t-il. Nô!... vous pas vini.

Il y eut quelques minutes de répit. On apporta des falots servant à faire à bord les rondes de nuit.

Bien qu'il fût dangereux de pénétrer dans la caverne avec de la lumière, il était indispensable d'éclairer les pas des combattants marchant en tête. Ils pouvaient rouler dans un abîme.

Quatre hommes se détachèrent et réclamèrent le périlleux honneur de partir en éclaireurs.

Majesté, se joignit à eux, déclarant qu'il porterait le falot, qu'il les conduirait sans se tromper et qu'il saurait bien éviter les balles.

Comme le négrillon connaissait seul les replis du dédale souterrain, le commandant accepta son offre.

Le falot était pourvu d'un puissant réflecteur, qui projetait en avant le faisceau lumineux, tout en laissant dans l'ombre la partie postérieure.

Cette circonstance n'avait pas échappé au gamin noir. Il pensa, séance tenante, à l'utiliser, à la grand joie de Friquet, qui trouvait que le « petit » était devenu singulièrement débrouillard.

Les quatre matelots s'avancèrent en rampant sur les coudes et les genoux, l'arme prête à faire feu.

Majesté, avait fait assujettir sa lanterne à un morceau de bois long d'un mètre et demi environ.

Il s'aplatit comme les matelots, et se dirigea intrépidement vers l'extrémité d'un long boyau, en tenant le plus haut possible, la lumière au bout de son bras.

Manœuvre fort habile, qui permettait de voir sans être vu.

Le chemin, large de trois mètres, s'abaissait rapidement. Les cinq enfants-perdus firent de la sorte plus de cinquante mètres, sans produire plus de bruit qu'un clan de Peaux-Rouges suivant le sentier de la guerre.

Un léger frémissement occasionné par la marche silencieuse d'êtres qui suivaient, et que la conformation de cette espèce de tunnel leur rendait facilement perceptible, les fit rester immobiles.

Ce n'était qu'une fausse alerte. Quatre des leurs, commandés par un second-maître les rejoignirent bientôt.

Le sous-officier attendit alors l'arrivée d'un nouveau groupe, puis, quand il vit que les assaillants formaient une chaîne ininterrompue, partant du point où il se trouvait, et se terminant à l'entrée de la caverne, il commanda à voix basse :

— En avant !

Un fracas assourdissant retentit soudain. Le couloir s'embrasa de lueurs livides, un ouragan de plomb s'abattit sur les parois du couloir, écrasant, broyant, trouant l'enduit qui les revêtait.

Le falot du négrillon vola en éclats. Les ténèbres envahirent le passage dans lequel se répandirent lentement d'épais et suffocants flocons de fumée.

Grâce à la déclivité du terrain, les projectiles avaient porté beaucoup trop haut. Les matelots ne répondirent même pas à cette inoffensive décharge. Mais, les bandits, sans perdre une minute, continuèrent, avec une intensité inouïe, ce feu qui, s'il n'était pas meurtrier, empêchait les hommes de l'*Eclair* de faire un seul pas en avant. On eût dit qu'ils étaient cinq cents ; il n'étaient peut-être pas dix, étant données les dimensions du couloir.

Et les balles déchiraient de plus belle la voûte, la fumée devenait de plus en plus épaisse, au point que les éclairs rougeâtres qui sortaient des armes, ne pouvaient plus percer ce brouillard.

Ma foi, les marins n'y tinrent plus. Le salpêtre les grisa. Ramassés comme des fauves, prêts à bondir, ils attendaient un signal. Quelques notes aigües sortirent tout à coup d'un clairon.

— Commencez le feu !... Puis, la charge !...

Alors, ces hommes, depuis près d'une année à la poursuite d'un insaisissable ennemi, et qui, en dépit d'efforts constants, d'habileté, de courage et d'abnégation, n'avaient jamais pu obtenir le moindre résultat, deviennent comme affolés.

La poudre tonne, rugit, flamboie. Le plomb siffle, broie les membres, et troue les poitrines, qu'importe ! Le flot humain s'ébranle, roule enserré entre les murailles de corail comme dans les berges trop étroites d'un torrent. La course devient vertigineuse. Les cadavres heurtés, poussées, culbutés, devancent les vivants, comme des roches arrachées de leurs alvéoles par l'irrésistible poussée d'une crue subite.

Les bandits, débordés, enfoncés, lâchent pied, poursuivis la baïonnette aux reins.

— En avant !... matelots !... En avant !...

Et ils bondissent de plus belle, les intrépides marins qui, sentant que le moment est venu, payent de leur personne comme de véritables enragés.

Les hommes du premier rang après être descendus longtemps et avoir plusieurs fois tourné sur eux-mêmes comme dans un labyrinthe, arrivèrent à une vaste rotonde, au plafond en forme de dôme, situé à plus de dix mètres de hauteur.

On eût dit une énorme bulle de lave que le feu central n'avait pas eu la force de faire éclater, alors que les bases de l'attoll étaient un volcan. Le partie supérieure arrondie en coupole, refroidie tout à coup, s'était immobilisée et servait de lit au lagoon au fond duquel sommeillait le *Vaisseau de proie*.

La citadelle des *Bandits de la mer* était un antre sous-marin. Un fanal électrique éclairait, de ses lueurs blanches, ce réduit complètement désert. Deux portes en madriers de teck, situées en regard l'une de l'autre, se refermaient bruyamment, au moment où les marins, éblouis, noirs de poudre, pénétraient dans l'enceinte.

Les premiers arrivants n'eurent pas le temps de s'extasier devant ce spectacle inattendu. Un feu terrible, partant des meurtrières pratiquées dans le pourtour de cet hémisphère les accueillit.

L'immense coupole s'emplit tout à coup de cris de rage et de râles d'agonie. La situation n'était pas tenable. Que pouvait la vaillance de ces intrépides soldats, contre un ennemi qui se cachait derrière un impénétrable rempart.

— En retraite !... cria de sa voix de clairon l'enseigne commandant l'avant-garde, et qui, le bras gauche cassé par une balle, s'avançait héroïquement, après avoir immobilisé entre le revers de sa tunique étroitement boutonnée, son membre mutilé.

« En retraite !... matelots! »

Les fusiliers qui s'étaient rués comme des fauves, reculèrent lentement, en bon ordre, et rentrèrent dans le couloir.

L'attaque, en somme, avait réussi. Bien que le succès eût été chèrement acquis, il était indéniable. La reddition des naufrageurs n'était plus qu'une question de temps.

Bloqués au dehors par le cuirassé et la chaloupe, il leur était impossible de songer à s'enfuir ; assiégés au dedans par des hommes dont ils ne pouvaient espérer triompher par la force, leur situation était désespérée.

On tint conseil dans le couloir, et il fut résolu à l'unanimité, que la petite pièce de quatre servant à l'armement de la chaloupe à vapeur serait descendue par les canonniers du bâtiment. Elle serait mise en batterie contre les lourds madriers formant la porte de la citadelle ; puis, quand les brèches seraient ouvertes, on recommencerait l'assaut.

Pendant ce temps, André suivi du négrillon, furetait de tous côtés. Il avait, dans un couloir latéral, découvert une autre porte, hermétiquement close, elle aussi.

— Décidément, murmura-t-il, c'est machiné ici comme dans un théâtre de mélodrame. Malheureusement, tout est réel. Grands premiers rôles et comparses tiennent leur emploi... au naturel... Sombre intrigue... Terrible mise en scène !

« Cela sent le cadavre frais !... La chair grillée... Il me semble glisser dans le sang !...

Il butta contre la porte, qu'il poussa du pied. Elle résista et rendit un bruit sourd. Le jeune homme frappa plus fort. Cela sonna comme le diaphragme métallique d'un gong.

En dépit de son sang-froid, il commença à s'irriter.

— Ouvrez-donc, sacrebleu ! fit-il de sa voix calme, qui se répercuta haut et ferme dans l'étroite avenue, comme une détonation.

Rien !

Il leva sa lourde hache qui rebondit en s'émoussant sur l'indestructible paroi de bois.

— Mille tonnerres !... Mais c'est donc une forteresse. Eh bien, nous allons rire.

Et se cambrant en arrière, comme un lutteur, il raidit sa puissante musculature, puis se rua, machine humaine, sur l'obstacle, avec une puissance irrésistible.

Le manche de la hache d'abordage se cassa net, comme un simple manche à balai. Un manche en cœur de chêne !... Le fer resta enfoncé dans les fibres du teck plus serrées que celles du buis. Il eût fallu un pétard de dynamite pour l'en arracher.

Le sang-froid lui revint aussitôt.

— Je m'emporte comme un enfant. Si Friquet me voyait, il rirait. Il aurait raison.

« Eh ! pardieu... Le moyen est tout trouvé, puisque nous allons descendre ici la pièce de quatre. Un obus crochetera du premier coup la porte de cette oubliette. »

C'était inutile. Au moment où André allait remonter le couloir, le lourd panneau s'ouvrit lentement, sans bruit, comme l'accessoire principal d'un décor admirablement machiné.

Un flot de lumière inonda l'entrée sur laquelle apparut un homme de haute taille, un revolver à la main.

— Vous frappez fort, monsieur.

— En homme pressé.

— Cela se voit.

— Cela s'entend surtout.

— Des nuances !... Le moment est mal choisi... Je vais vous tuer...

— Vous n'oseriez pas, termina André en s'avançant intrépidement, les bras croisés, collés au torse, la tête haute, et en dardant un regard aigu sur son agresseur.

Celui-ci abaissa son arme qui toucha la poitrine du jeune homme. André sourit, allongea, rapide comme la pensée, le bras droit. Sa main saisit le poignet de l'inconnu, le serra, le tordit, le tenailla.

L'autre rugit comme un animal pris au piège. André tendit ses muscles à les briser.

— Assez !... râla son adversaire, en laissant tomber son revolver.

— Volontiers... causons.

Puis, il entra dans un réduit somptueux, dont il n'eut pas le temps d'analyser l'indescriptible splendeur. La formidable étreinte sous laquelle bleuissaient les ongles de l'inconnu se desserra soudain.

André poussa un cri étouffé. On eût dit un sanglot.

— Flaxhant !... toi !... vous !... ici !

— André !... rugit l'autre !... André B... ! Ah ! malédiction.

— Mais... que fais-tu ici ?... Flaxhant !

— Monsieur l'honnête homme, je ne vous connais pas!

— Toi !

— Moi! le chef des pirates !... le maître des négriers !... le commandant du *Vaisseau de proie !*... L'esclave des naufrageurs !... Moi !... le premier des *Bandits de la mer*.

André pâlit. Il crut que son cœur cessait de battre. Les

confidences de Friquet lui revenaient à la mémoire. Le Flaxhant du *Rhône* et du *Washington*, le Flaxhant des négriers, et l'auteur volontaire de l'effroyable catastrophe de la *Ville-de-Saint-Nazaire*, c'était le même homme !... Son ancien ami !

Impassible devant le danger, la souffrance où la mort, André se trouvait anéanti devant l'ignominie de l'Américain.

Il lui sembla qu'un flot de honte remontait jusqu'à lui.

— Eh bien, vous ne dites rien, continua Flaxhant de son accent strident.

André resta immobile, le regard presque effrayé. Ce n'était pas un naïf. Oh ! non, loin de là. Il avait souffert la vie et vécu la souffrance. Il croyait avoir épuisé la coupe des déboires humains, et voilà que, tout à coup, un des rares hommes qu'il croyait susceptible de tenir droit et ferme le drapeau de l'honneur, se révélait comme un infâme scélérat.

Non pas à la façon d'un pick-pocket, ce tire-laine moderne, mais d'un détrousseur de haute mer, d'un assassin de navires, en un mot, d'un des plus hauts « dignitaires » du crime.

— Quoi ! dit-il à voix basse, c'est vous, Flaxhant, vous, le héros de la guerre américaine, vous, qui, à dix-sept ans, fûtes cité à l'ordre du jour, vous, que le général Lee félicita et embrassa devant l'armée tout entière, vous, le gentleman irréprochable, vous, qui apportâtes à la défense de Paris, un bras fort, un cœur loyal, une épée vaillante, vous, enfin, près duquel j'eus l'honneur de combattre !

— Moi ! rugit d'une voix étranglée le bandit de la mer.

« Pardieu, je vous trouve bien audacieux de venir ici me faire de la morale. Rengaînez vos homélies, mon camarade, cessez d'effeuiller la marguerite du souvenir. J'ai été un vaillant, un brave... Tout ce que vous voudrez... soit!... Ne le suis-je pas encore?

« J'emploie, me direz-vous, mes facultés d'une façon qui ne correspond pas à vos aspirations... Préjugé! mon cher, préjugé! Faire la guerre à un peuple ou à l'humanité, n'est-ce pas la même chose? N'étais-je pas un pirate, quand je faisais la guerre aux Sudistes... des Américains comme moi!

« N'étais-je pas un bandit, quand je commandais le feu contre les sujets de l'empereur Guillaume qui ne m'avaient rien fait!

« Dites-moi donc un peu où finit le devoir et où commence l'infamie, s'il vous plaît?

« Quoi! deux peuples, séparés par un fleuve ou une simple ligne tracée par la diplomatie, pourront, quand leurs gouvernants en auront la fantaisie, s'entr'égorger, sans soulever dans le monde entier un cri de réprobation! On dressera des statues au général qui tuera le plus d'hommes! Il n'y aura plus assez d'or et de galons pour chamarrer ses subalternes!

« Et l'on fera la petite bouche quand un pauvre diable s'en viendra, dans un coquille de noix, saborder un grand steamer!

« J'emmène 500 noirs dans ma cale! Mais les Allemands n'ont-ils pas fait crever de froid et de faim 200,000 Français dans leurs casemates ou leurs camps retranchés?

« Et cela, sans profit pour personne. Mes noirs, je les vends, au moins! Vous prenez, grâce à moi, d'excellent café... et du sucre avec!... gens civilisés que vous êtes!

« Je vole cent, deux cents, cinq cent mille francs. D'accord! Mais, et les cinq milliards qu'on vous a arrachés!

« Voyez-vous, mon cher garçon, une fois admis le principe de la guerre, il faut aller jusqu'au bout. Mon avis est qu'il n'est ni mieux ni pire de tuer un homme que cent mille ; d'être en lutte avec l'humanité tout entière que de combattre un seul peuple.

« C'est vous qui êtes inconséquents. Vous décorez vos officiers qui éventrent des bateaux valant dix fois les transports que je pourchasse, et vous pendez ceux qui, comme moi, font en petit ce qu'ils font en grand.

« Oui, vous êtes inconséquents! C'est vous qui êtes des criminels.

— Vous en avez menti! s'écria André dont l'œil flamboya. Vous êtes un infâme! Vous, citoyen d'une libre République, qui plagiez des monarques! Vous, assassin au petit pied, qui, par un subterfuge bien digne d'un coquin, sophistiquez l'histoire, et tirez d'un préjugé monstrueux, la guerre, une sorte d'excuse fanfaronne à votre infamie!

« ...Oui, nous avons combattu, oui, nous avons tué! C'est vrai. Mais, vous ne l'ignorez pas, c'est parce que les hommes du Nord violaient notre chère France! L'homicide alors devenait un devoir! vous entendez, un devoir!

« Tout homme de cœur devait son sang à la patrie en danger, et à la République en péril.

— Vous vous êtes défendus? — Très bien? Que les steamers que je coule, que les noirs que j'emmène en fassent autant.

— C'est fait! L'heure de la justice a sonné. Votre repaire est découvert. Vous êtes pris.

— Parfait! Alors faites-moi pendre.

— Non!

— Pourquoi pas?

— C'est que j'ai été votre ami. C'est que votre cœur a battu à l'unisson du mien, pendant ces froides nuits glacées que nous passions au bivouac. C'est que votre sang a coulé pour la France... C'est que, enfin, dans le jour maudit de la capitulation... alors que je vous vis briser votre sabre...

30.

— Assez!... Assez! vous dis-je. Je ne veux plus entendre.

— C'est que ce cher et lugubre souvenir m'émeut... Je ne veux pas que l'homme qui a été mon frère d'armes, qui a souffert, combattu et pleuré pour mon pays, meure au bout d'une vergue...

— Mais... Je ne peux plus !... Tu ne vois donc pas que tout le sang que j'ai versé m'étouffe.... me monte aux yeux.....

« Tiens! Nul ne m'avait muselé... Tu m'as dompté. Laisse-moi être encore ton ami... cinq minutes.... on accorde tout aux condamnés à mort... Je vais mourir... Écoute...

« Ce sera court. Un seul mot t'en apprendra plus qu'un long discours.

« J'ai roulé dans l'abîme parce que j'ai été joueur!...

« Oh! le jeu! continua le marin avec une rauque intonation, semblable à un rugissement. Fatale passion qui a brisé ma vie, et m'a rendu infâme, qui m'a garrotté, sans espoir possible de rédemption.

« Je suis tombé entre les mains des bandits... après..... une perte..... énorme..... J'ai signé..... Je n'ai pas pu payer..... Tu devines le reste...... la menace d'un scandale, la ruine..... J'avais un enfant..... une adorable fillette..... Magge, pauvre petite qui avait, en naissant, coûté la vie à sa mère.

« Je ne pus me résoudre à la voir pauvre. J'acceptai l'infâme transaction que me proposaient les gredins... Je devins leur âme damnée, leur exécuteur des hautes œuvres.

« Quand, plus tard, je voulus entrer en lutte avec eux, me révolter, briser ma chaîne, il était trop tard. Ils avaient enlevé ma fille. L'existence de l'enfant leur assurait l'obéissance du père.

« J'ai tué pour que Magge vécût !... comprends-tu ?.....

« Puis, quand j'avais été bien zélé, que j'avais travaillé..... bien travaillé, on me permettait, au retour d'une fructueuse expédition, d'embrasser ma fille.

« Étroitement gardé par mes maîtres, je savourais cette âpre volupté dont j'étais depuis longtemps sevré. Il y avait du sang à chacun des baisers que je lui donnais.

« Puis, je m'habituai lentement au crime, le fardeau d'infamie me parut plus léger. Ne pouvant arriver à enlever l'enfant, je cessai de lutter, dans la crainte de compromettre son existence.

« Deux mots encore, André. Dans un instant, on va s'entr'égorger ici. Ma fille n'aura plus de père. Tant mieux! Mais qu'elle ignore à jamais ce que j'ai été.

« Tu es toujours l'être généreux et loyal que j'ai connu. Je t'admire, je t'estime!... comme un bandit peut estimer l'homme d'honneur...

— Flaxhant, dit André en coupant la parole à son ancien ami, ta fille sera la mienne.

La figure horriblement contractée du pirate se détendit soudain. Une fugitive rougeur envahit ses joues...

— Attends-moi... là... une seconde... Je reviens.

Il pénétra dans une pièce fermée par une lourde tenture.

Il sortit quelques instants après, tenant d'une main un portefeuille bourré de papiers, de l'autre une lourde carabine à deux canons superposés.

— Tiens! prends connaissance de ces pièces, quand tout sera fini. Elles ont trait à mon enfant. Moi mort, les misérables te la remettront. Et d'ailleurs, tu sauras bien les y contraindre s'ils refusent.

« Maintenant, adieu!...

« Suis ce couloir, là en face... Remonte au plus vite. Emmène tes compagnons. Que le commandant ordonne la retraite.

« Dans cinq minutes, il serait trop tard. Mes complices enfermés dans leur casemate ne se doutent de rien.

« Adieu, André, adieu !... souviens-toi. »

Puis, d'une voix retentissante, il s'écria :

— C'est ici le tombeau des *Bandits de la mer !*

Au haut de la voûte en coupole formée par l'éruption volcanique, se trouvait une énorme lentille de verre, analogue à celle qui servent à donner à bord le jour aux cabines situées sous la flottaison, et que l'on nomme hublots.

Elle avait été établie dans la couche de lave, afin de permettre, par un jeu de prismes se réflétant dans une chambre obscure, de voir de l'intérieur du repaire tout ce qui se passait au large, sans qu'il fût besoin de sortir.

Procédé renouvelé, on se le rappelle, de celui qui était employé sur le *Vaisseau de proie.*

Cette lentille, large de près d'un mètre, soigneusement encastrée et lutée dans son alvéole, supportait, sans laisser passer une goutte de liquide, l'énorme pression de l'eau du lagoon situé au milieu de l'attoll.

Elle formait bloc avec la voûte.

Au moment où Flaxhant prononçait ces mots : « C'est ici le tombeau des *Bandits de la mer* », il leva lentement sa carabine, et visa ce morceau de verre qui semblait un œil colossal, fixant son regard glauque sur les cadavres épars.

Il fit feu. Sa balle étoila la lentille.

André, stupéfait, semblait cloué au sol.

— Mais fuis donc !... Tout à l'heure, la mer va se précipiter... fuis... au nom de ma fille... de ton enfant maintenant.

— Adieu, murmura une dernière fois le jeune homme éperdu. Adieu ! et meurs en paix.

Au deuxième coup, la vitre fut trouée par le projectile. De l'ouverture, suffisante à peine pour donner passage à un doigt, surgit, rigide comme une barre de métal, un jet d'eau qui, sous l'irrésistible pression de plusieurs milliers d'atmosphères, fouilla avec un bruit de tonnerre le sol de la caverne.

— C'est bien, dit le bandit, mais c'est insuffisant.

Puis il continua son feu. L'arme qu'il portait était une de ces admirables carabines de Winchester, perfectionnées dernièrement par Guinard, l'habile arquebusier de l'avenue de l'Opéra, et qui sont à peu près le dernier mot de l'art.

Cette carabine peut tirer douze coups sans que le tireur ait besoin de charger. Les douze cartouches, introduites près de la culasse, par une sorte de clapet métallique, viennent se ranger à la file dans un canon, servant de réserve et qui est placé sous la carabine. Un seul mouvement suffit pour l'armer, pour faire sortir le culot de la cartouche vide et remplacer celle-ci dans le tonnerre de l'arme par une cartouche pleine, qui sort du canon inférieur.

Cette triple opération s'opère simultanément en soulevant et en rabattant le pontet mobile recouvrant la détente.

Cinq ou six coups lui suffirent pour broyer les divers fragments de la lentille.

La mer se précipita par l'ouverture béante, emplissant de mugissements l'antre sur le sol duquel il y avait déjà plus d'un mètre d'eau.

Flaxhant, appuyé sur son arme, attendait froidement la mort. Ses compagnons, chassés de leur tanière par cette subite inondation, voulurent s'enfuir, et gagner les galeries supérieures.

Il était trop tard... la caverne fut submergée en un clin d'œil. Les marins qui s'enfuyaient perçurent comme une explosion d'imprécations, puis tout resta dans dans le silence.

L'attoll sans nom, était bien le tombeau des *Bandits de la mer*.

ÉPILOGUE

Les marins de l'*Eclair* avaient pu échapper à l'inondation qui envahissait rapidement les galeries, mais un grand nombre de ces braves avaient, hélas! déjà payé de leur existence cette victoire trop chèrement achetée.

Le commandant, bien certain que nul n'avait pu s'enfuir, que toutes les galeries étaient noyées, que l'instrument des Bandits était brisé, résolut de revenir le plus vite en Europe.

Il fallait frapper à la tête cette infâme association et agir rapidement.

L'état de son navire ne lui permettait malheureusement pas de tenter la traversée. Il ne pouvait raisonnablement, avec une pareille avarie, affronter les passes dangereuses du détroit de Torrès.

Il dut revenir à Sydney, où le vaillant croiseur subit dans un des bassins de la rade d'indispensables réparations. Puis, l'heure du départ sonna enfin pour l'équipage, et pour les héros de ces véridiques et terribles aventures.

Quarante-deux jours après avoir quitté Sydney, l'*Eclair*, qui avait pris la route de Suez, s'arrêtait en vue de Toulon, ramenant en France, Friquet, — à tout seigneur tout honneur, — son inséparable Majesté le négrillon, André, le docteur Lamperrière, le matelot Bernard et le gendarme Barbanton.

L'équipage du cuirassé fut rigoureusement consigné en rade, et le commandant, accompagné des personnages précités prit l'express de Paris.

Sa première visite fut pour le procureur général. Après une longue conversation avec ce magistrat, il se rendit près du ministre de la marine auquel il rendit un compte détaillé de sa mission.

Pendant ce temps, le procureur général, en vertu de son pouvoir discrétionnaire, décerna un mandat d'amener contre le comte de Javercy, le riche financier dont la culpabilité ne pouvait faire l'ombre d'un doute.

Une vingtaine d'agents de police se rendirent isolément à la maison du parc Monceau, dont toutes les issues furent étroitement gardées. Le financier était chez lui, les agents l'avaient vu rentrer ; puis un commissaire de police, ceint de son écharpe, se fit ouvrir la porte, en prononçant le sacramentel : « Au nom de la loi. »

La somptueuse demeure du millionnaire fut, au grand scandale de la valetaille, fouillée de fond en comble. On sonda les murailles, on leva les lames de parquet ; les placards, les armoires, furent rigoureusement inventoriés, les cheminées explorées, bref, la maison fut, de la cave aux greniers, méthodiquement et minutieusement visitée.

Peine inutile, recherches infructueuses, le comte demeura introuvable. La fameuse cachette du deuxième étage était vide. La comptabilité des *Bandits de la mer* avait disparu.

Les serviteurs de la maison furent gardés à vue pendant deux jours et deux nuits, sans qu'il fût possible d'en tirer aucun renseignement. Ils ignoraient vraisemblablement à quel infâme commerce se livrait leur patron.

Le commissaire désespérait désormais de mettre la main sur le hardi brigand, quand un de ses agents, un vrai limier, au flair subtil, finit par découvrir qu'une des glaces de la chambre à coucher du fugitif pivotait sur elle-même, grâce à un mécanisme ingénieux, dont le ressort moteur était habilement dissimulé dans les moulures du cadre.

La glace, intérieurement garnie d'une épaisse plaque de

tôle aciérée, fermait un étroit escalier communiquant avec le réseau des égouts parisiens.

Le comte avait dû s'enfuir par là.

Or, le jour même où le commissaire avait fait son apparition, une terrible pluie d'orage s'était abattue sur la capitale ; une de ces pluies qui grossissent les ruisseaux et les transforment en torrents.

Les petits égouts, trop étroits, furent instantanément remplis jusqu'à la voûte. Plusieurs égoutiers, surpris par l'inondation, n'eurent pas le temps de se réfugier dans les grandes galeries et furent noyés.

Leurs cadavres furent retrouvés peu de temps après. Or, par un phénomène étrange, l'un d'eux, vêtu du costume traditionnel, portait en dessous de ses habits sordides, du linge d'une finesse peu en rapport avec ses fonctions, et ses mains étaient fort soignées. Malheureusement, les rats qui pullulent dans ce cloaque souterrain, avaient totalement rongé la face, au point que le cadavre était complètement méconnaissable.

Ces restes mutilés étaient-ils ceux de l'ancien chef des naufrageurs ?...

La justice ne put éclaircir ce point important.

. . . .

Friquet avait enfin revu Paris, son cher Paris, et retrouvé son ami Boileau, qu'il n'espérait plus rencontrer Il fallait le voir, plus fier et plus heureux que tous les monarques du monde, se pavaner dans les rues de « sa ville » et initier Majesté complètement ébahi, à toutes les subtilités de l'existence parisienne.

Après quelques jours donnés à cet agréable passe-temps, notre ami pensa à se mettre au travail. Il désirait faire son instruction, et ne voulait pas, comme il le disait, être à charge à qui que ce soit.

C'est en vain que ses bons amis, le docteur et André, voulurent continuer à Paris, comme à travers le monde, leur existence commune. Le petit homme ne voulait pas vivre en parasite. André finit pourtant par lui faire comprendre qu'il ne pouvait pas étudier et travailler en même temps à gagner son pain quotidien.

Et d'ailleurs, il y avait Majesté, qui, quoique bien débrouillard en pays sauvage, n'aurait pu trouver à Paris quoique ce fût à se mettre sous la dent.

Il fut convenu que le gamin noir et le gamin blanc recevraient, à titre de prêt, les fonds nécessaires tant à leur subsistance matérielle qu'aux besoins de leur instruction.

Le docteur demanda et obtint un congé illimité, afin de pouvoir se consacrer exclusivement à ses enfants d'adoption, et André, qui n'avait aucune préférence pour telle résidence, resta près de ses amis.

Deux mois après les événements que nous venons de raconter, une touchante cérémonie avait lieu au siège de la Société de géographie commerciale.

Notre excellent confrère Jules Gros, l'éminent et sympathique écrivain, dont la collaboration est si précieuse au *Journal des Voyages*, secrétaire de la Société, présentait aux membres réunis, les cinq amis, — Boileau n'avait eu garde d'y manquer, — dont les aventures avaient produit une si profonde sensation.

Après une relation sommaire des divers incidents qui s'étaient accomplis pendant cette odyssée qui s'appelle le *Tour du monde d'un gamin de Paris*, le président se leva, et au milieu d'un tonnerre d'applaudissements, décerna à Friquet la grande médaille d'or!

Friquet, de son vrai nom Victor Guyon, travaille à se courbaturer le cerveau.

Ses progrès sont étonnants, il est passionné pour les sciences. Il mord admirablement aux mathématiques et il est déjà d'une jolie force en physique et en chimie.

Majesté a la tête horriblement dure. Le pauvre petit

est plein de bonne volonté ; mais il a toutes les peines à apprendre à lire.

Comme Fliki veut qu'il étudie, il passe des journées entières sur ses livres, uniquement pour faire plaisir à Fliki.

M. Victor Guyon est resté le brave garçon que nous avons connu. Il a toujours le diable au corps, mais après les séances consacrées à l'étude.

Il partage ses loisirs entre ses trois amis, Boileau, André et le docteur, sans oublier le bon gendarme dont il est le favori.

Deux mots à propos de ce dernier. L'excellent homme a pris sa retraite. Riche des libéralités anglaises, il s'est fixé à Paris. Si le gouvernement de Sa très gracieuse Majesté Britannique s'est montré généreux à son égard, sa patrie n'a pas été ingrate.

Il est titulaire d'un bureau de tabac, fort bien achalandé, dans un des quartiers les plus fréquentés de Paris.

Il l'exploite lui-même, en compagnie de son épouse. Barbanton a convolé dès son arrivée. Il est superbe, quand, de temps à autre, il raconte à ses clients, les aventures bizarres qui ont agrémenté son existence cosmopolite.

Il cligne de l'œil, se redresse fièrement, tourne sur le fourneau de sa pipe d'écume son pouce incombustible, expectore deux ou trois hum ! hum ! hum ! sonores, et commence invariablement par la phrase suivante :

— Du temps que j'étais bon Dieu chez les sauvages, il m'est arrivé un drôle de tour...

« J'ai dressé procès-verbal à des *genses* qui voulaient se manger... Eh bien, c'est moi que j'ai payé l'amende... »

FIN

TABLE DES MATIÈRES

PREMIÈRE PARTIE
LES MANGEURS D'HOMMES

	Pages.
Chapitre I.	1
— II.	18
— III.	40
— IV.	69
— V.	96
— VI.	125
— VII.	145

DEUXIÈME PARTIE
LES BANDITS DE LA MER

Chapitre I.	169
— II.	188
— III.	206
— IV.	236
— V.	265
— VI.	296
— VII.	315
— VIII.	338
— IX.	362
— X.	389

TROISIÈME PARTIE

LE VAISSEAU DE PROIE

Chapitre I.	416
— II.	438
— III.	467
— IV.	497
— V.	518
Épilogue.	534

FIN DE LA TABLE

F. AUREAU. — IMPRIMERIE DE LAGNY

www.ingramcontent.com/pod-product-compliance
Lightning Source LLC
Chambersburg PA
CBHW071408230426
43669CB00010B/1481